t.

TRAUNER VERLAG

BILDUNG

Bildung, die begeistert!

W0371317

Wirtschaft und Recht für Techniker/innen

KATHARINA KISS

MONIKA ELLMER

DANIELA HUBER-KRIMPLSTÄTTER

THOMAS PÖSCHL

- Wirtschaft
- Rechnungswesen
- Recht
- inkl. Übungs-CD-ROM

V

HTL

Impressum

Kiss u. a., Wirtschaft und Recht für Techniker/innen V HTL

● inkl. Übungs-CD-ROM

1. Auflage 2015

Schulbuch-Nr. 170.286

TRAUNER Verlag, Linz

Die Autorinnen und Autoren

MINISTERIALRÄTIN MAG. KATHARINA KISS
Abteilungsleiterin der pädagogischen Fachabteilung für kaufmännische Schulen im Bundesministerium für Bildung und Frauen

MMAG. MONIKA ELLMER
Bundeshandelsakademie und Bundeshandelsschule St. Johann im Pongau

MMAG. DANIELA HUBER-KRIMPLSTÄTTER
Bundeshandelsakademie und Bundeshandelsschule II Salzburg

DR. THOMAS PÖSCHL
Bundeshandelsakademie und Bundeshandelsschule Hallein

Dieses Buch basiert auf Inhalten folgender Bücher, die von den angeführten Autoren erstellt wurden:

ELLMER ■ JAROSCH-FRÖTSCHER ■ MAIER ■ PLIENEGGER ■ RAMMER ■ SCHAUR ■ SCHLAGER-HAHN
Praxisblicke – Betriebswirtschaft III HAK

ACKERLAUER ■ AUSTERHUBER ■ BERLINGER ■ ELLMER ■ MAIER ■ NEUBÖCK ■ RAMMER ■ SCHAUR ■ SPRINGSITS
Praxisblicke – BW WR RW 2 HAS

KRUMHUBER ■ WILTBERGER ■ SINGER ■ GROTE
Praxisblicke – Betriebswirtschaft und Projektmanagement II HLW

Approbiert für den Unterrichtsgebrauch an Höheren technischen und gewerblichen Lehranstalten, für den V. Jahrgang im Unterrichtsgegenstand Wirtschaft und Recht vom Bundesministerium für Bildung und Frauen, BMUKK-GZ: 5.048/0064-B/8/2013 vom 23. Jänner 2014.

Liebe Schülerin, lieber Schüler!

Sie bekommen dieses Schulbuch von der Republik Österreich für Ihre Ausbildung. Bücher helfen nicht nur beim Lernen, sondern sind auch Freunde fürs Leben.

Dieses Schulbuch wurde auf der Grundlage eines Rahmenlehrplans erstellt; die Auswahl und die Gewichtung der Inhalte erfolgen durch die Lehrerinnen und Lehrer.

Lektorat/Produktmanagement:
Mag. Danijela Antic
Korrektor: Johann Schlapschi
Gestaltung und Grafik:
Teresa Foissner, Bettina Victor
Titelgestaltung: Bettina Victor
Schulbuchvergütung/Bildrechte:
© Bildrecht GmbH/Wien
Gesamtherstellung:
TRAUNER Druck GmbH & Co KG

Gedruckt nach der Richtlinie „Druckerzeugnisse“ des Österreichischen Umweltzeichens, UW-Nr. 962

ISBN 978-3-99033-417-1
Schulbuch-Nr. 170.286
www.trauner.at

Einleitung

Auch Techniker/innen sind täglich mit volkswirtschaftlichen, betriebswirtschaftlichen und rechtlichen Problemstellungen konfrontiert. Ob als interessierte Bürger/innen, als Arbeitnehmer/innen oder als selbstständiger Unternehmer/als selbstständige Unternehmerin: **Wirtschaft betrifft uns alle!**

Das vorliegende Buch vermittelt Ihnen daher – prägnant dargestellt – ein Grundwissen in den Bereichen Rechnungswesen und Recht.

Wesentliche Elemente und verwendete Symbole

Die **Ziele kennzeichnen,** was die Schülerinnen und Schüler nach Durcharbeiten des Kapitels können sollen. Sie entsprechen den **Bildungs- und Lehraufgaben** des Lehrplans. Aus didaktischen Gründen wurden die Ziele zum Teil detaillierter und in der Sprache der Schüler/innen formuliert. Die Ziele sind farblich nach der **Kompetenzstufe gekennzeichnet.**

Meine Ziele

KOMPETENZ-ERWERB

Nach Bearbeitung dieses Kapitels kann ich

- Blau (Wiedergeben, Verstehen)
- Rot (Anwenden)
- Schwarz (Analysieren und Entwickeln)

Wissensfragen, Aufgabenstellungen, Ziele erreicht?

Zur Erarbeitung der Kenntnisse und Fertigkeiten sowie zur Kontrolle des Lernerfolgs stehen den Lernenden Aufgaben und Abschlusstests („Ziele erreicht?") zur Verfügung. Die Aufgabenstellungen und „Ziele erreicht?"-Aufgaben sind ebenfalls nach dem Kompetenzmodell mit den Farben Blau, Rot und Schwarz gekennzeichnet. Es wird unterschieden zwischen Aufgaben, bei denen die Schüler/innen

- die gelernten Fachinhalte verstehen und wiedergeben;
- erworbenes Wissen anwenden können;
- eigenständig Probleme analysieren und Lösungen entwickeln.

Kompetenzen erworben?
Kreuzen Sie aufgrund der durchgeführten Ziele erreicht?-Aufgaben an, ob Sie die Kompetenzen
zur Gänze
überwiegend oder
(noch) nicht ausreichend
erworben haben. Wiederholen Sie den jeweiligen Lehrstoff im Buch, falls Sie einzelne Ziele noch nicht erreicht haben.

Wissensfragen

Aufgabenstellungen

„Ziele erreicht? – Aufgaben"

Diskussionsaufgaben

Wissenswertes und Tipps

Beachten Sie!

Verknüpfungen zu Gegenständen oder Kapiteln

CD-ROM-Inhalte

Verweise zu Gesetzen

Going international

Viel Freude und Erfolg wünschen Ihnen die Autorinnen/Autoren.

Inhaltsverzeichnis

I Unternehmensgründung: der Weg in die Selbstständigkeit

Die Gründung eines Unternehmens wird zunehmend zur Alternative zu einem abhängigen Beschäftigungsverhältnis. Unternehmensgründer sind meist jene Menschen, die Freude daran haben, als Unternehmer etwas zu gestalten, Herausforderungen zu meistern und sich ihre Existenz eigenverantwortlich aufzubauen.

Der Schritt in die Selbstständigkeit sollte jedoch gut überlegt und gründlich geplant werden. Leider wird dies oft nicht beachtet. Das Scheitern des gegründeten Unternehmens ist die Folge. Daher gilt: **Nur gut vorbereitet werden Sie zum Erfolg kommen!**

Aber auch für alljene, die kein Unternehmen gründen möchten, bietet das Kapitel wertvolle Informationen: **Unternehmerisches Denken und Handeln im Sinne des Entrepreneurshipgedankens** wird verstärkt von allen Mitarbeiterinnen und Mitarbeitern gefordert!

Grundvoraussetzungen für die Unternehmensgründung

Grundvoraussetzungen für die Unternehmensgründung

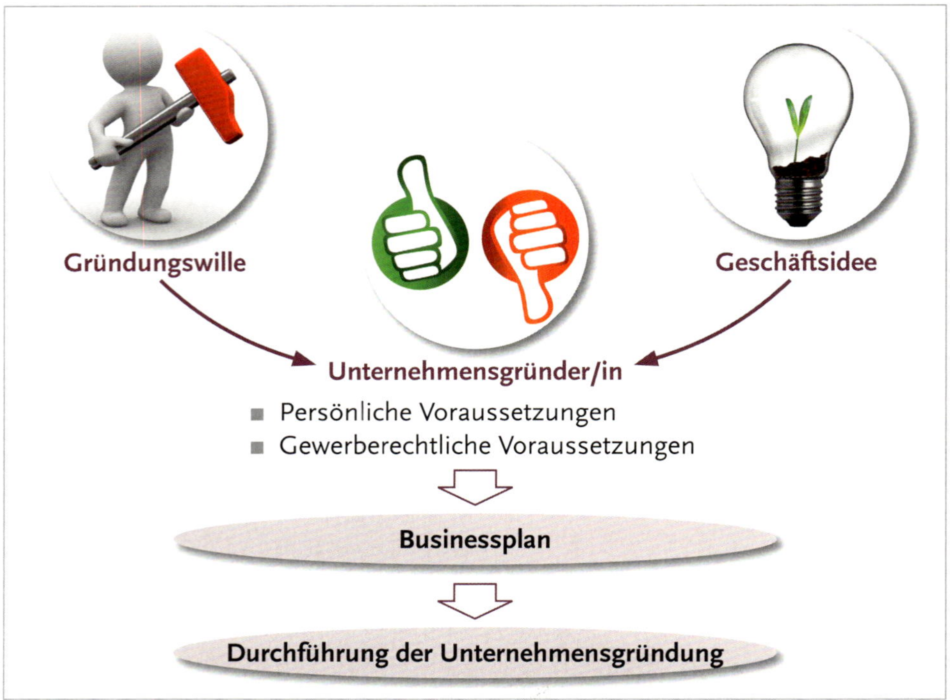

Eine PPT-Präsentation und weitere Übungen zum Kapitel finden Sie auf der CD.

Details zum Businessplan erfahren Sie im Kapitel „IV Businessplan und Finanzierung des Unternehmens."

Unternehmensgründungsfilme finden Sie unter:

- www.trauner.at/gruendung.aspx (Beitrag in €co)
- www.trauner.at/gruender-service.aspx (Gründer-Service-Film der WKO)

Sind Sie sich bereits über Ihre persönlichen beruflichen Ziele im Klaren? Wollen Sie in einem Arbeits- oder Dienstverhältnis stehen oder streben Sie an, als Unternehmer selbstständig tätig zu werden?

Basis für die Unternehmensgründung ist eine gute **Geschäftsidee.** Daneben müssen Unternehmensgründer ihre eigenen Interessen, Fähigkeiten und **Voraussetzungen** unter die Lupe nehmen. Sind die Grundvoraussetzungen gegeben, wird ein **Businessplan** erarbeitet. Darin beschreibt der Gründer schriftlich seine Geschäftsidee und alle Schritte, die er zu ihrer Umsetzung plant. Zu guter Letzt sind nur noch ein paar Schritte notwendig, um das Unternehmen tatsächlich zu **gründen.**

KOMPETENZ-ERWERB

Meine Ziele

Nach Bearbeitung dieses Kapitels kann ich

- die Unterschiede zwischen selbstständiger und unselbstständiger Erwerbstätigkeit erklären und deren Vor- und Nachteile verdeutlichen;
- mögliche Wege, Geschäftsideen zu finden, beschreiben;
- Geschäftsideen finden und überprüfen;
- die persönlichen und gewerberechtlichen Voraussetzungen von Unternehmensgründern nennen;
- die persönlichen und gewerberechtlichen Voraussetzungen auf verschiedene Gründungssituationen übertragen;
- die Funktionen des Businessplans erklären.

1 Gründungswille

Julian Steiner hat nach Abschluss der HTL seine berufliche Laufbahn bei Siemens begonnen. Er arbeitet dort als Software- und Datenbank-Projektleiter für Service- und Reparaturdatenerfassungssysteme. Nach 4-jähriger Berufstätigkeit hat er den Wunsch, sich zu verändern, und überlegt, ob er sein technisches Wissen dazu nutzen sollte, ein eigenes Unternehmen zu gründen. Er möchte zusammen mit zwei Partnern RFID-Lösungen für den industriellen Einsatz aber auch für den Handel und in weiterer Zukunft für Privatkunden anbieten.

Wie beurteilen Sie die Situation von Julian Steiner? Welche Vor- und Nachteile hat Julian zu erwarten, wenn er sich selbstständig macht?

RFID = Radio Frequency Identification. Kontaktlose Identifizierung und Lokalisierung von Gegenständen für die automatische Erfassung und Speicherung von Daten (Nachfolger des Strichcodes).

Personen, die sich selbstständig machen wollen, sollte bewusst sein, worauf sie sich einlassen. Nur wenn ein klarer **Gründungswille** vorliegt, sollte der Weg in die Selbstständigkeit gestartet werden.

Selbstständig Erwerbstätige	Unselbstständig Erwerbstätige
Personen, die	Personen, die
■ ein eigenes Gewerbe oder eine Landwirtschaft betreiben, ■ einen freien Beruf (z. B. Arzt, Rechtsanwalt) ausüben oder ■ als mithelfende Familienangehörige tätig sind.	als Arbeitnehmer in einem ■ Arbeits- oder ■ Dienstverhältnis stehen.

Selbstständig Erwerbstätige werden auch **Unternehmer, Entrepreneur** oder **Selbstständige** genannt.

Entrepreneur = Person, die neue unternehmerische Gelegenheiten aufspürt, beurteilt und in Form von neuen Geschäftsmodellen umsetzt. Der Begriff ist auf das französische Wort „entreprendre" zurückzuführen. Das heißt übersetzt so viel wie „etwas unternehmen" oder „in die eigenen Hände nehmen".

Wussten Sie, dass ...

- in Österreich derzeit durchschnittlich 14 % aller Erwerbstätigen selbstständig erwerbstätig sind? Mehr als die Hälfte der Selbstständigen ist im Dienstleistungsbereich tätig. Laut Statistik Austria stieg der Anteil der selbstständig Erwerbstätigen in den letzten zehn Jahren stetig an.
- der Anstieg an Unternehmensneugründungen für die österreichische Wirtschaft positiv ist? – Wo neue Unternehmen gegründet werden, entstehen neue Entwicklungen und in der Folge zusätzliche Arbeitsplätze!

Selbstständig erwerbstätig zu sein, hat gegenüber einem Arbeits- oder Dienstverhältnis einige Vorteile, aber auch einige Nachteile:

Vorteile der Selbstständigkeit	Nachteile der Selbstständigkeit
■ Möglichkeit, eigene Ideen und Visionen zu verwirklichen. ■ Man ist sein „eigener Chef bzw. eigene Chefin“. ■ Selbst gewählte Arbeitszeiten und selbst gewähltes Arbeitsumfeld. ■ Der Unternehmer erntet den Gewinn für eigene Leistungen selbst. ■ Bei Erfolg gesellschaftliches Ansehen.	■ Eventuell Aufgabe einer sicheren Position in einem anderen Unternehmen. ■ Hoher Zeitaufwand – meist höher als in einem Arbeits- oder Dienstverhältnis. ■ Unternehmensgründer haften meist auch mit ihrem Privatvermögen. ■ Das Einkommen ist abhängig von der Auftragslage (kein fixes Gehalt). ■ Selbstständige sind sehr auf sich alleine gestellt.

Wie dieser Abschnitt gezeigt hat, gibt es in Österreich bereits einen beträchtlichen Anteil an Selbstständigen. Den Geschäftsideen, wie im nächsten Abschnitt deutlich wird, sind dabei kaum Grenzen gesetzt. Eine gewissenhafte Planung ist aber unerlässlich!

Sprechen Sie mit Ihren Mitschülerinnen und Mitschülern über Ihre beruflichen Zukunftsvorstellungen. Was könnte Sie dazu bewegen, sich einmal selbstständig zu machen? Was spricht aus Ihrer Sicht dafür und was dagegen?

2 Geschäftsidee

Julian Steiner bewundert erfolgreiche Unternehmer, wie den Gründer von IKEA, Ingvar Kamprad. Seine Idee war es, ein breites Sortiment formschöner und funktionsgerechter Einrichtungsgegenstände zu Preisen anzubieten, die so günstig sind, dass möglichst viele Menschen sie sich leisten können. Seine Idee hatte Erfolg, aber Julian fragt sich: „Wie kann ich meine Geschäftsidee, die Gründung eines Unternehmens, konkretisieren und wie kann ich feststellen, ob wir damit Erfolgschancen habe?“

Gibt es Unternehmen, deren Geschäftsidee Sie fasziniert? Welche?

Am Anfang jeder Unternehmensgründung steht die Idee. Wenn Sie sich erfolgreiche Unternehmen ansehen, werden Sie bemerken, dass viele einen ähnlichen Ausgangspunkt haben, nämlich eine Person mit einer Geschäftsidee. Viele dieser Unternehmen sind mit der Zeit zu Großunternehmen herangewachsen. Die meisten Unternehmen in Österreich sind jedoch kleine und mittlere Unternehmen.

Viele erfolgreiche Unternehmer haben ihr Hobby oder ihre Leidenschaft zum Beruf gemacht!

2.1 Wege zu Geschäftsideen

Folgende Übersicht zeigt verschiedene Möglichkeiten, zu einer Geschäftsidee zu kommen.

Wege zu Geschäftsideen

Finden eigener Geschäftsideen	Nutzung bestehender Geschäftsideen
■ Neue Ideen ■ Bewährte Geschäftsideen verbessern ■ Aufgreifen ausgelagerter Aufgaben	■ Unternehmensübernahme ■ Franchising ■ Ideenbörse

2.1.1 Finden eigener Geschäftsideen

Es gibt unterschiedliche Wege, zu einer eigenen Geschäftsidee zu kommen:

- **Neue Ideen**
  Gehen Sie mit offenen Augen und Ohren durch die Welt und halten Sie Ausschau nach ungelösten Problemen. Hilfreich ist es, auf Veränderungen, also neue Trends und Bedürfnisse, in der Gesellschaft zu achten.

  Beispiele
  Einer der derzeitigen Trends ist **Individualisierung.** Medien wie das Internet machen es möglich, diesen Trend in Form von unterschiedlichen Geschäftsideen umzusetzen. Ein Beispiel für ein Unternehmen, das den Trend Individualisierung verwirklicht hat, ist z. B. Spreadshirt (www.spreadshirt.net). Es befriedigt den Wunsch nach individueller Kleidung. Kunden können online T-Shirts, Sweatshirts, Jacken, Taschen und Accessoires selbst gestalten und anschließend bestellen.

  Ein weiterer Trend ist **Gesundheit.** Viele Geschäftstüchtige reagierten beispielsweise auf diesen Trend, indem sie ein Bio-Lebensmittelgeschäft eröffneten.

Individualisierung = ein Trend, bei dem Kunden nicht mehr in der Masse angesprochen werden möchten. So werden verstärkt **individuelle Produkte und Dienstleistungen** für einen großen Markt angeboten.

Wussten Sie, dass ...
sich das Zukunftsinstitut (www.zukunftsinstitut.de) damit beschäftigt, Trends festzustellen?

- **Bewährte Geschäftsideen verbessern**
  Um ein Unternehmen zu gründen, muss das Rad nicht unbedingt neu erfunden werden. Durch das Erweitern, Verbessern sowie Abändern bestehender Produkte oder Dienstleistungen können ebenfalls Erfolg versprechende Geschäftsideen gefunden werden.

  Beispiel
  Gründer von Billigfluglinien, wie z. B. Ryanair, hatten die Idee, sich auf die Kernleistungen – nämlich den Transport von Passagieren – zu konzentrieren, um dadurch die Flüge wesentlich günstiger als die Konkurrenz anbieten zu können. Bordservice, wie z. B. das Servieren von Essen und Getränken, erfolgen – wenn überhaupt – gegen Bezahlung. Außerdem gibt es u. a. nur niedrige Freigepäckmengen und meist keine Sitzplatzreservierungen.

- **Aufgreifen ausgelagerter Aufgaben**
  Unternehmen lagern oftmals bestimmte Arbeitsschritte aus. So werden Tätigkeiten, die bisher im Angestelltenverhältnis durchgeführt wurden, in Zukunft durch den ehemaligen Mitarbeiter auf selbstständiger Basis erbracht.

  Beispiel
  Ein Wirtschaftsinformatikstudent arbeitet während des Studiums für ein Unternehmen. Seine Hauptaufgabe besteht darin, eine Website zu erstellen und zu verwalten. Nach dem Studium möchte er sich mit einer Website-Agentur selbstständig machen und schlägt dem Unternehmen daraufhin vor, in Zukunft die Wartung und Erweiterung der Website auf selbstständiger Basis durchzuführen.

Haben Sie selbst eine eigene Geschäftsidee?

In der Nachfolgebörse (www.nachfolgeboerse.at) finden Sie Unternehmer, die auf der Suche nach einem Nachfolger sind.

In der Franchisebörse (www.franchiseboerse.at) finden Sie Franchise-Angebote für fast alle Branchen in Österreich.

„Ich kann nichts dafür, dass meine Bilder sich nicht verkaufen lassen. Aber es wird die Zeit kommen, da die Menschen erkennen, dass sie mehr wert sind als das Geld für die Farbe.“
(Vincent Van Gogh, Maler, 1853 – 1890)

2.1.2 Nutzung bestehender Geschäftsideen

Nicht immer muss man selbst eine Idee haben. Es gibt noch andere Wege, um selbstständig zu werden:

- **Unternehmensübernahme**
  Viele Unternehmer suchen geeignete Nachfolger, denn die Nachfolge spielt sich nicht mehr automatisch in der Familie ab. 50 000 Unternehmen stehen in Österreich in den nächsten zehn Jahren vor der Übernahme. Sie könnten sich daher überlegen, ob statt einer Neugründung eine Unternehmensübernahme für Sie infrage kommt. Vorteile und Nachteile einer Unternehmensübernahme gegenüber einer Neugründung sind:

Vorteile	Nachteile
■ Weniger Investitionen. ■ Bestehender Kundenstock. ■ Bereits bekannter Name des Unternehmens.	■ Veränderungen sind aufgrund bestehender Strukturen nicht leicht umzusetzen. ■ Mängel oder Lasten werden ebenfalls übernommen.

- **Franchising**
  Sie können ein fertiges, erprobtes Unternehmenskonzept durch Franchising übernehmen. Beim **Franchising** stellt der Franchisegeber dem Franchisenehmer gegen Entgelt ein durchdachtes Geschäftskonzept zur Verfügung. Der Franchisenehmer setzt es selbstständig an seinem Standort um.

Vorteile	Nachteile
■ Ein bewährtes Konzept und eine bereits eingeführte Marke. ■ Betreuung durch den Franchisegeber.	■ Für das zur Verfügung gestellte Know-how fallen Gebühren an. ■ Wenig eigener Gestaltungsspielraum, da bereits sehr viel vom Franchisegeber vorgegeben ist.

Beispiele
Zu den wohl bekanntesten Franchisekonzepten zählen McDonald's und Esprit.

- **Ideenbörsen**
  Geschäftsideen finden Sie ebenfalls in Ideenbörsen. Sie können entweder gegen Entgelt oder kostenlos verwendet werden. Ideenbörsen: www.komma-net.de, www.idea2profit.at.

2.2 Überprüfen der Geschäftsideen

Während Vincent Van Gogh zu Lebzeiten nur sehr wenige Bilder verkaufte und erst nach seinem Tod weltberühmt wurde, sollten Unternehmer schon vorab prüfen, ob der Markt reif für ihre Produkte bzw. Dienstleistungen ist. Es ist nicht einfach bzw. oftmals nicht möglich, den Erfolg oder Misserfolg einer Idee vorauszusagen. Viele Innovationen, z. B. das Telefon oder die Schreibmaschine, scheiterten zu Beginn, da die Zeit noch nicht reif war. Trotzdem sollten Sie als gewissenhafter Geschäftsmann versuchen, das Risiko zu minimieren. Daher ist es wichtig, Ihre ersten Geschäftsideen einer Prüfung zu unterziehen.

Eine **erfolgreiche Geschäftsidee** erfüllt u. a. folgende Voraussetzungen:

Sie bringt Nutzen für potenzielle Kunden.	Der Kundennutzen umfasst die Vorteile, die der Kunde durch Ihr Produkt oder Ihre Leistung hat. Reizwörter, die direkt auf den Kundennutzen abzielen, sind z. B.: ■ rascher, ■ sicherer, ■ verlässlicher, ■ leichter, ■ einfacher, ■ bequemer und, ■ kostengünstiger.
Sie hebt sich von den Ideen der Konkurrenz ab.	Eigenschaften, durch die sich Produkte bzw. Dienstleistungen von jenen der Konkurrenz abheben können. Dies wird als **USP (Unique Selling Proposition)** bezeichnet.
Sie ist innovativ.	Die Kunden sollten einen Grund sehen, bei Ihnen zu kaufen. Es muss jedoch nicht unbedingt das Produkt ganz neu sein. Es genügen schon kleine Änderungen bestehender Lösungen, z. B. in Form eines innovativen Marketings.
Sie ist klar und durchdacht.	Wichtig ist, dass Sie eine klare Vorstellung von der Geschäftsidee haben.
Sie ist längerfristig rentabel.	Kaufen längerfristig genügend Kunden Ihr Produkt bzw. Ihre Dienstleistung?

Details zum USP erfahren Sie im Kapitel „II Marketing".

Tipp:
Um ein **Gefühl für den möglichen Erfolg oder Misserfolg Ihrer Geschäftsidee** zu bekommen, können folgende Dinge helfen:

- Sprechen Sie mit Ihrer Familie und Ihren Bekannten über Ihre Geschäftsidee.
- Holen Sie Informationen in der Branche ein.
- Fragen Sie andere Unternehmer bzw. Gründer um Rat, um Fehler zu vermeiden.
- Lassen Sie sich vom Gründerservice (www.gruenderservice.at) der Wirtschaftskammer kostenlos beraten.

Achtung!
Ideen anderer zu übernehmen, kann oft hilfreich sein. Es ist jedoch wichtig, die Idee auf die **Marktgegebenheiten** zu **überprüfen.** Möchten Sie zum Beispiel eine erfolgreiche Geschäftsidee, die Sie im Urlaub in einem fremden Land kennengelernt haben, in Österreich umsetzen, so ist sie unter Umständen nicht realisierbar. Gründe dafür können z. B. kulturelle Unterschiede sein.

Aufgabenstellungen – „Gründungswille" + „Geschäftsidee"

1. Michael Hutterer hat eine tolle Geschäftsidee. Er ist sich aber nicht sicher, ob er den Weg in die Selbstständigkeit wagen möchte. Welche Vorteile und welche Nachteile können Sie ihm nennen, um ihm bei der Entscheidung zu helfen?

2. Sabine Weinzinger möchte sich gerne selbstständig machen. Sie hat jedoch keine eigene Geschäftsidee. Welche Tipps können Sie ihr geben, damit sie doch noch zu einer Geschäftsidee kommt?

3. Suchen Sie im Internet oder in Ihrer Umgebung ein Unternehmen, dessen Geschäftsidee Sie anspricht. Untersuchen Sie folgende Punkte:
   a) Was ist die Geschäftsidee des Unternehmens?
   b) Warum ist die Geschäftsidee offensichtlich erfolgreich (Nutzen für Kunden, USP etc.)?
   c) Präsentieren Sie anschließend die erarbeiteten Punkte Ihren Mitschülerinnen und Mitschülern. Verwenden Sie dazu geeignete Hilfsmittel (z. B. PowerPoint, Flipcharts, Broschüren oder Kataloge des Unternehmens).

4. Machen Sie sich auf die Suche nach einer eigenen Geschäftsidee! Denkanstöße für Ihre Geschäftsidee:
   - Denken Sie an Ihre Hobbys und Interessen. Inwieweit können Sie sich vorstellen, sie in einem eigenen Unternehmen umzusetzen?
   - Gibt es in der Nähe Ihrer Schule bzw. in der Schule ungelöste Probleme und dadurch mögliche Geschäftsideen?

   a) Beschreiben Sie Ihre Geschäftsidee:

   b) Überprüfen der Geschäftsidee:
   Überprüfen Sie mithilfe der Tabelle, ob Ihr Vorhaben die wesentlichen Merkmale einer erfolgreichen Geschäftsidee erfüllt:
   - Recherchieren Sie dazu im Internet, was die Konkurrenz anbietet.
   - Befragen Sie Ihre Mitschülerinnen und Mitschüler, Ihre Freunde und Ihre Familie, was sie von Ihrer Geschäftsidee halten!

Die Geschäftsidee ...	Ja	Nein	Begründung
bringt Nutzen für potenzielle Kunden.			
hebt sich von den Ideen der Konkurrenz ab.			
ist innovativ.			
ist klar und durchdacht.			
ist längerfristig rentabel.			

Falls Ihre Geschäftsidee nicht die wesentlichen Merkmale einer erfolgreichen Geschäftsidee erfüllt, lassen Sie sich nicht entmutigen und setzen Sie die Suche fort!

Tipp:
Vermeiden Sie den „Daniel-Düsentrieb-Effekt“, indem Sie sich in Ihre Kunden hineinversetzen und nicht am Markt vorbeidenken!

3 Unternehmensgründer/in

Julian Steiner und seine zwei Partner haben seit Jahren beim Unternehmen Siemens in einem Team gearbeitet. Die Zusammenarbeit als Team hat immer bestens funktioniert. Alle verfügen über das notwendige fachliche Wissen im Bereich der RFID-Systeme. Nun stellt sich die Frage, ob sie auch das notwendige Rüstzeug zum Unternehmer haben.

Welche persönliche Eigenschaften und fachlichen Qualifikationen sollten die drei Ihrer Meinung nach mitbringen, um für die Unternehmensgründung geeignet zu sein? – Die Übersicht hilft Ihnen dabei!

Eine erfolgsträchtige Geschäftsidee ist ein guter Anfang für den Weg in die Selbstständigkeit. Unternehmensgründer/innen sollten aber auch bestimmte

- **persönliche und**
- **gewerberechtliche Voraussetzungen**

erfüllen.

3.1 Persönliche Voraussetzungen

Vor dem Schritt in die Selbstständigkeit stellen sich die meisten angehenden Gründer die Frage: „Bin ich überhaupt als Unternehmensgründer geeignet?" Die Herausforderung ist groß, daher ist es wichtig, sich zuvor mit den eigenen Stärken und Schwächen auseinanderzusetzen. Folgende Übersicht zeigt wesentliche Voraussetzungen, die Unternehmensgründer mitbringen sollten:

Persönliche Voraussetzungen

Persönliche Eigenschaften
- Vertrauen in die eigenen Fähigkeiten
- Einsatzbereitschaft
- Risikobereitschaft
- Kontaktfähigkeit
- Lust auf Eigenständigkeit
- Keine Scheu vor Druck und Stress
- Entscheidungsfreude
- Motivationsfähigkeit
- Selbstkritikfähigkeit
- Ausdauer
- Lust am Denken und Gestalten

Fachliche Qualifikationen
- Fachwissen
- Branchenerfahrung
- Kaufmännisches Basiswissen

Familie/Partner
- bejahen die Gründung
- unterstützen die Entscheidung und die Umsetzung

Als Unternehmer/in nehmen Sie auch eine Führungsfunktion für Ihre Mitarbeiter/innen wahr. Mehr zu diesem Thema erhalten Sie im Kapitel „III Unternehmensführung".

Den perfekten Gründer bzw. die perfekte Gründerin gibt es nicht. Einige Dinge können erlernt und andere Dinge an externe Experten (z. B. Steuerberater) ausgelagert werden. Sie können sich auch Gedanken machen, welche Ihrer mangelnden Voraussetzungen Sie durch einen Gründungspartner ausgleichen können.

Eine **Gründung mit einem oder mehreren Partnern** hat folgende Vorteile und Nachteile:

Vorteile	Nachteile
■ Erfahrung und Fähigkeiten mehrerer Partner ■ Arbeitsaufteilung ■ Leichtere Kapitalaufbringung ■ Geteiltes Gründungsrisiko ■ Schnelleres Wachstum	■ Eingeschränkte Entscheidungsfreiheit ■ Haftung für Fehlleistung der Partner ■ Längere Dauer der Entscheidungsfindung

Überlegen Sie, wo Ihre Stärken und wo Ihre Schwächen liegen.

Meine Stärken:

Meine Schwächen:

Sind Sie ein Unternehmertyp? Einen Unternehmertest, um sich selbst zu prüfen, finden Sie unter: www.gruenderservice.at/unternehmertest

Tipp:
Nach dem Spruch „Gut prüfe, wer sich ewig bindet" darf bei der Wahl eines Geschäftspartners nicht nur die Sympathie entscheiden. Der richtige Geschäftspartner sollte z. B.

- mit Ihnen gut zusammenarbeiten können,
- die persönlichen Voraussetzungen eines Unternehmensgründers erfüllen und
- sich mit Ihnen gut verstehen.

Die gewerberechtlichen Voraussetzungen für die Gründung eines Unternehmens haben Sie auch im Band IV kennengelernt. Rufen Sie sich die Voraussetzung noch einmal in Erinnerung.

3.2 Gewerberechtliche Voraussetzungen

Neben den persönlichen Voraussetzungen muss sich ein Unternehmensgründer auch mit den gewerberechtlichen Voraussetzungen vertraut machen.

Für jede **gewerbliche Tätigkeit** ist eine **Gewerbeberechtigung** erforderlich. Sie wird von der Gewerbebehörde des Betriebsstandortes ausgestellt und **regelt die Rechte und Pflichten des Gewerbeausübenden.**

Näheres über die gewerberechtlichen Voraussetzungen finden Sie in der Gewerbeordnung (GewO).

Eine unternehmerische Tätigkeit ist dann eine **gewerbliche Tätigkeit,** wenn sie

- **erlaubt** ist, d. h. nicht gegen Gesetze oder die guten Sitten verstößt,
- **selbstständig,** d. h. auf eigene Rechnung und Gefahr, ausgeführt wird,
- **regelmäßig,** d. h. als sich wiederholende Handlungen ausgeübt wird, jedoch auch eine einmalige Handlung, wenn auf eine Wiederholungsabsicht geschlossen werden kann,
- **entgeltlich,** d. h. mit der Absicht, Ertrag oder sonstigen wirtschaftlichen Vorteil zu erzielen,

betrieben wird.

Wussten Sie, dass ...
die Gewerbeberechtigung früher Gewerbeschein genannt wurde?

Allgemeine Voraussetzungen

Um eine **Gewerbeberechtigung** zu erhalten, müssen Sie folgende **allgemeine Voraussetzungen** erfüllen:

Allgemeine Voraussetzungen zur Erlangung einer Gewerbeberechtigung

Eigenberechtigung	Staatsbürgerschaft	Keine Ausschließungsgründe
		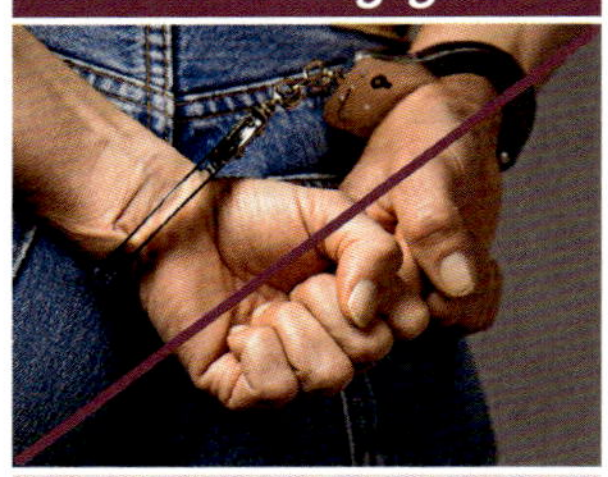
Vollendetes 18. Lebensjahr	Österreichische Staatsbürgerschaft, EWR/EU- oder Schweizer Staatsbürgerschaft bzw. Nachweis des legalen Aufenthalts bei sonstigen ausländischen Personen	Keine Finanzstrafdelikte, gerichtliche Verurteilung und kein mangels Masse abgewiesener Konkursantrag

Die Wirtschaftskammer steht Gründern bei der Beratung zu gewerberechtlichen Fragen kostenlos zur Verfügung!

EU = Europäische Union.
EWR = Europäischer Wirtschaftsraum.

Befähigungsnachweis

Neben den allgemeinen Voraussetzungen muss für bestimmte Tätigkeiten ein **Befähigungsnachweis** erbracht werden. Das bedeutet, dass Sie besondere fachliche und unternehmerische Fähigkeiten und Erfahrungen aufweisen müssen.

Zuverlässigkeitsprüfung

Bei Gewerben, die mit einer hohen Verantwortung gegenüber anderen Personen verbunden sind, ist zusätzlich eine **Zuverlässigkeitsprüfung** erforderlich. Es dürfen keine Verstöße, die in Zusammenhang mit dem betreffenden Gewerbe stehen, vorliegen.

Auf der CD finden Sie eine Liste der reglementierten Gewerbe sowie eine Liste mit einer Auswahl von freien Gewerben.

Gewerbearten und ihre Voraussetzungen

Man unterscheidet vier Arten von Gewerben:

Gewerbearten und ihre Voraussetzungen

Freie Gewerbe	Reglementierte Gewerbe		
	Reglementierte Gewerbe **ohne** Zuverlässigkeitsprüfung	Reglementierte Gewerbe **mit** Zuverlässigkeitsprüfung = Rechtskraftgewerbe	**Teilgewerbe**
✓ Allgemeine Voraussetzungen	✓ Allgemeine Voraussetzungen ✓ Befähigungsnachweis	✓ Allgemeine Voraussetzungen ✓ Befähigungsnachweis ✓ Zuverlässigkeitsprüfung	✓ Allgemeine Voraussetzungen ✓ Reduzierte Form des Befähigungsnachweises zum Ausüben von Teilbereichen des Gewerbes
Beispiele ▪ Werbeagentur ▪ Tankstelle ▪ Bräunungsstudio ▪ Marktforschung ▪ Animateure ▪ Babysitten	**Beispiele** ▪ Handwerke (z. B. Bäcker, Schlosser, Konditoren) ▪ Gastgewerbebetriebe ▪ Fremdenführer	**Beispiele** ▪ Baumeister ▪ Reisebüros ▪ Waffengewerbe ▪ Vermögensberatung ▪ Drogisten	**Beispiele** ▪ Änderungsschneiderei ▪ Nagelstudio ▪ Reinigung von Polstermöbeln ▪ Wäschebügeln

Welche Gewerbearten liegen in folgenden Fällen vor? Welche Voraussetzungen sind dabei zu erfüllen?

Unternehmerische Tätigkeiten außerhalb der Gewerbeordnung

Nicht jede Form selbstständiger Tätigkeit, die regelmäßig und mit der Absicht, Ertrag zu erzielen, ausgeübt wird, ist mit der Erlangung einer Gewerbeberechtigung verbunden!

Zu Tätigkeiten außerhalb der Gewerbeordnung (GewO) zählen:
- die **freien Berufe** (z. B. Ärzte, Apotheker, Notare) sowie
- die sogenannten **„Neuen Selbstständigen“** (z. B. Psycho- und Physiotherapeuten, Vortragende).

Sie unterliegen anderen Gesetzen, und ihre Tätigkeit erfordert **keine Gewerbeberechtigung.**

Aufgabenstellungen – „Unternehmensgründer/in“

1. Susanne Siegl sagt: „Ich kann niemals ein Unternehmen gründen, da ich keine guten Kenntnisse in Rechnungswesen habe und auch keine Homepage programmieren kann.“ Kommentieren Sie die Aussage von Susanne Siegl.

2. Zählen folgende Tätigkeiten zu den gewerblichen Tätigkeiten? Begründen Sie Ihre Antwort!

	Ja	Nein	Begründung
Einmalige Veranstaltung eines Schulfestes			
Betrieb einer Fahrschule			
Handeln mit Drogen			
Laufendes Betreiben eines Flohmarktes zugunsten von Behinderten			
Tätigkeit eines selbstständigen Konditors			

3. Erfüllen folgende Personen die allgemeinen Voraussetzungen, um eine Gewerbeberechtigung zu erhalten?

	Ja	Nein	Begründung
Eva Maier ist eine 17-jährige Schülerin.			
Julian Hutterer ist ein unbescholtener, 19-jähriger deutscher Staatsbürger.			
Bianca Huber ist eine 25-jährige österreichische Staatsbürgerin, die nach einjähriger Freiheitsstrafe aus der Haft entlassen wurde.			

4. Überprüfen Sie, ob folgende selbstständig ausgeübten Tätigkeiten zu den freien oder zu den reglementierten Gewerben zählen. Sie finden Listen mit freien und reglementierten Gewerben auf der CD.

	Freies Gewerbe	Reglementiertes Gewerbe
Fotograf		
Maler und Anstreicher		
Fahrradvermietung		
Filmverleih		
Organisation von Events		
Werbetexter		

Wissensfragen – „Grundvoraussetzungen für die Unternehmensgründung“

1. Was versteht man unter selbstständiger Erwerbstätigkeit und was unter unselbstständiger Erwerbstätigkeit?
2. Wer ist ein Entrepreneur?
3. Wie kann man eine Geschäftsidee für ein Unternehmen finden?
4. Worin bestehen die Vorteile und Nachteile einer Unternehmensübernahme gegenüber einer Neugründung?
5. Was versteht man unter Franchising? Was sind die Vorteile und was die Nachteile dieser Form, sich selbstständig zu machen?
6. Was zeichnet eine erfolgreiche Geschäftsidee aus?
7. Welche persönlichen Voraussetzungen sollte man mitbringen, um als Unternehmensgründer geeignet zu sein?
8. Was sind die Vorteile und was die Nachteile einer Gründung mit Partner gegenüber der Gründung ohne Partner?

9. Unter welchen Voraussetzungen liegt eine gewerbliche Tätigkeit vor?
10. Nennen Sie die allgemeinen Voraussetzungen, die erfüllt sein müssen, um eine Gewerbeberechtigung zu erhalten.
11. Was versteht man unter einem Befähigungsnachweis?
12. Welche Gewerbearten unterscheidet man?
13. Was versteht man unter einer Zuverlässigkeitsprüfung im Zusammenhang mit reglementierten Gewerben?

Ziele erreicht? – „Grundvoraussetzungen für die Unternehmensgründung"

KOMPETENZ-ERWERB

Ausgangssituation

Rundum-Betreuung am Bau

Christoph Kleboth ist so etwas wie der Fleisch gewordene Traum vieler Bauherren. Angehende Gründer warnt der Vorarlberger vor „Fleißaufgaben".

„War es das schon oder gibt es da noch mehr?" Gerade einmal 35 Lenze zählte Christoph Kleboth, als er sich die altbekannte Sinnfrage mit Blick auf seine berufliche Karriere stellte, damals im Jahr 2006. Die Antwort sollte sich der Vorarlberger schon kurz darauf selbst geben. Und zwar mit der Gründung seines eigenen Unternehmens, mit dem Bau-Profi Kleboth seither Bauherrn im Ländle sämtliche Wünsche von den Lippen abzulesen versucht. Die Voraussetzungen, die der mittlerweile 40-jährige, dreifache Familienvater dafür mitbringt, sind fast perfekt: Nach der HTL hatte Kleboth erste Erfahrungen als angestellter Bautechniker, und bald auch als verantwortlicher Bauleiter gesammelt. Nach einem berufsbegleitenden Bauingenieurstudium an der Fachhochschule Liechtenstein und der Baumeisterprüfung folgte ein Engagement bei einem renommierten Bauunternehmen in Bregenz. Nach sechs Jahren in verantwortlichen Funktionen erwies sich die Gründung der eigenen Firma schließlich als perfekte Antwort auf die eingangs gestellte Sinnfrage, 2008 wurde das Einzelunternehmen in die heutige Kleboth Bau360 GmbH eingebracht.

Dreihundertsechzig ...
... ist eine besondere Zahl. Immerhin wird ein vollständiger Kreis bekanntlich in 360 Grad aufgeteilt. Und so ist es auch alles andere als ein Zufall, dass Christoph Kleboth sein 2006 gegründetes Unternehmen ausgerechnet „Bau360" getauft hat. Kleboth: „360 steht für die Rundumbetreuung – ganz individuell, je nachdem, wie es sich ein Bauherr wünscht." Und genau dieser direkte Kontakt liegt dem Jungunternehmer, der derzeit „zweieinhalb" Mitarbeiter beschäftigt, besonders am Herzen. Kleboth: „Als ich noch in einem großen Unternehmen tätig gewesen bin, habe ich festgestellt, dass ich den Kunden eigentlich gar nicht mehr kenne." Keine schöne Erkenntnis für jemanden, der seine Erfahrungen am liebsten schon in der Planungsphase eines Projektes im persönlichen Gespräch einfließen lassen will. Kommt dazu noch der Wunsch, „in der Wertschöpfungskette etwas früher einzusteigen", so ist der Schritt in die Selbstständigkeit die logische Konsequenz. Jetzt, als eine Art hauptverantwortlicher Bauherrnvertreter kann sich der Vorarlberger hingegen von Anfang an hundertprozentig mit den Projektzielen seiner Auftraggeber/innen identifizieren. Und den „Bauherrn als Endkunden eines fertigen Objektes auch wieder besser spüren", wie Kleboth es ausdrückt.

Alte Denkmuster aufbrechen
Der Leistungsumfang der Kleboth Bau360 GmbH erstreckt sich von Um-, Zu- und Neubau bis hin zu Sanierungen, Umnutzungen und Revitalisierungen, und zwar sowohl für Einfamilienhäuser oder Wohnanlagen als auch für Bauten in Industrie und Gewerbe. Von der Bedarfserhebung über Planung, Gestaltung, Konzeption, von Behördengängen bis zur professionellen Umsetzung und Gesamtfertigstellung reicht Kleboths Dienstleistungsangebot („ich bin aber keine Baufirma und kein Bauunternehmen"), das der Unternehmer auf Wunsch auch als General- und Totalunternehmer oder Bauträger umsetzt. Dabei ist das Unternehmen an keine anderen Firmen gebunden und kann – so der selbst auferlegte Anspruch – frei und objektiv im Sinne des Bauherrn arbeiten. Christoph Kleboth: „Ich handle komplett im Interesse des Bauherrn, nehme seine Interessensvertretung wahr und bereite die Dinge technisch so vor, wie es sich der Bauherr vorstellt." Ein weiterer Gewinn: Alte Denkmuster und Betriebsabläufe, wie sie bei großen Mitbewerbern oft unumgänglich sind, sollen erkannt und aufgebrochen werden. Der Vorarlberger: „Ich habe mich in der Vergangenheit auch über Architekten und deren Ausführungen geärgert, und dem wollte ich eigentlich ein Ende setzten. Frei nach der Devise: Ärgere dich nicht, sondern mache es einfach selbst."

Klartext für Gründer

Erfolgreich wie Kleboth heute ist, kann er es sich auch locker leisten, ehrlich in den Rückspiegel der frühen Jahre zu blicken. Ganz zum Vorteil angehender Gründer und Gründerinnen, die so – wie es Kleboth nennt – unnötige „Fleißaufgaben" besser vermeiden können. Die ausschließliche Finanzierung seiner Gründung über Eigenkapital beispielsweise sieht der 40-Jährige, der auch einen Businessplan geschrieben hat, heute eher kritisch. Kleboth: „Ganz ehrlich, ich habe zu mir selbst gesagt: Warum hast du dir das angetan?" Im Endeffekt sei diese „Liebhaberei" nämlich kein wirtschaftlicher Vorteil gewesen, nicht zuletzt, da alle Eigenmittel im Unternehmen gebunden seien. Kleboths Folgerung: „Heute würde ich Eigenkapital nur gezielt einsetzen und mir mit einer Bank meines Vertrauens einen Rahmen abstecken und teilweise Dinge über Leasing finanzieren." Auch das frühe Engagement eines Steuerberaters zählt Kleboth zu den angesprochenen Fleißaufgaben. Denn: „Man bekommt diese Unterstützung heute auch bei der Wirtschaftskammer, dieses Geld kann man sich sparen." Und dann wären da noch die anfangs unterschätzten Probleme mit der Gemeindepolitik am ursprünglichen Standort, die eine Verlegung an den heutigen Firmensitz in Schlins nach sich zogen. Immerhin, Kleboth weiß mittlerweile, wofür's gut war: „Der jetzige Standort ist die bessere Option."

„Gründerservice spart Zeit & Geld"

Für Nachahmer hat der Gründer aber auch noch völlig anders gelagerte Tipps auf Lager. Etwa den, sich trotz des großen Arbeitsaufwandes im Kerngeschäft stets auch immer die Zeit für Networking und Promotion zu nehmen: „Veranstaltungen machen Spaß, man knüpft Kontakte und steigert den Bekanntheitsgrad." Nur konsequent, dass sich Kleboth auch schon einmal selbst beim Wirtschaftskammer-Gründertag ins Zeug legt – mit einem positiv-inspirierenden Impulsreferat zum Beispiel, dem vor zwei Jahren rund 150 angehende Gründer und Gründerinnen lauschen durften. Kein Wunder: Die Beratung beim Gründerservice der Wirtschaftskammer Vorarlberg in Feldkirch ist dem Bau-Profi noch heute in bester Erinnerung. Kleboth: „Da sind wirklich sehr engagierte Menschen am Werk, da bekommt man eigentlich jede Hilfe, die man benötigt." Nachsatz: „An die würde ich mich unbedingt wenden, damit erspart man sich viel Zeit, viel Energie und viele Kosten." Vor allem aber: „Wenn jemand eine gute Idee und den richtigen Spirit mitbringt und – inklusive Partner – voll und ganz hinter dem Projekt stehen kann, so jemandem kann ich nur Mut zur Selbstständigkeit machen."

Kleboth Bau360 GmbH
GF Bmst. DI (FH) Christoph Kleboth
Langacker 8, 6824 Schlins
www.bau360.eu

Quelle: www.gruenderservice.at

Aufgaben

Lesen Sie den Artikel und beantworten Sie folgende Fragen:

1. Welche Geschäftsidee steht hinter der Unternehmensgründung?
2. Überprüfen Sie die Geschäftsidee. Inwiefern erfüllt sie die Kriterien für ein erfolgreiches Vorhaben?
3. Auf welchem Weg ist der Gründer zu dieser Geschäftsidee gekommen?
4. Welche Vorteile aber auch Nachteile ergeben sich für den Unternehmer durch seine Selbstständigkeit gegenüber einem Arbeits- oder Dienstverhältnis?
5. Welche persönlichen Voraussetzungen (persönlichen Eigenschaften, fachlichen Qualifikationen, Familie/Partner) haben zum Erfolg der Unternehmensgründung beigetragen?
6. Zu welcher Gewerbeart zählt das Unternehmen „Kleboth Bau360 GmbH"? Sie können zur Lösung dieser Frage die Liste der freien und reglementierten Gewerbe auf der CD verwenden.
7. Welche allgemeinen Voraussetzungen und welche speziellen Voraussetzungen mussten für die Gewerbeart erfüllt sein?

Von der Idee zum Businessplan

Ausgerüstet mit einer Geschäftsidee sowie mit dem Wissen über die persönlichen und gewerberechtlichen Voraussetzungen können Sie nun darangehen, einen Businessplan anzufertigen.

In diesem Kapitel erhalten Sie einen **ersten Überblick über die Funktionen und Bestandteile eines Businessplans.** Nachdem Sie in den anschließenden Kapiteln wesentliche Themen zur Unternehmensgründung (z. B. Marketing, Unternehmensführung) kennengelernt haben, erfahren Sie im Kapitel „IV Businessplan und Finanzierung des Unternehmens“ weitere Details.

Meine Ziele

KOMPETENZ-ERWERB

Nach Bearbeitung dieses Kapitels kann ich

- die Funktionen des Businessplans erklären;
- die Hauptelemente des Businessplans wiedergeben.

1 Funktionen des Businessplans

Diskutieren Sie mit Ihren Mitschülerinnen und Mitschülern, warum beim Gründen eines Unternehmens ein Plan hilfreich ist. Was sollte Ihrer Meinung nach in einem Businessplan – also einem Plan zur Gründung eines Unternehmens – enthalten sein?

Julian Steiner hat sich im Gründerservice der Wirtschaftskammer beraten lassen und dabei erfahren, dass es nun gilt, den Fahrplan für ihren Weg in die Selbstständigkeit auszuarbeiten. In der Fachsprache heißt dieser Plan „Businessplan". Aber warum er und seine Gründungspartner unbedingt einen Businessplan benötigen und welche Inhalte darin enthalten sein sollen, ist ihnen noch ein Rätsel.

Im **Businessplan** – oft auch Geschäftsplan, Geschäftskonzept oder Unternehmenskonzept genannt – beschreibt der Gründer schriftlich seine Geschäftsidee und alle Schritte, die er zu ihrer Umsetzung plant.

Bei der **Neugründung** kommen dem Businessplan im Wesentlichen folgende **Funktionen** zu:

Ein klarer Businessplan hilft beim

Beurteilen	Überzeugen	Planen	Steuern
Geschäftsidee beurteilen: ■ Realisierbar? ■ Wirtschaftlich? ■ Kundennutzen ausreichend?	Kunden, Lieferanten, Kapitalgeber und Förderstellen einfacher überzeugen.	Umsetzung der Geschäftsidee zielgerichtet planen.	Die oftmals chaotische Gründungsphase strukturiert steuern und dabei kontrollieren, ob die Ziele erreicht werden.

Der Businessplan ist vergleichbar mit einer Straßen- oder Wanderkarte. Er beantwortet die Fragen:
- Wo bin ich jetzt?
- Wo gehe ich hin?
- Wie komme ich dorthin?

Der Businessplan kommt in der Praxis nicht nur bei Unternehmensgründungen, sondern auch bei wesentlichen **Geschäftsentscheidungen zum Einsatz.** Dazu zählen:
- Geschäftserweiterung (z. B. Einführung neuer Produkte bzw. Dienstleistungen)
- Eingehen von Kooperationen mit anderen Unternehmen
- Übernahme bzw. Übergabe von bestehenden Unternehmen

2 Struktur und Inhalt des Businessplans

Die Übersicht auf der nächsten Seite zeigt eine mögliche Struktur sowie die wesentlichen Elemente eines Businessplans. Es gibt jedoch keine allgemeingültige Formel für die Erstellung eines Businessplans.

Hauptelemente eines Businessplans	
Inhaltsverzeichnis	**Im Rahmen dieses Buches erwerben Sie wertvolle Kompetenzen zur Erstellung eines Businessplans:**
1. Executive Summary – das Besondere auf einen Blick: Die **Executive Summary** ist eine komprimierte Zusammenfassung des Businessplans. Sie ist ausschlaggebend dafür, ob sich der Leser – z. B. ein möglicher Kapitalgeber – näher mit dem Businessplan auseinandersetzt. Die Executive Summary steht zwar am Anfang, wird jedoch erst nach Abschluss aller anderen Gliederungspunkte verfasst.	
2. Unternehmen: In diesem Abschnitt des Businessplans gehen Sie darauf ein, auf welchen Grundsteinen das Unternehmen, mit welchen Sie die Idee umsetzen möchten, aufgebaut werden soll. Dabei beschreiben Sie das **Unternehmens- und Gründerprofil** und legen die **Unternehmensziele** fest.	Unternehmensrechtliche Grundlagen (Band IV); Unternehmensführung (Seite 71)
3. Produkt oder Dienstleistung: Der Sinn jedes neu gegründeten Unternehmens ist, Kunden eine Problemlösung in Form eines Produkts oder einer Dienstleistung anzubieten. Beschreiben Sie möglichst genau Ihr geplantes Angebot an **Produkten bzw. Dienstleistungen.**	Marketing (Seite 25)
4. Branche, Markt und Wettbewerb: Der Erfolg Ihres Unternehmens ist vom Absatzmarkt abhängig. Stellen Sie fest, wie hoch das Marktpotenzial Ihres Unternehmens ist, d. h. können voraussichtlich genügend Produkte bzw. Dienstleistungen verkauft werden?	Marketing (Seite 25); Unternehmensführung (Seite 71)
5. Marketing: Erfolgreiche Unternehmen sind ihren Mitbewerbern im Bereich Marketing oft einen Schritt voraus, daher stellt auch der Marketingteil ein Kernstück des Businessplans dar. Jungunternehmer müssen sich überlegen, wie sie auf intelligente und möglichst kostengünstige Weise zu ihren Kunden kommen.	Marketing (Seite 25);
6. Management, Schlüsselpersonen und Organisation: Welche **Aktivitäten** sind zur Bereitstellung eines Produktes bzw. einer Dienstleistung an einen Kunden **notwendig? Durch wen** sollen diese Aufgaben und Tätigkeiten **erbracht** werden?	Unternehmensführung (Seite 71)
7. Umsetzungsfahrplan: Für die Durchführung Ihrer Geschäftsidee ist eine **effiziente und möglichst realistische Planung** der Umsetzung wichtig.	Businessplan und Finanzierung des Unternehmens (Seite 155)
8. Chancen und Risiken: Welche Chancen und Risiken beeinflussen den Erfolg des Unternehmens?	Unternehmensführung (Seite 71)
9. Finanzplanung: Eine gute Finanzplanung ist für den Aufbau und die Entwicklung jedes erfolgreichen Unternehmens unerlässlich. Bei der Finanzplanung werden die Überlegungen, die Sie in den Vorkapiteln getroffen haben, in Zahlen ausgedrückt: Man stellt sich die Fragen **„Wie hoch ist mein Kapitalbedarf?“** und **„Wie soll das Kapital aufgebracht werden?“** Wichtig ist dabei, ausreichend Finanzmittel einzuplanen, um zahlungsfähig zu bleiben.	Finanzierung des Unternehmens (Seite 172)

„Wer's nicht einfach und klar sagen kann, der soll schweigen und weiterarbeiten bis er's klar sagen kann.“ (Karl Popper, Philosoph, 1902 – 1994)

Üben Sie das „Verkaufsgespräch im Lift“: Überlegen Sie sich ein paar überzeugende Sätze, mit denen Sie Ihre Geschäftsidee in wenigen Sekunden Ihrem Gegenüber verkaufen können. Sie könnten schließlich jederzeit einem potenziellen Kunden, Geschäftspartner oder Kapitalgeber begegnen.

Ein Businessplan erhöht die Erfolgschancen wesentlich

Wissensfragen – „Von der Idee zum Businessplan“

1. Was ist ein Businessplan?
2. Warum sollte man einen Businessplan erstellen? Beschreiben Sie die wesentlichen Funktionen eines Businessplans

KOMPETENZ-ERWERB

Ziele erreicht? – „Von der Idee zum Businessplan“

- Walter Stickler möchte gerne ein Metall- und Glasbauunternehmen gründen. Er hat von einem Freund gehört, das ein Businessplan die Erfolgschancen eines neu gegründeten Unternehmens wesentlich erhöhen kann. Warum? Welche Funktionen erfüllt ein Businessplan für Walter Sticklers Unternehmen?

Going international

Now let's use the basics of the chapter "Unternehmensgründung: der Weg in die Selbstständigkeit" in English!

Exercise 1

a) How do you get a business idea? Discuss some possibilities with your partner!

b) The following list contains examples why businesses are set up. Together with your partner find one example for each possibility!

business start-up
Unternehmensgründung
set up a business
ein Unternehmen gründen

* copying successful ideas

* gaps in the market

gap
Lücke, Kluft, offene Stelle

* developing a personal interest / personal experience

* skills

Exercise 2

a) What kind of person is willing to take the risk of starting up a business? Why do people start up their own business? Decide whether the terms given below are characteristics of an entrepreneur or reasons for founding a business.

innovative / financial reward / the product / self-determination / making decisions / building a business / able to work under pressure / showing perseverance / initiative / hard working / desire for power and control

What makes a good entrepreneur? **(characteristics)**

Why does an entrepreneur start up a business? **(reasons)**

financial reward
finanzielle Belohnung
self-determination
Selbstbestimmung (Entscheidungsfreiheit)
perseverance
Ausdauer, Beharrlichkeit

b) Think of at least two additional examples of characteristics and reasons.

II Marketing

Mussten sich Unternehmen in der Vergangenheit nur bemühen, das zu verkaufen, was sie produzierten, ist heute Kundenorientierung oberste Priorität. Oder denken Sie einmal darüber nach, welche Überlegungen Sie anstellen, bevor Sie einen MP3-Player kaufen: Muss es wirklich ein iPod sein, nur weil meine Freunde auch einen haben? Gefällt mir das Design des MP3-Players? Geht es mir vor allem um den Namen „iPod“ oder ist mir die Qualität wichtiger? Wie viel möchte ich höchstens für den MP3-Player ausgeben? Spricht mich die Werbung für den MP3-Player an? Wo will ich den MP3-Player kaufen – online oder doch lieber im Fachgeschäft?

All diese Fragen müssen sich Unternehmen stellen, um die Bedürfnisse der Kunden mit ihrem Angebot zufriedenzustellen. Aber wie stellt man es als Unternehmen an, dass der Kunde auf das eigene Angebot besonders gut anspricht und nicht auf das der Konkurrenz? Alle Maßnahmen, die für ein erfolgreiches Marketing notwendig sind, erfahren Sie in diesem Kapitel.

Der Kunde im Mittelpunkt

Eine PPT-Präsentation und weitere Übungen zum Kapitel finden Sie auf der CD.

Markt = Ort, an dem Angebot und Nachfrage aufeinandertreffen.

Produkte: Dazu zählen im Marketing nicht nur

- **Sachgüter** (z. B. Auto), sondern auch
- **Dienstleistungen** (z. B. Haarschnitt),
- **Personen** (z. B. Schauspieler, Popstars),
- **Orte** (z. B. Skigebiet) und
- **Organisationen** (z. B. Fußballverein).

Marketing bedeutet, dass das Unternehmen den Kunden in den Mittelpunkt aller Aktivitäten stellt. Da Märkte zunehmend gesättigt sind und Produkte immer austauschbarer werden, gewinnt Marketing immer mehr an Bedeutung. Die Grundfrage des Marketings lautet: „Was will der Kunde?" Der Käufer entscheidet letztendlich, was er kauft und damit auch, welches Unternehmen auf dem Markt besteht oder welches vom Markt verdrängt wird. Marktorientierung entscheidet somit über den Erfolg des Unternehmens.

In diesem Kapitel bekommen Sie einen ersten Überblick über die Aktivitäten des Marketings. Sie werden auch sehen, dass man nicht alle Kunden mit den gleichen Marketingaktivitäten zufriedenstellen kann. Außerdem werden Sie erkennen, wie wichtig es ist, sich klar von den Wettbewerbern abzuheben und eine eindeutig wahrnehmbare Positionierung des Unternehmens zu erarbeiten.

KOMPETENZ-ERWERB

Meine Ziele

Nach Bearbeitung dieses Kapitels kann ich

- beschreiben, was Marketing ist und wo im Unternehmen es stattfinden soll;
- die Grundbestandteile eines Marketingkonzeptes nennen;
- einfache Marketingziele formulieren;
- geeignete Segmentierungskriterien auswählen, um den Gesamtmarkt in Marktsegmente zu unterteilen;
- die Bedeutung einer klaren Marktpositionierung verdeutlichen;
- die Instrumente des Marketings aufzählen,
- Marktforschungsmethoden nennen.

1 Was ist Marketing?

Haben Sie sich schon einmal bei einem Kauf eines Produktes oder der Inanspruchnahme einer Dienstleistung (z. B. Friseur) bewusst für ein Unternehmen entschieden und gegen ein anderes gewendet? Warum konnte Sie ein Unternehmen als Kunde gewinnen und ein anderes nicht?

Diskutieren Sie mit Ihren Mitschülern/Mitschülerinnen darüber!

Marketing ist eine Denkhaltung, die den **Kunden in den Mittelpunkt** aller unternehmerischen Tätigkeiten stellt. Mit Marketingaktivitäten wollen Unternehmen vor allem die Bedürfnisse der Kunden besser verstehen und bestmöglich erfüllen. Dadurch sollen **Kundenzufriedenheit** und **Kundenbindung** erreicht werden.

Marketing – mehr als nur eine Abteilung

Die Aufgabenstellungen des Marketings werden besonders in größeren Unternehmen durch eine eigene **Marketingabteilung** bearbeitet. Wie die Definition oben gezeigt hat, ist es heute nicht mehr ausreichend, Marketing auf eine Abteilung zu beschränken. Marketing sollte das **Denken und Handeln des gesamten Unternehmens** bestimmen. Ein Unternehmen oder eine Organisation wird dabei „vom Markt her geführt".

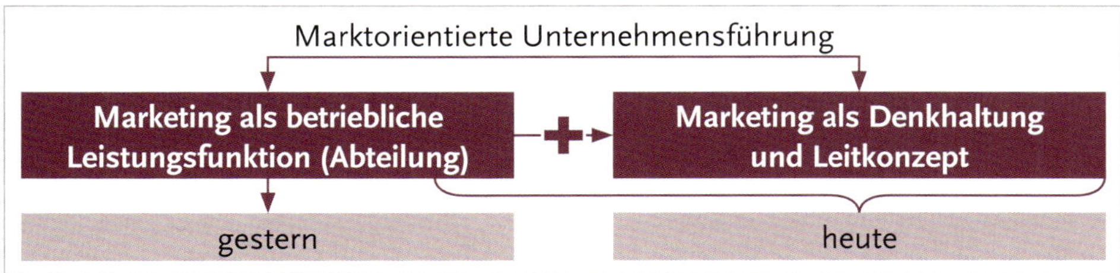

2 Wie man im Marketing ans Ziel kommt

Um eine markt- bzw. kundenorientierte Unternehmensführung konsequent umsetzen zu können, benötigt man einen schlüssigen, ganzheitlichen Handlungsplan („Fahrplan"). In der Fachsprache nennt man dies **Marketingkonzeption (Marketingkonzept).** Dazu werden

- die **angestrebten Ziele** festgelegt,
- für die Realisierung **geeignete Strategien** gewählt und auf ihrer Grundlage
- die **adäquaten Marketinginstrumente** zur operativen Umsetzung ausgewählt.

Um die Marketinginstrumente und -maßnahmen gezielter einsetzen zu können, bedient man sich der **Marktforschung.** Darunter versteht man das planmäßige Erheben (Sammeln, Gewinnen) und Auswerten von wirtschaftlich bedeutsamen Informationen über den Markt und die Marktteilnehmer.

Mehr darüber erfahren Sie im Abschnitt „Marktforschung" und im Kapitel „Instrumente des Marketings".

3 Ziele des Marketings

Die **marktpsychologischen Ziele** beziehen sich auf die **geistigen Verarbeitungsprozesse** der Käufer selbst. Sie werden bei den Marketingzielen genauer besprochen.

Aus den übergreifenden Unternehmenszielen werden Marketingziele abgeleitet. Sie sind richtungsweisend für alle weiteren Marketingentscheidungen. Man unterscheidet grundsätzlich marktökonomische und marktpsychologische Ziele des Marketings.

Deckungsbeitrag = Erlöse – variable Kosten (z. B. Materialkosten).

Werberendite = Verhältnis Gewinn zu Werbeaufwand.

Ziele des Marketings

Marktökonomische Ziele		Marktpsychologische Ziele
■ Umsatz ■ Marktanteil ■ Deckungsbeitrag ■ Werberendite usw.	betreffen z. B.	■ Bekanntheitsgrad ■ Image (der Marke, des Unternehmens) ■ Kundenzufriedenheit ■ Markentreue der Kunden

4 Marketingstrategien als Wege zu Marketingzielen

Aus den Marketingzielen werden Marketingstrategien abgeleitet. **Marketingstrategien** legen den langfristig notwendigen Handlungsrahmen bzw. die Route fest, um sicherzustellen, dass darauf aufbauend alle operativen (kurzfristigen) Marketinginstrumente zielführend eingesetzt werden. Es gibt eine Vielzahl von Marketingstrategien, deren sich ein Unternehmen bedienen kann und die miteinander verbunden werden können. Wir betrachten nun die Marktsegmentierungsstrategien.

Marktsegmentierungsstrategien: Zerlegung des Markts in Teilmärkte

Gefällt Ihnen die gleiche Musik wie Ihren Klassenkolleginnen und -kollegen? Haben Sie genau die gleichen Hobbys, die gleichen Lieblingsgerichte? Wären Sie zufrieden, wenn es von einem Produkt, z. B. einem Fahrrad, nur eine Ausführung gäbe? Warum gibt es Luxusautos und Kleinautos?

Diskutieren Sie die nebenstehende Frage mit Ihren Mitschülerinnen und Mitschülern.

Man kann mit einem Produkt meist nicht alle Zielgruppen gleichermaßen ansprechen, denn die Bedürfnisse und das Kaufverhalten der verschiedenen Käufergruppen sind sehr unterschiedlich. Will man etwas verkaufen, muss man wissen, wer als Abnehmer infrage kommt. **Das beste und kreativste Marketingkonzept verfehlt seine Absicht, wenn die Zielgruppe nicht erreicht wird!**

Das zielgruppenorientierte Marketing erfolgt in drei Schritten:

Marktsegmentierung

Der Gesamtmarkt wird anhand bestimmter Kriterien in verschiedene Teilmärkte (Marktsegmente) unterteilt.

Segmentbewertung, Festlegung des Zielmarkts

Es wird entschieden, ob mehrere oder einer dieser Teilmärkte bearbeitet werden soll.

Marktpositionierung

Um die Kunden des Marktsegments mit den eigenen Leistungen zu überzeugen, soll ein echter, bedeutsamer Kundennutzen angesprochen werden.

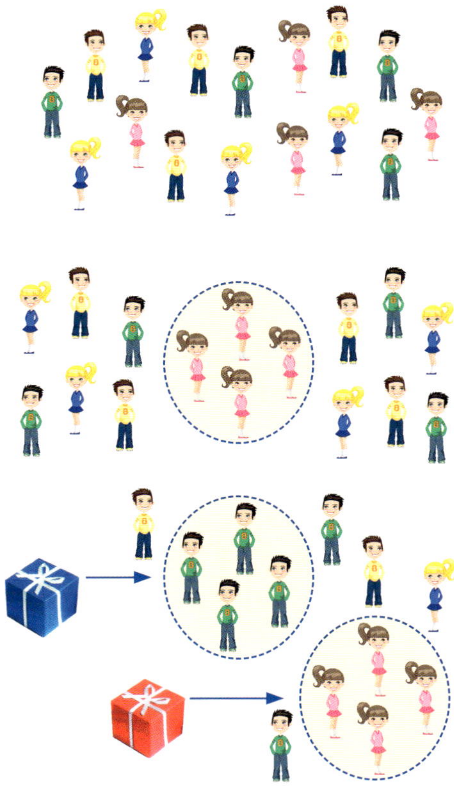

Zur Erinnerung
Markt = Ort, an dem Angebot und Nachfrage aufeinandertreffen.

Mögliche **Segmentierungskriterien** sind
- **geografische:** Bundesländer, Städte, Inland etc.;
- **demografische:** Alter, Geschlecht, Familienstand, Einkommen etc.;
- **psychografische:** Lebensstil, Persönlichkeit, Interessen etc.;
- **verhaltensbezogene:** Kaufanlass, Verwendungshäufigkeit etc.

Wie könnten Autohersteller ihren Markt anhand der vier Segmentierungskategorien segmentieren?

Marktsegmentierung

Durch die Aufteilung eines Gesamtmarkts in Käufergruppen (Marktsegmenten) mit jeweils gleichen oder ähnlichen Merkmalen können Marketinginstrumente den Kundenwünschen und -erwartungen weitestgehend angepasst werden.

Festlegung des Zielmarktes

Das Unternehmen muss entscheiden, ob es Teilmärkte oder den Gesamtmarkt bedienen will:

- **Ein oder mehrere Segmente: Konzentriertes Marketing,** d. h., ein Teilmarkt/mehrere Teilmärkte werden mit maßgeschneiderten Marketingaktivitäten bearbeitet.

  Beispiel
  Ein Uhrenanbieter spezialisiert sich auf die Segmente Sportuhren für Herren, Sportuhren für Damen und auf Allrounduhren für Kinder.

- **Alle Segmente (Gesamtmarkt):** Gesamtmarkt wird in Teilmärkt geteilt und unterschiedlich bearbeitet **(„differenziertes Marketing")** oder der Gesamtmarkt wird ohne Unterscheidung der Zielgruppe bearbeitet **(„undifferenziertes Marketing").**

  Beispiele
  - Differenziertes Marketing: Ein Uhrenanbieter deckt alle Marktsegmente des Uhrenmarkts ab: Sportuhren für Damen und Herren, Designeruhren, Taucheruhren, Kinderuhren etc.
  - Undifferenziertes Marketing: Ein Uhrenanbieter bietet ein Uhrenmodell für den gesamten österreichischen Markt an.

Bei der Auswahl der Teilmärkte ist wichtig, dass die Marktsegmente nicht zu klein sind, damit sie betriebswirtschaftlich sinnvoll sind.

Marktpositionierung

Um die Kunden des Marktsegments mit den eigenen Leistungen zu überzeugen, soll ein echter, bedeutsamer Kundennutzen angesprochen werden. Außerdem soll sich das Unternehmen dauerhaft positiv vom Wettbewerbsangebot abgrenzen. Man spricht dabei von einer **„Unique Selling Proposition" (USP),** d. h. einem **einzigartigen Verkaufsvorteil.**

USP = Alleinstellungsmerkmal.

Beispiele
- Audi etabliert sich als Premiummarke auf dem PKW-Markt.
- Sebamed-Duschgel wird als „medizinisches Duschgel" positioniert.
- IKEA positioniert sich als Anbieter formschöner und funktionsgerechter Einrichtungsgegenstände zu möglichst niedrigen Preisen.

Aufgabenstellung – „Marketingstrategien als Wege zu Marketingzielen"

- Welche Personen könnten sich für folgende Produkte interessieren? Beschreiben Sie die mögliche Zielgruppe für jedes Produkt mithilfe der Segmentierungskriterien. Welche Segmentierungskriterien könnten dabei jeweils bedeutsam sein?

5 Umsetzung der Marketingstrategien durch Marketinginstrumente

Die Marketingstrategien können durch den systematischen Einsatz der Marketinginstrumente umgesetzt werden.

Die **Instrumente des Marketings** (Marketingpolitiken) sind bestimmte Maßnahmen und Mittel, mit denen ein Unternehmen seine Aktivitäten auf den Märkten gezielt gestaltet. Die klassische Marketinglehre unterscheidet vier Instrumente des Marketings.

Die verschiedenen **Marketinginstrumente** haben eine größere Wirkung, wenn sie zusammen eingesetzt und so gut wie möglich **aufeinander abgestimmt** werden. Die Kombination der einzelnen Marketinginstrumente bezeichnet man als **Marketingmix.**

Um den Marketingmix gezielt planen und an die Bedürfnisse der Zielgruppe sowie an die Marktgegebenheiten (z. B. Konkurrenzverhalten) anpassen zu können, wird laufend auf die Ergebnisse der **Marktforschung** zurückgegriffen.

Der Begriff **Marketingmix** stammt vom amerikanischen Wirtschaftswissenschaftler NEIL H. BORDEN. Er vergleicht das Planen und Organisieren von Marketingmaßnahmen mit Kuchenbacken. Der Marketingmanager ist für ihn ein „mixer of ingredients“ (Mischer von Zutaten). Nur wenn die Mischung, also die Kombination der Marketinginstrumente, stimmt, wird das Ergebnis zufriedenstellend sein.

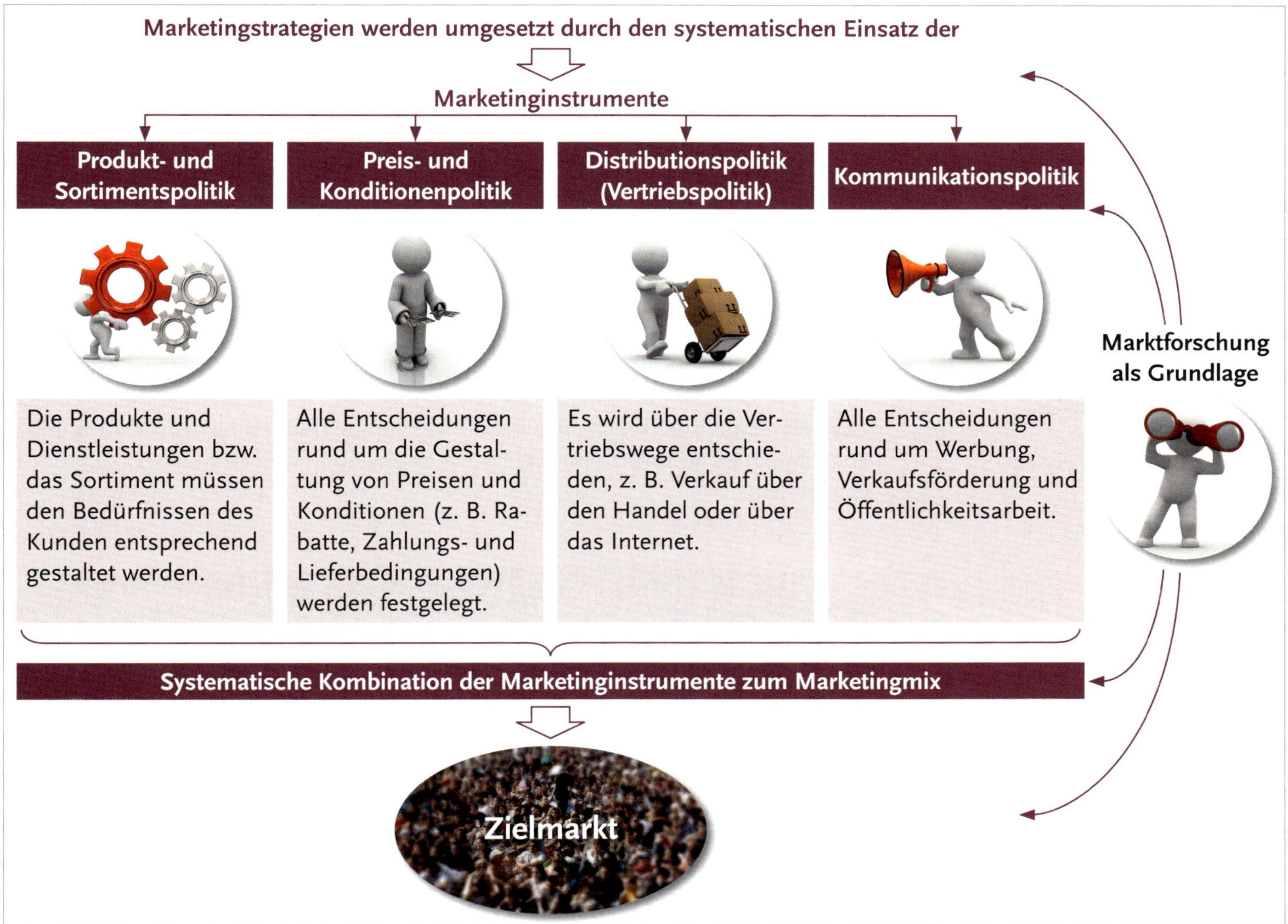

Ordnen Sie die im Beispiel beschriebenen Marketingmaßnahmen den Teilpolitiken des Marketings zu.

- Produkt- und Sortimentspolitik:
- Preis- und Konditionenpolitik:
- Distributionspolitik:
- Kommunikationspolitik:

Beispiel: Von den Unternehmenszielen zum Marketingmix
Der Sportbekleidungshersteller Sport4U hat das Unternehmensziel: „Wir wollen führender Spezialanbieter für hochwertige Sportbekleidung sein.“ Darauf aufbauend wurde eine Marketingstrategie zur Steigerung des Marktanteils in Österreich entwickelt. Mit der neuen Marke „Sport4U-Trendline“ soll eine junge, dynamische Zielgruppe angesprochen werden. Im Marketingmix wird weiter detailliert überlegt, mit welchen Marketinginstrumenten dies erreicht werden soll. Zum Beispiel wurden folgende Maßnahmen festgelegt:

- Trendiges Produktdesign entwickeln.
- Anzeigenkampagnen in Sport- und Freizeit-Zeitschriften schalten.
- Einführungsrabatte gewähren, um Kunden zum Kauf zu motivieren.
- Aufbau eines Webshops für den Direktvertrieb der Waren an die Kunden.

Aha!
Die Instrumente des Marketings werden im Englischen auch als die „4P“ bezeichnet:

- Product
- Price
- Place
- Promotion

Viele Fachbegriffe im Marketing stammen aus dem Englischen.

5.1 Marktforschung als Grundlage

Mithilfe der Mafo sollen Informationen über

- Kunden,
- Konkurrenz,
- Verkaufsmöglichkeiten,
- Umwelt sowie
- das eigene Unternehmen

gewonnen werden.

Die Marktforschung soll helfen, den Markt eines Unternehmens besser kennen zu lernen und die Marketinginstrumente und -maßnahmen gezielter einzusetzen.

Die Marktforschung schafft die Voraussetzung dafür, dass Unternehmen ihre Aktivitäten an tatsächlichen Gegebenheiten auf dem Markt und nicht an Vermutungen ausrichten. Sie ist somit eine wichtige Voraussetzung für den Markterfolg von Unternehmen.

Aufgabenstellung – „Marktforschung als Grundlage“

- Haben Sie oder jemand aus Ihrer Familie schon einmal an einer Marktforschungsuntersuchung teilgenommen (z. B. einen Fragebogen ausgefüllt)? Worum ging es dabei? Welches Ziel könnte das Unternehmen damit verfolgt haben?

5.2 Aufgaben der Marktforschung

Sie haben heute einen neuen Auftrag vom Unternehmen FunkMeister, einem Anbieter von Mini-Funkgeräten mit speziellem Design, erhalten. Im Rahmen einer Marktforschungsuntersuchung soll die Zufriedenheit der Kunden mit dem Servicecenter untersucht werden. Die Kunden kontaktieren das Unternehmen vor allem bei Produktmängeln. Umso wichtiger ist es, dass die Zufriedenheit durch die Mitarbeiter des Servicecenters wiederhergestellt wird. Ob das wirklich so ist, werden Sie herausfinden!

Welche Aufgabe erfüllt die Marktforschung in nebenstehendem Business-Case?

Unter **Marktforschung** versteht man die systematische
- Sammlung,
- Aufbereitung,
- Analyse und
- Interpretation

von Informationen über Märkte (Kunden und Wettbewerber) unter Zuhilfenahme geeigneter **Methoden und Techniken.** Die Ergebnisse der Marktforschung bilden die **Grundlage für wichtige Marketingentscheidungen.**

Aufgabe der Marktforschung ist die Gewinnung von Informationen über ...	
Marktposition des Unternehmens	■ Stellung des Unternehmens im betrachteten Markt. ■ Marktanteil. ■ Bekanntheitsgrad.
Allgemeine Markteigenschaften und -entwicklungen	■ Entwicklung der durchschnittlich zu erzielenden Gewinne auf dem Markt. ■ Marktwachstum.
Kundensegmente	Identifikation der Kundensegmente auf dem Markt, z. B.: ■ Marktsegmente in einer bestimmten Altersgruppe (Senioren- oder Jugendmarkt). ■ Qualitäts- oder Schnäppchenkäufer.
Kundenverhalten und -bedürfnisse	■ Analyse des Einkaufsverhaltens der Kunden (z. B. warum ein bestimmtes Produkt gekauft wird). ■ Identifikation von Bedürfnissen. ■ Reaktion der Abnehmer auf absatzpolitische Maßnahmen des Unternehmens (z. B. ob die Werbung den Bekanntheitsgrad des Produkts erhöht).
Kundenzufriedenheit und -loyalität	■ Analyse der Zufriedenheit der Kunden mit der Leistung des Unternehmens. ■ Analyse der Kundenloyalität.
Wettbewerber	■ Zahl der Wettbewerber. ■ Aktivitäten der Wettbewerber.

Kundenloyalität = Verbundenheit gegenüber dem Unternehmen.

Die Ergebnisse der Marktforschung sollen über das **tatsächliche Geschehen (Marktdiagnose)** und **zukünftige Entwicklungen** des Marktes **(Marktprognose)** informieren.

Welche Methoden der Sekundärforschung und der Primärforschung wurden nebenstehend erwähnt? Die Übersicht hilft Ihnen dabei.

Primäre Marktforschung wird häufig von Marktforschungsinstituten durchgeführt, z. B.

- AC Nielsen
- GfK
- IMAS
- Spectra
- market

5.3 Marktforschungsmethoden

Die Zufriedenheit der Kunden mit dem Servicecenter des Unternehmens Funk-Meister werden Sie mithilfe von telefonischen Interviews erheben. Dazu müssen Sie einen Fragebogen erstellen. Um einen möglichst guten Fragebogen verfassen zu können, werden Sie zuvor unternehmensinterne Informationsquellen (z. B. die Kundendatenbank) sowie unternehmensexterne Informationsquellen (z. B. Literatur über die Erfolgsfaktoren von Servicecentern) heranziehen.

Um Daten im Rahmen der Marktforschung zu gewinnen, können entweder sogenannte Primärdaten neu erhoben werden oder bereits vorhandene Daten (Sekundärdaten) verwendet werden. Es steht eine Fülle an Methoden zur Verfügung, die je nach Problemstellung einzeln oder in Kombination eingesetzt werden können.

Marktforschungsmethoden

Sekundäre Marktforschung (Desk Research)

Systematische Sammlung, Aufbereitung und Auswertung **bereits vorhandener Daten und Informationen.**

Methoden

- Analyse der Informationen aus Kunden- und Lieferantendatei
- Analyse der Prospekte und Aussendungen von Mitbewerbern
- Internet (Suchmaschinen) etc.

Primäre Marktforschung (Field Research)

Benötigte Informationen werden **direkt am Markt und bei den Marktteilnehmern** erhoben.

Methoden

- Beobachtung
- Befragung
  - schriftlich
  - mündlich
- Experiment (z. B. Produkttest, Storetest)

5.3.1 Sekundärforschung

Bei der **Sekundärforschung** werden bereits vorliegende, d. h. nicht eigens für den konkreten Fall erhobene Daten für Zwecke der Marktforschung ausgewertet.

- **Unternehmensinterne Informationsquellen**
  - Außendienstberichte
  - Kundenstatistiken (z. B. Kunden nach Art, Größe und Gebiet; Reklamationen)
  - Unterlagen aus dem Rechnungswesen und der Kostenrechnung
  - Umsatzstatistiken
  - Frühere Marktforschungsuntersuchungen (Primärerhebungen)

- **Unternehmensexterne Informationsquellen**
  - Internet

- Amtliche Statistiken
- Externe Datenbanken
- Publikationen (Zeitungen, Zeitschriften, Bücher)
- Veröffentlichungen anderer Unternehmen und Institutionen (z. B. Geschäftsberichte)

Kann das Problem mit den gewonnenen sekundären Daten nicht ausreichend beantwortet werden, so ist eine primäre Marktforschung durchzuführen.

5.3.2 Primärforschung

Werden auf dem Markt erstmals Daten für einen bestimmten Zweck erhoben, so spricht man von **primärer Marktforschung.**

Zu den wichtigsten Datenerhebungsmethoden der primären Marktforschung zählen:

Datenerhebungsmethoden	Erklärung
Befragung	Bei einer **Befragung** werden den zu untersuchenden Marktteilnehmern gezielt Fragen gestellt. Sie kann in unterschiedlichen Formen durchgeführt werden: persönlich, telefonisch, schriftlich oder computerunterstützt. Neben der Befragung einzelner Personen mithilfe eines standardisierten **Fragebogens** gibt es ebenfalls Befragungen, die in einer nicht oder nur teilweise standardisierten Weise erfolgen. Anstatt eines fix vorgegebenen Fragebogens verwendet die Interviewerin/der Interviewer einen **Interviewleitfaden** mit Kernfragen.
Beobachtung	Unter Beobachtung versteht man die systematische Erfassung des Verhaltens von Menschen. Man unterscheidet: ■ **Persönliche Beobachtung** **Beispiel** Beobachtung von Einkaufspraktiken des Verbrauchers. ■ **Apparative Beobachtung** **Beispiel** Kundenwege werden im Geschäft mithilfe von angebrachten Videokameras aufgezeichnet. ■ **Online Beobachtung** Relevante Onlinequellen, die von Unternehmen herangezogen werden können sind z. B. Foren, Blogs, Soziale Netzwerke, Videoportale etc.
Experiment	Bei einem **Experiment** erzielt man Erkenntnisse, indem man unter planmäßig festgelegten und kontrollierten Bedingungen die Untersuchungsteilnehmer durch vorher festgelegte Maßnahmen gezielt beeinflusst, sie dabei beobachtet und/oder anschließend befragt. Experimente können entweder unter natürlichen Bedingungen **(Feldexperiment)** oder unter künstlichen Bedingungen **(Laborexperiment)** durchgeführt werden.

Ein Beispiel eines Fragebogens finden auf der CD.

Die nicht standardisierte Befragung erfolgt entweder als
- Einzelbefragung oder als
- Gruppenbefragung (Fokusgruppe).

Beispiel: Laborexperiment
Insbesondere Produkt-, Verpackungs- und Geschmackstests, werden unter standardisierten Bedingungen im Labor durchgeführt.

Beispiel: Feldexperiment
Eine Person wird in ihrer alltäglichen Umgebung beobachtet, z. B. in ihrem Wohnzimmer oder an einer Fußgängerampel.

Wichtige Arten von Experimenten in der Marktforschung:

- **Produkttest**

Beispiel
Ein Eishersteller lässt Kinder Speiseeis in verschiedenen Geschmacksrichtungen, Farben und Formen kosten und anschließend über ihre Eindrücke befragen. Die Ergebnisse der Befragung dienen dazu, das Speiseeis an die Geschmäcker der Kinder anzupassen.

- **Storetest**

Beispiel
Ein Produkt wird in 30 unterschiedlichen Geschäften drei Monate in drei verschiedenen Packungsgrößen angeboten. Nach dem Test stellt man fest, wie viele Produkte der verschiedenen Packungsgrößen jeweils gekauft wurden.

- **Markttest**

Beispiel: Mikrotestmarkt in Hassloch
Die Gesellschaft für Konsumforschung (GfK) bietet Unternehmen sogenannte Mikrotestmärkte an. GfK hat z. B. in Hassloch (Deutschland) 3 000 Haushalte angeworben. Diese Haushalte stellen ein „verkleinertes Abbild der Haushalte in Deutschland“ dar. Auf diesem Markt können Unternehmen neue Produkte sowie alle Marketingmaßnahmen überprüfen lassen.
(Quelle: GfK Nürnberg)

Aufgabenstellungen – „Umsetzung der Marketingstrategien durch Marketinginstrumente“

1. Ordnen Sie folgende Marketingmaßnahmen den Teilpolitiken (Instrumenten) des Marketings zu.

Marketingmaßnahmen	Produkt- und Sortiments-politik	Preis- und Konditionen-politik	Distributions-politik	Kommunika-tionspolitik
a) Das Unternehmen TrendPhones präsentiert seine neuen Produkte auf einer Fachmesse für Elektrotechnik.				
b) Die Handys von TrendPhones werden bewusst zu hohen Preisen angeboten und stehen somit nicht mit Billiganbietern im Wettbewerb.				
c) Für die Handys werden in Zukunft ausschließlich ökologische Materialien verwendet.				
d) In TV-Spots stellt TrendPhones sein neues ethisch und ökologisch unbedenkliches Handy vor.				
e) Den Händlern, an die TrendPhones Handys verkauft, räumt TrendPhones 30 Tage Ziel ein; bei Zahlung innerhalb von 14 Tagen werden 3 % Skonto gewährt.				
f) Die Handys werden ausschließlich von Elektrofachmärkten angeboten.				

2. Handelt es sich bei den folgenden Sachverhalten um Primärforschung oder um Sekundärforschung?

Marktforschungsbeispiel	**Primär-forschung**	**Sekundär-forschung**
a) Ein Handelsunternehmer besucht die Homepage der Wirtschaftskammer, weil er wissen möchte, wie der aktuelle Branchenbericht aussieht.		
b) Ein Umweltschutzverein schickt einen Fragebogen an seine Mitglieder, um ihre Zufriedenheit zu erfragen.		
c) Ein Lebensmittelhändler beobachtet das Verhalten seiner Kunden, u. a. den Faktor, wie lange sie sich durchschnittlich in seinem Laden aufhalten.		
d) Ein Friseur möchte wissen, wie viele seiner Mitbewerber aus dem Ort bereits eine Homepage haben, und recherchiert daher im Internet.		

Wissensfragen – „Der Kunde im Mittelpunkt“

1. Was versteht man unter Marketing?
2. Wo sollte nach einem modernen Marketingverständnis Marketing in einem Unternehmen stattfinden?
3. Welche Grundbestandteile sollte ein Marketingkonzept enthalten?
4. Nennen Sie jeweils zwei marktökonomische und zwei marktpsychologische Marketingziele.
5. Was versteht man unter Marktsegmentierung?
6. Nach welchen Merkmalen können Kunden eingeteilt werden?
7. Welche Möglichkeiten der Marktbearbeitung hinsichtlich des Gesamtmarkts oder der Teilmärkte kennen Sie?
8. Was versteht man unter Unique Selling Proposition?
9. Warum ist eine klare Positionierung von Produkten wichtig für Unternehmen?
10. Welche Instrumente des Marketings unterscheidet man?
11. Was versteht man unter Marketingmix?
12. Welche Aufgaben hat Marktforschung?
13. Nennen Sie den Unterschied zwischen Primär- und Sekundärforschung?

Ziele erreicht? – „Der Kunde im Mittelpunkt“

KOMPETENZ-ERWERB

Ausgangssituation

Beiersdorf ist ein internationales Kosmetikunternehmen und steht u. a. hinter der führenden Marke NIVEA. Die Produkte reichen von Gesichts- und Körperpflegeprodukten für Frauen über Pflegeprodukte für Männer bis hin zu Sonnenschutzprodukten.

Für den Markt in Großbritannien hat sich Beiersdorf zum ***Ziel*** *gesetzt, mit NIVEA Sun in den nächsten Jahren Marktführer zu werden. Dazu hat Beiersdorf eine Untersuchung durchgeführt, um herauszufinden nach welchen Kriterien der Gesamtmarkt aufgeteilt werden kann. Die NIVEA-Sun-Produkte sollen so auf die Bedürfnisse der Kunden abgestimmt und folglich die Ziele erreicht werden.*

Ein wesentliches Kriterium bei der ***Einteilung in Käufersegmente*** *ist der Grund der Verwendung des Sonnenschutzprodukts. Dieser hat mit den Interessen (Urlaub, Sport, Gartenarbeit etc.) der Anwender zu tun und bestimmt den Sonnenschutzfaktor. Die meisten Konsumenten kaufen jedoch mehrere Produkte mit unterschiedlichen Sonnenschutzfaktoren. Daher ist dieser Grund alleine zu wenig, um den Markt zu segmentieren.*

Es wurden unterschiedliches Verhalten und unterschiedliche Einstellungen bei Frauen und Männern sowie bei Eltern kleinerer Kinder festgestellt. Männern ist eine einfache Anwendung wichtig, Frauen hingegen bevorzugen luxuriösere Sonnenprodukte.

Anhand der ***persönlichen Einstellungen*** *konnte NIVEA folgende Käufergruppen identifizieren:*

- ***Besorgte Anwender*** *legen großen Wert auf Sonnenschutz.*
- ***Sonnenmeider*** *bevorzugen die Sonne zu vermeiden anstatt Sonnenschutzprodukte zu verwenden. Sie sollte man mit Produkten, die einfach anzuwenden sind, überzeugen.*
- ***Sonnenanbeter*** *lieben die Sonne und wissen über Sonnenschutz Bescheid. Wenn sie einmal einem Sonnenschutzprodukt vertrauen, bleiben sie diesem treu.*
- ***Sorglose Bräuner*** *gehen gerne in die Sonne, schützen sich jedoch mit einem zu geringen Sonnenschutzfaktor.*
- ***Schönheitsbewusste*** *möchten eine gesunde Bräune und wissen, dass Sonnenschutz wichtig ist. Bei Sonnenschutzprodukten legen sie Wert auf Zusatznutzen, z. B. Pflegewirkung.*

Um die ***Bedürfnisse verschiedener Käufersegmente*** *zu treffen, reagiert NIVEA Sun mit innovativen Produktentwicklungen, z. B. Spray-Produkte, die einfacher anzuwenden sind (vor allem für Männer), oder farbige Cremen für Kinder, um die Anwendung lustiger zu machen. Außerdem kreiert NIVEA laufend innovative Werbekampagnen, in denen vor allem Frauen angesprochen werden, da sie die Hauptkäufer aller NIVEA-Sun-Pflegeprodukte sind.*

Aufgaben

1. Erklären Sie, warum es für NIVEA wichtig ist, Marketing zu betreiben.

2. Was sind die Grundbestandteile eines Marketingkonzepts?

3. Welches Marketingziel hat sich NIVEA für den Markt in Großbritannien gesetzt?

4. Formulieren Sie zwei weitere mögliche Marketingziele für NIVEA.

5. Nach welchen Segmentierungskriterien hat NIVEA den Gesamtmarkt in Teilmärkte eingeteilt?

6. Welche Segmentierungskriterien könnte man heranziehen, um die Marktsegmente noch weiter zu segmentieren? Begründen Sie die Wahl der Segmentierungskriterien.

7. Warum ist eine klare Marktpositionierung wichtig für NIVEA?

8. Im Text wurden Marketingmaßnahmen, die NIVEA gesetzt hat, genannt. Welchen Instrumenten des Marketings (Marketingpolitiken) können sie zugeordnet werden?

Instrumente des Marketings

Eine PPT-Präsentation und weitere Übungen zum Kapitel finden Sie auf der CD.

Hat man mithilfe der Marktforschung genaue Daten über den Markt bzw. die potenziellen Käufer erhalten, muss das Unternehmen überlegen, wie es diese potenziellen Kunden für sich gewinnen kann. Dazu bedient es sich der Instrumente des Marketings. Das sind bestimmte Maßnahmen und Mittel, mit denen ein Unternehmen seine Aktivitäten auf den Märkten gezielt gestaltet, um den Absatz zu halten oder zu steigern.

Instrumente des Marketings

Produkt- und Sortimentspolitik	Preis- und Konditionenpolitik	Distributionspolitik	Kommunikationspolitik

Systematische Kombination der Marketinginstrumente zum Marketingmix

Durch einen optimalen Marketingmix kann ein Unternehmen auf dem Markt
- den Eindruck eines einzigartigen Angebotes vermitteln **(USP)**,
- seine Marktposition ausbauen,
- einen wirtschaftlichen Erfolg erzielen oder steigern.

Meine Ziele

KOMPETENZ-ERWERB

Nach Bearbeitung dieses Kapitels kann ich
- die Instrumente des Marketings erklären;
- Marketinginstrumente anwenden;
- einfache Marketingkonzepte für eine Geschäftsidee entwickeln;
- Marketingmaßnahmen von Unternehmen analysieren und kritisch beurteilen.

1 Produkt- und Sortimentspolitik

Welchen Nutzen bietet Swatch seinen Kundinnen und Kunden?

Swatch zählt zu den erfolgreichsten Armbanduhrenhersteller der Welt und ist bekannt für seine bunten Plastikuhren, die in halbjährlich wechselnden Kollektionen erscheinen. 2011 führte das Unternehmen mit dem Modell Swatch Touch erstmals eine Armbanduhr mit reiner Digitalanzeige in sein Sortiment ein. Alle wichtigen Komponenten der Swatch Touch einschließlich der LCD-Digitalanzeige gibt es in zwanzig unterschiedlichen Farben. Kundinnen und Kunden wird so die Möglichkeit geboten, die Farbe ihrer Uhr dem Outfit anzupassen. Durch diese Besonderheit hebt sich das Unternehmen deutlich von seinen Wettbewerbern ab.

Die **Produkt- und Sortimentspolitik** umfasst alle planmäßig aufeinander abgestimmten unternehmerischen Entscheidungen und Maßnahmen, um die Produkte eines Unternehmens kundengerecht auf dem Markt anzubieten.

Auch Sänger wie Robbie Williams zählen im Marketing zu Produkten und müssen professionell vermarktet werden

Ein **Produkt** ist jedes Objekt, das auf einem Markt angeboten wird und geeignet ist, Wünsche und Bedürfnisse zu befriedigen. Unter einem Produkt versteht man im Marketing nicht nur

- **Sachgüter** (z. B. Auto), sondern auch
- **Dienstleistungen** (z. B. Haarschnitt),
- **Personen** (z. B. Schauspieler, Popstars),
- **Orte** (z. B. Skigebiet) und
- **Organisationen** (z. B. Fußballverein).

Die **Gesamtheit aller Produkte** eines Unternehmens wird als **Produktprogramm bzw. Sortiment** bezeichnet.

Welche Entscheidungen über Produkte und über das Sortiment (Produktprogramm) zu treffen sind, erfahren Sie nun.

1.1 Kunden- und marktgerechte Gestaltung von Produkten

Produkte sind umso erfolgreicher zu vermarkten, je besser sie den Bedürfnissen der Käufer bzw. Anwender entsprechen oder sie sogar übertreffen und somit Begeisterung bei Kunden hervorrufen.

1.1.1 Nutzen eines Produkts

Grundsätzlich erwartet jeder Käufer von einem Produkt, dass es gewisse Grundfunktionen erfüllt. So erwartet man sich von einem Getränk, dass es den Durst stillt. Man spricht hier von **Grundnutzen.** Darüber hinaus können Unternehmen zusätzliche Funktionen anbieten, die über die grundlegenden Anforderungen der Kunden hinausgehen. Es entsteht ein **Zusatznutzen.**

Zusatzleistungen (Service) sind die zum Kernprodukt zusätzlichen Leistungen, meist in Form von **Dienstleistungen.**

Eine **positive Abhebung von den Wettbewerbern** ist in den meisten Fällen nur **über Zusatzleistungen und Zusatznutzen** möglich.

Produktdimensionen

Produktkern mit Grundnutzen
Technische und funktionale Grundeigenschaften

+

Zusatzleistungen (Serviceleistungen)
(z. B. Beratung, Schulungen, Kundenclub, Kundendienst, Garantie)

+

Zusatznutzen
(z. B. Design, spez. Funktionalität, hohe Qualität, Image, Markierung, Erlebnis, Prestige, Verpackung)

=

PRODUKT

Beispiel

Produktkern mit Grundnutzen
Tragbare Musik in digitaler Form – MP3/MP4 hören.

+

Zusatzleistungen
- Mit dem Online-Musikgeschäft iTunes verknüpfbar.
- Regelmäßige Software-Updates.

+

Zusatznutzen
- Ansprechendes Design.
- Einfache Bedienung.
- Individuelle Anpassung des Menüs an eigene Bedürfnisse möglich.
- Hohe Klangqualität.
- Trendiges und cooles Gefühl.
- Anerkennung von anderen.
- Originelle Verpackung.

=

iPod

Serviceleistungen vor, während und nach dem Kauf sind wichtig für die Kundenzufriedenheit. Kunden sollen begeistert und langfristig an das Unternehmen gebunden werden.

Aufgabenstellungen – „Nutzen eines Produkts“

1. Vervollständigen Sie die folgende Tabelle:

Produkt	Grundnutzen	Zusatznutzen	Zusatzleistung
Red Bull			
Nespresso-Kaffeemaschine			
Schuhe von Nike			

Tipp: Eine Recherche im Internet kann Ihnen helfen, herauszufinden, welche Grund- und Zusatznutzen sowie Zusatzleistungen die Unternehmen versprechen.

2. Ihre Aufgabe ist es, vier Unternehmen zu erfolgreichen Produkten zu verhelfen. Da diese Unternehmen nicht allein auf dem Markt sind, müssen sie durch Zusatznutzen und Zusatzleistungen Kunden für sich gewinnen. Vervollständigen Sie die folgende Tabelle und lassen Sie dabei Ihre Fantasie spielen!

Produkt	Grundnutzen	Zusatznutzen	Zusatzleistung
Uhr			
Mineralwasser			
Auto			
Handy			

1.1.2 Gestaltungselemente eines Produkts

Alle Gestaltungselemente eines Produkts müssen den Bedürfnissen der Kunden entsprechen. Folgende Ansatzpunkte zur Gestaltung eines Produkts und somit seiner Attraktivität können genutzt werden:

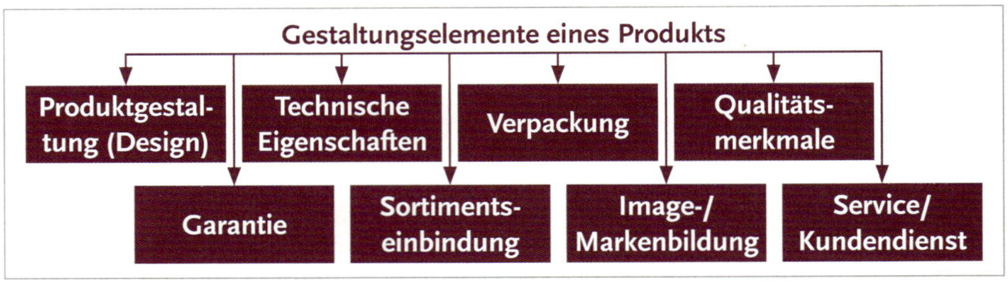

1.2 Produktanalyse

Unternehmen sollten regelmäßig ihre Produkte analysieren: „Haben wir Produkte, mit denen wir auch in Zukunft erfolgreich sein werden?" Wichtige Hilfsmittel sind hier die **Produktlebenszyklusanalyse** und die **Portfolioanalyse.**

1.2.1 Produktlebenszyklus

Das **Produktlebenszyklusmodell** geht davon aus, dass Produkte grundsätzlich wie Lebewesen einem Lebenszyklus unterworfen sind.

Die Lebensdauer ist u. a. begrenzt durch
- technischen Fortschritt,
- Änderungen des Verbraucherverhaltens oder
- kurzlebige Trends.

Der Produktlebenszyklus kann auf einzelne Produkte, aber auch auf Produktgruppen (Produktlinien) und selbst auf ganze Produktbranchen bezogen werden.

Beispiele: begrenzte Lebensdauer von Produkten
- Der Videorekorder und die VHS-Kassette wurden durch den DVD-Player und die DVD aufgrund neuer Technologien ersetzt. Nun ist auch die DVD durch Online-Videoangebote in Gefahr.
- Fotoapparate mit herkömmlichen Filmen wurden durch digitale Fotoapparate ersetzt.
- Farben und Schnitte der Bekleidung sind kurzlebigen Trends unterworfen.

Smartphones unterliegen einem kurzen Lebenszyklus, laufend ändern sich die technologischen Fortschritte

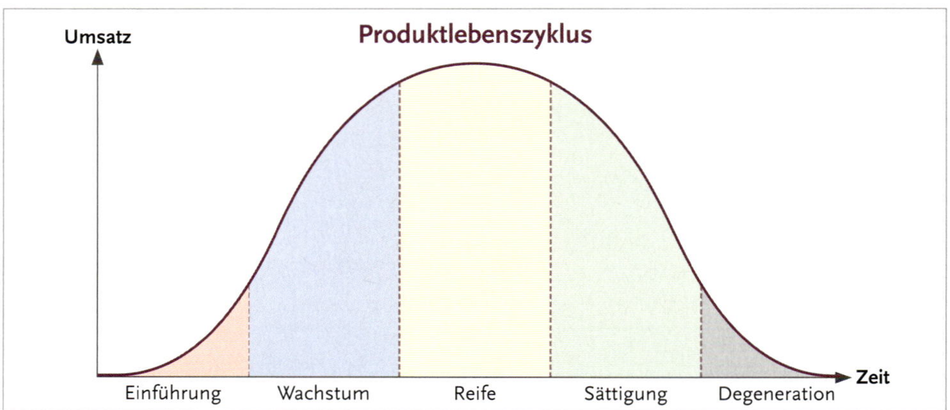

Der Produktlebenszyklus zeigt die Lebenszyklusphasen in Abhängigkeit der Umsatzentwicklung.

Man unterscheidet folgende **Lebenszyklusphasen:**
- **Einführungsphase:** Das Produkt wird neu auf dem Markt eingeführt und erwirtschaftet noch wenig Umsatz.
- **Wachstumsphase:** Der Umsatz steigt kontinuierlich, das Produkt kommt bei den Käufern an. Werbemaßnahmen unterstützen die Wachstumsphase des Produkts.

- **Reifephase:** Die Umsatzzuwächse lassen nach.
- **Sättigungsphase:** Der Markt ist gesättigt. Eine Steigerung des Umsatzes ist nicht mehr möglich. Der Umsatz geht zurück.
- **Degenerationsphase (Rückgangsphase):** Der Umsatz sinkt immer mehr, es kann ein Relaunch versucht oder das Produkt vom Markt genommen werden.

Die Lebensdauer von Produkten ist sehr unterschiedlich. Einige Produkte schaffen es gar nicht weit (sogenannte Flops) und andere haben lange Lebenszyklen (z. B. Waschmittel).

Relaunch

Häufig wird versucht, den Lebenszyklus eines Produkts durch einen Relaunch zu verlängern. Dabei wird bereits in der Reife- oder Sättigungsphase das bestehende Produkt verändert (Produktvariation) und damit ein Neustart versucht.

Beispiele

- Relaunch von Automodellen durch neue Ausstattungsmerkmale.
- Relaunch von Waschmitteln durch neue Zusätze, neue Formel („jetzt mit neuer Frischeformel“).

1.2.2 Portfolioanalyse

Eine weitere Möglichkeit, Produkte in ihren Lebensabschnitten darzustellen und zu bewerten, ist die **Portfolioanalyse (Marktwachstums-Marktanteils-Matrix)** der Boston Consulting Group. Die Portfolioanalyse ordnet die Produkte in eine 4-Feld-Matrix mit den Koordinatenachsen „Marktwachstum“ und **„relativer Marktanteil“** ein:

Relativer Marktanteil = eigener absoluter Marktanteil / absoluter Marktanteil des größten Konkurrenten

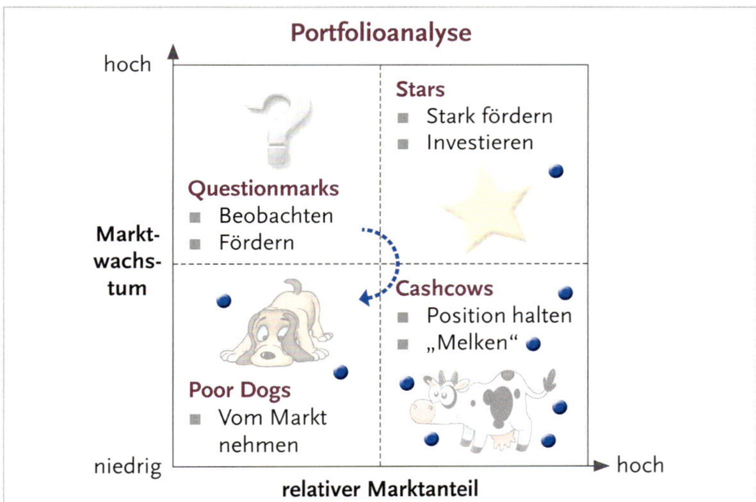

Anmerkung zur Grafik: Dieses Unternehmen lebt von gut gehenden Produkten (siehe blaue Punkte in der nebenstehenden Abbildung), aber es fehlt an Nachfolgeprodukten für die Cashcows. – Das Unternehmen muss alle Produkte im Auge behalten und für ein ausgewogenes Verhältnis sorgen, um langfristig auf dem Markt bestehen zu können!

Im Normalfall durchwandern die einzelnen **Produkte bzw. Produktgruppen im Laufe ihres Produktlebenszyklus** die vier Felder in folgender Reihung und haben je nach Feld unterschiedliche Strategien zur Folge:

- **Questionmarks (Fragezeichen):** Das sind Nachwuchsprodukte in der Einführungsphase. Sie haben einen geringen Marktanteil, befinden sich aber auf einem Wachstumsmarkt. Sie bedürfen einer besonders hohen finanziellen Förderung. Zeigen sie nicht den gewünschten Erfolg, sollten sie vom Markt genommen werden.
- **Stars (Sterne):** Durch hohe Wachstumsraten werden die Nachwuchsprodukte zu „Stars“. Sie werfen zum Teil hohe Gewinne ab, Umsatz und Marktanteile können noch weiter gesteigert werden.
- **Cashcow (Melkkuh):** Wenn die jährliche Wachstumsrate sinkt, wird aus dem Star eine Cashcow. Eine Cashcow erfordert kaum mehr Investitionen, sie steuert viel Gewinn für die Unternehmenskassa bei. Man versucht, Produkte möglichst lange als Cashcows zu halten, um möglichst hohe Gewinne abzuschöpfen.
- **Poor Dogs (arme Hunde):** Diese sollten aufgrund schlechter Zukunftsperspektiven vom Markt genommen werden.

Zeichnen Sie im oben abgebildeten Produktlebenszyklus (siehe vorherige Seite) ein, wo sich Questionmarks, Stars, Cashcows und Poor Dogs idealtypisch befinden.

1.3 Instrumente der Produktpolitik

Aufbauend auf den Erkenntnissen der Produktanalyse kommen die Instrumente der Produktpolitik zum Einsatz. Im Mittelpunkt steht das Bemühen, das Leistungsangebot an den Kundenerwartungen und am Kundennutzen auszurichten.

Instrumente der Produktpolitik	Erklärung	Beispiele
Produktinnovation	Das Unternehmen entwickelt ein neues Produkt. Es kann dabei eine echte Innovation und dabei **völlig neuartig** für den Markt sein. Häufig werden aber auch Produkte, die in vergleichbarer Weise schon auf dem Markt vorhanden sind, in das Leistungsangebot eines Unternehmens aufgenommen **(„Me-too-Innovation“).** Das fertig entwickelte Produkt kommt in die **Einführungsphase.**	Apple entwickelte das iPad und führte es auf dem Markt ein.
Produktdifferenzierung	Zu einem bereits auf dem Markt vorhandenen Produkt werden zusätzliche Produktvarianten (z. B. weitere Geschmackssorten) entwickelt und vermarktet. Dadurch können neue Zielgruppen erreicht werden, ohne bisherige Kunden aufgeben zu müssen. Diese Entscheidung wird gewöhnlich in der **Reife- oder Sättigungsphase** getroffen.	Milka bringt neue Sorten der 100-Gramm-Tafeln auf den Markt: u. a. Milka & Oreo, Schoko-Birne.
Produktvariation (Relaunch)	Eigenschaften von bereits auf dem Markt eingeführten Produkten werden verändert. Produktvariationen werden u. a. dann notwendig, wenn sich Kundenanforderungen ändern, der Druck der Konkurrenzprodukte zunimmt oder sich rechtliche Rahmenbedingungen bzw. Technologien ändern. Diese Entscheidung wird gewöhnlich in der **Reife- oder Sättigungsphase** getroffen. Die Anzahl der Produkte im Produktprogramm bleibt dadurch unverändert.	Nike verändert Eigenschaften eines bestehenden Schuhmodells und bringt den neuen Schuh „Nike Hypervenom“ auf den Markt. Die Überlegung von Nike ist, mit einem neuen Modell bessere Kontrolle und Schnelligkeit zu bieten.
Produkteliminierung	Produkte, die nicht mehr marktgerecht sind, die am **Ende ihres Produktlebenszyklus** stehen bzw. keinen ausreichenden Umsatz mehr erbringen, werden vom Markt genommen.	Ein Büromaschinenanbieter nimmt Schreibmaschinen aus dem Sortiment, da keine befriedigenden Umsätze mehr erwartet werden.

Mehr zur Gestaltung des Sortiments (Produktprogramm) erfahren Sie im nächsten Abschnitt.

Zusätzlich spricht man noch von **Diversifikation,** wenn Produktgruppen erzeugt bzw. angeboten werden, die bisher nicht im Produktprogramm waren.

Beispiel: Diversifikation
Ein Sporthändler, der sich bis jetzt auf Fahrradausrüstung spezialisiert hat, bietet in Zukunft auch Wanderausrüstung an.

Aufgabenstellungen – „Produktanalyse“ + „Instrumente der Produktpolitik“

1. Welches produktpolitische Instrument wurde in folgenden Fällen angewendet? Ordnen Sie sie ebenfalls einer Phase des Produktlebenszyklus zu.

	Produktpolitisches Instrument	Phase im Produktlebenszyklus
a) Ein Skischuhhersteller macht ein neuartiges Skischuhmodell, das sich an die Fußform des Benützers anpasst, bekannt.		
b) Ein Pkw-Hersteller bietet das Modell Carisma zusätzlich mit einer speziellen Sportausstattung für eine sportlichere Zielgruppe an.		
c) Ein Hersteller von Kopfhörern bietet seine bewährten Modelle fortan mit neuartigem Design an.		
d) Ein Pkw-Hersteller stellt die Produktion eines schlecht verkäuflichen Modells ein.		

2. Einem Hersteller für Flachdach- und Bauwerksabdichtungen stehen folgende Informationen zur Verfügung:

Produkt	Erwartetes Marktwachstum	Relativer Marktanteil
„Wolfin IB“: Dachfolien mit Polyester	– 10 %	1,80
„Cosmofin“: Thermoplastische Kunstoff-Dachfolie	– 15 %	0,50
„Terotech“: Sprühkleber	+ 20 %	0,50
„Tectofin“: Folie für Flachdächer	+ 10 %	1,70

a) Zeichnen Sie die Produkte in das Portfolioschema ein.

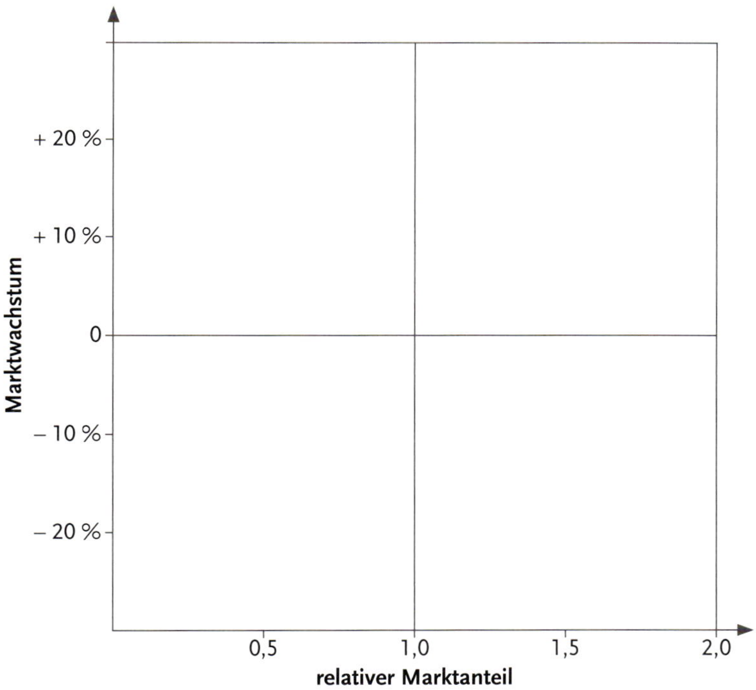

Aha!

- Ein relativer Marktanteil von 1,0 bedeutet, dass der Umsatz des eigenen Unternehmens genauso groß ist wie der des größten Konkurrenten. Ist der relative Marktanteil größer als 1,0, ist das eigene Unternehmen Marktführer, umgekehrt ist es der stärkste Konkurrent.
- In der Praxis werden die Produkte in der Matrix in Form von unterschiedlich großen Kreisen dargestellt. Sie zeigen das Umsatzvolumen des Produkts.

b) Interpretieren Sie die Matrix. Welche Bedeutung haben die einzelnen Produkte für das Unternehmen? Wie sollte das Unternehmen bei den einzelnen Produkten vorgehen?

c) Skizzieren Sie einen Produktlebenszyklus und tragen Sie ein, in welcher Phase des Produktlebenszyklus sich die Produkte Ihrer Meinung nach befinden.

1.4 Gestaltung des Produktprogramms (Sortiments)

Durch die **Sortimentspolitik** wird festgelegt, welche Produkte und Produktgruppen ein Unternehmen auf dem Markt anbietet. Entscheidungen über die Sortimentsbreite und -tiefe sind zu treffen.

Produktlinie (Produktgruppe): Produkte, die der Kunde in einem Verwendungszusammenhang sieht, werden zu einer Gruppe zusammengefasst.

Sortimentsbreite

Die **Sortimentsbreite** gibt die Anzahl der **Produktlinien (Produktgruppen)** im Produktprogramm an.

Ein Kaufhaus bietet ein breites und tiefes Sortiment

Beispiel
Der japanische Yamaha-Konzern hat ein sehr breites Produktprogramm. Zu den Produktgruppen zählen Motorräder, Bootsmotoren, Schlauchboote, Stromgeneratoren, Musikinstrumente etc.

Sortimentstiefe

Unter Sortimentstiefe versteht man die Anzahl unterschiedlicher Produkte (Typen, Varianten, Modelle etc.) innerhalb einer Produktgruppe.

Beispiel
Navigationsgeräte gibt es in verschiedenen Ausführungen: 3-D-Darstellung, MP3-Funktion, TMC-Funktion, etc.

Sortimentsbreite und Sortimentstiefe gestalten

Ein Spezialfachgeschäft für Schwimmbadtechnik bietet ein tiefes, aber schmales Sortiment

Jedes Unternehmen muss für sich ein passendes Verhältnis aus Sortimentsbreite und -tiefe finden. Eine geringe Programmbreite ermöglicht eine hohe Spezialisierung. Der Vorteil kann in einer kostengünstigen Produktion bestehen. Jedoch kann ein sehr schmales Produktprogramm gefährlich werden, wenn der Absatz bei dieser Produktgruppe sinkt. Dieses Risiko ist bei einem breiteren Programm geringer.

Beispiel: Ausschnitt aus dem Produktprogramm von Mercedes-Benz

Aha!
Die **Instrumente der Produktpolitik** beeinflussen Programmbreite und -tiefe.
- **Produktdifferenzierung** erhöht die Programmtiefe.
- **Diversifikation** erhöht die Programmbreite.
- Durch **Produkteliminierung** verliert das Programm an Breite oder Tiefe.
- Bei der **Produktvariation** wird hingegen nur ein bestehendes Produkt verändert und Breite oder Tiefe des Sortiments werden nicht geändert.

Aufgabenstellungen – „Gestaltung des Produktprogramms (Sortiments)"

1. Vergleichen Sie die Sortimente folgender Handelsgeschäfte hinsichtlich Breite und Tiefe und kreuzen Sie entsprechend an:

Handelsgeschäft	Sortimentsbreite		Sortimentstiefe	
	breit	schmal	flach	tief
Kaufhaus				
Tankstellenshop				
Elektrofachgeschäft				

2. Suchen Sie im Internet ein beliebiges Unternehmen und stellen Sie sein Sortiment (Breite und Tiefe) grafisch dar.

2 Preis- und Konditionenpolitik

Wie treffen Sie Ihre Kaufentscheidung? Gibt es Produkte, bei denen der Preis für Sie kaufentscheidend ist? Bei welchen Produkten ist der Preis für Sie nicht das ausschlaggebende Kaufentscheidungskriterium?

Diskutieren Sie mit Ihren Mitschülerinnen und Mitschülern die nebenstehenden Fragen.

Unter **Preispolitik** versteht man alle planmäßig aufeinander abgestimmten unternehmerischen Entscheidungen und Maßnahmen, um sowohl kostendeckende als auch marktgerechte Preise zu erzielen.

Neben den Preisen sind auch die Konditionen, wie Preisnachlässe, Lieferungs- und Zahlungsbedingungen, zu gestalten. Diese Teilaufgaben werden **Konditionenpolitik** genannt.

Die Preis- und Konditionenpolitik nennt man auch Kontrahierungspolitik.

2.1 Bedeutung des Preises im Marketing

Die Bedeutung des Preises hat in der Unternehmenspraxis in den vergangenen Jahren ständig zugenommen. Die meisten Unternehmen sind einem enormen **Preisdruck** ausgesetzt. Gründe für den wachsenden Preisdruck sind u. a.:

- **Preisbewusstsein der Konsumenten:** Viele Konsumenten kaufen preisbewusster ein, weil es z. B. als clever angesehen wird, preisgünstig zu kaufen.

Diskutieren Sie mit Ihren Mitschülerinnen und Mitschülern die nebenstehende Frage.

Beispiel
„Geiz ist geil" ist ein Werbeslogan der Elektronikhandelskette Saturn. Er wurde ab Oktober 2002 im Rahmen einer länger laufenden Werbekampagne eingesetzt. Er benennt eine Tendenz im Konsumentenverhalten, in dem vor allem der Kaufpreis einer Ware zählt, während Merkmale wie Qualität, Langlebigkeit oder Service in den Hintergrund treten. Kritiker bemängeln, dass diese übertriebene Sparsamkeit der Käufer zu einem verstärkten Preiswettbewerb bei Herstellern und Händlern führt. Aggressive Marktpolitik, Dumpingpreise, ruinöser Wettbewerb und die zunehmende Verbreitung von Billigprodukten geringer Qualität sind die Folge.

- **Zunehmender Verdrängungswettbewerb:** Marktsättigung und Überkapazitäten führen in weiten Bereichen der Wirtschaft zu einem steigenden Verdrängungswettbewerb, bei dem der Preis aktiver eingesetzt wird.

Beispiel
Ruinöser Wettbewerb internationaler Fluggesellschaften untereinander auf Routen mit hohem Passagieraufkommen.

- **Globalisierung – Preisdruck aus „Niedriglohnländern":** Internationale Wettbewerber, insbesondere aus Niedriglohnländern (z. B. aus Südkorea, China, Taiwan und Ländern Mittel- und Osteuropas), erkämpfen sich den Markteintritt gezielt über extreme Niedrigpreise.

Schaffen es Unternehmen, über die **Unique Selling Proposition** eine sehr gute Marktposition zu erarbeiten, spielt der **Preis eine geringere Rolle,** z. B. bei exklusiven Modemarken.

Beispiel
Auf dem österreichischen Schuhmarkt gewinnen Billiganbieter aus Asien seit Jahren verstärkt an Bedeutung. Der Weltmarktanteil asiatischer Hersteller liegt inzwischen bei 75 %. Produzenten in Westeuropa geraten immer mehr unter Druck.

- **Produkte werden vergleichbarer:** Auf dem Massenmarkt konkurrieren viele Produkte und Dienstleistungen, deren Nutzen für die Abnehmer etwa gleich ist. Hier wird die Kaufentscheidung über den Preis getroffen. Dies gilt z. B. für Handytarife, für Flugreisen oder für viele Lebensmittel.

- **Zunehmende Preistransparenz für Nachfrager:** Der Euro und das Internet führen zu einer besseren Preistransparenz und erleichtern den Konsumenten den Vergleich der Preise nicht nur national, sondern auch weltweit.

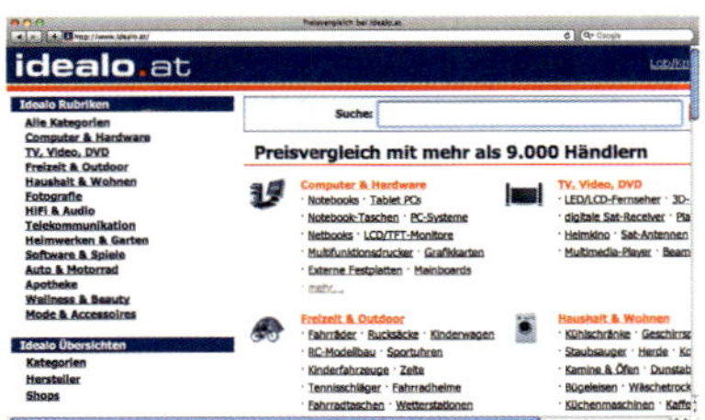

Preissuchmaschine

Beispiel
Preissuchmaschinen ermöglichen einen raschen Preisvergleich im Netz.

2.2 Orientierungsgrößen der Preisbestimmung

Die freie Marktwirtschaft ist im Allgemeinen dadurch gekennzeichnet, dass die Unternehmen ihre Preis frei (ohne staatliche Einflussnahme) bilden können und nur bei manchen Produkten der Staat die Preise festsetzt **(gebundener Preis).**

Gebundener Preis = z. B. Höchstpreis für Lebensmittel.

Für die Preisbestimmung kann das Unternehmen u. a. auf drei wichtige Orientierungsgrößen zurückgreifen:

Orientierungsgrößen der Preisbestimmung	
Nachfrage der Kunden 	■ Hier orientiert sich die Preisbildung an dem vom Kunden empfundenen Wert, d. h., man stellt die Frage: **„Wie viel sind die Kunden des betreffenden Marktsegments bereit, für dieses Produkt zu bezahlen?“** Dieser Betrag kann als **Preisobergrenze** (Höchstpreis) betrachtet werden. Die Verwendung eines Höchstpreises ist vor allem dann möglich, wenn ein Unternehmen eine Unique Selling Proposition gegenüber den Wettbewerbern einnimmt, z. B. durch einen Innovationsvorsprung. ■ Zusätzlich ist für Unternehmen interessant, wie **empfindlich** Nachfrager auf zukünftige **Preisänderungen** reagieren.
Preise der Wettbewerber 	Befindet sich ein Unternehmen mit anderen Unternehmen im Wettbewerb, können die Konsumenten jederzeit auf Produkte der Wettbewerber ausweichen. Für Unternehmen ist es daher wichtig, den Wettbewerb genau zu beobachten und **sich mit seinen Preisen gegenüber den Wettbewerbspreisen zu „positionieren“.** Je nachdem welche Marketingstrategie bzw. welches Produktimage das Unternehmen verfolgt, stehen ihm verschiedene Möglichkeiten zur Verfügung: ■ Niedrigpreise, ■ allgemeiner Durchschnittspreis, ■ überdurchschnittlich hohe Preise.
Kosten 	Die **Preisuntergrenze (Mindestpreis)** wird durch die Kostenseite des Herstellers bestimmt. Wie hoch müssen die Preise ausfallen, um die Kosten (langfristig) zu decken?

Mehr zur Preisbildung am Markt erfahren Sie auf der CD.

Wie man einen Preis für ein Produkt bestimmt, haben Sie bereits im Band IV gelernt.

2.3 Preisstrategien

Bei der Preisgestaltung können verschiedene Strategien angewendet werden. Wichtig bei der Wahl der Strategie ist, das Nachfrageverhalten der Kunden, die Preise der Wettbewerber sowie die eigenen Kosten, die langfristig gedeckt sein müssen, zu berücksichtigen.

Preisstrategien

Preispositionierungsstrategien

- **Hochpreisstrategie** (Premiumpreisstrategie)
- **Marktpreisstrategie** (Durchschnittspreise)
- **Niedrigpreisstrategie** (Promotionspreisstrategie)

Preiseinführungsstrategien

- **Abschöpfungspreisstrategie** (Skimmingstrategie)
- **Marktdurchdringungsstrategie** (Penetrationsstrategie)

Taktische Preisstrategien

- **Preisdifferenzierung**
- **Kalkulatorischer Ausgleich**

Psychologische Preisstrategien

- Berücksichtigung **psychologischer Preisschwellen**
- **Multipackpreise**

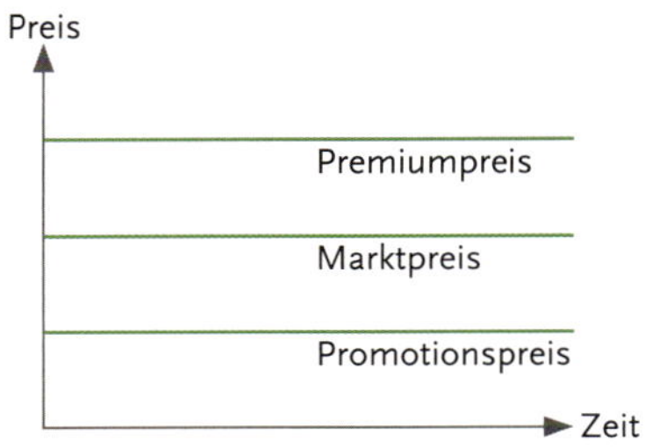

Preispositionierungsstrategien

2.3.1 Preispositionierungsstrategien

Das Unternehmen muss sich gegenüber seinen Wettbewerbern langfristig mit der Festlegung des Preisniveaus seiner Produkte bzw. Produktgruppen positionieren:

- **Hochpreisstrategie (Premiumpreisstrategie):** Das Unternehmen setzt für seine Produkte bewusst möglichst hohe Preise fest. Diese Strategie ist bei besonders hochwertigen oder außergewöhnlichen Produkten erfolgreich.

  Beispiele
  Prestige- und Luxusmarken wie Porsche, Rolls-Royce, Veuve Clicquot (Champagner) oder Rolex (Uhren).

Aha!
Die Exklusivität der Produkte, die hochpreisig angeboten werden, muss durch die anderen Instrumente des Marketingmix (eingesetzte Vertriebskanäle, kommunikativer Auftritt etc.) unterstrichen werden.

- **Marktpreisstrategie (Durchschnittspreise):** Das Unternehmen orientiert sich am marktüblichen Durchschnittspreis (Leitpreis). Es ist somit ein „unauffälliger" Preis, der jedoch gewöhnlich von der Mehrzahl der Anbieter verlangt wird.
- **Niedrigpreisstrategie (Promotionspreisstrategie):** Das Unternehmen setzt für seine Produkte bewusst niedrige Preise fest, um möglichst viele Kunden anzulocken.

  Beispiele
  Lebensmitteldiscounter wie Hofer, Lidl, Mondo; S-Budget-Produkte von Spar oder die Fluglinie Air Berlin.

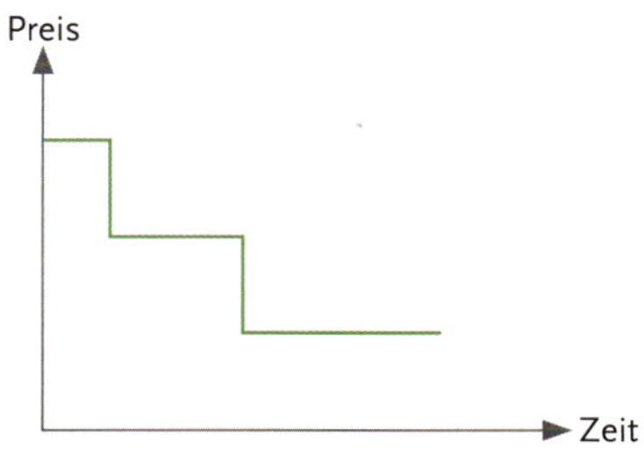

Skimmingstrategie: „Abschöpfen" durch hohen Einstiegspreis

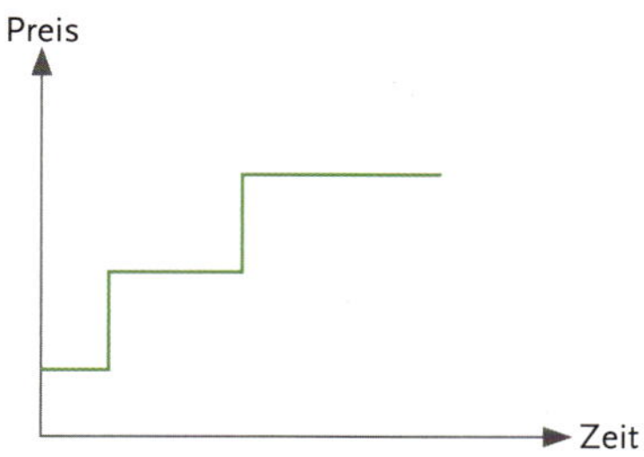

Penetrationsstrategie: Markteroberung durch niedrigen Einstiegspreis

2.3.2 Preiseinführungsstrategien

Neben der Preispositionierung muss entschieden werden, zu welchem Preis das Produkt auf den Markt gebracht werden soll. Wird nicht von Anfang an der langfristige Preis gewählt, kann zwischen zwei Strategien unterschieden werden:

- **Abschöpfungspreisstrategie (Skimmingstrategie):** Bei dieser Strategie wird der Preis in der Einführungs- und zum Teil auch in der Wachstumsphase relativ hoch angesetzt. Der Markt wird „abgeschöpft". Mit zunehmender Erschließung des Marktes wird der Preis nach und nach gesenkt, da ein derartiger Preis durch zunehmenden Konkurrenzdruck oft nicht mehr durchsetzbar ist. Diese Strategie wird oft angewandt, wenn Unternehmen einen Vorsprung vor den Wettbewerbern haben (z. B. bei innovativen technischen Artikeln).

  Beispiel
  Handys, deren Preis zu Beginn hoch ist und danach nach und nach gesenkt wird.

- **Marktdurchdringungsstrategie (Penetrationsstrategie):** Mit dieser Strategie sollen mit relativ niedrigen Einstiegspreisen schnell Massenmärkte erschlossen werden. Hat das Unternehmen einen bestimmten Verbreitungsgrad erreicht, wird der Preis nach und nach an das gewünschte Niveau angehoben. Diese Strategie wird oft eingesetzt, wenn das Unternehmen ein Produkt einführt, das es auf dem Markt bereits von einem anderen Anbieter in ähnlicher Form gibt.

Beispiel
Neue Zeitschriften, die zu Beginn zu sehr günstigen Preisen angeboten werden, um schnell bei einer breiten Masse durchzudringen.

2.3.3 Taktische Preisstrategien

Die Preise können Sie mit folgenden taktischen Strategien variieren.

- **Preisdifferenzierung:** Dasselbe Produkt wird zu unterschiedlichen Preisen angeboten, um auf die unterschiedliche Preisbereitschaft von Zielgruppen einzugehen. Die Preisdifferenzierung kann erfolgen nach:

Raum	Zeit	Zielgruppe
In Abhängigkeit vom Verkaufsort werden unterschiedliche Preise verlangt.	In Abhängigkeit vom Verkaufszeitpunkt werden unterschiedliche Preise verlangt.	In Abhängigkeit von bestimmten Merkmalen von Personen werden unterschiedliche Preise verlangt.
Beispiel Red Bull ist im Ausland teurer als im Inland.	**Beispiel** Hotelaufenthalte sind in der Vorsaison billiger als in der Hauptsaison.	**Beispiel** Ein Busticket ist für Kinder billiger als für Erwachsene.

Preisdifferenzierung im Zoo – Kinder bezahlen weniger Eintritt als ihre Eltern

- **Kalkulatorischer Ausgleich:** Beim kalkulatorischen Ausgleich setzt man die Preise so fest, dass Mindererträge bei bestimmten Produkten durch den Gewinn bei anderen Produkten ausgeglichen werden.

  Beispiel: kalkulatorischer Ausgleich in der Gastronomie
  Getränke werden mit einem höheren Aufschlag verkauft als Speisen. Die Mindereinnahmen bei Speisen werden durch einen höheren Aufschlag bei Getränken wettgemacht.

2.3.4 Psychologische Preisstrategien

Sobald das Unternehmen mithilfe der oben angeführten Strategien den Preis grob festgelegt hat, werden für die endgültige Preisauszeichnung gewöhnlich psychologische Strategien einbezogen, z. B.:

- **Berücksichtigung psychologischer Preisschwellen:** Dabei versuchen Anbieter, unterhalb „runder" Preise zu bleiben. So erscheint ein Produkt mit einem Preis von 600,00 EUR teurer als ein Produkt um 599,00 EUR.

- **Multipackpreise:** Viele Anbieter verwirren die Kunden, indem sie Produkte in Paketen (z. B. Familienpackung, 10er-Pack) zu vermeintlich günstigen Preisen anbieten. So konnte in einem Experiment gezeigt werden, dass Konsumenten das Gefühl haben, erheblich günstiger einzukaufen, wenn sie für drei Dosen eines Getränks 1,17 EUR zahlen, statt für eine Dose 0,39 EUR aufzuwenden.

Versuchen Sie, sich in Zukunft als mündiger Konsument durch diese psychologischen Preisstrategien nicht täuschen zu lassen.

0,39 EUR · 3 = 1,17 EUR

2.4 Konditionenpolitik

Bei der **Konditionenpolitik** werden Entscheidungen über Rabatte, Lieferungs- und Zahlungsbedingungen sowie Garantiebestimmungen getroffen.

Aufgabenstellungen – „Preis- und Konditionenpolitik"

1. Welche Preisstrategie wird in folgenden Fällen angewendet?

Beispiel	Preisstragie
a) Diskonthändler setzen ihre Preise bewusst niedrig an.	
b) Im Lebensmittelhandel werden Grundnahrungsmittel wie Milch, Brot und Butter mit geringeren Aufschlägen bzw. teilweise sogar Verlusten verkauft. Andere Produkte, wie alkoholische Getränke oder Spezialitäten, werden mit höheren Aufschlägen verkauft.	
c) Ein Autoproduzent bietet ein neues Automodell zu sehr günstigen Preisen an, um neue Kunden zu gewinnen. Nach einer gewissen Einführungszeit werden die Preise erhöht.	
d) Ein Lebensmittelhändler setzt den Joghurtpreis mit 0,99 EUR fest.	
e) Der Hersteller eines Laptops setzt den Preis in der Einführungsphase mit einem relativ hohen Preis an. Sobald der Laptop nicht mehr dem neuesten technischen Stand entspricht, wird der Preis schrittweise gesenkt.	
f) Die Pizzeria San Angelo bietet die Pizzen zur Mittagszeit um 30 % günstiger als am Abend an.	

2. Nennen Sie Beispiele aus Ihrer Erfahrungswelt, in denen folgende Preisstrategien zum Einsatz kommen:

Strategie	Eigene Beispiele
Hochpreisstrategie	
Niedrigpreisstrategie	
Marktdurchdringungsstrategie	
Abschöpfungspreisstrategie	
Preisdifferenzierung (je ein Beispiel für Preisdifferenzierung nach Raum, Zeit, Zielgruppe)	

3 Distributionspolitik (Vertriebspolitik)

Welche Absatzwege wählt Swatch? Warum wurden genau diese gewählt? Wie hängt in diesem Fall die Distributionspolitik mit den anderen Instrumenten des Marketings zusammen?

In den ersten Jahren der Swatch-Uhr lief der Vertrieb hauptsächlich über Warenhäuser. Heute beliefert das Unternehmen auch ausgewählte Uhrenfachhändler sowie Uhren- und Schmuckboutiquen in Großstädten und vertreibt seine Produkte auch über seinen Webshop. Aufgrund der immer steigenden Nachfrage und der größer werdenden Produktvielfalt möchte Swatch seine Präsenz noch weiter ausbauen. Die Produkte von Swatch sollen auch in Uhren- und Schmuckboutiquen ausgesuchter Flughäfen angeboten werden.

Distribution bedeutet die Verteilung und Bereitstellung von Gütern und Dienstleistungen.

Im Rahmen der **Distributionspolitik** (Vertriebspolitik) wird festgelegt, wie das Produkt vom Hersteller zum Endverbraucher gelangen soll. Dazu müssen einerseits die richtigen Absatzwege und Absatzorgane ausgewählt werden. Andererseits sind Entscheidungen darüber zu treffen, wie die Produkte transportiert und gelagert werden sollen.

3.1 Auswahl von Absatzwegen und Absatzorganen

Der Absatzweg ist die Art und Weise, wie Produkte vom Verkäufer zum Käufer gelangen. Dabei sind grundsätzlich **direkte** und **indirekte** Absatzwege möglich:

- **Direkter Absatzweg:** Produkte kommen von einem Hersteller bzw. von einem Betrieb unmittelbar an die Endabnehmer.
- **Indirekter Absatzweg:** Zwischen Hersteller und Endabnehmer sind andere Unternehmer (rechtlich selbstständige Absatzorgane) eingeschaltet, und diese übernehmen Distributionsaufgaben. Hierbei kann eine beliebige Anzahl von Zwischenstufen gewählt werden.

Absatzorgane (Distributionsorgane) sind Personen und Organisationen, die die Distanz zwischen Unternehmen und Kunden überbrücken sollen.

Verkauf über

unternehmenseigene Absatzorgane

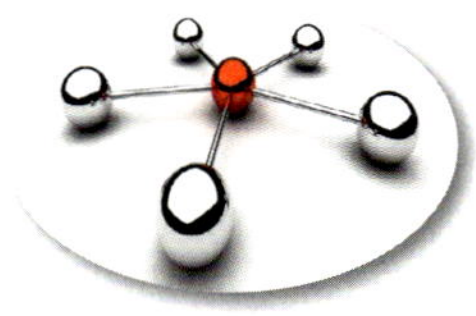

- **Außendienstmitarbeiter (Reisende):** Sie sind Angestellte des Unternehmens und gehören der Abteilung „Vertrieb“ an. Sie besuchen die Kunden (meistens Groß- und Einzelhändler) und führen Beratungs- und Verkaufsgespräche.
- **Produktionsstätten,** die gleichzeitig dem Verkauf dienen (Fabriksverkauf).
- **Verkaufsniederlassungen:** Der Hersteller verkauft seine Produkte in eigenen Niederlassungen bzw. Filialen unmittelbar an den Endverbraucher, z. B. Nespresso-Shops, Tchibo-Shops.
- **Internetvertrieb:** Über das Internet kann der Endverbraucher („Business-to-Consumer“) oder andere Unternehmen („Business-to-Business“) in einem Webshop direkt beim Hersteller bestellen.
- **Telefonvertrieb:** Der Kunde kann direkt beim Hersteller anrufen und bestellen.

⇩

direkte Absatzwege

rechtlich selbstständige Absatzorgane

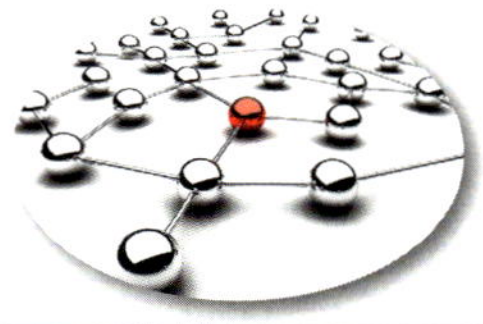

- **Großhandel:** verkauft Sachgüter vor allem an andere Unternehmen, z. B. Produktionsbetriebe, Gewerbebetriebe, Handelsbetriebe (Wiederverkäufer).
- **Einzelhandel:** verkauft Sachgüter vor allem an die Letztverbraucher (Konsumenten).
- **Handelsvertreter:** Sie besuchen wie die im Unternehmen beschäftigten Außendienstmitarbeiter die Kunden. Sie sind jedoch selbstständig Tätige, die für ein Unternehmen in dessen Namen und auf dessen Rechnung Geschäfte abschließen.
- **Kommissionäre:** Sie verkaufen Produkte im eigenen Namen, aber auf Rechnung des vertretenden Unternehmens.
- **Franchising:** Der Franchisegeber (z. B. McDonald's) stellt dem Franchisenehmer gegen Entgelt ein durchdachtes Geschäftskonzept zur Verfügung. Der Franchisenehmer setzt es selbstständig an seinem Standort um.

⇩

indirekte Absatzwege

Aha!
Beim **Internetvertrieb** kann sich ein Unternehmer entscheiden, ob er einen **eigenen Webshop** eröffnen möchte oder ob er an einem elektronischen Marktplatz teilnimmt. **Elektronische Marktplätze** werden von Dritten bereitgestellt und bieten dem Unternehmen verschiedene Dienstleistungen. Ein bekannter Internetmarktplatz ist eBay (www.ebay.at).

3.2 Marketinglogistik: Organisation von Transport und Lagerung

Sobald ein Unternehmen Absatzwege und Absatzorgane ausgewählt hat, muss entschieden werden, wie der Transport und die Lagerung der Güter und Dienstleistungen gestaltet, gesteuert und überwacht werden soll. Dieser Teil wird als Marketinglogistik bezeichnet. Antworten auf folgende Fragen sollen gefunden werden:

Versand und Transport

- Soll der Transport durch das eigene Unternehmen erfolgen oder durch fremde Transportmittel (z. B. Spediteure)?
- Wie können Transportkosten minimiert werden?
- Wie sollen Verpackung und Versand gestaltet werden, um den Kundenwünschen bestmöglich zu entsprechen?

Lagerung

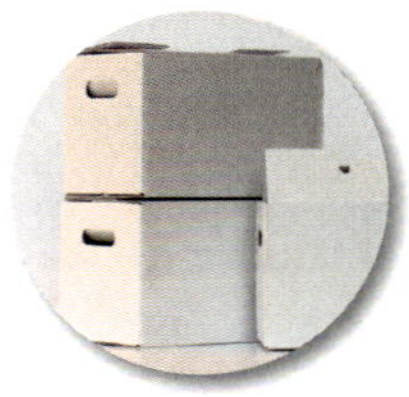

- Wie kann eine schnelle Lieferbereitschaft gewährleistet werden?
- Sollten eigene Lager eingerichtet oder fremde Lager genutzt werden?
- Von welchen Lagern aus sollten Kunden beliefert werden?

Aufgabenstellung – „Distributionspolitik (Vertriebspolitik)“

- Ordnen Sie die folgenden Beispiele zu:

Beispiele	Direkter Absatzweg	Indirekter Absatzweg
a) Ein Erzeuger von Medizintechnik setzt eigene Außendienstmitarbeiter ein, die Kaufverträge mit Einzelhandelsunternehmen abschließen.		
b) Eine Bäckerei beliefert Hotels zweimal in der Woche mit einem eigenen Lieferwagen.		
c) Das Geschäftskonzept von Esprit wird von zahlreichen Franchisenehmern an verschiedenen Standorten umgesetzt.		

d) Hilti vertreibt seine Produkte auch online über einen eigenen Webshop.		
e) DM bedient über ein großes Filialnetz seine Kunden.		
f) HP verkauft seine Produkte über Großhändler (z. B. DiTech) an Privatpersonen und Unternehmen.		
g) Ein Handelsvertreter verkauft im Namen und auf Rechnung eines Computerherstellers eine EDV-Anlage an eine Tischlerei.		

4 Kommunikationspolitik

Die Kommunikationspolitik hat bei Swatch eine besondere Stellung. In Fernsehspots, Printmedien und Broschüren werden die Swatch-Uhren als technische innovative Modeprodukte mit ausgefallenem Design und exotischem Namen präsentiert. Humor und Lebensfreude sind die Grundaussagen. Nicht nur klassische Werbung wird eingesetzt. Swatch tritt auch als Sponsor für verschiedene Anlässe, vor allem im Sportbereich, auf.

Welche Instrumente der Kommunikationspolitik kommen bei Swatch zur Anwendung?

Die **Kommunikationspolitik** soll die Marktteilnehmer über das Unternehmen informieren und ihre Einstellungen zum Unternehmen und zu seinen Leistungen oder Produkten günstig beeinflussen.

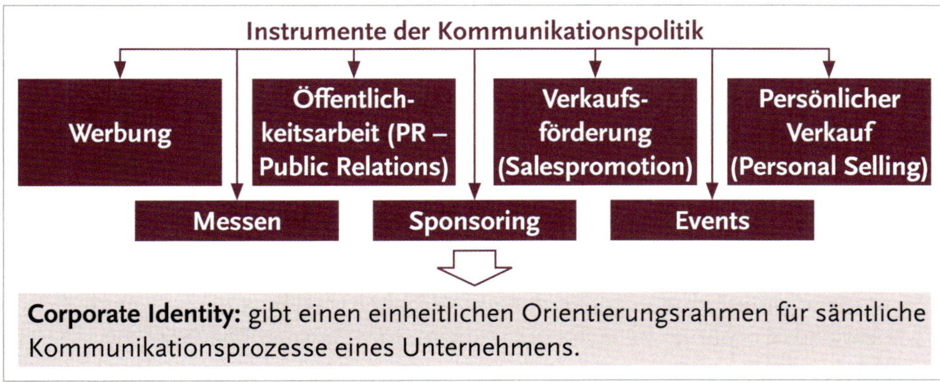

4.1 Corporate Identity: übergreifende Kommunikationsstrategie

Viele Unternehmen sind darauf bedacht, gegenüber der Öffentlichkeit (Kunden, Lieferanten, Partnern etc.), aber auch gegenüber den eigenen Mitarbeitern ein einheitliches Erscheinungsbild und damit eine unverwechselbare **Unternehmensidentität („Corporate Identity", kurz „CI")** zu vermitteln. Maßnahmen hierzu sind:

Corporate Identity

Corporate Design	Corporate Communication	Corporate Behavior

umfasst die Gestaltung aller Elemente des Erscheinungsbildes und ist somit die optische Umsetzung der Corporate Identity.	vermittelt die Unternehmensidentität durch eine einheitliche und widerspruchsfreie Kommunikation nach innen (Mitarbeiter) und außen (Werbung etc.).	definiert Benehmen und Umgang der Mitarbeiter und Führungskräfte untereinander sowie gegenüber Lieferanten, Kunden und der Öffentlichkeit.
Beispiele ■ Firmenlogo und ■ Firmenfarbe, die sich überall im Unternehmen wiederfinden (z. B. auf Fassaden, Fahrzeugen, Bekleidung).	**Beispiele** Einheitliche Kernaussagen und Slogans (z. B. „Nichts ist unmöglich" von Toyota oder „Wohnst du noch oder lebst du schon?" von IKEA).	**Beispiel** „Ein stets freundliches Auftreten soll Aushängeschild des Unternehmens sein."

Die Corporate Identity (CI) gibt einen **einheitlichen Orientierungsrahmen für sämtliche Kommunikationsprozesse** eines Unternehmens. Ziel ist die Vereinheitlichung der Kommunikationsaktivitäten. Durch die zunehmende Informationsüberflutung der Kunden gewinnt diese Vereinheitlichung an Bedeutung.

Überlegen Sie, ob Ihre Schule eine CI hat und wodurch diese CI bemerkbar wird!

Die Öffentlichkeit sowie die Mitarbeiter sollen ein **positives Gesamtbild – „Corporate Image"** – des Unternehmens verinnerlichen.

Aha!

Manche Unternehmen geben **genaue Verhaltensregeln** vor, um ein einheitliches Corporate Behavior zu erzielen. Zum Beispiel **The Ritz-Carlton** (Luxus-Hotel-Gruppe): *„[...] Lächeln Sie – wir stehen auf der Bühne. Suchen Sie immer Augenkontakt. Verwenden Sie das entsprechende Vokabular im Umgang mit unseren Gästen und Ihren Kollegen. Benutzen Sie Ausdrücke wie: ‚Guten Morgen' – ‚Selbstverständlich' – ‚Es freut mich' – ‚Es ist mir ein Vergnügen'. [...] Halten Sie die Ritz-Carlton-Telefonetikette ein. Lassen Sie das Telefon nie länger als dreimal klingeln und nehmen Sie jedes Gespräch mit einem ‚Lächeln' entgegen."*

Aufgabenstellungen – „Corporate Identity“

1. Ein Slogan ist Teil der Corporate Communication, die wiederum Teil der Corporate Identity eines Unternehmens ist.
   a) Erklären Sie die Begriffe Corporate Communication und Corporate Identity.
   b) Vervollständigen Sie den folgenden Raster. Sollten Sie den einen oder anderen Slogan nicht wissen bzw. nicht dem richtigen Unternehmen zuordnen können, nehmen Sie das Internet zu Hilfe.

Slogan	Unternehmen
Wohnst du noch oder lebst du schon?	
Die zarteste Versuchung, seit es Schokolade gibt.	
	Haribo
	Melitta

   c) Kreieren Sie zu einem selbst gewählten Produkt einen aussagekräftigen Werbeslogan! Überlegen Sie im Vorfeld:
   - Welche Vorzüge hat das Produkt?
   - Welche Zielgruppe spreche ich an?
   - Welche Sprache hat diese Zielgruppe

2. Welches Unternehmen fällt Ihnen ein, das Ihres Erachtens CI aktiv betreibt? Analysieren Sie das Corporate Design dieses Unternehmens! Wie wird es umgesetzt?

4.2 Werbung

In unserer konsumorientierten Gesellschaft werden wir in allen Lebensbereichen mit Werbung konfrontiert. Ob im Fernsehen, im Radio, auf Plakatwänden, in der U-Bahn, im Kino, auf Veranstaltungen – Werbung begleitet uns immer und überall. Haben Sie sich schon einmal überlegt, wie sehr Sie durch Werbung beeinflusst werden? – Machen Sie den Test in der Randspalte.

Unter **Werbung** versteht man die gezielte Beeinflussung von Menschen, um sie zu einem bestimmten Handeln zu bewegen (z. B. zum Kauf eines Buches, zum Buchen einer Reise oder zu einem Kinobesuch).

4.2.1 Aufgaben und Ziele der Werbung

In der Wirtschaft soll Werbung Unternehmen und ihre **Produkte und Dienstleistungen bekannt machen.** Mit den verschiedensten Werbebotschaften sollen die zukünftigen Kunden, die Zielgruppe, dazu gebracht werden, die **Produkte** und **Dienstleistungen** zu **kaufen.** Dabei ist es wichtig, ihre **Bedürfnisse anzusprechen.**

Hauptziele der Werbung:
- Bekanntmachung von Produkten/Leistungen
- Information über Produkte/Leistungen
- Stärkung des Vertrauens der potenziellen Kunden in das Produkt/die Leistung
- Unterstützung der Verkaufschancen des Angebots
- Umsatz- und Marktanteilserhöhung

Schreiben Sie zu jedem Begriff das Produkt, das Ihnen zuerst einfällt. Denken Sie aber nicht lange nach, es sollen spontane Einfälle sein!

- Frühstück: *Benco, …*
- Getränk:
- Knabbergebäck:
- Jeans:
- Shampoo:
- Auto:
- Handy:
- Spaß, Freizeit:

4.2.2 Formen der Werbung

Werbung entsprechend der Zahl der Umworbenen

Werbung kann nach der **Zahl der umworbenen Konsumenten** eingeteilt werden.

Einzelwerbung (Direktwerbung)	Massenwerbung (Streuwerbung)

Beispiele ■ Werbebrief an bestimmte Personen ■ Katalog an potenzielle Käufer	**Beispiele** ■ Flugblatt (An einen Haushalt!) ■ Radiospot

Diese Kundin hat in der Vergangenheit Wanderausrüstung bei ihrem Sporthändler gekauft. Sie erhält einen personalisierten Werbebrief, in dem neue Wanderschuhe angepriesen werden.

Aha!
Die **Direktwerbung** (z. B. personalisierte Werbebriefe) greift auf die gespeicherten Adressen der Kundendatenbank zurück **(Databasemarketing).** Mithilfe von elektronisch gespeicherten Adressdateien, die viele Kundenmerkmale (z. B. Alter, Vorlieben) enthalten, können Textbausteine zielgruppengenau kombiniert werden. Beim Adressaten entsteht der Eindruck, dass sich der Anbieter mit ihm persönlich befasst. Die Adressen werden oftmals über Preisausschreiben oder auch Kundenkarten gesammelt.

Tipps zur Gestaltung von Werbebriefen sowie Musterwerbebriefe finden Sie auf der CD.

Werbung für verschiedene Lebensbereiche

Wenn man von Werbung spricht, denken die meisten Menschen an Werbung für bestimmte greifbare Produkte. Werbung findet jedoch nicht nur in der Wirtschaft statt, sondern in verschiedenen Lebensbereichen, wie z.B. im kulturellen oder politischen Bereich.

4.2.3 Strategien und Techniken der Werbepsychologie

Alle Werbestrategien und -techniken haben das gleiche Ziel: Werbung soll wahrgenommen werden, Interesse wecken und schlussendlich zum Kauf des beworbenen Produktes führen. Eine wirkungsvolle Werbung folgt dem **AIDA-Schema:**

A	**Attention**	Der potenzielle Kunde wird auf das Produkt aufmerksam gemacht.
I	**Interest**	Das Produkt weckt das Interesse des Kunden.
D	**Desire**	Es entsteht der Wunsch, das Produkt zu kaufen.
A	**Action**	Der Kunde handelt: Er kauft das Produkt.
+		
S	**Satisfaction**	Zufriedenheit des Kunden mit und nach dem Kauf, um Stammkunden zu gewinnen.

Wenn dem potenziellen Kunden diese Werbestrategien bewusst sind, kann er die Wirkung hinterfragen und der Absicht der Werbenden besser begegnen.

4.2.4 Werbeplanung

Werbung sollte nicht dem Zufall überlassen werden, sondern zielorientiert und geplant erfolgen, denn jede Werbung verursacht Kosten. Ungenügend überlegte Werbemaßnahmen sind meist nur wenig wirksam und daher unwirtschaftlich. Werbetreibende sollten sich mit folgenden Teilschritten der Werbeplanung auseinandersetzen:

Keine Werbung ohne klares Werbekonzept!

1. Werbeziele
2. Werbebudget
3. Werbeobjekte
4. Werbesubjekte
5. Werbebotschaft
6. Werbemittel und Werbeträger
7. Werbeperiode
8. Durchführung der Werbemaßnahmen
9. Werbeerfolgskontrolle

❶ Werbeziele

Welche Ziele werden mit der geplanten Werbung verfolgt?

❷ Werbebudget

Welche finanziellen Mittel werden benötigt bzw. stehen zur Realisierung der Ziele zur Verfügung?

❸ Werbeobjekte

Was soll beworben werden?
- Einzelne Produkte (Produktwerbung)
- Eine Produktgruppe (Produktgruppenwerbung)
- Das gesamte Unternehmen (Unternehmenswerbung, Firmenwerbung)

❹ Werbesubjekte

Wen wollen wir erreichen? Die Werbung soll möglichst genau jene Personen **(Zielgruppe)** erreichen, die als mögliche Käufer infrage kommen.

❺ Werbebotschaft

Was soll der Inhalt der Werbung sein? – Vielfach wird versucht, den einzigartigen Produktnutzenvorteil (USP) hervorzuheben. Häufig will man aber auch nur Aufmerksamkeit erregen, um das Produkt bzw. die Marke fest im Gedächtnis der Umworbenen zu verankern.

❻ Werbemittel und Werbeträger

Die verschiedenen Gestaltungsformen der Werbebotschaft bezeichnet man als **Werbemittel.** Transportiert werden diese Werbebotschaften durch **Werbeträger.**

Beispiel
Das Fernsehen (Werbeträger) transportiert eine Werbebotschaft durch einen Werbespot (Werbemittel).

Oft werden verschiedene Werbemittel und Werbeträger miteinander kombiniert und auch über einen längeren Zeitraum eingesetzt. Dies nennt man dann **Werbekampagne.**

Verschiedene Werbemittel und Werbeträger

Arten von Werbemitteln und Werbeträgern

Die folgende Abbildung zeigt **häufig vorkommende Werbemittel.**

Da es sehr viele verschiedene Werbemittel und Werbeträger gibt, sind diese Auflistungen natürlich nicht vollständig.

Mobile Apps für Smartphones und andere mobile Endgeräte haben großes Potenzial. Die Ansprache einer breiten Zielgruppe ist damit möglich.

Werbemittel

grafisch	audiovisuell	interaktiv	Ware als Werbung
■ Anzeigen	■ TV-Spot	■ Werbespiel	■ Waren im Schaufenster
■ Plakate	■ Radiospot	■ Social Media	■ Waren im Verkaufsraum
■ Banner	■ Werbefilm	■ Mobile Apps	
■ Leuchtschrift	■ Product-Placement		
■ Prospekte, Kataloge			
■ Briefe			
■ Werbeaufdrucke (z. B. Firmenlogo)			

Ein paar Werbemittel der Tabelle sind unter Umständen nicht selbsterklärend und sollen daher hier kurz erklärt werden:

- **Product-Placement:** Wenn z. B. ein Schauspieler in einem Film ein Produkt von Adidas trägt, ist das versteckte Werbung für Adidas und wird Product-Placement genannt. Diese geschickte Produktplatzierung ist sehr effektiv, da viele mögliche Kunden diesen Film sehen.

- **Werbespiele:** Darunter versteht man meist im Internet erhältliche Computerspiele, die der Werbung dienen. Der Vorteil besteht darin, dass sich die Kunden freiwillig und möglicherweise sehr oft mit der Werbebotschaft aktiv auseinandersetzen. Durch Mund-zu-Mund-Propaganda wird das Werbespiel und somit auch die Werbebotschaft schnell und kostengünstig verbreitet.

- **Social Media:** Über Social-Media-Plattformen (z. B. Facebook, YouTube, Twitter, Blogs, Communities) können Unternehmen potenzielle Kunden auf sehr kreative Weise ansprechen und an die Marke binden. Ein zentrales Merkmal ist die Interaktivität dieser sogenannten „Mitmachmedien". Dies hat den Vorteil, dass sich Marketing-Botschaften, z. B. durch ein Facebook-„Like", rasch verbreiten. Andererseits besteht die Gefahr, dass das Image des Unternehmens durch negative Kommentare geschädigt wird. Hier gilt es für Unternehmen, die Kritik aufzugreifen und mit geeigneten Maßnahmen die „Online-Welt" vom Gegenteil zu überzeugen.

  Beispiele
  - **Best Practice:** Das auf Kaffeeprodukte spezialisierte und international tätige Unternehmen Starbucks nützt verschiedenste Social-Media-Kanäle (u. a. Facebook, YouTube, Flickr, Twitter und einen eigenen Unternehmensblog „My Starbucks Idea"). Starbucks wird als das Unternehmen mit einer der besten Social-Media-Strategien gesehen.
  - **Worst Practice:** Greenpeace-Anhänger haben die Facebook-Seite des Schweizer Nahrungsmittelkonzerns Nestlé mit Beschwerden bombardiert und auf Twitter einen „shitstorm" ausgelöst, weil die Einkaufspolitik des Unternehmens für Umweltschäden verantwortlich sein soll.

Um Werbemittel an die Zielgruppe herantragen zu können, benötigt man Werbeträger. Die folgende Abbildung zeigt **häufig vorkommende Werbeträger.**

Werbeträger

Printmedien	elektronische Medien	Außenwerbung	sonstige Werbeträger
■ Zeitungen ■ Zeitschriften	■ Fernsehen ■ Radio ■ Film ■ Internet ■ Kiosksysteme	■ Hauswände ■ Schaufenster ■ Verkaufsstand ■ Verkehrsmittel ■ Plakatwand ■ Sportstätten ■ Litfaßsäule	■ Werbegeschenke (Kugelschreiber, Feuerzeug ...) ■ Textilien (Shirt, Kappe ...) ■ Einkaufssackerl ■ Personen

Kiosksysteme sind Computeranlagen, die an öffentlichen Plätzen aufgestellt werden, um Informationen zu einem bestimmten Themengebiet zur Verfügung zu stellen.

Litfaßsäule

Aha!
Trotz der unendlichen Möglichkeiten der Werbung darf eine Firma nicht vergessen, dass zufriedene Kunden **gute Werbeträger** sind. In Gesprächen mit potenziellen Kunden loben sie die tolle Qualität der Produkte, das unschlagbare Preis-Leistungs-Verhältnis oder das tolle Service.
Dabei spricht man von **Mundpropaganda.** Mundpropaganda ist sehr **glaubwürdig.** Natürlich kann Mundpropaganda auch dem Unternehmen schaden, wenn Kunden wegen negativer Erfahrungen vom Kauf abraten.

Mundpropaganda

Auswahl der Werbemittel und Werbeträger

Die Wahl der Werbemittel und Werbeträger hängt sehr stark vom Werbeetat des Unternehmens ab. Es kann daher sein, dass man bei der Betrachtung der Kosten den Werbeträger und daher auch das Werbemittel ändern muss.

Beispiel
Fernsehwerbung ist teurer als eine Anzeige in einer Regionalzeitung.

Werbeetat (das „t" am Ende wird nicht gesprochen) = Werbebudget; der für die Werbung zur Verfügung stehende Geldbetrag.

- **Vergleich der Kosten der Werbemaßnahmen: Je nach Werbemaßnahme** fallen **unterschiedlich hohe Kosten** an. Zu den Kosten des Werbeträgers, z. B. den Einschaltkosten für Werbungen im Radio oder Fernsehen, kommen noch die Kosten für die Herstellung des Werbemittels, z. B. des Werbespots. Je aufwendiger eine Produktion ist, desto mehr kostet sie.

  Große Unternehmen verfügen über hohe Werbebudgets und haben dadurch die Möglichkeit, kostspielige Werbekampagnen durchzuführen. Kleine Unternehmen haben meistens nicht sehr viel Geld zur Verfügung und müssen sehr genau überlegen, wie und wodurch sie Kunden gewinnen können.

  Beispiele
  Kostspielige Werbemaßnahmen großer Unternehmen:
  - Werbeeinschaltungen im Radio
  - Werbespots in TV oder Kino

  Günstigere Werbemaßnahmen, die auch für kleine und mittlere Unternehmen geeignet sind:
  - Prospekte, Kataloge
  - Inserate in Zeitungen
  - Firmenlogo auf Tragtaschen (Plastik, Papier, Stoff)
  - Kundenbriefe (per Post oder E-Mail)

Bei Radio- und Fernsehwerbung gilt: Je mehr Zuhörer bzw. Zuschauer ein Sender oder ein Programm hat, desto teurer ist eine Einschaltung!
Bei Regionalsendern kosten Werbeeinschaltungen weniger als bei großen, bekannten Radiosendern, die österreichweit und rund um die Uhr senden.

- **Reichweite von Werbemaßnahmen:** Ein Problem bei Werbemaßnahmen kann sein, dass Menschen die Werbung zwar sehen und hören, aber nicht zur Zielgruppe gehören. Man spricht dabei von **Streuverlust.**

  Durch **gezielte Auswahl und Planung** der Werbemaßnahmen sollten Streuverluste möglichst gering gehalten werden.

  Die **Reichweite** gibt an, in welchem Maß die Zielgruppe mit dem Werbeträger erreicht wird.

Bei Direktwerbung (Einzelwerbung) können im Idealfall Streuverluste gänzlich vermieden werden.

❼ Werbeperiode

Wann, wie lange und wie oft soll die Werbung erfolgen?

❽ Durchführung der Werbemaßnahmen

❾ Werbeerfolgskontrolle

Werbemaßnahmen sind mit erheblichen Kosten verbunden. Daher ist es wichtig, zu kontrollieren, ob die Werbung zum gewünschten Erfolg geführt hat.

Bei der **Werbeerfolgskontrolle** wird vor allem überprüft, ob die angestrebten **Werbeziele** erreicht werden konnten!

- Die einfachste Art der Kontrolle kann durch den **Vergleich bestimmter Zahlen** (Verkaufszahlen, Anzahl der Zugriffe auf die Website ...) erfolgen.
- Bei der **Direktwerbung** besteht die Möglichkeit, die **Kunden direkt** zu **befragen,** welche Werbemaßnahme zum Kauf geführt hat. Außerdem kann der sogenannte Response ausgewertet werden.
- Darüber hinaus kann durch **Befragungen** untersucht werden, ob sich durch die Werbemaßnahmen der Bekanntheitsgrad, das Image des Unternehmens oder die Einstellung der Konsumenten geändert haben.

Unter **Response** (Reaktion, Antwort) versteht man das Verhältnis der Anzahl der Empfänger der Werbebotschaft zur Anzahl von erhaltenen Reaktionen, z. B. Bestellungen.

4.2.5 Werbung kritisch betrachtet

Einerseits hat sich Werbung zu einem gigantischen Wirtschaftszweig entwickelt, der vielen Personen Arbeit gibt. Viele Fernsehanstalten und Betreiber gewisser Websites verdienen durch Werbeeinschaltungen ihr Geld und ermöglichen Ihnen so, bestimmte Fernsehprogramme kostenlos zu empfangen oder kostenlos eine E-Mail-Adresse zu haben. Werbung ist heute etwas Unverzichtbares und Tolles. Sogar Unterhaltungswert wird ihr des Öfteren zugeschrieben. Andererseits wird einem aber schnell bewusst, dass man sich der Werbeflut, die tagtäglich auf jeden von uns einprasselt, nur schwer entziehen kann.

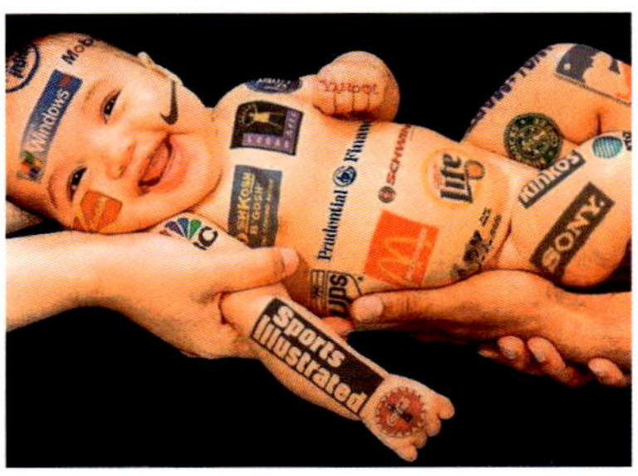

Der Werbeflut kann man nur schwer entkommen, aber ein paar Möglichkeiten gibt es doch!

Folgende Möglichkeiten stehen einem offen, sich vor **unerwünschten Werbezusendungen** zu schützen:

Schutz vor der postalischen Zustellung von

unaufgefordertem, persönlich adressiertem Werbematerial	nicht persönlich adressierten Werbematerialien (Kaufhausprospekten, Flyern)
Sie können sich in die **„Robinsonliste"** eintragen lassen. Die eingelangten Daten werden an die österreichischen Adressverlage und Direktwerbeunternehmen weitergeleitet, die dann diese Angaben aus ihren Datenbanken streichen.	Der **Werbeverzichtskleber „Bitte keine unadressierte Werbung"** kann an der Haus- oder Wohnungstür bzw. am Briefkasten angebracht werden. An dieses Werbeverbot sollten sich Werbemittelvertreiber, Post und alternative Postdienstleister halten.

Adressen

- **Robinsonliste:** Richten Sie ein kurzes formloses Schreiben mit persönlichen Daten (Vor- und Zuname, genaue Anschrift) an den Fachverband Werbung und Marktkommunikation, Wiedner Hauptstraße 73/2, 1040 Wien, oder E-Mail unter: werbung@wko.at
- **Werbeverzichtskleber:** Senden Sie eine schriftliche Bestellung an die Adresse: Die Werbemittelverteiler, Postfach 500, 1230 Wien, Kennwort „Bitte keine unadressierte Werbung“. Ein ausreichend frankiertes Rückantwortkuvert muss beigelegt werden.

Aufgabenstellungen – „Werbung“

1. Welche Werbestrategie wurde Ihrer Meinung nach hier angewendet bzw. wie wurde versucht, die Aufmerksamkeit der Konsumenten zu wecken? Tragen Sie die Zahlen in die Kreise der jeweiligen Plakate ein!
   ❶ Ein Eyecatcher (z. B. ein Prominenter) schafft Aufmerksamkeit.
   ❷ Imagestrategie.
   ❸ Schock und Irritation wecken die Aufmerksamkeit.
   ❹ Künstlicher Zeitdruck schafft Aufmerksamkeit.
   ❺ Strategie der vergleichenden Werbung.

2. Überlegen Sie für folgende Werbemittel geeignete Werbeträger. Dabei können manchmal auch mehrere Werbeträger pro Werbemittel infrage kommen.

Werbemittel	Vorschläge für Werbeträger
Anzeige	
Plakat	
Banner	
Leuchtschrift	
Werbeaufdruck (z. B. Firmenlogo)	
TV-Spot	
Radiospot	
Product-Placement	
Werbespiel	
Waren	

3. Entwerfen Sie ein Werbekonzept für ein konkretes Produkt. Überlegen Sie sich dabei genau Ihre Zielgruppe, die Werbebotschaft, welche Werbemittel und Werbeträger Sie einsetzen würden und welches Alleinstellungsmerkmal (USP) Ihr Produkt aufweist.

4. Achten Sie in den nächsten zwei Wochen bei Kinofilmen und Fernsehproduktionen darauf, ob Sie Product-Placement entdecken! Welches Product-Placement konnten Sie in welchen Kinofilmen und Fernsehproduktionen ausfindig machen?

5. Sie sind in der Marketingabteilung eines Automobilherstellers beschäftigt. Ihr Unternehmen will ein speziell auf die Zielgruppe der Senioren zugeschnittenes Auto herausbringen.
   a) Erfinden Sie einen Markennamen für das Auto.
   b) Entwerfen Sie einen geeigneten Plan für Werbemaßnahmen und begründen Sie Ihre Vorschläge.

6. Ethik in der Werbung

Der österreichische Werberat (www.werberat.at) hat es sich zur Aufgabe gemacht, u. a. Fehlentwicklungen bzw. Missbräuche in der Werbung zu korrigieren. Es soll verhindert werden, dass diskriminierende, die Würde des Menschen verletzende oder irreführende Werbemaßnahmen gesetzt werden. Der Werberat gibt Verhaltensregeln vor, an die sich Werbetreibende halten sollten. Wenn Sie sich als Konsument/in durch eine Werbemaßnahme belästigt, verletzt oder irregeführt fühlen, können Sie sich per Onlineformular an den Werberat wenden. Ihre Beschwerde bleibt selbstverständlich völlig anonym. Die Beschwerde wird geprüft und kann bis zur Aufforderung zum Stoppen einer Werbeaktion führen. Der Werberat kann den Werbetreibenden auch auffordern, in Zukunft bei der Gestaltung von Werbemaßnahmen sensibler vorzugehen.

a) An welche grundsätzlichen Verhaltensregeln sollten sich Werbetreibende halten? Recherchieren Sie auf der Website des österreichischen Werberates und erstellen Sie eine kompakte Übersicht.
b) Gibt es derzeit Werbungen, durch die Sie sich verletzt, belästigt oder irregeführt fühlen? Wenn ja, durch welche und warum?
c) Das Unternehmen IWC verwendete in der Werbung den Satz „Komplizierter sind nur Frauen". Nach erhaltener Beschwerde rief der Werberat zum sofortigen Stopp der Kampagne auf. Gegen welchen Verhaltensgrundsatz wurde hier verstoßen?

Hinweis: Weitere Fälle finden Sie auf der Website des österreichischen Werberates unter: Beschwerde > Übersicht/Alle Fälle.

Aha!
Um die Bedeutung der Einhaltung von ethischen Grundsätzen auch nach außen zu dokumentieren, hat der österreichische Werberat das Pro-Ethik-Gütesiegel eingeführt. Unternehmen, die sich um dieses Gütesiegel bewerben, verpflichten sich zur Einhaltung des Ethik-Kodex der österreichischen Werbewirtschaft, dessen Vorgaben weit über die gesetzlichen Bestimmungen hinausgehen.

pro ethik werbe rat werberat.at zertifiziert 2013/14

4.3 Öffentlichkeitsarbeit (Public Relations)

Zielgruppen der Öffentlichkeitsarbeit:
- Kunden
- Aktuelle und potenzielle Mitarbeiter
- Presse
- Interessensverbände
- Behörden
- Etc.

Image = Einstellung, die Konsumenten einem Produkt, einer Dienstleistung oder einem Unternehmen entgegenbringen.

Öffentlichkeitsarbeit (Public Relations, PR) dient dazu, interne und externe Zielgruppen gezielt mit Informationen zu versorgen, um so Vertrauen und Verständnis bei diesen Gruppen zu gewinnen oder zu verfestigen.

Mit guter Öffentlichkeitsarbeit kann man u. a. Folgendes erreichen:
- Erhöhung des Bekanntheitsgrades
- Aufbau von Vertrauen und Glaubwürdigkeit
- Veränderung oder Verfestigung des Images
- Positionierung eines Unternehmens in der Meinung der Öffentlichkeit
- Bessere Voraussetzungen für das Unternehmen als Nachfrager auf dem Arbeitsmarkt

Die wichtigsten **PR-Instrumente** sind Pressekonferenzen, Presseaussendungen, Veranstaltung eines Tags der offenen Tür, Spenden an karitative Einrichtungen usw.

Beispiel

McDonald's informierte in einer PR-Maßnahme die Öffentlichkeit, dass das verwendete Rindfleisch aus Österreich stammt. Vertrauen sollte dadurch aufgebaut werden.

Bei dieser klassischen Werbung von McDonald's wird hingegen versucht, den Absatz der beworbenen Produkte zu steigern

Unternehmen nutzen vermehrt auch Social Media als Plattform für ihre Öffentlichkeitsarbeit.

4.4 Verkaufsförderung (Salespromotion)

Durch **Verkaufsförderung** sollen Anreize für Konsumenten, Verkäufer und Händler geschaffen werden, damit sie bestimmte unternehmenseigene Produkte denen der Konkurrenz vorziehen.

Anreize für Verbraucher (Consumerpromotion)	Anreize für unternehmenseigene Verkäufer (Staffpromotion)	Anreize für Händler (Merchandising)
Beispiele ■ Gewinnspiele ■ Point-of-Sale-Präsentationen, z. B. Verkostungen direkt im Geschäft ■ Gutscheine ■ Produktproben	**Beispiele** ■ Verkäuferschulungen ■ Verkaufswettbewerbe ■ Incentives für besondere Verkaufsleistungen	**Beispiele** ■ Dekorationsmaterial ■ Displaymaterial (Aufkleber etc.) ■ Material für Produktpräsentationen etc.

Point of Sale (POS) = Ort des Verkaufes, z. B. Lebensmittelgeschäft.

Incentives = Anreiz zur Leistungsbereitschaft oder Leistungssteigerung (z. B. Reisen oder Sachprämien wie Uhren).

4.5 Personal Selling

Unter **Personal Selling** versteht man den direkten Kontakt zwischen Verkäufer und Kunden. Es kommt zu einem Verkaufsgespräch bzw. einer Verkaufsverhandlung.

Der persönliche Verkauf ist besonders bei hochwertigen und/oder erklärungsbedürftigen Produkten von großer Bedeutung. Dem Verkaufsgespräch kommt dabei eine besondere Stellung zu. Um zielorientiert verkaufen zu können, müssen die Verkäufer speziell geschult werden.

Verkaufsgespräche finden im Regelfall nur zu 20 % auf der Verstandesebene, aber zu 80 % auf der Gefühlsebene statt.

Aha!
Ein guter Verkäufer ist jemand, der auf Menschen offen zugeht, sich in seine Kunden hineinversetzen kann, sich mit den Produkten, die er verkauft, gut auskennt und dem das Verkaufen auch Spaß macht!

Bekannte Messen
- Prêt-à-porter Paris (internationale Damenmodemesse).
- Vinitaly in Verona (Weinmesse).
- Frankfurter Buchmesse.
- Genfer Autosalon.
- Industriemesse Hannover.
- CeBIT (Centrum für Büro- und Informationstechnik) in Hannover.

4.6 Messen

Messen zählen zu den Instrumenten der persönlichen Kommunikation. Sie stehen daher in engem Bezug zum persönlichen Verkauf.

Eine **Messe** (oftmals auch als **Ausstellung** bezeichnet) ist eine zeitlich und örtlich festgelegte Veranstaltung, bei der sich mehrere Anbieter den Zielgruppen präsentieren. Üblicherweise finden Messen periodisch (z. B. einmal im Jahr) statt und haben klar festgelegte Schwerpunkte (häufig Wirtschaftszweige). An vielen Messen nehmen internationale Aussteller und Besucher teil.

Messen können nach folgenden Kriterien eingeteilt werden:
- **Zielgruppe:** Fachbesucher-, Händler- und/oder Konsumentenmesse
- **Funktion der Messe:** Informations- versus Verkaufsmesse
- **Angebotsschwerpunkt:** Konsumgüter- oder Investitionsgütermesse
- **Breite des Angebots:** Universal- versus Fachmesse
- **Aussteller- und Besucherreichweite:** regionale, überregionale, nationale und internationale Messen

Motive für die Teilnahme bzw. den Besuch von Messen können z. B. sein:
- Anbahnung neuer Geschäftsbeziehungen,
- Pflege von bestehenden Geschäftsbeziehungen,
- Information über neue Produkte bzw. Dienstleistungen oder
- Verhalten und Angebot von Mitbewerbern beobachten.

Aha!
Auf Messen herrscht eine hohe Konzentration von Angebot und Nachfrage und damit eine hohe Kommunikationsdichte und Informationsqualität, wie sie durch kaum ein anderes kommunikationspolitisches Instrument erreicht werden kann. Messen zeichnen sich durch den persönlichen Kontakt zwischen Verkäufern und Kunden, den direkten Wettbewerbsvergleich sowie eine relativ hohe öffentliche Aufmerksamkeit aus. Von Nachteil sind die oftmals hohen Kosten und der mitunter enorme Organisationsaufwand.

A1 ist der Sponsor zahlreicher Wintersportler

Worin sehen Sie die Risiken des Sponsorings für ein Unternehmen?

4.7 Sponsoring

Beim **Sponsoring** unterstützen Unternehmen (Sponsoren) Personen, Organisationen oder Veranstaltungen durch Geld-, Sach- oder Dienstleistungen. Als Gegenleistung wirbt der Gesponserte für den Sponsor.

Ziele des Sponsorings

- Die **Bekanntheit** des Unternehmens bzw. der angebotenen Leistungen soll erhöht werden.
- **Imagetransfer** vom Gesponserten auf das Image des Unternehmens. Ist zum Beispiel eine Sportmannschaft sehr erfolgreich, so verspricht sich das Unternehmen, dass Kunden durch das Sponsoring dieselben positiven Eigenschaften mit dem Sponsor (Unternehmen) verbinden.

4.8 Eventmarketing

Eventmarketing ist ein Instrument der Unternehmenskommunikation, das dem informationsüberlasteten Konsumenten etwas Außergewöhnliches bieten soll.

Ein Event – ein besonderes Ereignis – soll ein Produkt, eine Dienstleistung oder das Unternehmen als Ganzes dem Kunden näherbringen. Events ermöglichen direkte Kontakte zu den Zielgruppen in einer angenehmen, zwangfreien Situation, was positive Gefühle bei den Zielgruppen auslösen soll.

Eventmarketing kann sowohl zur Kommunikation mit unternehmensinternen Zielgruppen **(Mitarbeitern)** wie auch mit unternehmensexternen Zielgruppen **(Kunden)** eingesetzt werden.

Red-Bull-Flugtag

Beispiele
- Red-Bull-Flugtag
- Autofrühling bei Autohändlern
- Neujahrsempfang einer großen Bank

Aufgabenstellung – „Kommunikationspolitik“

- Ordnen Sie den folgenden Maßnahmen der Kommunikationspolitik die richtigen Fachbegriffe zu:

Kommunikationspolitische Maßnahme	Instrumente der Kommunikationspolitik
a) Ein Bekleidungsunternehmen versendet landesweit persönlich adressierte Werbebriefe, in denen es auf erhebliche Gewinnchancen hinweist.	
b) James Bond fährt in seinem neuesten Film einen BMW.	
c) Ein Erzeuger von Heizsystemen stattet den Fußballverein des Ortes mit Sportbekleidung aus. Im Gegenzug darf er sein Logo auf die Bekleidung drucken.	
d) Ein Möbelhersteller weist in einer Presseaussendung auf die Umweltfreundlichkeit seiner Produkte hin.	
e) Ein Verlag präsentiert auf der Frankfurter Buchmesse gemeinsam mit Autoren ein neues Kochbuch.	
f) Ein Hersteller von technischen Messgeräten schult seine Außendienstmitarbeiter zu mehreren neuen Produkten.	
g) Ein Schokoladenhersteller stellt Verkaufsstände in einem Supermarkt zur Verkostung neuer Schokoladensorten auf.	
h) Eine Fluggesellschaft macht potenzielle Kunden mit Werbebannern im Internet auf günstige Flüge aufmerksam.	

Wissensfragen – „Instrumente des Marketings“

Zu „1 Produkt- und Sortimentspolitik“

1. Was versteht man unter Marketingmix?
2. Was sind die Aufgaben der Produkt- und Sortimentspolitik?
3. Welche Produktdimensionen sollte ein Unternehmen berücksichtigen, um sich erfolgreich von den Wettbewerbern abheben zu können?

4. Welche Gestaltungselemente zur Erhöhung der Attraktivität eines Produktes kann ein Unternehmen nützen?
5. Aus welchen Phasen besteht der Produktlebenszyklus?
6. Was versteht man unter Relaunch?
7. In welche vier Felder werden die Produkte im Rahmen der Portfolioanalyse eingeordnet? Welche Maßnahmen sollten Unternehmen in den einzelnen Phasen setzen?
8. Was bedeuten folgende Begriffe: Produktinnovation, Produktdifferenzierung, Produktvariation, Produkteliminierung?

Zu „2 Preis- und Konditionenpolitik"

9. Was sind die Aufgaben der Preis- und Konditionenpolitik?
10. Warum sind Unternehmen einem zunehmenden Preisdruck ausgesetzt?
11. Auf welche Orientierungsgrößen der Preisbestimmung kann ein Unternehmen zurückgreifen?
12. Welche Preispositionierungsstrategien werden unterschieden?
13. Was ist der Unterschied zwischen Abschöpfungspreisstrategie und Marktdurchdringungsstrategie?
14. Nach welchen Kriterien kann Preisdifferenzierung erfolgen?
15. Welche psychologischen Preisstrategien kennen Sie?
16. Welche Konditionen werden bei der Konditionenpolitik festgelegt?

Zu „3 Distributionspolitik (Vertriebspolitik)"

17. Was versteht man unter Distributionspolitik?
18. Was sind Absatzorgane?
19. Nennen Sie Beispiele für direkte und indirekte Absatzwege.
20. Was ist die Aufgabe der Marketinglogistik?

Zu „4 Kommunikationspolitik"

21. Was sind die Aufgaben der Kommunikationspolitik?
22. Welche Formen der Werbung werden unterschieden?
23. Wofür steht die Abkürzung AIDA + S?
24. Wie kann man sich vor unerwünschten Werbezusendungen schützen?
25. Welche Bestandteile sollte eine Werbeplanung enthalten?
26. Worin liegt der wesentliche Unterschied zwischen Öffentlichkeitsarbeit und klassischer Werbung?
27. Welche PR-Instrumente kennen Sie?
28. Welche Arten der Verkaufsförderung kennen Sie?
29. Was ist das Wesentliche an Personal Selling?
30. Erklären Sie den Begriff Sponsoring!

Ziele erreicht? – „Instrumente des Marketings"

KOMPETENZ-ERWERB

1. Wählen Sie ein Produkt aus, das Sie interessant finden. Es kann ein Produkt sein, das Sie selbst bereits oft gekauft haben, oder eines, das Sie gerne erwerben würden (z. B. Zahnpasta, Handy, Süßware, Shampoo, Getränk, MP3-Player, Auto).

   a) Beschreiben Sie für dieses Produkt die Zielgruppe, den USP und den Marketingmix ausführlich. Achten Sie dabei darauf, dass Sie das zuvor gelernte Fachvokabular richtig verwenden.

   Beispiel

   ... für das Produkt Red Bull kann man im Bereich der Distributionspolitik sagen, dass es in vielen verschiedenen Kanälen vertrieben wird. Man kann es an Tankstellen, in Supermärkten, in Verkaufsautomaten, aber auch in der Gastronomie erwerben ...

   Tipp: Sie dürfen das Internet zur Recherche verwenden!

b) Betrachten Sie den zuvor beschriebenen Marketingmix kritisch. Gibt es im Bereich Produkt/Sortiment, Preis, Distribution oder Kommunikation Lücken oder Maßnahmen, die Sie nicht so gelungen finden? Machen Sie – wenn möglich – Verbesserungsvorschläge für alle Bereiche des Marketingmix.

2. Sie möchten in den nächsten Sommerferien richtig viel Geld verdienen. Deshalb entscheiden Sie sich für eine der folgenden Tätigkeiten, die Sie in den Sommermonaten (evtl. gemeinsam mit Freunden oder Freundinnen) anbieten möchten:

- Schülernachhilfe
- „Dogsitting“
- Gartenpflege (z. B. Rasenmähen)
- Botendienst
- ...(eigene Ideen sind willkommen)

Erstellen Sie für eine dieser Dienstleistungen einen Marketingplan:

- Analysieren Sie die Marktgegebenheiten, Kundenbedürfnisse und die Konkurrenzsituation.
- Beschreiben Sie Ihre Zielgruppe(n), den angestrebten USP und den geplanten Marketingmix ausführlich.

Going international

Now let's use the basics of the chapter "Marketing" in English!
Marketing is not only advertising and selling. It is much more than developing new products, setting prices and training people to deal with customers effectively. Marketing has to be understood as identifying and satisfying customer needs.

Exercise 1

a) The **"marketing mix"** contains the 4 Ps. Add the name of each P to the following pictures:

 ______________

 ______________

 ______________

 ______________

b) Which words are used to talk about which P? Write down the correct P of the marketing mix.

discount	= ______	service	= ______
location	= ______	quality	= ______
location	= ______	quality	= ______
channels of distribution	= ______	list price	= ______
public relations	= ______	advertising	= ______
media	= ______		
corporate identity	= ______		

to set a price
einen Preis festsetzen
need
Bedürfnis

discount
Preisnachlass
channels of distribution
Vertriebskanäle, Absatzwege
list price
Listenpreis, Katalogpreis

Exercise 2

Fill in the blanks:

experiment / primary / decisions / interview/ secondary / customers / competitors / process / observation

Market research helps companies to make effective ____________ by providing information that can inform the decision-making ____________. It provides information about ____________, ____________ and the overall market environment. The two categories of market research are known as ____________ and ____________ research. There are several primary market research approaches: e.g. ____________, ____________, ____________.

to extend sth
ausdehnen, vergrößern

Exercise 3

Products have a natural life cycle. The stages of the **product life cycle** can be shown on a graph. Businesses try to extend the life cycles of their products. Fill in:

Growth / Introduction / Product development / Decline / Maturity / Saturation

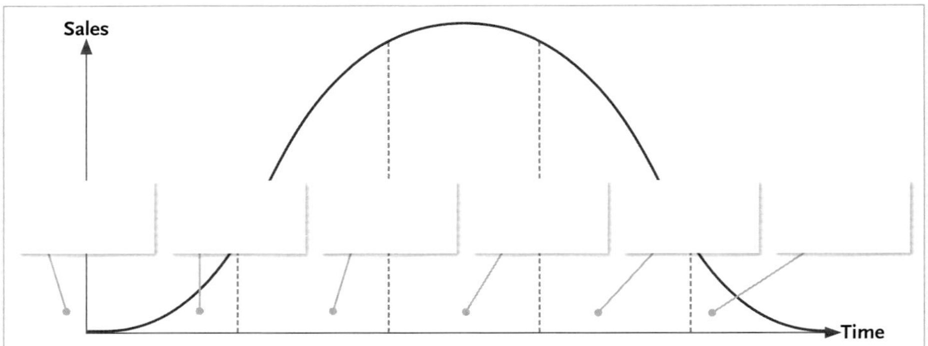

Exercise 4

a) The advertiser has to decide the media carrying the message. Which types of media (e.g. magazines) do you know?

____________ ____________
____________ ____________
____________ ____________

b) Watch the commercials about Fiat and Nespresso with George Clooney. Compare them and answer the following questions:
- Why do you think these commercials are famous?
- Which commercial might be more attractive to customers? Why?
- Who belongs to the target group of each commercial?
- What do customers expect from these products?
- Would you buy the products? Why (not)?

c) Find another commercial about a perfume, a car or a soft drink. Analyse it by using the questions above. Hint: watch www.youtube.com

commercial
Werbespot, Fernsehwerbung
target group
Zielgruppe
media
Werbeträger (Plural)

Commercial George Clooney and Fiat:
www.trauner.at/clooneyandfiat.aspx

Commercial George Clooney and Nespresso:
www.trauner.at/clooneyandnespresso.aspx

III Unternehmensführung

In wirtschaftlich herausfordernden Zeiten, die geprägt sind von Globalisierung, schnellem Wandel, Wettbewerbsdruck und Krisenbewältigung, hängt der Unternehmenserfolg von besonderen Führungskräften und Mitarbeitern/Mitarbeiterinnen ab. Diese Führungskräfte schaffen Orientierung durch klare Zielsetzungen, denken zukunftsorientiert, begeistern und motivieren ihre Mitarbeiter/innen und sorgen für die richtigen Strategien.

In diesem Kapitel erfahren Sie Wichtiges über die Bedeutung von moderner Unternehmensführung. Sie erkennen, wie es Unternehmen schaffen, Erfolge zu erzielen. Was zeichnet Spitzenmanager/innen aus? Diese Frage werden Ihnen Führungskräfte aus der Praxis beantworten. Sie werden feststellen, dass Sie viele Managementtechniken auch in Ihrem schulischen und privaten Bereich anwenden können.

Unternehmensführung (Management) im Überblick

Eine PPT-Präsentation und weitere Übungen zum Kapitel finden Sie auf der CD.

Bayer Maschinenbau ist in 20 Ländern der Welt vertreten und beschäftigt mehr als 500 Mitarbeiter. Wie wird sich die Unternehmensführung von einem Unternehmen mit fünf Mitarbeitern unterscheiden?

Das Unternehmen Bayer Maschinenbau – Hersteller und Bearbeiter großer, schwerer und komplexer Bauteile aus Stahl – gelang es in den letzten Jahren, zu einem der führenden Unternehmen der österreichischen Maschinenbauindustrie aufzusteigen. Schwerpunkt von Bayer Maschinenbau GmbH stellt die Energietechnik mit der Herstellung von Komponenten für Wasser-, Gas- und Dampfturbinen dar.

Unternehmensführung bezeichnet zum einen die **Personen,** die ein Unternehmen leiten. Zum anderen wird mit Unternehmensführung (Management) der **Prozess** des Führens bzw. Leitens eines Unternehmens benannt.

Erfolgreich geführte Unternehmen konzentrieren sich nicht nur auf die Bewältigung des Alltagsgeschäftes, sondern beschäftigen sich mit der langfristigen und nachhaltigen Ausrichtung des Unternehmens.

Vision
Wohin will das Unternehmen? (Vorstellungsbild der angestrebten Zukunft.)

Mission
Warum existiert das Unternehmen? Was ist der Auftrag?

Unternehmensphilosophie
Welche Werte sind dem Unternehmen wichtig? (Sie sind die Grundlage des alltäglichen Handelns.)

Unternehmensziele
Sie beschreiben einen in der Zukunft angestrebten Zustand oder daraus abgeleitete Ziele.

Normatives Management beschäftigt sich mit den **Normen, Werten und Zielen,** die das strategische und operative Management eines Unternehmens prägen sollen.
- Spiegelt sich im **Unternehmensleitbild** wider.

↓

Unternehmensstrategien
Sie zeigen auf, welcher Weg zur Erreichung der Vision gewählt werden soll.

Strategisches Management umfasst die **langfristige Planung,** um nachhaltig Wettbewerbsvorteile aufzubauen.

↓

Maßnahmen
Welche wirkungsvollen Aktionen sind zur Umsetzung der Strategien notwendig? Hauptaufgaben der Unternehmensführung sind dabei die **Planung, das Treffen von Entscheidungen, die Steuerung und Organisation sowie die Kontrolle der laufenden Aktivitäten.**

Operatives Management sorgt für die zielgerichtete Umsetzung der Unternehmensstrategien.

Unterstützung durch **Führungstheorien und Führungskonzepte.**

Management auf verschiedenen Unternehmenshierarchiestufen

Managementaufgaben werden von Personen auf verschiedenen Hierarchiestufen im Unternehmen wahrgenommen. In Abhängigkeit von der Unternehmenshierarchie spricht man von:

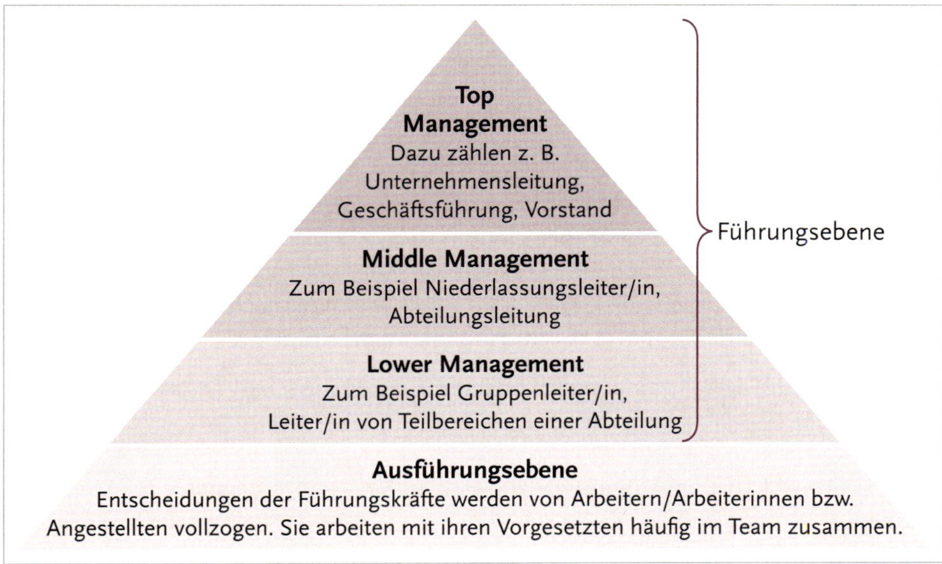

Aha!
Die Anzahl der Hierarchiestufen und die Bezeichnungen der Funktionen hängen u. a. mit der Unternehmensgröße und dem Unternehmensgegenstand zusammen.

Management als Institution:
alle leitenden Instanzen, d. h. alle **Personen** mit Weisungsbefugnis und Weisungsgewalt.

Management als Funktion:
umfasst alle zur Unternehmensführung notwendigen **Aufgaben:**

Aufgabenstellungen – „Unternehmensführung (Management) im Überblick“

1. **Ausgangssituation: Was haben die Familie Berger und Red Bull gemeinsam?**

Familie Berger sitzt beim Frühstück und diskutiert über die bevorstehenden Aufgaben dieses Tages.

Frau Berger *muss sich beeilen, das Meeting mit allen Bereichsleitern ihres Unternehmens beginnt bereits in einer Stunde und sie sollte noch einige Aufgaben an ihre Mitarbeiter/innen delegieren. Außerdem kommen heute Nachmittag die Tischler von TEAM 7 zu den Bergers nach Hause, sie liefern den neuen Wohnzimmerschrank und die Sitzmöbel, auf die sich die ganze Familie schon sehr freut. Dazu sind noch einige organisatorische Maßnahmen notwendig.*

Herr Berger, *der neben seiner hauptberuflichen Tätigkeit als Buchhalter auch noch ehrenamtlicher Sanitäter beim Roten Kreuz ist, musste in der letzten Nacht einen Krankentransport ins Allgemeine Krankenhaus übernehmen und organisieren.*

ÖSTERREICHISCHES ROTES KREUZ
Aus Liebe zum Menschen.

Tochter Ines Berger *sitzt vor ihrem Frühstück. Sie hat sich auf die bevorstehende heutige Schularbeit zu wenig vorbereitet und zu spät zu lernen begonnen. „Es ist immer dasselbe, ich brauche eine andere Zeiteinteilung“, denkt sie.*

Sohn Thomas Berger *bespricht mit seinem Vater sein letztes Fußballtraining, für das sein Fußballtrainer einen Coach für die Mannschaft engagiert hatte, um mit ihnen ihre Ziele für die nächste Spielsaison festzulegen.*

Das Gespräch wird von einer Meldung im Radio unterbrochen: „Dietrich Mateschitz, der Unternehmensführer und Begründer von Red Bull, hat wieder einen zweistelligen prozentuellen Umsatzzuwachs mit der teuersten Marke Österreichs erzielt.“

Red Bull

a) Notieren Sie, welche Aufgaben der Mitglieder von Familie Berger angesprochen wurden:

- Berufliche Aufgaben:
- Private Aufgaben:

b) Organisationen sind soziale Systeme, die aus Menschen bestehen, die gemeinsame Ziele verfolgen. Kein gewinnorientiertes Unternehmen (Profit-Organisation) und keine Non-Profit-Organisation wie das „Rote Kreuz" kann langfristig ohne wirksames Management überleben. Aber auch ein Haushalt wie jener der Familie Berger braucht ähnliche Regelungen und Strukturen wie ein Unternehmen. Diskutieren Sie mit Ihrem Banknachbarn bzw. Ihrer Banknachbarin, welche Gemeinsamkeiten ein Unternehmen mit einem Haushalt hat.

c) Thomas Berger hat davon gesprochen, dass sein Fußballtrainer einen Coach für die Mannschaft engagiert hat. Was kann er damit gemeint haben?

2. Der Direktor/Die Direktorin an Ihrer Schule nimmt Führungsaufgaben wahr. Finden Sie weitere Beispiele für Menschen, die Managementfunktionen ausüben.

Normatives Management

Vision
Wohin will das Unternehmen?
(Vorstellungsbild der angestrebten Zukunft.)

Mission
Warum existiert das Unternehmen?
Was ist der Auftrag?

Unternehmensphilosophie
Welche Werte sind dem Unternehmen wichtig?
(Sie sind die Grundlage des alltäglichen Handelns.)

Unternehmensziele
Sie beschreiben einen in der Zukunft angestrebten
Zustand oder daraus abgeleitete Ziele.

Normatives Management Spiegelt sich im **Unternehmensleitbild** wider.

Eine PPT-Präsentation und weitere Übungen zum Kapitel finden Sie auf der CD.

Hauptziel eines Unternehmens ist, die langfristige Lebens- und Entwicklungsfähigkeit zu ermöglichen. Dazu ist es erforderlich, die Vision, die generellen Ziele sowie Werte und Normen (mit anderen Worten: die Spielregeln) des Unternehmens festzulegen. Dabei geht es vor allem um die Sicherstellung einer verantwortungsbewussten, nachhaltigen unternehmerischen Tätigkeit. Die Anliegen und Interessen der verschiedenen Stakeholder sind dabei unter den Gesichtspunkten der Wirtschaftsethik zu berücksichtigen.

Stakeholder = interne und externe Personengruppen und Institutionen, die ein Interesse an der Vorgehensweise bzw. dem Ergebnis des Unternehmens haben.

Die definierten Leitsätze/Leitlinien, Grundsätze und Unternehmensstandards spiegeln sich im Unternehmensleitbild wider. Sie prägen das strategische und operative Management eines Unternehmens.

Meine Ziele

KOMPETENZ-ERWERB

Nach Bearbeitung dieses Kapitels kann ich

- die Bestandteile und Funktionen des Unternehmensleitbildes erklären;
- Leitbilder von Unternehmen analysieren;
- strategische und operative Ziele mithilfe bestimmter Regeln für ein Unternehmen formulieren;
- in verschiedenen Rollen (als Konsument/in, Arbeitnehmer/in und Unternehmer/in) und unterschiedlichen Strukturen nachhaltig handeln;
- Maßnahmen in der Führung eines Unternehmens unter ethischen Gesichtspunkten kritisch bewerten.

1 Vision

Eine Vision gibt dem Unternehmen und seinen Mitarbeitern/Mitarbeiterinnen, ähnlich wie ein Leuchtturm, eine Richtung vor

Eine **Vision** ist ein konkretes Vorstellungsbild der angestrebten Zukunft.

Unternehmen brauchen Visionen. Sie sind das Fundament der Unternehmensentwicklung. An der Vision werden alle Unternehmensstrategien, Unternehmensziele und die daraus abgeleiteten Maßnahmen ausgerichtet.

Die Entwicklung von Visionen gehört zu den wichtigsten Aufgaben des Topmanagements. Visionäre Unternehmen existieren über lange Zeiträume. Sie sind bedeutend leistungsfähiger und erfolgreicher als die jeweiligen Mitbewerber, denn alle Mitarbeiter/innen wissen, was sie anstreben sollen, wofür sie etwas tun und in welche Richtung sie das Unternehmen entwickeln wollen.

Beispiel: Visionen können zu Höchstleistungen motivieren
Als Bill Gates Anfang der Achtzigerjahre seine Vision von einem weltumfassenden Softwareunternehmen propagierte, nahm ihn kaum jemand ernst. Heute gehört Microsoft zu den größten Softwareunternehmen der Welt. Die Visionen spielten für die Entwicklung des Unternehmens eine bedeutende Rolle.

Vision lässt sich ableiten von:
- lat. videre = sehen bzw.
- franz. vision = Traumbild.

Es gibt viel mehr Leute, die freiwillig aufgeben, als solche, die echt scheitern.
HENRY FORD

Anforderungskriterien an Visionen

Erfolgreiche Visionen sollten idealerweise
- richtungsweisend (zukunftsorientiert),
- anspornend (begeisternd),
- realistisch und
- prägnant (kommunizierbar)

sein.

Beispiele: Visionen, die große Veränderungen in der Gesellschaft bewirkten
- **Unternehmerische Vision:** "A car for everybody" – **Henry Ford** schuf in einer kleinen Garage ein motorisiertes Vierrad mit einem Acht-PS-Benzinmotor. Er perfektionierte konsequent die Fließbandtechnik im Automobilbau. 100 Jahre nach Start des Unternehmens gehört die Ford Motor Company zu den größten Automobilherstellern der Welt.
- **Gesellschaftliche Visionen:** "The man on the moon" – **John F. Kennedy,** der Präsident der USA, hatte 1961 die Vision, dass noch in diesem Jahrzehnt ein Mensch den Mond betreten werde. 1969 setzte der US-Amerikaner Neil Armstrong als erster Mensch seinen Fuß auf den Mond.

Beispiele: aktuelle Unternehmensvisionen
- **McDonald's:** „To be the world's best quick-service restaurant"
- **Procter & Gamble:** Markenprodukte und Dienstleistungen von überlegener Qualität und hohem Nutzwert anzubieten, die das Leben der Verbraucher/innen in aller Welt verbessern, jetzt und für zukünftige Generationen.

Procter & Gamble: vertreibt zahlreiche Marken (wie z. B. Braun, Pampers, Ariel, Oral-B) weltweit.

Aha!
Zu unterscheiden sind Unternehmensvisionen von Werbeslogans. Sie sind zwar prägnant, aber meist nicht richtungsweisend formuliert, z. B. "I'm lovin' it" von McDonald's.

2 Mission

Das Unternehmen Bayer Maschinenbau bietet seinen Kunden eine breite Leistungspalette. Diese ermöglicht eine sichere und umweltfreundliche Verarbeitung hochwertiger Stähle. Im gesamten Unternehmen wird Wert auf einen umweltverträglichen Produktionsprozess gelegt und auf den sorgsamen Umgang mit natürlichen Ressourcen. So versöhnt Bayer Maschinenbau GmbH die Ökologie mit massivem Stahl.

Die **Mission** beschreibt den **Auftrag (Unternehmenszweck)** des eigenen Unternehmens.

Versuchen Sie mithilfe des Infotextes, die Mission des Unternehmens zu formulieren.

Im Gegensatz zur Vision beschreibt die Mission nicht einen angestrebten Zustand in der Zukunft, sondern definiert den **Beitrag,** den das Unternehmen zur Erschließung des in der Vision beschriebenen Nutzenpotenzials leisten will. Die Mission wird zum Teil in Form eines Slogans formuliert.

Beispiele: Missionen erfolgreicher Unternehmen

Google – „Wir organisieren die Informationen dieser Welt und machen sie allgemein zugänglich und nutzbar"

Avery Zweckform – „Wir machen den Bürojob leichter und das Leben bunter"

Walt Disney – "To make people happy"

Aha!
Nicht jedes Unternehmen verfügt in der Praxis über eine Vision. Jedoch hat jedes Unternehmen einen Unternehmenszweck, also eine Mission!

Die Mission ist Ausdruck des eigenen Auftrags zur Realisierung der Vision.

3 Unternehmensphilosophie

Die Bayer Maschinenbau GmbH ist geprägt von der Wertschätzung für Mensch und Natur. Das Unternehmen bearbeitet Stahl für ein Leben im Einklang mit der Natur. Die Produktion von Bayer Maschinenbau GmbH ist nicht nur ökologisch, sondern auch nachhaltig. Das heißt, dass kein Raubbau an der Natur betrieben wird. Nur so kann Stahl am Ende seines Lebenszyklus wieder in den natürlichen Kreislauf zurückgeführt werden. Die Wertschätzung für die Natur ist eng verbunden mit der Wertschätzung für die Menschen, die beim Unternehmen Bayer Maschinenbau arbeiten.

Beleuchten Sie das unternehmerische Handeln von Bayer Maschinenbau GmbH unter ethischen Gesichtspunkten. Handelt das Unternehmen moralisch vertretbar?

Die **Unternehmensphilosophie** umfasst die grundlegenden Einstellungen und Überzeugungen eines Unternehmens (Woran glauben wir? Was ist uns wichtig?). Es werden die **Werte (z. B. Wertschätzung der Mitarbeiter) und Normen (Verhaltensregeln),** die das Denken und Handeln aller Mitarbeiter/innen beeinflussen sollen, festgelegt.

Ein Beispiel einer Unternehmensphilosophie finden Sie auf der CD.

Sämtliche Mitarbeiter/innen des Unternehmens sollen nach diesen Werten und Normen handeln und danach beurteilt werden.

Unternehmerisches Gewinnstreben und moralische Ideale sind in Einklang zu bringen, um langfristig erfolgreich sein zu können

Unternehmensethik als Teil der Unternehmensphilosophie

Die Unternehmensethik, die die **moralischen Wertvorstellungen (Maßstäbe) eines Unternehmens** beschreibt, ist ebenfalls Teil der Unternehmensphilosophie. Unternehmensethische Überlegungen werden aufgrund des zunehmenden Drucks durch die Globalisierung, Digitalisierung und Finanzkrise **immer wichtiger.** Für die Zukunft werden vor allem jene Unternehmen gut gerüstet sein, die nicht nur nach Gewinn streben, sondern nachhaltig und vorausschauend wirtschaften.

Natürlich wollen auch nachhaltig wirtschaftende Unternehmen Gewinne erzielen. Deshalb investieren sie in die Zukunft und nehmen Rücksicht auf die Bedürfnisse ihres Umfelds bzw. ihrer Stakeholder. Ein Unternehmen läuft Gefahr, Image- und Umsatzeinbußen zu erleiden, wenn es moralische Wertvorstellungen nicht berücksichtigt.

Beispiel: Spitzelskandal schadete Lidl-Image
Der Discounter Lidl hatte jahrelang mithilfe von Detektiven mehrere Hundert Beschäftigte in zahlreichen Filialen umfangreich überwachen lassen. In den Einsatzprotokollen der Detektive wurde etwa jeweils mit Tag und Uhrzeit notiert, wann und wie häufig Mitarbeiter/innen auf die Toilette gehen, wer mit wem möglicherweise ein Liebesverhältnis hat, wer nach Ansicht der Überwacher unfähig ist oder einfach nur „introvertiert und naiv wirkt". Der Skandal war im März von *stern.de* und *stern* aufgedeckt worden. Der Discounter Lidl musste wegen der Bespitzelung von Mitarbeitern insgesamt 1,462 Millionen Euro Bußgeld bezahlen. Überdies sah sich Lidl heftiger Kritik von Datenschützern, Arbeitsrechtlern und Gewerkschaftern, aber auch von Mitarbeitern und Kunden ausgesetzt. Der Umsatz des Discounters ging unmittelbar nach Aufdeckung des Skandals stark zurück.

Aufgabenstellungen – „Vision" + „Mission" + „Unternehmensphilosophie"

1. Ergänzen Sie die Begriffe „Vision" und „Mission" an der richtigen Stelle.
   Es ist unsere ____________________ bei IKEA, den vielen Menschen einen besseren Alltag zu schaffen. Unsere ____________________ unterstützt die ____________________: Wir bieten ein breites Sortiment formschöner und funktionsgerechter Einrichtungsgegenstände zu Preisen an, die so günstig sind, dass möglichst viele Menschen sie sich leisten können.

2. Überlegen Sie bzw. recherchieren Sie: Welche gute Mission oder Vision von anderen Unternehmen überzeugt sie? Wie lautet diese? Warum hat Sie diese Formulierung beeindruckt?

3. Die persönliche Lebensvision ist eine Beschreibung des zukünftigen erwünschten Lebens in den verschiedenen Bereichen, z. B. in Partnerschaft und Familie, Beruf und Karriere oder bei persönlichen Hobbys, auch finanzielle, emotionale und gesundheitliche Elemente gehören dazu. Schreiben Sie Ihre persönlichen Visionen auf.

4. Sind Sie sich eigentlich Ihrer Macht als Konsument/in bewusst? Jede Entscheidung für oder gegen ein Produkt hat Auswirkungen auf die Gesellschaft und die Umwelt. Als Konsument/in sollten Sie Unternehmen und ihren Produkten kritisch gegenüberstehen.
   a) Warum hat jede Ihrer Entscheidungen für oder gegen ein Produkt Auswirkungen auf die Gesellschaft und die Umwelt?
   b) Welche Werte und Verhaltensweisen sind Ihnen bei Unternehmen wichtig?
   c) Haben Sie Vorschläge, mit welchen Maßnahmen man als kritischer Konsument/kritische Konsumentin agieren kann?

5. Besuchen Sie die Website der OMV AG (www.omv.com) und finden Sie folgende Punkte heraus:
   a) Der OMV Code of Conduct (Verhaltenskodex) legt fest, welche Werte und Grundsätze alle Handlungen im Namen der OMV bestimmen sollen. Welche Grundwerte verfolgt die OMV? Sie finden den Verhaltenskodex auch auf der CD.
   b) An welchen offiziellen Initiativen zur Sicherung der Unternehmensethik nimmt das Unternehmen teil? Beschreiben Sie die Grundsätze kurz.

Tipp: Sie finden die Lösungen auf der Website.

4 Unternehmensziele

Die Unternehmensziele orientieren sich am normativen Rahmen, der durch die Unternehmenswerte vorgegeben wird. Definieren Sie für das Unternehmen Bayer Maschinenbau ein strategisches Ziel im Bereich Marketing, bei dem es um die Erschließung weiterer Märkte in China in den nächsten fünf Jahren geht. Legen Sie außerdem ein konkretes Ziel für Bayer Maschinenbau GmbH fest, das für dieses Jahr für den Bereich Marketing gilt.

Formulieren Sie mithilfe des Infotexts und den bisher bekannten Informationen über Bayer Maschinenbau geeignete Unternehmensziele.

Unternehmensziele beschreiben einen in der Zukunft angestrebten Zustand, der durch bestimmte Handlungen erreicht werden soll. Ziele geben eine klare Richtung vor und schaffen somit Identifikation, Motivation und Engagement bei den Mitarbeitern und Mitarbeiterinnen.

4.1 Unternehmensziele, an denen sich Unternehmen orientieren sollen

Das **oberste (langfristige, strategische) Unternehmensziel** ist die Erhaltung der **Existenz und Wettbewerbsfähigkeit des Unternehmens.**

Leider orientieren sich dabei viele Unternehmen allein am **Ziel der Gewinnmaximierung.** Dies führt jedoch zu **Fehlentwicklungen in der Wirtschaft und der Gesellschaft, z. B. zu**

- Umweltproblemen, da Umweltschutzmaßnahmen aus Kostengründen vernachlässigt werden.
- Arbeitslosigkeit, da Unternehmen ihre Produktion in Billiglohnländer verlagern.

„Wer kein Ziel hat, kommt nirgendwo an!"

Ein „Gewinn unter Nebenbedingungen" folgt dem Motto *„Leben und leben lassen"*.

Unternehmensziel: Gewinn unter Nebenbedingungen

Natürlich muss ein Unternehmen Gewinne erzielen, um auf Dauer bestehen zu können (z. B. um aus dem Gewinn neue Produkte entwickeln und in neue Anlagen investieren zu können). **Verantwortungsbewusste Unternehmen** sollten die Ziele jedoch zusätzlich u. a. auch an den Ansprüchen der sozialen Umwelt (z. B. denen der Mitarbeiter/Mitarbeiterinnen, der Gesellschaft) und der ökologischen Umwelt ausrichten. Rolf Dubs spricht in diesem Zusammenhang von einem **„Gewinn unter Nebenbedingungen".**

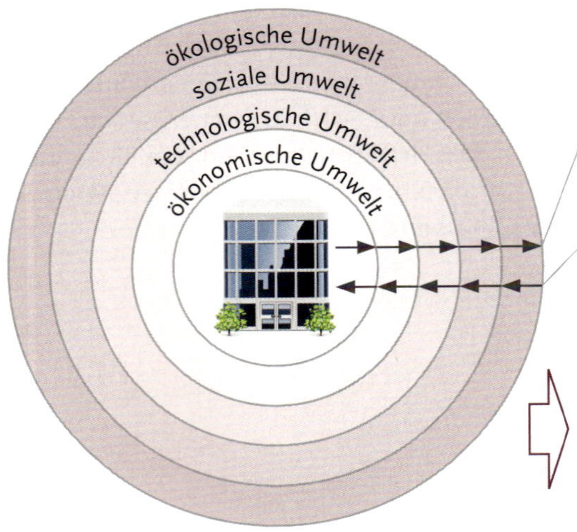

Ziele:
- Gewinn unter Nebenbedingungen
- dauernde Erhaltung

Denkweise:
- interdisziplinär
- vernetzt
- ganzheitlich

Unternehmen orientieren sich nicht nur an den Interessen der Eigentümer oder Investoren (= Shareholder), sondern auch an den Bedürfnissen und Ansprüchen der anderen internen und externen Stakeholder.

(Quelle: „Das St. Galler Management-Modell – Ganzheitliches unternehmerisches Denken", Rolf Dubs, 2012, Trauner Verlag)

Monetäre und nicht monetäre Ziele für einen „Gewinn unter Nebenbedingungen"

Verantwortungsbewusste Unternehmen sollten monetäre und nicht monetäre Ziele berücksichtigen.

Unternehmensziele

Monetäre Ziele		Nicht monetäre Ziele
Ziele, die sich in Geldeinheiten messen lassen.		Ziele, die sich nicht in Geldeinheiten messen lassen.
Beispiele ■ Verkaufsmengen erhöhen ■ Materialkosten senken ■ Gewinn erzielen ■ Zahlungsfähigkeit sichern ■ Produktivität steigern ■ Marktanteil ausbauen ■ Produktionskosten reduzieren	+	**Beispiele** ■ Qualifikation der Mitarbeiter/innen verbessern ■ Ökologisch verantwortungsvoll handeln ■ Produktion umweltfreundlicher gestalten ■ Arbeitsplätze erhalten ■ Mitarbeiterzufriedenheit verbessern ■ Innovationen und technischer Fortschritt

Non-Profit-Organisationen (z. B. Greenpeace, Rotes Kreuz) streben im Gegensatz zu Wirtschaftsunternehmen in erster Linie gesellschaftliche oder soziale Ziele an

4.2 Richtiges Formulieren von Zielen

Nur wenn die Ziele klar formuliert sind, lässt sich der Weg zur Zielerreichung sinnvoll planen, kontrollieren und beurteilen. Man spricht in diesem Zusammenhang von **Ziel-Operationalisierung.** Bei der Formulierung von operationalisieren Zielen sind folgende Bestandteile zu integrieren:

operationalisieren = präzisieren, überprüfbar machen.

Bestandteile operationalisierter Ziele	Fragestellung	Beispiel
Zielinhalt	Was soll erreicht werden?	Erhöhung des Marktanteils
Zielausmaß	Wie viel soll erreicht werden?	7 %
Zieltermin	Bis wann soll etwas erreicht werden?	Dezember dieses Jahres
Zielverantwortung	Wer ist für die Erreichung verantwortlich?	Vertriebsleiter
Zielort	Wo soll das Ziel erreicht werden?	Ländermarkt Indien

Bei der Zielformulierung ist es außerdem hilfreich, sich an die **SMART-Regel** zu halten.

S	**Specific**	Ziele müssen eindeutig und genau definiert sein.
M	**Measurable**	Ziele müssen messbar sein.
A	**Achieveable**	Ziele müssen erreichbar sein.
R	**Relevant**	Ziele müssen bedeutsam sein.
T	**Timed**	Ziele müssen eine Angabe eines Zeitraums oder eines Zeitpunktes für die Zielerreichung enthalten.

Der Zeitraum von Zielen kann **kurz-, mittel- und langfristig** sein. In diesem Zusammenhang kann man zwischen strategischen und operativen Zielen unterscheiden. Im Mittelpunkt der strategischen Ebene steht das Schaffen, Erhalten und Pflegen von **Erfolgspotenzialen (Erfolgsfaktoren),** wie z. B. hohe Produkt- und Prozessqualität, gut ausgebildete und motivierte Mitarbeiter. Operative Ziele sind den strategischen Zielen untergeordnet und unterstützen deren Umsetzung.

Strategische Ziele – langfristige Zielerreichung	Operative Ziele – kurz- bis mittelfristige Zielerreichung
Die Umsetzung der Vision in langfristige Ziele	Die Umsetzung der langfristigen strategischen Ziele in kurz- oder mittelfristige Ziele

Beispiele (strategische Ziele)
- Verdoppelung des Umsatzes in den nächsten fünf Jahren
- Eröffnung weiterer Markenstores in Skandinavien durch Kooperationen mit norwegischen und finnischen Händlern

Beispiele (operative Ziele)
- Das Umsatzziel beträgt beim Produkt „Lux" 200 Einheiten für das vierte Quartal.
- Der Bekanntheitsgrad der Marke soll innerhalb der nächsten zwei Jahre in Norwegen und Finnland auf mindestens 20 % gesteigert werden.

Das Führen mit Zielen wird als Management by Objectives bezeichnet. Aus den Unternehmenszielen werden dazu Geschäftsbereichs-, Abteilungs- und Stellenziele abgeleitet. Mehr darüber erfahren Sie im Kapitel „Führung: Führungstheorien und -konzepte".

Aufgabenstellungen – „Unternehmensziele"

1. Die Smart Plus GmbH steht vor der Entscheidung, mit der bisherigen Produktionsmaschine weiterzuarbeiten oder in eine neue Maschine zu investieren, die um 40 % weniger Emissionen verursacht – jedoch würde die Anschaffung der Maschine jährlich hohe Abschreibungen verursachen und somit den Gewinn verringern. Vor welchem Problem steht das Unternehmen? Welche Punkte sollte das Unternehmen zur richtigen Entscheidungsfindung einbeziehen?

2. Neben den Unternehmenszielen hat auch jeder Mensch persönliche Ziele. Im Rahmen welcher persönlichen Ziele ist es bei Ihnen schon einmal zu Zielkonflikten gekommen und warum?

3. Sie sind in der Marketingabteilung eines Herstellers für medizinische Geräte für die Produktgruppe „EKG-Schreiber" zuständig. Die Produktgruppe wird in Österreich und Deutschland verkauft. Formulieren Sie ein strategisches und ein davon abgeleitetes operatives Ziel für Ihren Bereich. Ergänzen Sie fehlende Informationen.

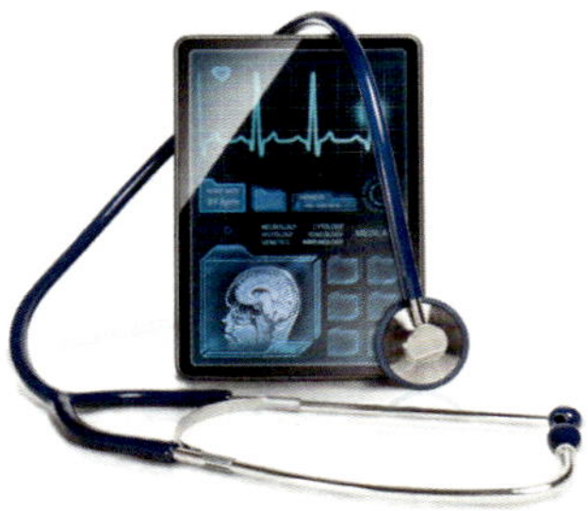

5 Unternehmensleitbild

Im Unternehmen Bayer Maschinenbau werden besondere Rituale gepflegt, wie wöchentliche Teamsitzungen und Besprechungen, Aufmerksamkeit zum Geburtstag, Weihnachtsfeier oder Firmenausflüge. Die Mitarbeiter/innen dieses Unternehmens sind stolz darauf, für dieses Unternehmen arbeiten zu können, da sie spüren, dass ihre Arbeit anerkannt wird und Sinn macht.

Formulieren Sie zu der auf Seite 77 angeführten Unternehmensphilosophie von Bayer Maschinenbau einen für Sie stimmigen Teilauszug eines Leitbildes in Bezug auf die **Mitarbeiter/innen.**

Ein Leitbild sorgt für Orientierung

Das **Unternehmensleitbild** ist die schriftliche Dokumentation der Vision, Mission, Werte, Normen und Unternehmensziele eines Unternehmens. Es soll damit allen am Unternehmen beteiligten Personen eine einheitliche Orientierung geben und die Identifikation mit dem Unternehmen unterstützen.

Funktionen und Bestandteile des Unternehmensleitbildes

Unternehmensleitbild
- Vision
- Mission
- Werte und Normen
- Langfristige Unternehmensziele

Intern Führung, Mitarbeiter/innen ← Orientierung, Motivation – Unternehmensleitbild – positive Öffentlichkeitsarbeit → **Extern** Stakeholder

Unternehmensleitbild bildet Rahmen für ⇩

Strategisches Management und operatives Management

Das Leitbild muss unternehmensintern und -extern bekannt gemacht werden, z. B. auf Präsentationstafeln im Unternehmen, auf der Unternehmenswebsite oder im Geschäftsbericht.

Beispiel: Unternehmensleitbild der Frauscher GmbH (www.frauscher.com)

UNTERNEHMENSLEITBILD

Mission

„Wir wollen mit unseren Produkten zum sicheren, hochverfügbaren und kostengünstigen Bahnbetrieb beitragen."

Kunde und Produkt

Wir entwickeln Komponenten für die **Eisenbahnsignaltechnik.** Anforderungsspezifikationen, die sorgfältig und in enger Abstimmung mit den Kunden und den Aufsichtsorganen erstellt werden, sind der Garant für eine marktgerechte Entwicklung. Unser hoher Anspruch an die **Sicherheit,** die **Qualität** und das **marktgerechte Design** unserer Produkte gewährleistet den langfristigen Erfolg auf den Märkten. Wir berücksichtigen länderspezifische Anforderungen, um über hohe Stückzahlen eine kostengünstige Serienherstellung unserer Produkte zu ermöglichen. Wir versuchen stets, mit den Anwendern unserer Produkte in direktem Kontakt zu stehen, um die Pflege des technischen Supports, die Qualität der Montagen und der Bedienungen auf hohem Niveau zu halten. Wir reagieren rasch auf Mitteilungen des Kunden.

Sofern Mängel auftreten, werden die Ursachen ermittelt, im Fachkreis diskutiert und Maßnahmen zur Beseitigung eingeleitet. Die Wirksamkeit der Maßnahmen wird gemessen und fließt in die Prozesse ein. Wir liefern vertragstreu und informieren unsere Kunden bei Differenzen zwischen ihren Erwartungen und den Eigenschaften unseres Produktes.

Qualität

Die Entwicklung und Fertigung von sicherheitsrelevanten Komponenten für die Eisenbahnsignaltechnik erfordert ein Höchstmaß an Verantwortung. Die Pflege eines gut entwickelten **Qualitätsmanagementsystems** ist eine grundlegende Voraussetzung zur Befriedigung der hohen Ansprüche an unsere Produkte. Die Sicherheit unserer Produkte kann nur im Zusammenhang mit einer reproduzierbaren hohen Qualität gewährleistet werden. Die Sorge um die Erhaltung des höchstmöglichen Qualitätspegels und die Pflege eines ständigen Verbesserungsprozesses sind daher oberstes Ziel und Grundlage für eine nachhaltige Unternehmensentwicklung.

Umwelt

Ein besonderer, behutsamer Umgang mit Energie und Rohstoffen ist in unserem Unternehmen sensibilisiert und nachvollziehbar. Unser Umweltbewusstsein zeigen wir, indem wir wesentliche Teile unserer Energie für Gebäude und Prozesse aus regenerativen Energiequellen beziehen und diese möglichst effizient einsetzen. Darüber hinaus werden Umweltbelastungen, soweit wie möglich, vermieden. Restbelastungen werden im Rahmen der geltenden rechtlichen Verpflichtungen behandelt und durch kontrollierte Prozesse auf das Nötigste reduziert und dokumentiert. Die statistische Erfassung der Stoffströme ist Grundlage für einen ständigen Verbesserungsprozess in der Umweltpolitik.

Mitarbeiter/innen

Die Mitarbeiter/innen sind das höchste Gut im Unternehmen. Schlanke Organisationsstrukturen und klare Vergabe der Kompetenzen sind neben behaglichen Arbeitsplätzen und gerechter Entlohnung entscheidende Maßnahmen für zufriedene und motivierte Mitarbeiter/innen. Die Mitarbeiter/innen haben stets die Möglichkeit, sich gegenüber Vertrauensleuten, Vorgesetzten oder der Unternehmensleitung zu äußern. Wir widmen der Mitarbeiterausbildung besonderes Augenmerk und richten sie besonders auf die Anforderungen des Marktes, der Vorschriften und der Qualität aus. Die Sicherheit und Gesundheit an den Arbeitsplätzen wird durch laufende Gefahrenanalysen und gesetzeskonforme Gestaltung garantiert. Mögliche Gefährdungen werden im Zuge der kontinuierlichen Verbesserung der Sicherheit an den Arbeitsplätzen behandelt. Durch eine regelmäßige Unterweisung und Bewusstseinsbildung werden Mitarbeiter/innen auf Restgefahren aufmerksam gemacht und für Notsituationen geschult. Darüber hinaus wird ein Programm zur betrieblichen Gesundheitsförderung gepflegt. Damit werden verschiedene Maßnahmen zur Erhaltung und Erhöhung der Gesundheit der Mitarbeiter/innen angeboten und umgesetzt.

Aufgabenstellungen – „Unternehmensleitbild"

1. Lesen Sie das Leitbild des **„Österreichischen Roten Kreuzes" unter** www.roteskreuz.at/site/leitbild/ und beantworten Sie folgende Fragen:
   a) Was ist die Mission des Unternehmens?
   b) Fassen Sie die Grundwerte dieser Non-Profit-Organisation zusammen.
2. Analysieren Sie das Leitbild Ihrer Schule. Welche Vision, Mission und Werte bzw. Normen wurden festgelegt?
3. Erstellen Sie gemeinsam mit Ihren Klassenkollegen und -kolleginnen ein Leitbild für Ihre Klassengemeinschaft. Was ist Ihre gemeinsame Vision? Ihre Mission? Von welchen Werten soll Ihre Klassengemeinschaft getragen werden? Nach welchen Normen sollen Sie handeln?
4. Wie beurteilen Sie die Kultur Ihrer Klassengemeinschaft? Durch welche Normen, Wertvorstellungen, Denkhaltungen, Umgangsformen, gemeinsamen Geschichten und Rituale ist sie geprägt?

Wissensfragen – „Normatives Management"

1. Was ist eine Vision? Wie sollte sie formuliert sein?
2. Was beschreibt eine Mission?
3. Was wird in der Unternehmensphilosophie festgelegt?
4. Warum ist es für Unternehmen wichtig, die moralischen Wertvorstellungen der Unternehmensethik zu berücksichtigen?
5. Welche Rolle haben Unternehmensziele?
6. Was versteht man unter dem Streben nach „Gewinn unter Nebenbedingungen"? Welche Unternehmensziele sollten dabei berücksichtigt werden?
7. Welche Bestandteile enthalten operationalisierte Ziele?
8. Erklären Sie die SMART-Regel.
9. Welche Funktionen erfüllt das Unternehmensleitbild?

Ziele erreicht? – „Normatives Management“

KOMPETENZ-ERWERB

Material
Internetzugang erforderlich

Ausgangssituation

Sie sind eine neue Mitarbeiterin bzw. ein neuer Mitarbeiter im Unternehmen „Voestalpine AG“ in Linz. Um das Unternehmen besser kennenzulernen, informieren Sie sich mithilfe des Leitbildes über das Unternehmen.

1. Welche Bestandteile sollte ein Unternehmensleitbild aufweisen? Erklären Sie diese kurz.
2. Welche Funktionen erfüllt das Unternehmensleitbild?
3. Lesen und analysieren Sie das Leitbild der Voestalpine AG im Internet unter www.voestalpine.com. Sie finden das Leitbild auch auf der CD.
   a) Wie beurteilen Sie die Vision? Erfüllt sie die Anforderungskriterien einer erfolgreichen Vision?
   b) Für wen schafft die Voestalpine AG Nutzen? Was ist ihr Auftrag?
   c) Welche Unternehmensphilosophie kommt in diesem Leitbild zum Ausdruck?
   d) Was erwartet die Voestalpine AG von Ihnen als neuem Mitarbeiter/neuer Mitarbeiterin? Wie sollten Sie sich aufgrund des Unternehmensleitbildes verhalten?

4. Sie sind als Leiter/in im Bereich „Forschung und Entwicklung“ tätig. Formulieren Sie ein strategisches und davon abgeleitetes operatives Ziel, das die Umsetzung der Vision unterstützt. Beachten Sie dabei die Regeln für „richtiges Formulieren von Zielen“. Ergänzen Sie fehlende Informationen (u. a. auch mithilfe der Unternehmenswebsite).

Managementprozess: strategisches und operatives Management

Eine PPT-Präsentation und weitere Übungen zum Kapitel finden Sie auf der CD.

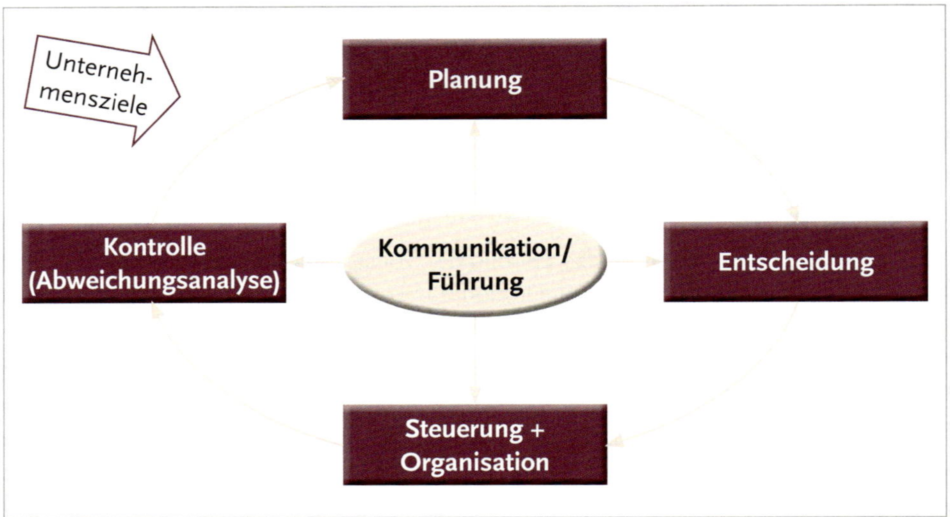

Die im normativen Management definierten Leitsätze und langfristigen Ziele sollen durch das strategische und operative Management umgesetzt und erreicht werden. Das **strategische Management** umfasst dabei die langfristige Planung, mit der nachhaltig Wettbewerbsvorteile aufgebaut werden sollen. Für die zielgerichtete Umsetzung der Unternehmensstrategien sorgt das **operative Management.**

Die Zusammenhänge der damit verbundenen Managementaufgaben können – wie Sie oben sehen – übersichtlich als **Managementprozess** (Managementkreis, Führungskreislauf) dargestellt werden. Die strategische und operative Planung, das Treffen von Entscheidungen, die Steuerung und Organisation sowie die Kontrolle der laufenden Aktivitäten zählen zu den Hauptaufgaben. Im Mittelpunkt stehen dabei die Mitarbeiterführung und die damit verbundene Kommunikation, damit soll auf das Verhalten der Mitarbeiter/innen Einfluss genommen werden, was dazu dient, die Ziele besser zu erreichen.

KOMPETENZ-ERWERB

Meine Ziele

Nach Bearbeitung dieses Kapitels kann ich

- die Entwicklungsschritte bei der Erarbeitung einer Strategie nennen;
- die strategische Ausgangslage eines Unternehmens mithilfe verschiedener Instrumente des strategischen Managements bestimmen und darauf aufbauend Strategien entwickeln;
- eine Vorgehensweise zur Budgetierung im Unternehmen empfehlen;
- Leitungssysteme für Unternehmen gestalten;
- Aufbauorganisationen von Unternehmen analysieren;
- die Wichtigkeit einer durchdachten Ablauforganisation verdeutlichen;
- effiziente Abläufe im Rahmen der Ablauforganisation entwickeln;
- Erscheinungen der informalen Organisation erklären.

1 Planung

Bei der **Planung** werden Wege und Maßnahmen überlegt, mit denen die gesetzten Unternehmensziele erreicht werden können. Man unterscheidet dabei zwischen strategischer und operativer Planung.

Strategische Planung		Operative Planung
umfasst die langfristige Planung, mit der nachhaltig Wettbewerbsvorteile aufgebaut werden sollen. Dazu werden Strategien entwickelt.	+	plant die zielgerichtete Umsetzung der Unternehmensstrategien. Sie beinhaltet die Festlegung zukünftiger Aktivitäten und der dabei eingesetzten Personen und Ressourcen.
„Die richtigen Dinge tun“		**„Die Dinge richtig tun“**

Planung verschafft den Durchblick

1.1 Strategische Planung

Um im Rahmen der strategischen Planung Strategien entwickeln zu können, sind zuvor mithilfe einer **externen** und **internen Analyse** die Chancen und Gefahren sowie Stärken und Schwächen des Unternehmens in der Zukunft aufzudecken. Außerdem fließen die im Rahmen des normativen Managements festgelegten **Wertvorstellungen,** die das Unternehmen prägen sollen, mit ein: Auf diesen Grundlagen werden mögliche Strategien entworfen, und aus diesen wird die für die Zukunft am besten geeignete ausgewählt.

Aha!
In Unternehmen mit mehreren Hierarchiestufen erfolgt die strategische Planung vor allem durch das Top Management und die operative Planung durch das Middle Management und Lower Management.

Entwicklungsschritte bei der Erarbeitung einer Strategie

Vision + langfristige Unternehmensziele
(inkl. Wertvorstellungen des Unternehmens)

Externe Analyse	Interne Analyse

■ Analyse der Umweltsphären und der Ansprüche und Interessen der Stakeholder ■ Analyse der Branche	Analyse des Zustandes des Unternehmens: Produkte, Personal, Finanzen, Organisation, Führung
Beurteilen der **Chancen und Risiken** für das Unternehmen	Suchen nach **Stärken und Schwächen** des Unternehmens

Entwicklung von möglichen Strategien

Entscheidung über die zu wählende Strategie

Erinnern Sie sich zurück!
In welche Umweltsphären ist das Unternehmen eingebettet?

1.1.1 Externe Analyse

Strategien sollen auf zukünftige Trends und künftige Erfolgsfaktoren aufbauen. Mithilfe der externen Analyse soll ein grundlegendes Verständnis für die Unternehmensumwelt geschaffen werden. Es sollen mit geeigneten Analysemethoden die **Chancen und Risiken,** die sich für das Unternehmen ergeben, aufgedeckt werden. Folgende Analysen können u. a. durchgeführt werden:

Analyse der Umweltsphären und Analyse der Anforderungen und Interessen der Stakeholder

Die Umwelten (Umfelder) der Unternehmen haben Sie bereits im Kapitel „Normatives Management“ bei den Unternehmenszielen kennengelernt. Durch genaue Recherchen ist zu untersuchen:

- Wie entwickeln sich die Umwelten und welchen Einfluss hat dies auf das Unternehmen?
- Welche Chancen und Risiken ergeben sich aus den Umwelten für das Unternehmen?

Im Vordergrund stehen dabei die Anforderungen und Interessen der unmittelbaren Anspruchsgruppen (Stakeholder) des Unternehmens.

Beispiel: Auszug aus der Analyse der Umweltsphären eines Automobilherstellers

- **Ökonomische Umwelt,** z. B.: Wie wirkt sich die Wirtschaftskrise auf den Absatz von Autos aus?
- **Technologische Umwelt:** Trend zum Einsatz neuer natürlicher Werkstoffe (z. B. Faserverbundwerkstoffe)
- **Soziale Umwelt:** neue Formen der Automobilnutzung (z. B. Carsharing); Trend zur Individualisierung erfordert neue Produktkonzepte
- **Ökologische Umwelt:** zunehmendes Umweltbewusstsein fast aller Käuferschichten; Forderungen der Umweltpolitik (z. B. Verschärfung der Abgasnormen); Recyclingvorschriften

Branchenanalyse mit dem Fünf-Kräfte-Modell

Zum Analysieren der Branche eignet sich das **Fünf-Kräfte-Modell** von Michael E. Porter. Er hat **fünf Kräfte** identifiziert, die in jeder Branche wirken. Die Ausprägung dieser Kräfte bestimmt die Intensität des Wettbewerbes in einer Branche und damit ihre Profitabilität und Attraktivität.

Wie würden Sie die Profitabilität und Attraktivität der Automobilherstellerbranche beurteilen?

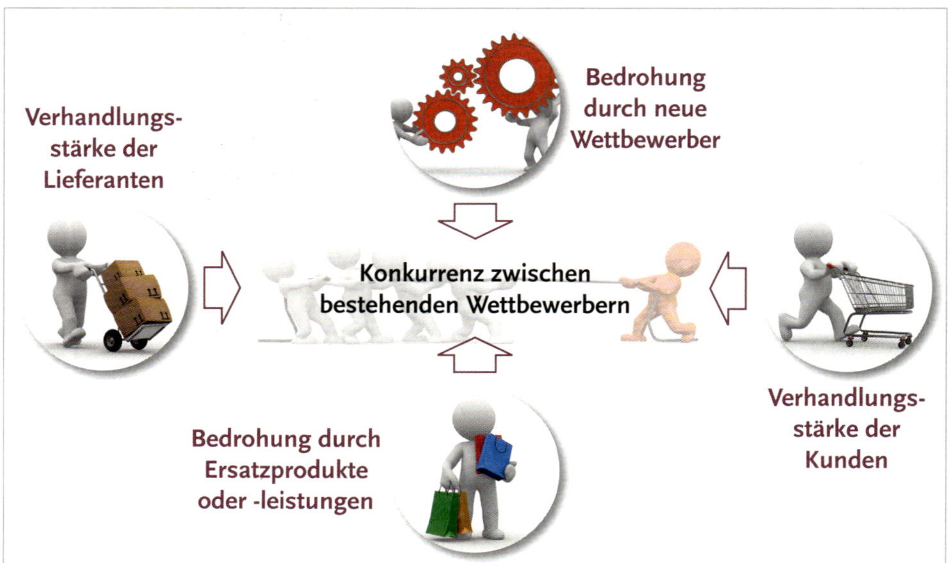

❶ Verhandlungsstärke der Lieferanten: Lieferanten einer Branche sind mächtig, wenn die Branche z. B. von wenigen großen Lieferanten dominiert wird. Sie können auf Unternehmen Druck ausüben und leichter die Preise für Waren oder Dienstleistungen erhöhen. Die Profitabilität einer Branche wird dadurch reduziert.

Beispiel
Erdölanbieter haben eine hohe Verhandlungsstärke.

❷ Verhandlungsstärke der Kunden: In ähnlicher Weise bestimmt die Verhandlungsmacht der Kunden, in welchem Maße sie z. B. den Preis drücken oder Abnahmemengen beeinflussen können. Eine große Verhandlungsstärke liegt z. B. vor, wenn es nur einige wenige Abnehmer gibt.

Beispiel
Im österreichischen Lebensmitteleinzelhandel geben große Abnehmer, z. B. die REWE Group Austria (dazu gehören u. a. Billa, Merkur und Penny-Markt) und Spar, den Ton an. Dadurch sind die Produzenten von Lebensmitteln von wenigen Großkunden abhängig.

❸ Bedrohung durch neue Wettbewerber: Der Wettbewerbsdruck auf die vorhandenen Unternehmen in einer Branche ist umso größer, je einfacher es für andere Unternehmen ist, in diesen Markt einzutreten. Günstig sind sogenannte Markteintrittsbarrieren. Sie bestehen, wenn z. B. gewisse Investitionen oder Kenntnisse für die Produktion erforderlich sind.

Süßstoff und Stevia sind Ersatzprodukte für Zucker. Man nennt Ersatzprodukte oder -leistungen auch **Substitute.**

❹ Bedrohung durch Ersatzprodukte oder -leistungen: Bei der Suche nach Ersatzprodukten oder -leistungen hält man Ausschau nach Produkten bzw. Dienstleistungen, die die gleiche Funktion wie die der betrachteten Branche erfüllen können. Dies ist eine schwierige Aufgabe. Zum Teil ist in Branchen zu suchen, die scheinbar weit von der eigenen entfernt sind.

Beispiel
Fast-Food-Restaurants sind eine Konkurrenz für Küchengerätehersteller (z. B. von Mikrowellen).

❺ Konkurrenz zwischen bestehenden Wettbewerbern: Wie intensiv ist der Wettbewerb zwischen vorhandenen Marktteilnehmern, herrscht z. B. ein großer Preiskampf?

Aha!
Je nach Vorherrschen der fünf Wettbewerbskräfte lassen sich verschiedene **Handlungsempfehlungen** ableiten:

- **Reduzierung der Verhandlungsstärke der Lieferanten:** z. B. Supply Chain Management optimieren, Abhängigkeit der Lieferanten erhöhen
- **Reduzierung der Verhandlungsstärke der Kunden:** z. B. Erhöhung der Kundenloyalität, Anreize und Zusatznutzen für Kunden bieten, ggf. einflussreiche Zwischenhändler übergehen und direkte Beziehungen mit Endkunden aufbauen
- **Reduzierung der Bedrohung durch neue Wettbewerber:** z. B. Markenimage und Kundenloyalität erhöhen, Patente und Schutzrechte
- **Reduzierung der Bedrohung durch Ersatzprodukte/-leistungen:** z. B. Umstellungskosten für Kunden erhöhen, Unterschiede zum Substitut hervorheben (echter oder wahrgenommener Zusatznutzen)
- **Reduzierung des Konkurrenzdrucks durch bestehende Wettbewerber:** z. B. Preiswettbewerb vermeiden, eigene Erzeugnisse differenzieren, Konzentration auf bestimmte Marktsegmente

Aufgabenstellungen – „Externe Analyse“

1. **Analyse der Umweltsphären und Analyse der Anforderungen und Interessen der Stakeholder einer Kinokette**
„Die demografische Entwicklung spielt uns in die Hände. Die Menschen werden älter, und Paare ohne Kinder haben wieder mehr Zeit, ins Kino zu gehen. Wir wollen nicht Standorte sammeln, sondern wirtschaftlich sinnvoll wachsen“, betont Hans-Peter Obermayr, geschäftsführender Gesellschafter der Star-Movie-Kette (www.starmovie.at). Analysieren Sie dazu die Umweltsphären des Unternehmens:
   - Wie entwickeln sich die Umwelten und welchen Einfluss hat dies auf die Kinokette „Star-Movie“?
   - Welche Chancen und Risiken ergeben sich aus den Umwelten für die Kinokette „Star-Movie“?

   Tipp: Verwenden Sie das Internet zur Recherche (z. B. um neue Trends und Technologien oder Umweltschutzanforderungen herauszufinden). Stellen Sie dabei die Anforderungen und Interessen der unmittelbaren Anspruchsgruppen (Stakeholder) des Unternehmens in den Vordergrund.

2. Sie lesen den folgenden Zeitungsartikel.

Möbelbauer stecken im Schraubstock

Es sind viele Gründe, warum für die heimischen Großtischlereien und die Möbelindustrie die vergangenen Jahre schwierig waren. Denn obwohl viele Konsumenten ihr schlecht verzinstes Erspartes in neue Wohnmöbel gesteckt haben, bleiben die großen Erfolge für die inländischen Erzeuger aus.

Konkurrenz sind billigere Anbieter aus dem Ausland und kleine Tischlereien, die teuer designte Kollektionen nachbauen. „Wir spielen eine Vorreiterrolle im Design, und diese Ideen setzen dann Tischler um“, berichtet Andrea Gruber-Auer von Gruber+Schlager aus Ort im Innkreis.

Dazu ist über die vergangenen 15 Jahre die wichtigste Vertriebsschiene zunehmend unter Druck geraten. Der Möbelfachhandel ist auf wenige Anbieter zusammengeschrumpft. Der Möbelhandel ist heute dominiert von den drei Großanbietern Leiner/Kika, Lutz-Gruppe (XXXLutz plus möbelix) und Ikea. Diese beherrschen 70 % des Marktes.

Laut dem Sprecher der Möbelindustrie, Georg Emprechtinger von TEAM 7, sind die beiden Erstgenannten wichtige Vertriebspartner für die heimischen Möbelbauer. „Das funktioniert, wenn man den Markenmöbeln eine artgerechte Haltung bietet.“ Denn maßgenaue Planung bedeute einen höheren Beratungsaufwand, als Abholware zu verkaufen.

Ende für Traditionshäuser

„In Österreich ist der Strukturwandel im Handel so gut wie abgeschlossen. Im wichtigsten Exportmarkt Deutschland ist er gerade voll im Gang“, ergänzt Gruber-Auer.

Es werde für die heimischen Produzenten eine neue Herausforderung, wenn dort immer mehr traditionelle Möbelhäuser zusperren. Dazu kommt, dass man sich heute anders einrichtet als noch vor wenigen Jahren. Statt Wandverbauten stehen heute in modernen Wohnzimmern kleine Boards. Diese sind noch dazu nicht mehr nur aus Holz. Auch Glas und Metall werden eingesetzt. „Das hat natürlich Auswirkung auf das Produktionsvolumen und die Wertschöpfung der Branche“, sagt Emprechtinger.

Emprechtinger ist trotz des schwierigen Umfeldes zuversichtlich: „Was man nicht tun darf, ist Innovationen und Design zu vernachlässigen.“

(Quelle: OÖNachrichten, 3. 4. 2012)

a) Analysieren Sie die Möbelbranche aus der Sicht eines Möbelherstellers (z. B. TEAM 7) mithilfe des Fünf-Kräfte-Modells. Ordnen Sie die Informationen des Zeitungsartikels den wirkenden Kräften des Modells zu. Wie würden Sie die Profitabilität und Attraktivität der Branche beurteilen? Welche Kräfte wirken sich besonders positiv bzw. besonders negativ auf die Attraktivität der Branche aus?

b) TEAM 7 – der internationale Premiumanbieter ökologischer Designmöbel – vertreibt seine Produkte nicht nur über ausgewählte Möbelhändler, sondern zusätzlich über eigene Flagshipstores (= Filiale eines Handels- oder Dienstleistungsunternehmens, die als Vorzeigeobjekt dient.). Welche Kraft kann TEAM 7 hiermit positiv für sich ausgleichen?

1.1.2 Interne Analyse

Bei der internen Analyse werden die **Stärken und Schwächen** des Unternehmens untersucht. Beurteilt wird die Ausprägung der strategischen Erfolgsfaktoren im Unternehmen, u. a. der Bereiche Produkte, Personal, Finanzen, Organisation und Führung.

- **Stärken** sind z. B. hoch qualifizierte Mitarbeiter/innen, internationale Marktpräsenz oder eine führende Technologieposition.
- **Schwächen** könnten z. B. langsame Entscheidungsprozesse oder eine schlechte Kostenstruktur sein.

Die Stärken und Schwächen werden meist in einem **Stärken-Schwächen-Profil** zusammengefasst. Meist werden dabei die Stärken und Schwächen des eigenen Unternehmens mit denen der stärksten Konkurrenten verglichen und grafisch dargestellt.

Beispiel: Stärken-Schwächen-Profil

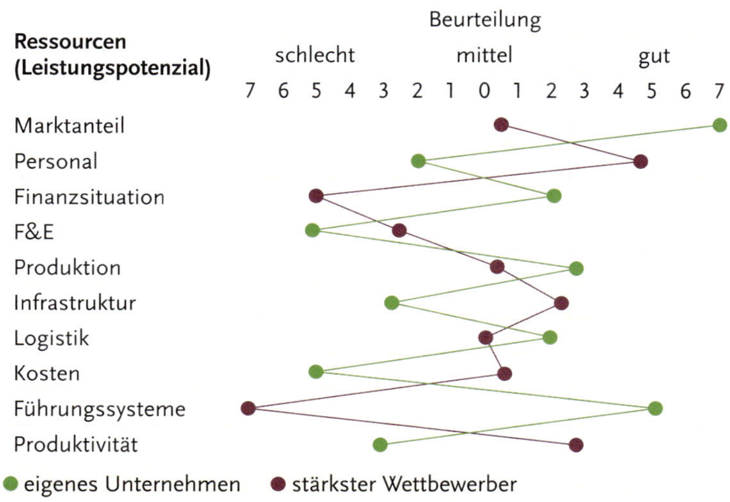

Im Stärken-Schwächen-Profil kann auch ein Zeitvergleich der eigenen Stärken und Schwächen eingetragen werden (d. h. eigene Ist-, Vergangenheits- und Plandaten).

In den Bereichen, in denen die Abstände zum stärksten Wettbewerber besonders hoch sind, zeigen sich relative Stärken und Schwächen gegenüber dem Konkurrenten und damit Ansatzpunkte für eine Strategie des eigenen Unternehmens.

Daten der Wettbewerber erhält man durch:

- Geschäftsberichte
- Firmenbuch
- Auskünfte
- Internetauftritt
- Fachliteratur
- Prospekte
- Gespräche mit Kunden/Kundinnen, Lieferanten, Mitarbeitern/Mitarbeiterinnen der Konkurrenz, eigenen Mitarbeitern/Mitarbeiterinnen

Aha!
Der **Vergleich** des eigenen Unternehmens **mit den „Besten" der Branche** orientiert sich am Gedanken des sogenannten **Benchmarkings.** Es soll dabei von den Mitbewerbern durch Vergleich gelernt werden, um dann die eigene Wettbewerbsfähigkeit zu erhöhen. Auch der Vergleich mit den „Besten" einer anderen Branche (z. B. Red Bull) ist möglich.

Benchmark = Markierung; ein Standard, an dem etwas gemessen und beurteilt werden kann.

Beispiel: Benchmarking führt XEROX zum Erfolg
Das amerikanische Unternehmen XEROX Corporation war Ende der 70er-Jahre durch hohe Marktanteilsverluste gezwungen, seine Strategie zu ändern. Die Verantwortlichen hatten festgestellt, dass die japanische Konkurrenz die Kopierer zu einem Preis verkaufte, der unter den Produktionskosten bei XEROX lag. Daraufhin startete XEROX ein Benchmarking mit der Konkurrenz. Dabei wurden systematisch die Produkte der „besten Mitbewerber" hinsichtlich Herstellkosten, Design usw. analysiert. XEROX veränderte seine Unternehmensstrategie radikal und erzielte wieder Unternehmenserfolge.

Weitere Strategien lernen Sie im nächsten Abschnitt kennen.

1.1.3 SWOT-Analyse

Die SWOT-Analyse ist eine weitverbreitete und relativ einfache Vorgehensweise zur Ableitung strategischer Handlungsoptionen. Dabei werden die Chancen und Risiken der externen Analyse und die Stärken und Schwächen der internen Analyse zusammengeführt. Daraus können für alle Felder strategische Stoßrichtungen abgeleitet werden, die anschließend zu einer Gesamtstrategie zu bündeln sind.

SWOT-Analyse		Interne Analyse	
		Stärken (S = Strengths)	**Schwächen (W = Weaknesses)**
Externe Analyse	**Chancen (O = Opportunities)**	Einsatz der eigenen Stärken zur Nutzung von Chancen S-O-Strategien	Überwindung der eigenen Schwächen durch Nutzung von externen Chancen W-O-Strategien
		abgeleitete strategische Stoßrichtungen	
	Risiken (T = Threats)	S-T-Strategien Nutzung der eigenen Stärken, um Risiken abzuwehren oder deren Auswirkungen zu mindern	W-T-Strategien Abbau der eigenen Schwächen, um sie nicht zum Ziel von Risiken werden zu lassen

Beispiel: Auszug aus der SWOT-Analyse eines Automobilherstellers

SWOT-Analyse

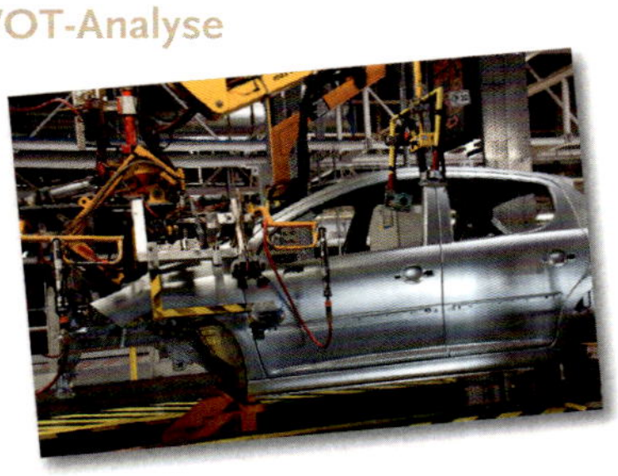

		Interne Analyse	
		Stärken ■ Produktqualität wurde in den letzten 10 Jahren um ca. 30 % erhöht ■ Hohe Flexibilitätspotenziale in der Fertigung ■ Innovatives Forschungszentrum ■ Stärkeres Wachstum als die Gesamtbranche	**Schwächen** ■ Überdurchschnittliches Lohnniveau im Vergleich zu ausländischen Herstellern ■ Hauptkonkurrent setzt in USA und Japan wesentlich mehr Limousinen ab ■ Nur eine Marke
Externe Analyse	**Chancen** ■ Dichter werdender Stadtverkehr erfordert neue, kompaktere Fahrzeuge ■ Immer mehr junge Menschen können sich Autos leisten	■ Markteinführung eines innovativen Kompaktwagens für den Stadtverkehr ■ Entwicklung einer jugendlichen Sportschiene	■ Markteinführung des innovativen Kompaktwagens auch in Japan ■ Aufbau einer neuen Marke für die jugendliche Sportschiene
		Strategische Stoßrichtungen	
	Risiken ■ Japanische Konkurrenz erweitert ihr Angebot im Bereich der Limousinen ■ Steigende Benzinkosten ■ Erhöhte Sensibilität der Gesellschaft gegenüber dem Ökologieproblem ■ Starke Auslastungsschwankungen in der Automobilbranche ■ Begrenztes Wachstum des Welt-Automobilmarkts	■ Übernahme eines amerikanischen Automobilunternehmens (Geländewagen) und damit: ▸ Konzernwachstum ▸ Diversifikation ▸ Aufbau einer zweiten Marke ■ Nutzung der Kompetenzen des Forschungszentrums zur Entwicklung kraftstoffsparender und besonders umweltschonender Autos	■ Übernahme eines amerikanischen Automobilunternehmens (Geländewagen) und damit: ▸ Konzernwachstum ▸ Diversifikation ▸ Aufbau einer zweiten Marke ■ Aufnahme der Produktion in den USA (niedrigere Produktionskosten)

Aufgabenstellungen – „Interne Analyse" + „SWOT-Analyse"

1. Kennen Sie Ihre eigenen Stärken und Schwächen? Erstellen Sie Ihr eigenes Stärken-Schwächen-Profil mit geeigneten Kriterien. Tipp: Legen Sie die Kriterien gemeinsam mit Ihren Klassenkolleginnen und -kollegen fest. Berücksichtigen Sie dabei verschiedene Kompetenzbereiche, z. B. Fach-, Methoden- und Sozialkompetenz.

2. Die interne und externe Analyse eines IT-Unternehmens hat folgende Stärken und Schwächen sowie Chancen und Risiken ergeben. Leiten Sie davon für das Unternehmen geeignete strategische Stoßrichtungen ab.

SWOT-Analyse

		Interne Analyse	
		Stärken ■ Neue eigene Technologie ■ Hohe Präsenz in den Medien ■ Zugriff auf aktuelles Wissen und Technik ■ Hohe Mitarbeitermotivation ■ Eingespieltes Team	**Schwächen** ■ Kundensupport notwendig ■ Hoher Kapitalbedarf ■ Erhöhte Komplexität
Externe Analyse	**Chancen** ■ Markteintritt Asien als lukrative Option ■ Vergrößerungspotenzial ■ Neue Partner ■ Technologischer Vorsprung		
	Risiken ■ Dynamik technologischer Entwicklungen ■ Eintritt eines großen Wettbewerbers ■ Kopie der eigenen Technologie ■ Hoher Wettbewerbsdruck		

1.1.4 Entwicklung möglicher Strategien

Ausgehend von den Informationen der externen und internen Analyse können mögliche Strategien entwickelt werden. Dabei werden folgende Grundtypen unterschieden:

Grundtypen von Strategien

- Wettbewerbsstrategien
- Strategien nach der Portfolioanalyse
- Wachstumsstrategien

Die nebenstehenden Strategien sind durch eine starke Marktorientierung gekennzeichnet.

Wettbewerbsstrategien nach Porter

Zum Erreichen von Wettbewerbsvorteilen muss ein Unternehmen seine Kräfte und die benötigten Ressourcen auf eine möglichst attraktive Branchenposition konzentrieren (Denken Sie zurück an die Branchenanalyse mit dem Fünf-Kräfte-Modell nach Michael E. Porter!). Zwischen folgenden grundlegenden Wettbewerbsstrategien kann unterschieden werden, um nachhaltige Wettbewerbsvorteile zu erzielen:

Wettbewerbsstrategien

Strategie der Kostenführerschaft	Strategie der Differenzierung	Konzentrationsstrategie (Nischenstrategie)

Diese Strategie zielt darauf ab, kostengünstigere Preise als die Konkurrenz zu erzielen. Dazu ist eine relativ zur Konkurrenz bessere Kostenstruktur erforderlich.	Durch diese Strategie werden Produkte auf den Markt gebracht, die als einzigartig angesehen werden und sich deutlich von der Konkurrenz unterscheiden. Für derartige Produkte sind die Kunden bereit, einen im Vergleich zur Konkurrenz höheren Preis zu bezahlen.	Das Unternehmen konzentriert sich auf wenige Kernkompetenzen und auf die Bearbeitung von Teilmärkten (d. h. auf bestimmte Kundengruppen oder regional abgegrenzte Marktsegmente). **Innerhalb der Teilmärkte** wird entweder eine **Kostenführerschaft** oder eine **Differenzierung** angestrebt.
Beispiel Discounter wie Hofer oder Lidl	**Beispiel** Feinkost- oder Bioladen	**Beispiel** Regionale Vermarktung der Erzeugnisse eines Biobauernhofs

Das Unternehmen muss sich entweder für Kostenführerschaft oder Differenzierung entscheiden, da es sonst keinen Wettbewerbsvorteil erzielen kann. Es sitzt im wahrsten Sinne des Wortes „zwischen den Stühlen“ („stuck in the middle“).

Welche der drei Wettbewerbsstrategien für ein Unternehmen geeignet ist, hängt von seinem Leitbild, seiner gegenwärtigen Wettbewerbssituation, seinen Erfolgspotenzialen sowie seinen Stärken und Schwächen ab.

Aha!
In den meisten Branchen gibt es nur einen Kostenführer, aber mehrere erfolgreiche Differenzierer, denn die Differenzierung kann auf unterschiedlichen Wegen, wie z. B. durch Image, Design oder Qualität der Produkte sowie durch besonderen Service, erzielt werden.

Die Portfolioanalyse haben Sie bereits im Kapitel „II Marketing“ gelernt.

Flashback: Erinnern Sie sich zurück an das Kapitel „Marketing“! Die Felder der Portfolioanalyse hängen eng mit dem Produktlebenszyklus zusammen. Erklären Sie wie!

Strategien nach der Portfolioanalyse der Boston Consulting Group

Mithilfe der **Portfolioanalyse** **(Marktwachstums-Marktanteils-Matrix)** der Boston Consulting Group können die Produkte bzw. Produktgruppen (strategische Geschäftsfelder) eines Unternehmens in eine 4-Feld-Matrix mit den Koordinatenachsen „Marktwachstum“ und **„relativer Marktanteil“** eingeteilt werden. Die Portfolioanalyse beantwortet die Frage: „Wo liegen die attraktiven Märkte, wo kann das Unternehmen heute und in Zukunft mit seinen Produkten verdienen?“ Je nach Positionierung im Portfolio lassen sich unterschiedliche Normstrategien als Handlungsempfehlung ableiten.

Wachstumsstrategien

Mithilfe der Wachstumsstrategien überlegt sich das Unternehmen, mit welchen Produkten (bestehenden oder neuen Produkten) es auf welchen Märkten (bei bestehenden oder neuen Zielgruppen) wachsen will.

Aha!
Erinnern Sie sich zurück an das Kapitel „Marketing". Dort haben Sie die Wachstumsstrategien bereits kennengelernt. Wie Sie sehen, werden bei der Unternehmensführung die Instrumente verschiedener Bereiche aufgegriffen!

Wachstumsstrategien

bestehende Zielgruppe

neue Zielgruppe

bestehendes Produkt

Marktdurchdringungsstrategie

Ein bestehendes Produkt soll an eine bestehende Zielgruppe mit einer **höheren Absatzmenge** verkauft werden, z. B. dadurch:

- Mengenrabatte sollen Kunden zu einem höheren Kaufvolumen motivieren.
- Eine neue Werbestrategie soll Kunden der Zielgruppe von Wettbewerbern abziehen.

Marktentwicklungsstrategie

Ein bestehendes Produkt wird einer **neuen Zielgruppe** zugänglich gemacht, z. B. indem das Unternehmen

- das Produkt in neuen Regionen oder Ländern anbietet und
- durch neue Anwendungsbereiche das Produkt für andere Zielgruppen interessant macht (z. B. Profiküchengerät auch für den Heimgebrauch).

neues Produkt

Produktentwicklungsstrategie

Ein neues Produkt wird für eine bestehende Zielgruppe entwickelt. Hierbei kann es sich handeln um

- ein **völlig neues Produkt** oder
- eine **Abwandlung eines bestehenden Produktes** (z. B. neues Design, neue Farbe).

Diversifikationsstrategie

Das Unternehmen offeriert **neue Produkte ganz neuen Zielgruppen,** z. B.:

- Ein Möbelhaus bietet seinen Kunden auch Fertiggerichte an,
- ein Reiseveranstalter kauft eine Hotelkette, um „alles aus einer Hand" anbieten zu können.

Aufgabenstellungen – „Entwicklung möglicher Strategien"

1. Suchen Sie zu den Wettbewerbsstrategien nach Porter Unternehmensbeispiele. Welche Unternehmen verfolgen die Kostenführerschaft, welche die Differenzierungsstrategie und welche die Nischenstrategie? Wie erkennt man, dass die gewählten Unternehmen die jeweilige Wettbewerbsstrategie verfolgen?

2. Die Unternehmensleitung der Fortuna Fördertechnik GmbH möchte sich einen Überblick über die Situation des Unternehmens verschaffen. Aus diesem Grund soll eine Portfolioanalyse nach dem Konzept der Boston Consulting Group (BCG) erstellt werden. Die folgenden Daten der vier Produktgruppen „Simatic SR", „Simamo XX", „Pluto" und „Vitop", liegen vor. Die Marktanteile der Produkte sowie die Marktanteile des jeweils stärksten Konkurrenten sind wie folgt:

Produkt	Marktanteil des eigenen Produktes in %	Marktanteil des stärksten Konkurrenten in %
Simatic SR	3	4
Simamo XX	4	12
Pluto	8	4
Vitop	10	8

Die prognostizierten Marktwachstumsraten und die Umsätze der vier Produktgruppen des Unternehmens sehen wie folgt aus:

Produkt	Wachstumsrate in %
Simatic SR	2
Simamo XX	3
Pluto	5
Vitop	4

Produkt	Umsatz (1. Halbjahr)
Simatic SR	500
Simamo XX	400
Pluto	250
Vitop	50

a) Berechnen Sie den relativen Marktanteil der Produktgruppen!
b) Berechnen Sie die Umsatzanteile der vier Produktgruppen und damit die Bedeutung des strategischen Geschäftsfeldes!
c) Erstellen Sie ein BCG-Portfolio! Gehen Sie dabei von einem durchschnittlichen Marktwachstum von 3 % aus!
d) Interpretieren Sie die Unternehmenssituation! Welche Strategien können daraus abgeleitet werden?

3. Um welche Wachstumsstrategie handelt es sich in den folgenden Fällen?

Beispiele	Wachstumsstrategie
Ein Mobiltelefonhändler erweitert sein Sortiment um unterschiedliche Klingeltöne und Zubehör.	
Ein Mobiltelefonhändler weckt durch gezielte Werbemaßnahmen bei den bisherigen Kunden den Wunsch nach einem zweiten Mobiltelefon.	
Ein Mobiltelefonhändler bietet in Zukunft auch die Reparatur von Fernsehapparaten an.	
Ein Mobiltelefonhändler hat bis jetzt seine Produkte nur in Wiener Fachmärkten vertrieben. Nun soll der Vertrieb durch einen Onlineshop ausgeweitet werden.	

4. Ausgangssituation

Die Josef Manner & Comp AG ist ein heute schon selten gewordenes Beispiel eines erfolgreichen österreichischen Unternehmens, das sich seit der Gründung zum Großteil noch immer in Familienbesitz befindet. Im Stammwerk in Wien im 17. Bezirk und im Zweigwerk Wolkersdorf in Niederösterreich sind etwa 700 Mitarbeiter/innen beschäftigt. Hier werden die Produkte der Marken Manner, Casali, Napoli, Ildefonso und Victor Schmidt (Mozartkugeln) produziert. Die beliebten Produkte werden in mehr als 50 europäische und außereuropäische Länder exportiert.

Überlegen Sie sich für alle vier Wachstumsstrategien mögliche Strategien, die für einzelne Produktgruppen der Josef Manner & Comp AG sinnvoll sein könnten. **Tipp:** Besuchen Sie die Website des Unternehmens (www.manner.com), um mehr über die Marken und die bereits am Markt eingeführten Produktgruppen zu erfahren.

Die operative Planung bestimmt, wer was wann wie womit und wo tun soll, um angestrebte Sachziele zu erreichen

1.2 Operative Planung

Die operative Planung sorgt für die zielgerichtete Umsetzung der Unternehmensstrategien. Es wird festgelegt, welche Maßnahmen der dabei eingesetzten Personen und welche Ressourcen zur Zielerreichung notwendig sind.

Die operative Planung verfügt über einen **hohen Detaillierungsgrad** und weist im Gegensatz zur strategischen Planung einen **kurzfristigen Planungshorizont** auf. Das Herzstück der operativen Planung ist die Budgetierung.

Die Budgetierung – wesentlicher Teil der operativen Planung

Die **Budgetierung** legt die zur Erreichung der Ziele zur Verfügung stehenden **finanziellen Ressourcen** (in Form von Auszahlungen, Aufwand oder Kosten) bzw. die zu erreichenden **monetären Ergebnisse** (z. B. in Form von Einzahlungen, Erträgen oder Erlösen) fest.

Zu den **Aufgaben** der operativen Budgetierung zählen:

- Schaffen der Basis für die verbindliche Festlegung monetärer Ziele
- Vorgabe von Leistungsmaßstäben
- Koordination der verschiedenen Teilbereiche
- Prognose der finanziellen Situation und Ergebnisse des Unternehmens

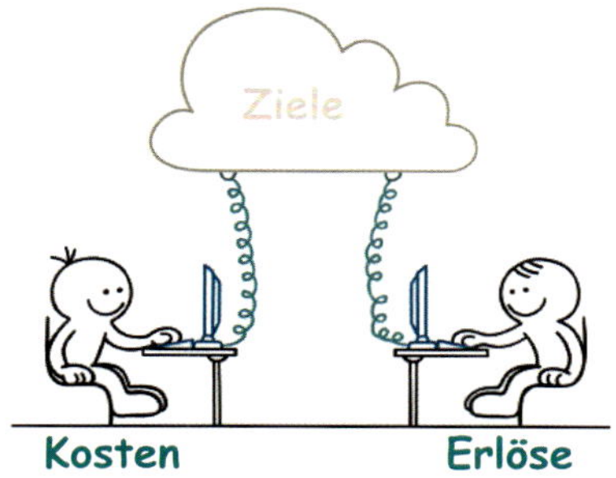

Die Budgetierung legt fest, was die Erreichung der Ziele kosten darf und was sie bringen soll

Durch die Budgetierung wird die Verantwortung auf einzelne Unternehmensbereiche übertragen, die Ziele im Rahmen eines eigenen Budgets zu erreichen.

Je nach Planungsebene unterscheidet man unterschiedliche **Budgetarten:**

Beispiele: Budgetarten nach unterschiedlichen Planungsebenen

- Unternehmensbudget
- Profitcenter-Budget
- Funktionale Budgets (z. B. Werbebudgets)
- Projektbudgets (z. B. Budget für Neubauprojekt)

Budgeterstellung

Bei der Budgeterstellung werden die Teilpläne und die damit verbundenen Teilbudgets aufeinander bzw. auf den Gesamtplan abgestimmt.

Mehr dazu erfahren Sie im Kapitel „IV Businessplan und Finanzierung des Unternehmens“.

Ablauf der Budgeterstellung

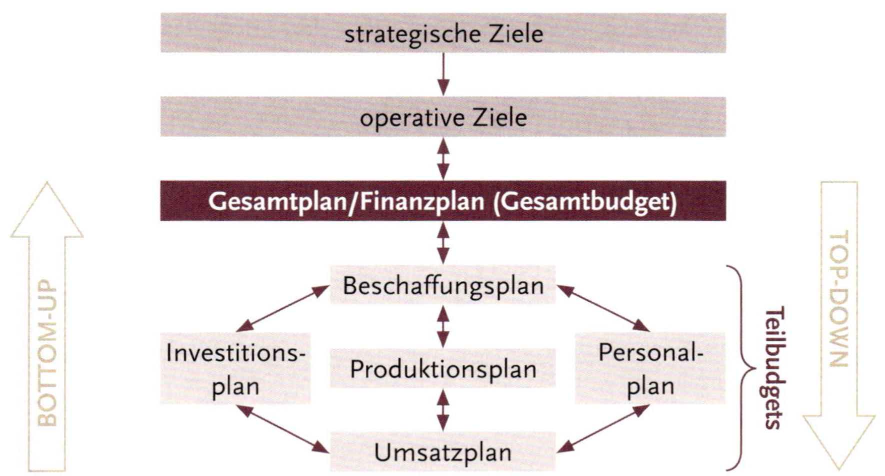

Die Teilpläne variieren von Unternehmen zu Unternehmen. So gibt es z. B. auch Teilpläne für Forschung und Entwicklung sowie für Marketing.

Um die Teilpläne (Teilbudgets) mit den Gesamtplänen abzustimmen, gibt es zwei Planungsrichtungen:

- **„Top-down“ (von oben nach unten):** Aus einem grob erstellten Gesamtplan für das Unternehmen werden die Pläne und Budgets für die einzelnen Bereiche abgeleitet. Diese Vorgehensweise ist empfehlenswert, wenn die Unternehmensbereiche stark voneinander abhängen.
- **„Bottom-up“ (von unten nach oben):** Die erstellten Teilpläne werden anschließend zum Gesamtplan zusammengeführt. Dies ist besonders geeignet, wenn einzelne Unternehmensbereiche stark voneinander getrennt sind.

Aha!
Zum Teil eignet sich auch eine Kombination von „Top-down" und „Bottom-up". Beim Vertriebsplan (Umsatzplan) empfiehlt es sich, diesen sowohl „Top-down" aus der strategischen Planung (z. B. Marktvolumen, Marktanteil) abzuleiten als auch „Bottom-up", bezogen auf einzelne Kunden bzw. auf das angebotene Produktprogramm, zu entwickeln. Eine solche Vorgehensweise erhöht die Planungssicherheit. Einzelne Budgets, z. B. für Personal und Investitionen, leiten sich hieraus ab.

Aufgabenstellung – „Operative Planung"

- Die Vertriebsabteilung eines Elektrowerkzeug-Produzenten prognostiziert für die nächste Planungsperiode einen Umsatzanstieg von 15 %, da elektronisches Werkzeug immer beliebter für kleine Haushaltsreparaturen wird. Wie wirkt sich dies auf die einzelnen Teilpläne des Unternehmens aus?

Welche intuitiven und welche rationalen Entscheidungen haben Sie schon einmal getroffen? Finden Sie Beispiele für:

- Intuitive Entscheidungen

____

____

- Rationale Entscheidungen

____

____

2 Entscheidungen treffen

In Unternehmen müssen täglich viele Entscheidungen getroffen werden. Entscheidungen unterscheiden sich in ihrer Bedeutung für den Erfolg des Unternehmens, ihrer Abhängigkeit von Kapitalgebern und in ihrem Zeithorizont, d. h., ob es sich um kurz-, mittel- oder langfristige Entscheidungen handelt. Man unterscheidet dabei:

Intuitive Entscheidungen	Rationale Entscheidungen
Sie werden vom Gefühl und von der Intuition, aus dem Bauch heraus, getroffen. Unternehmerische Entscheidungen müssen nicht selten in einer Situation der Unsicherheit getroffen werden.	Sie werden auf der Grundlage von gesicherten Daten getroffen. In den vorigen Kapiteln haben Sie sich bereits mit vielen rationalen Unternehmensentscheidungen beschäftigt (z. B. Angebots- und Rechtsformenvergleich, bis hin zu preis- und beschaffungspolitischen Entscheidungen). Für schwierigere rationale Entscheidungen können Entscheidungstechniken eingesetzt werden. Ihr Ziel ist es, Entscheidungen zu erleichtern.

3 Steuerung und Organisation

In einem Unternehmen müssen viele Aufgaben erfüllt werden, um die gesteckten Ziele zu erreichen. Eine gute Organisation ist daher ein wichtiges **Instrument zur Zielerreichung.**

Organisation wird demnach in Aufbau- und Ablauforganisation unterschieden.

Zusammenhang von Aufbau- und Ablauforganisation

Das Wort **Organisation** kann in verschiedenen Bedeutungen gebraucht werden:

- **Institution** – „Das Unternehmen ist eine Organisation".
- **Funktion** – „Das Unternehmen hat eine Organisation".
- **Instrument** – die Organisation (mit Regeln und Strukturen) als Instrument der Führung.

In diesem Kapitel wird der Begriff als Funktion und Instrument der Unternehmensführung verstanden.

Im Rahmen der **Aufbauorganisation** wird die Struktur des Unternehmens festgelegt. Aufgaben und Verantwortung werden den organisatorischen Einheiten zugeordnet. Dies ist Teil des strategischen Managements.

Die **Ablauforganisation** regelt hingegen die Gestaltung der betrieblichen Abläufe und Prozesse. Die Gestaltung der Arbeitsabläufe geschieht innerhalb der bestehenden Organisationsstruktur. Die Aufgaben der Ablauforganisation zählen zum operativen Management.

3.1 Aufbauorganisation

Nun werden Sie die Grundlagen der Aufbauorganisation genau betrachten. Dabei werden Sie

- die Elemente der Aufbauorganisation,
- die Vor- und Nachteile der Zentralisation bzw. der Dezentralisation (Autonomiegrad der Organisationseinheiten) und
- Formen der Aufbauorganisation (Leitungssysteme)

kennenlernen.

3.1.1 Elemente der Aufbauorganisation

Die Entwicklung einer Aufbauorganisation gliedert sich in zwei Schritte:

1. Die Gesamtaufgabe des Unternehmens wird zuerst in Einzelaufgaben zerlegt = **Aufgabenanalyse.**
2. Anschließend werden diese Einzelaufgaben wieder zu organisatorisch sinnvollen Organisationseinheiten (Stellen, Abteilungen) zusammengefasst = **Aufgabensynthese.**

Beispiel
Die Gesamtaufgabe des Unternehmens ist die Herstellung ökologischer und qualitativ hochwertiger Naturholzmöbel. Das Unternehmen gliedert sich in die Abteilungen Einkauf, Lager, Produktion, Marketing, Vertrieb, Rechnungswesen/Controlling und Personal. Innerhalb jeder Abteilung gibt es mehrere Stellen, die mit bestimmten Aufgaben betraut sind.

Finden Sie Beispiele für die **Abteilung Rechnungswesen.** Welche **Stellen** gibt es?

____

____

____

Welche **Aufgaben** haben die einzelnen Stellen?

____

____

____

Umgangssprachlich wird die Stelle auch als **„Arbeitsplatz“** bezeichnet

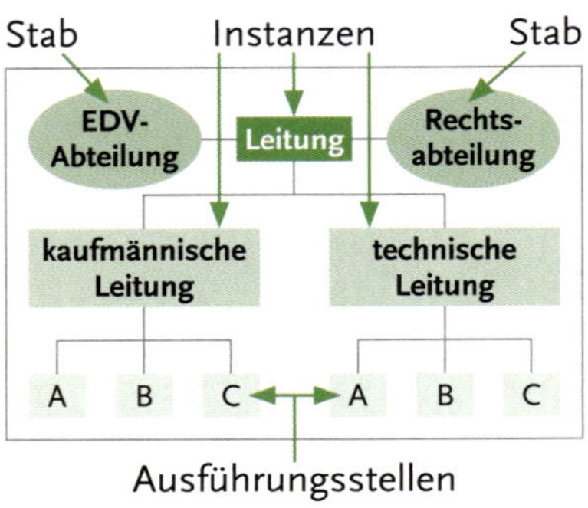

Elemente der Aufbauorganisation

Aufgabe	Stelle	Abteilung
(z. B. Kundenanalyse, verkaufsfördernde Werbemittel für den Messestand planen)	(z. B. Marketingassistentin)	(z. B. Marketingabteilung)

Mehrere **Aufgaben** werden zu einer **Stelle** zusammengefasst. ⇨ Mehrere **Stellen** werden zu einer **Abteilung** zusammengefasst.

Auf das Element „Stelle“ soll nun noch genauer eingegangen werden.

Stelle

Die **Stelle** ist die kleinste organisatorische Einheit eines Unternehmens. Sie ist das Grundelement der Aufbauorganisation. Eine Stelle entsteht, indem man die Aufgaben zusammenfasst, die zum Arbeitsbereich einer Person gehören.

Arten von Stellen

Ausführungsstellen

- Bilden die unterste Hierarchie eines Unternehmens.
- Setzen die Aufgaben um, jedoch **ohne Weisungsbefugnis.**
- Entscheidungsbefugnis beschränkt sich auf ihren Verantwortungsbereich.

Beispiele

- Mitarbeiter/innen im Empfangsbereich
- Buchhalter/innen für die Debitorenbuchhaltung
- Assistenten/Assistentinnen der Geschäftsführung

Instanzen

Stelle **mit Leitungs-, Weisungs-, Entscheidungs- und Kontrollbefugnissen.**

Beispiele

- Marketingbereichsleiter/in für Österreich
- Produktionsleiter/in für das Werk in Deutschland
- Vertriebsleiter/in für OÖ

Stabsstellen

- Unterstützen und beraten Linieneinheiten (z. B. Leitungsstellen) bei der Entscheidungsvorbereitung.
- Haben keine Weisungsbefugnis, nur eine beratende Funktion.
- Die Entscheidung trifft die Linieneinheit (Instanz), der die Stabsstelle zugeordnet ist, selbst.
- Man unterscheidet einzelne Stabsspezialisten und Stabsabteilungen.

Beispiele

- Rechtsabteilung
- Abteilung für Finanzplanung und Finanzberatung
- Abteilung für Öffentlichkeitsarbeit und Sponsoring
- Controlling

Stellenbeschreibung

Die Aufgaben, Kompetenzen und Arbeitsanforderungen einer Stelle und ihre Beziehungen zu anderen Stellen werden in einer **Stellenbeschreibung** festgelegt. So lassen sich die Stellen aufeinander abstimmen und voneinander abgrenzen.

Eine Stellenbeschreibung ist eine **Arbeitsplatzbeschreibung.** Sie sollte personenunabhängig verfasst werden, damit die Anforderungen des Unternehmens entsprechend berücksichtigt werden.

Die **Inhalte von Stellenbeschreibungen** variieren von Unternehmen zu Unternehmen. Die Formulierung soll klar, einfach und verständlich sein. Sie kann folgende Angaben enthalten:

Inhalte der Stellenbeschreibung
- Einordnung der Stelle in die Unternehmensorganisation: Unterstellung/Überstellung (Weisungsbefugnis)
- Inhaber/in der Stelle und seine/ihre Stellvertretung
- Zielsetzung (Hauptaufgabe) der Stelle
- Beschreibung der Aufgaben und der Verantwortung
- Erforderliche Qualifikationen der Stelleninhaberin/des Stelleninhabers
- Zusammenarbeit mit anderen Stellen
- Weiterbildungsmöglichkeiten

Vorteile einer Stellenbeschreibung für	
den **Stelleninhaber/** die **Stelleninhaberin**	■ Kenntnis **der eigenen** Aufgaben, Kompetenzen und Verantwortungsbereiche
den **Vorgesetzten/** die **Vorgesetzte**	■ Kenntnis der Aufgabenbereiche der Mitarbeiter/innen ■ Objektive Standards für die Leistungen der Mitarbeiter/innen ■ Bessere Kontrolle der Mitarbeiterleistungen ■ Leichtere Einarbeitung neuer Mitarbeiter/innen
die **Geschäftsführung/** das **Personalmanagement**	■ Grundlage für Lohn- und Gehaltsverhandlungen ■ Vorlage für Stellenausschreibungen

Stellenbeschreibungen bilden die Basis für die Suche und Auswahl der Mitarbeiter/innen. Mehr dazu erfahren Sie später im Kapitel „Personalmanagement". Dort finden Sie auch ein Beispiel für eine Stellenbeschreibung.

3.1.2 Zentrale oder dezentrale Organisation

Bei der Aufbauorganisation ist der Grad der Autonomie von Organisationseinheiten festzulegen. Je nachdem, wie die Entscheidungsaufgaben auf verschiedene Führungsebenen eines Unternehmens verteilt sind, spricht man von **zentraler oder dezentraler Organisation.**

Werden die **Entscheidungskompetenzen**
- bei **einer Person oder wenigen Personen** konzentriert, spricht man von einer hohen **Zentralisation;**
- werden sie an einen größeren Personenkreis **delegiert,** liegt **Dezentralisation** vor.

In der Praxis gibt es je nach Verteilung der Entscheidungsbefugnisse unterschiedliche Ausprägungen von Zentralisation und Dezentralisation **(Dezentralisationsgrade).**

Die Unternehmensführung fällt ...

... alle wesentlichen Entscheidungen	... keine Entscheidungen, sie sichert den Informationsaustausch
Zentralisation	**Dezentralisation**

Dezentralisationsgrade

Eine zentrale Organisation hat gegenüber der dezentralen Organisation folgende Vor- und Nachteile:

Vorteile	Nachteile
■ Einheitliche Regelungen/Entscheidungen ■ Gebündeltes Fachwissen an einem Ort ■ Bessere Nutzung der Ressourcen	■ Mangelnde Flexibilität ■ Langsame Entscheidungen ■ Überlastung der Entscheidungsträger/innen (Top-Management) ■ Motivation der Mitarbeiter/innen leidet

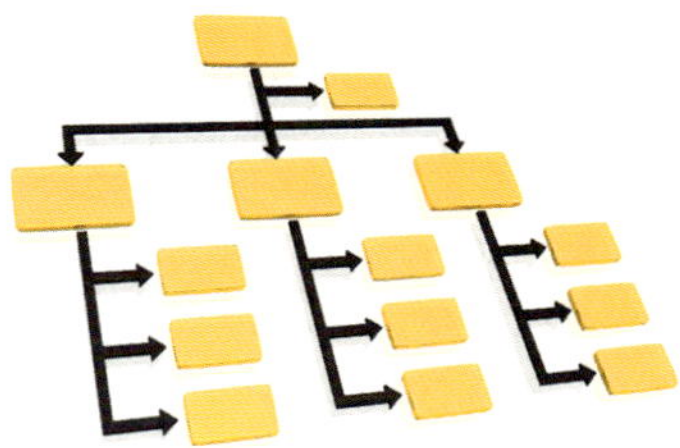

Organigramm eines Unternehmens = grafische Darstellung der Aufbauorganisation

In der Praxis gibt es unterschiedliche **Organisationssysteme.** In diesem Kapitel lernen Sie die **wichtigsten Grundformen** kennen, von denen sich weitere Formen und Mischformen ableiten lassen.

Einheit der Auftragserteilung – Mitarbeiter/innen unterstehen beim Einliniensystem stets nur einem Vorgesetzten, dem sie allein verantwortlich sind.

3.1.3 Formen der Aufbauorganisation (Leitungssysteme)

Die Elemente der Aufbauorganisation werden mithilfe von Leitungssystemen zu einem sinnvoll hierarchisch gegliederten Organisationssystem verknüpft. Dadurch wird ein **koordiniertes und strukturiertes Handeln** zwischen den einzelnen Stellen und Abteilungen möglich. Die Formen der Aufbauorganisation werden in Organigrammen dargestellt.

Die folgende Abbildung gibt einen Überblick über die wichtigsten Formen der Aufbauorganisation.

Formen der Aufbauorganisation

Einliniensysteme

Jede Stelle hat jeweils eine übergeordnete Instanz

- **Funktionale Organisation** (nach Verrichtungen/Funktionen)
- **Divisionale Organisation**
  - Nach Ländern/Regionen
  - Nach Kunden
  - Nach Produkten

Mehrliniensysteme

Jede Stelle hat zwei oder mehrere übergeordnete Instanzen

- **Matrixorganisation** (es wird nach zwei Kriterien differenziert, z. B. nach Verrichtungen und Regionen oder Objekten)

3.1.3.1 Einliniensysteme

Bei einem Einliniensystem darf jede Stelle bzw. Abteilung nur von der **übergeordneten Stelle Weisungen** erhalten.

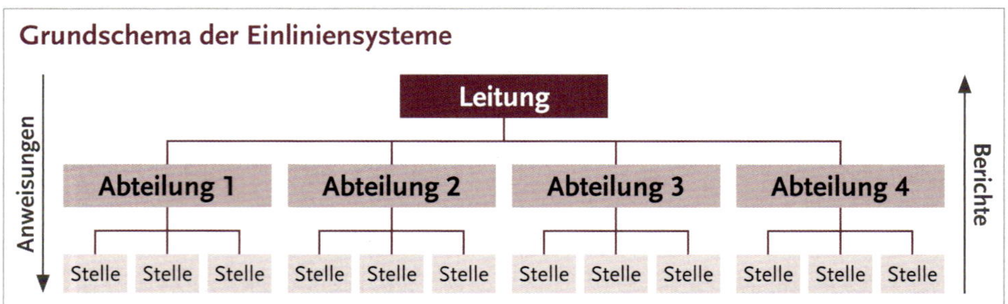

Vorteile	Nachteile
■ Straffe, übersichtliche Organisation ■ Eindeutige Verantwortungsbereiche ■ Klarer Weisungs- und Berichtsweg	■ Lange Kommunikationswege, die zu langwierigen Entscheidungsprozessen führen können ■ Starke Belastung der Vorgesetzten und oberen Instanzen ■ Gefahr der Bürokratisierung (Überorganisation)

Stabliniensysteme

Das Stabliniensystem ist eine Variante des Einliniensystems. Bei dieser Organisationsform werden bestimmten Linienstellen (z. B. der Geschäftsführung) sogenannte **Stabsstellen** horizontal zugeordnet.

Stabsstellen beraten und informieren. Stabsstellen haben aber **keine Weisungsbefugnis.**

Stabsstellen unterstützen und beraten Linieneinheiten (Leitungsstellen) bei der Entscheidungsvorbereitung

Grundschema der Stabliniensysteme (Einliniensysteme mit Stäben)

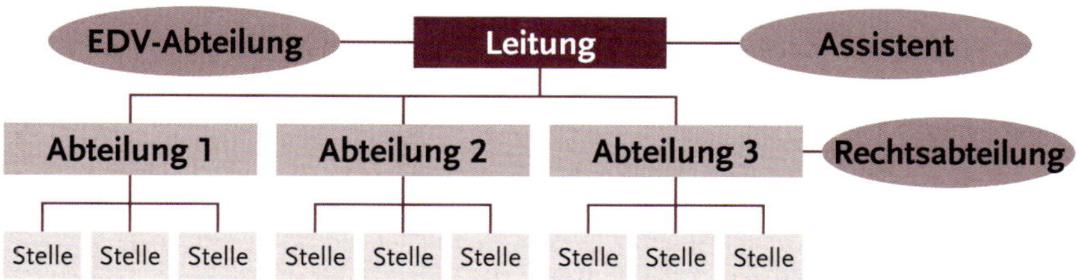

Vorteile	Nachteile
■ Vorteile des Einliniensystems bleiben erhalten ■ Entlastung der zugeordneten Instanzen (z. B. der Geschäftsleitung) ■ Weniger Fehlentscheidungen durch die Beratung der spezialisierten Stäbe	■ Nachteile des Einliniensystems bleiben erhalten ■ Gefahr, dass der Einfluss der Stabsstelle auf die Geschäftsleitung zu groß wird oder dass Stabsstellen informell Funktionen der Linie übernehmen ■ Entscheidungen werden unter Umständen aus der Sicht der Spezialisten zu einseitig gefällt

Einliniensysteme bzw. Stabliniensysteme können gegliedert werden:

- nach Funktionen (z. B. Einkauf, Verkauf, EDV, Technik ...).
- nach Divisionen/Bereichen/Sparten (z. B. Produkten, Kunden, Ländern/Regionen).

❶ Funktionale Organisation

Bei der funktionalen Organisation werden die Abteilungen (Gruppen) nach Funktionen (Aufgaben) gebildet.

Jede Abteilung enthält Stellen. Sie sind jedoch in diesem Organigramm nicht abgebildet.

Beispiel: Auszug aus dem Organigramm einer funktionalen Organisation

Vorteile	Nachteile
■ Spezialisierung und Aufbau funktionsspezifischer Fähigkeiten (d. h. Experten für jeden Aufgabenbereich) ■ Lern- und Erfahrungskurveneffekte (Effizienz routinemäßiger Aufgaben kann gesteigert werden) ■ Aufgaben können rationeller erledigt werden, da gleichartige Aufgaben für das ganze Unternehmen zusammengefasst sind	■ Hoher Koordinationsaufwand zwischen den Funktionen (übergreifende Entscheidungen müssen von der Unternehmensführung getroffen werden) ■ Rivalitäten zwischen den Funktionsbereichen (z. B. möchte die Produktion eine regelmäßige Auslastung und der Vertrieb möchte flexibel auf Kundenwünsche reagieren)

❷ Divisionale Organisation

Bei der divisionalen Organisation (Spartenorganisation) wird ein Unternehmen nach Objekten strukturiert. Objekte können Produktgruppen, Kundengruppen oder Regionen sein. Die entstehenden Divisionseinheiten werden auch Divisionen, Bereiche oder Sparten genannt. Jede Divisionseinheit ist weitgehend selbstständig. Es sind sozusagen kleine Unternehmen im Unternehmen.

Beispiel: Auszug aus dem Organigramm einer divisionalen Organisation eines Antriebstechnikherstellers

Vorteile	Nachteile
▪ **Marktorientierung:** Sparten können sich vollständig auf die Besonderheiten eines bestimmten Produktes, einer Region oder Kundengruppe konzentrieren. ▪ **Entscheidungen** können rasch getroffen werden. ▪ **Entlastung der Unternehmensführung:** Die Divisionen sind selbst für die Ergebnisse verantwortlich. Die Unternehmensführung kann sich hingegen auf die übergreifende strategische Ausrichtung konzentrieren.	▪ **Bereichsegoismen:** Die Sparten verfolgen nur ihre eigenen Ziele, auch wenn dies ggf. zulasten des Gesamtunternehmens führt. ▪ **Konflikte:** falls die Sparten Ressourcen gemeinsam nutzen oder gemeinsame Kunden bedienen. ▪ **Geringe Ressourceneffizienz:** Spezialisierungsvorteile gehen verloren, da die Divisionen die Aufgaben unabhängig voneinander erfüllen. Gleichartige Funktionsbereiche werden unter Umständen mehrfach im Unternehmen gebildet.

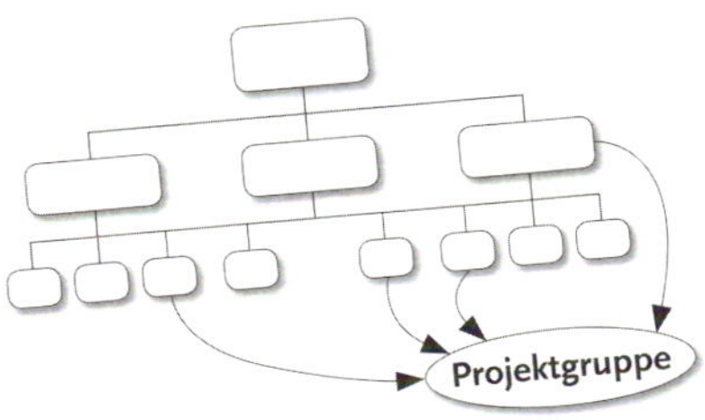

Aha!

Einliniensysteme sind zwar einfacher als Mehrliniensysteme, aber oft starr und sie lassen sich langsamer an veränderte Umweltbedingungen anpassen. Zudem sind sie stark auf Routine und repetitive Aufgaben ausgerichtet. Deshalb arbeiten Unternehmen, die an Einliniensystemen festhalten wollen, bei neuartigen Vorhaben (Innovationen) für bestimmte Zeit mit **Projektgruppen (Projektorganisation).** Projektgruppen werden mit Mitarbeitern und Mitarbeiterinnen aus allen Abteilungen, die etwas zum Vorhaben beitragen können, zusammengestellt. Hat die Projektgruppe ihre Ziele erreicht, wird sie aufgelöst. Die Mitglieder dieser Projektgruppe wirken je nach Projektumfang entweder Vollzeit oder neben ihrer täglichen Arbeit mit.

3.1.3.2 Mehrliniensysteme

Beim Mehrliniensystem erhalten die Stellen **von mehreren übergeordneten Instanzen Weisungen.** Deren Weisungskompetenzen können sowohl gleich als auch unterschiedlich stark sein.

Grundschema der Mehrliniensysteme

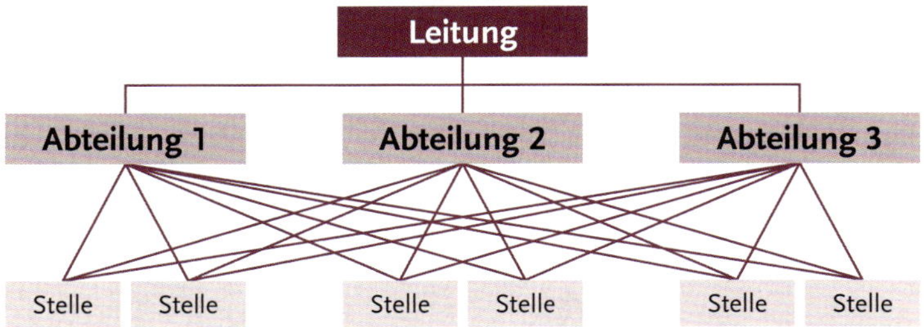

Vorteile	Nachteile
■ Die Vorgesetzten haben die Möglichkeit, sich auf Funktionsbereiche zu spezialisieren ■ Kürzere Informations- und Weisungswege ■ Schnellere und direkte Kommunikation	■ Gefahr von widersprüchlichen Weisungen ■ Unübersichtliche Organisation ■ Keine klaren Kompetenzabgrenzungen und Verantwortungsbereiche

Beispiel: Auszug aus dem Organigramm eines Mehrliniensystems

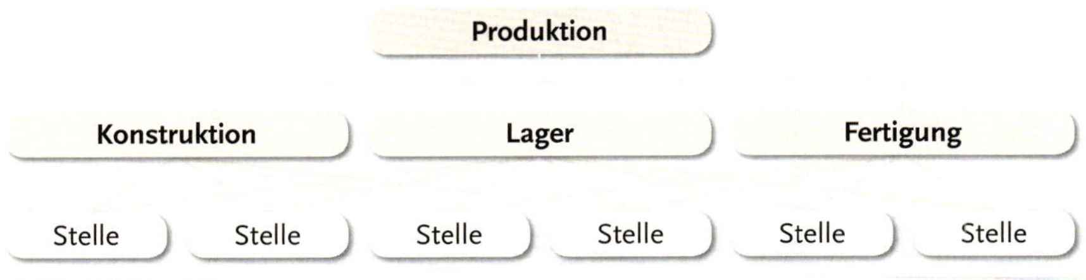

Matrixorganisation – Mehrliniensystem der Praxis

Die Matrixorganisation ist die **praktische Erscheinungsform der Mehrlinienorganisation.** Bei dieser Organisationsform wird **gleichzeitig nach zwei Kriterien differenziert.** Es werden die divisionale und die funktionale Organisation miteinander verschränkt, d. h. die Einteilung der Organisation des Unternehmens nach Funktionen (z. B. Einkauf, Produktion, Vertrieb) mit der Einteilung des Unternehmens in Divisionen (z. B. nach Produktgruppen, Kundengruppen oder Regionen).

So entsteht eine Matrix: Entscheidungen laufen funktionsbezogen vertikal und spartenbezogen horizontal. Es sind für ein Problem immer zwei Manager/innen verantwortlich (z. B. der Beschaffungs- und Produktmanager bzw. die -managerin).

Beispiel: Matrixorganisation

Auch Mehrliniensystemen können Stabsstellen, die Sie oben beim Einliniensystem kennengelernt haben, zugeordnet sein.

Beim Mehrliniensystem kann es zu Überschneidungen von Anweisungen kommen

Die Nachteile der divisionalen Organisation können mit der Matrixorganisation überwunden werden – Bereichsegoismen haben ein Ende

Vorteile	Nachteile
■ Durch die Gliederung nach Funktionen und Divisionen können die Nachteile der divisionalen Organisation überwunden werden.	■ Hoher Bedarf an Führungskräften, um den Koordinationsaufwand zu leisten. ■ Die Mitarbeiter/innen bekommen Weisung von mehreren Führungskräften erteilt. Dies kann zu Konflikten zwischen den Führungskräften der Funktion und der Division führen.

Aufgabenstellung – „Aufbauorganisation“

An der Spitze des Unternehmens Bayer Maschinenbau steht ein zweiköpfiges Führungsteam, bestehend aus Dr. Josef Pratzl und Stefan Wenigwieser. Bayer Maschinenbau GmbH ist in viele Bereiche gegliedert, deren Vorgesetzte Sie ebenfalls im Organigramm abgebildet sehen.

Analysieren Sie das **Organigramm** von Bayer Maschinenbau GmbH und beantworten Sie folgende Fragen:
a) Welche Organisationsstruktur bzw. welches Leitungssystem hat Bayer Maschinenbau GmbH?
b) Handelt es sich dabei um ein Einlinien- oder Mehrliniensystem?
c) Beschreiben Sie die Vor- und Nachteile dieser Organisationsstruktur.
d) Welches andere Leitungssystem wäre Ihrer Meinung nach für dieses Unternehmen ebenfalls sinnvoll? Begründen Sie Ihre Antwort.

Das Organigramm finden Sie auch auf der CD.

Organigramm

BAyer Maschinenbau GmbH

Josef Pratzl
Stv. Stefan Wenigwieser
Geschäftsführender Eigentümer, CEO

Stefan Wenigwieser
Stv. Lukas Eder
Geschäftsführer Produktion

Julia Marik
Stv. Daniela Gruber
Assistentin der Geschäftsführung

Thomas Brandstetter
St. Norbert Ulm
HSEQ/Qualität

Eva Hauer
St. Bianca Reiter
Assistentin der Geschäftsführung

Aleksander Hofer
Verkaufsleitung Ö

Walter Wall
Verkaufsleitung International

Fritz Poltinger
Verkaufsleitung Europa

Christoph Schwarz
Vertrieb/Kalkulation

Stefanie Hauser
Rechnungswesen, Personal

Peter Strasser
Controlling

Markus Busch
EDV

Susanne Berger
Einkauf

Wolfgang Huemer
Engineering

Markus Plakolm
Werksleitung

Jürgen Wegel
Technische Projektabwicklung

Sebastian Müller
Betriebstechnik

Franz Kraml
Fertigungstechnik

Michael Forstner
Mechanische Fertigung

Christian Binder
Montage

Siegfrid Lengauer
Technische Leitung

3.2 Ablauforganisation

Die **Ablauforganisation** legt fest, welche Aufgaben in welcher zeitlichen Abfolge zu erfüllen sind. Sie zeigt die **Prozessstrukturen,** die darauf ausgerichtet sind, alle Abläufe aufeinander abzustimmen: Die richtigen Arbeiten müssen zum richtigen Zeitpunkt geleistet werden. Es geht um die optimale Gestaltung der Arbeitsabläufe unter Berücksichtigung der **Arbeitsmenge,** des **Leistungsvermögens der Mitarbeiter/innen** und der **verfügbaren Ressourcen.** Die Gestaltung der Arbeitsabläufe geschieht innerhalb der bestehenden Organisationsstruktur.

Ablauforganisation – **was** muss in welcher Reihenfolge **wie** und **wo** erledigt werden?

Aha!
Durch die Darstellung der betrieblichen Abläufe kann man Ansatzpunkte für die betriebliche **Prozessoptimierung** ableiten. Gestaltungsmöglichkeiten der Prozessoptimierung sind u. a.:

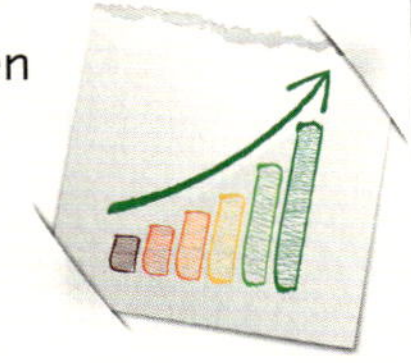

- **Straffung** (z. B. durch Reduktion der Bearbeitungszeiten durch EDV-Einsatz, Minimierung der unproduktiven Liege-, Warte- und Transportzeiten)
- **Zusammenfassung von Teilprozessen** (z. B. von Prüfung und Versand einer Rechnung)
- **Neue Reihenfolge der Prozessschritte** (z. B. Prüfung der Kundenadresse für die spätere Rechnung bereits bei Eintreffen eines Gastes, nicht erst bei der Rechnungserstellung)

Flussdiagramme (Aufgabenfolgepläne), wie im nebenstehenden Beispiel abgebildet, sind wichtige Hilfsmittel zur Gestaltung und Darstellung der Ablauforganisation.

Beispiel: Ablauforganisation in einem Industrieunternehmen

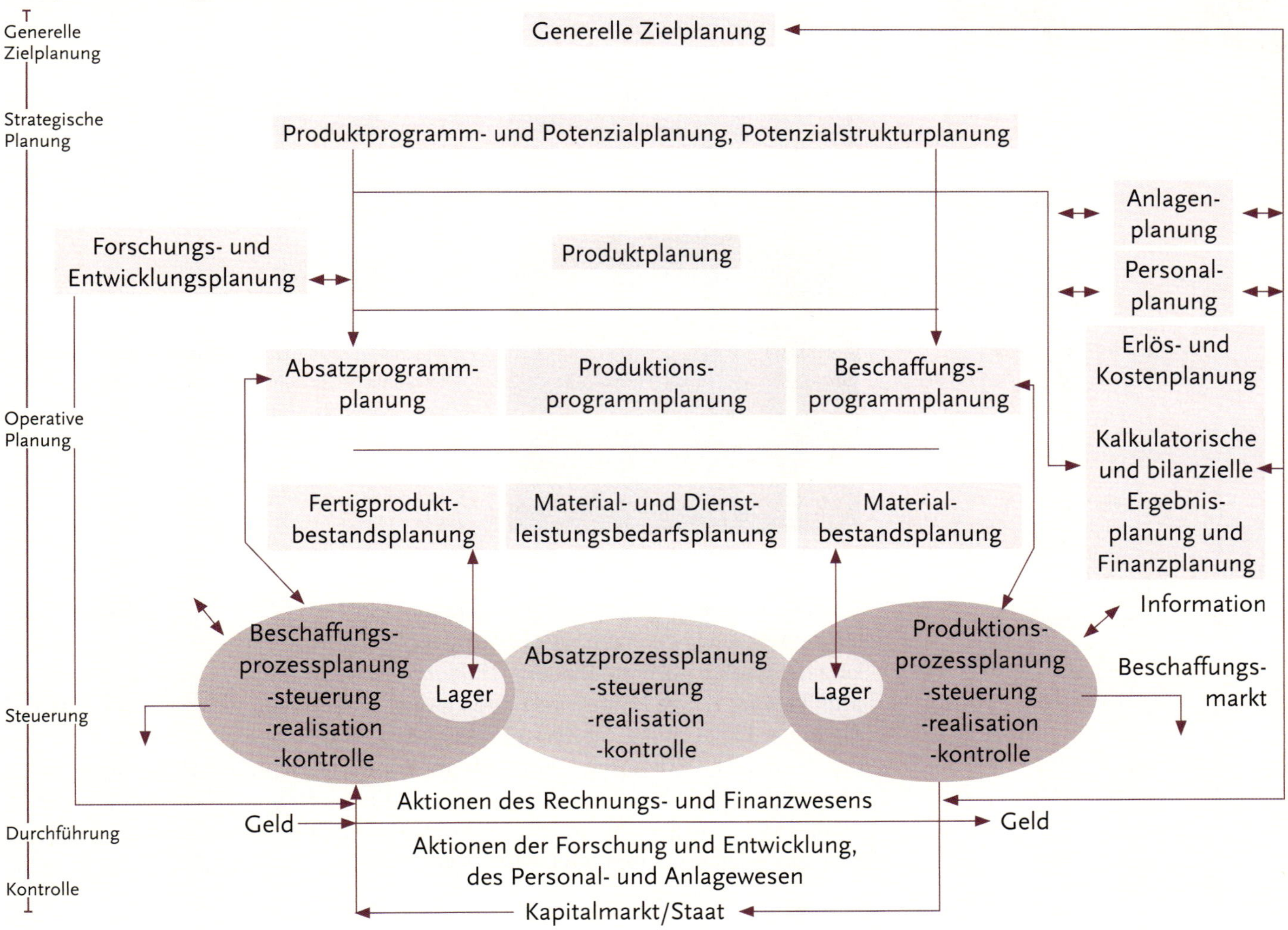

Aha!
Früher beschäftigten sich die Unternehmen vor allem mit der Aufbauorganisation. Heute wird die Ablauforganisation immer wichtiger, denn der Wunsch nach guter Qualität richtet sich sowohl auf Produkte und Dienstleistungen als auch auf zuverlässige und pünktliche Lieferungen.

3.3 Informale Organisation

Informal = informell = inoffizielle Organisation.
Formal = formell = offizielle Organisation.

Da der Mensch auch im Unternehmen soziale Bedürfnisse und Ziele hat, bilden sich neben den planmäßig vorgegebenen formalen Bestandteilen einer Organisation auch informale Organisationselemente heraus. Die **informale Organisation** entsteht spontan durch nicht formell geplante Beziehungen zwischen den Mitarbeitern und Mitarbeiterinnen.

Informelle Gruppen sind vergleichbar mit einem Freundeskreis oder Cliquen

Die informale Organisation ergänzt und überlagert die formale Organisation. Die beiden Organisationsformen beeinflussen sich gegenseitig. Das Wesen der formalen und der informalen Organisation kann mithilfe eines Eisbergs dargestellt werden. Die informale Organisation liegt im Gegensatz zur formalen Organisation im Verborgenen. Sie ist auf den ersten Blick nicht für alle sichtbar.

Formale und informale Organisation

Formale Organisationselemente
(rationale, beobachtbare Aspekte)
- Unternehmensleitbild
- Strategie
- Organigramm und Stellenbeschreibungen
- Richtlinien, Pläne
- Etc.

Informale Organisationselemente
(verdeckte Aspekte)
- Machtverteilung (z. B. informale Führer/innen)
- Persönliche Beziehungen (z. B. informale Gruppen, informale Kommunikationsstrukturen)
- Informale Verhaltensnormen
- Werte, Einstellungen
- Unternehmenskultur
- Etc.

Beispiel: informale Organisationselemente
Da der offizielle Instanzenzug sehr langwierig ist, haben sich im Unternehmen kürzere, direkte Kommunikationsstrukturen herausgebildet **(= informale Kommunikation).** Einige Mitarbeiter/innen zweier Abteilungen treffen sich regelmäßig in der Kaffeepause. Sie verstehen sich sehr gut. Neben privaten Gesprächen tauschen sie oft Erfahrungen und Informationen aus **(= informale Gruppe).** Bei Entscheidungsproblemen wenden sich die Mitarbeiter/innen der Marketingabteilung häufig an Frau Huber, eine sehr erfahrene Mitarbeiterin, statt an ihren direkten Vorgesetzten **(= informale Führerin).**

Die **informale Organisation** kann die formale Organisation **unterstützen oder behindern:**

- So kann sie das Betriebsklima und die Produktionsleistung positiv, aber auch negativ beeinflussen. Zum Teil werden auch positive informale Regeln offiziell in die formale Organisation übergeführt.
- Behindert die informale die formale Organisation, ist mit viel Einfühlungsvermögen gegenzusteuern.

Die informale Organisation ist schwer steuerbar und schwer greifbar, jedoch wichtig für das Funktionieren einer Organisation.

Aufgabenstellungen – „Steuerung und Organisation“

1. Rechercheauftrag: Suchen Sie im Internet und finden Sie Beispiele für Unternehmen und ihr jeweiliges Leitungssystem (Einliniensystem und Mehrliniensystem). **Tipp:** Verwenden Sie die Suchbegriffe Unternehmen + Organigramm.

2. Auch Ihre **Schule** hat eine **Aufbau- und Ablauforganisation!**
   a) Erstellen Sie für Ihre Schule ein Organigramm, das die derzeit vorherrschende Aufbauorganisation widerspiegelt. Denken Sie dabei an Stellen wie Direktion, Administration, Haustechnik, Schulwart, Reinigungspersonal, Lehrpersonal, Schulbuchreferent/-referentin, Schulpsychologe/-psychologin, Klassen etc. Bringen Sie die einzelnen Stellen in die richtige Hierarchie (wer kann wem Anweisungen geben?). Sie können in das Organigramm auch die Namen jener Personen eintragen, die für bestimmte Bereiche der Schule zuständig sind und dafür Verantwortung tragen.
   b) Welche Form der Aufbauorganisation hat Ihre Schule?
   c) Gibt es eine andere Form der Aufbauorganisation, die für Ihre Schule geeignet wäre? Begründen Sie Ihre Antwort.
   d) Welche Abläufe müssen in Ihrer Schule (z. B. für ein Schuljahr) geregelt werden? Suchen Sie Beispiele aus dem Schulalltag.
   e) Nehmen Sie an, die 4-B-Klasse und die 5-B-Klasse wollen ihre Klassen aus einem bestimmten Grund (z. B. Verletzung eines Mitschülers, für den eine Klasse im Erdgeschoss angenehmer wäre) tauschen. Auf welchem Kommunikationsweg würde Ihrer Meinung nach eine solche Entscheidung getroffen werden?

3. Ein Telekommunikationsunternehmen möchte **von der divisionalen Organisation auf die Matrixorganisation** wechseln. Stellen Sie eine mögliche Organisationsstruktur für das Telekommunikationsunternehmen grafisch dar. Welche Vorteile und welche Nachteile ergeben sich durch den Wechsel der Aufbauorganisationsform?

4. Ein Unternehmen, das Elektronikgeräte herstellt, hat die Abteilungen Einkauf, Forschung und Entwicklung, Produktion, Marketing, Vertrieb, Personal, Rechnungswesen und Controlling. Jede dieser Abteilungen wird von einer Führungskraft geleitet und untersteht direkt der Unternehmensführung. Der Unternehmensführung sind direkt die Rechtsabteilung und ein Assistent zugeordnet. Diese Stellen haben beratende und informierende Funktion, aber keine Weisungsbefugnis.
   a) Zeichnen Sie das **Organigramm** dieses Unternehmens auf.
   b) Wie bezeichnet man diese Form der Aufbauorganisation?
   c) Was sind die damit verbundenen Vorteile und Nachteile?

5. Erstellen Sie einen **Ablaufplan** in Form eines Flussdiagramms für
   a) die Abwicklung von Kaufverträgen (von der Anbahnung bis zur Erfüllung) einer Einkaufsabteilung. Berücksichtigen Sie dabei auch Punkte, die besagen, was zu tun ist, wenn es zu Problemen – z. B. zur vertragswidrigen Erfüllung durch den Lieferanten (Lieferverzug, Lieferung mangelhafter Ware) – kommt.
   b) die Marketingabteilung zur Durchführung von Werbemaßnahmen (von den Werbezielen bis zur Werbeerfolgskontrolle). Berücksichtigen Sie dabei „Schleifen“ wie z. B. „Was tun, wenn die geplanten Werbemittel das Werbebudget übersteigen?“ oder „Was tun, wenn die Werbeerfolgskontrolle aufdeckt, dass die erwarteten Erfolge der Werbemaßnahmen nicht erzielt wurden?“.

   Tipp: Denken Sie dabei daran, was Sie bereits im Kapitel „Marketing“ gelernt haben.

6. Nennen Sie Beispiele für **formale und informale Organisationselemente** Ihres Klassenverbundes. Welche Chancen und welche Risiken bringen diese formalen und informalen Organisationselemente mit sich?

4 Kontrolle (Abweichungsanalyse)

Eine besondere Rolle kommt der Kontrolle als Managementfunktion zu, denn nur so sind Lernprozesse im Unternehmen möglich.

Bei der **Kontrolle** wird das Ergebnis der umgesetzten Maßnahmen bestimmt und mit der Zielsetzung verglichen. Die festgestellten Abweichungen werden analysiert. Nur bei **Kenntnis der Abweichungsursachen** können
- sinnvolle Gegenmaßnahmen eingeleitet und
- der Managementprozess (d. h. die Planung, der Entscheidungsprozess, die Organisation) verbessert

werden.

Kontrolle hat nichts mit Misstrauen zu tun. Vielmehr sollten Führungskräfte und Mitarbeiter/innen Erkenntnisse der Abweichungsanalyse gezielt nützen, um gemeinsam die Ergebnisse zu verbessern. Art und Umfang der Kontrolle hängt eng mit der Unternehmensphilosophie zusammen.

Beispiel: Kontrolle der Produktentwicklung
Zu festgelegten Zeitpunkten werden die Aktivitäten durch den Leiter der Abteilung „Forschung und Entwicklung" kontrolliert, indem die Mitarbeiter/innen über den Stand der Aktivitäten und die erzielten Ergebnisse berichten. Gestaltet sich die Produktentwicklung schwieriger als geplant, sind ggf. zusätzliche Maßnahmen erforderlich, um die Markteinführung zum festgelegten Termin sicherzustellen.

Aha!
Eine wichtige Basis zur Kontrolle sind die Daten aus dem Rechnungswesen. Es können z. B. Aussagen darüber gemacht werden, inwieweit das geplante Budget eingehalten worden ist. Aber auch Ablaufpläne bzw. Projektmanagement-Tools wie Meilensteinpläne werden ebenfalls zur Kontrolle herangezogen.

Aufgabenstellung – „Kontrolle (Abweichungsanalyse)"

- Ein Ziel eines internationalen Herstellers für Spritz- und Druckerzeugnisse hatte gelautet: „Der Bekanntheitsgrad der Marke soll innerhalb der nächsten zwei Jahre in Norwegen und Finnland um mindestens 20 % gesteigert werden." Am Ende der zwei Jahre wurde mithilfe einer Marktforschungsuntersuchung der Bekanntheitsgrad der Marke analysiert. Die Untersuchung ergab, dass der Bekanntheitsgrad nur um 15 % gesteigert werden konnte. Erklären Sie, wie die Ergebnis-, Verfahrens- und Verhaltenskontrolle im Unternehmen in diesem Fall angewendet werden sollten.

5 Kommunikation

Empfänger – Sender

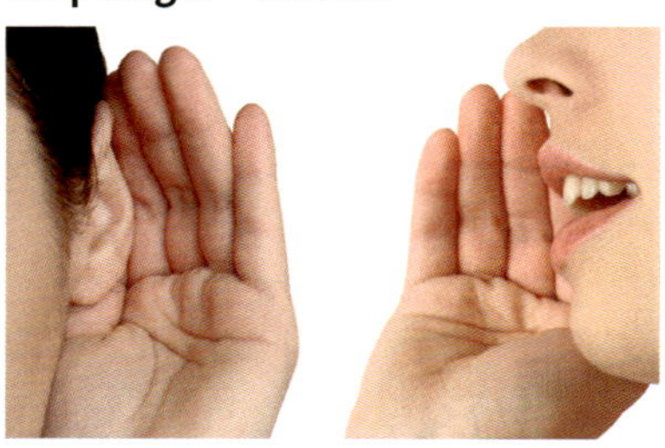

Im Mittelpunkt der Führungsaufgaben steht die mit der Mitarbeiterführung verbundene Kommunikation. Eine gute Kommunikationskultur im Unternehmen ist wesentlich für die Erreichung der Unternehmensziele. Sie steht **im Zentrum aller Planungs-, Organisations-, Durchführungs- und Kontrollaufgaben.**

Beispiel Kommunikation
Die Unternehmensleitung zu Herrn Huber:

1. „Herr Huber, unser Buchhalter hat mir mitgeteilt, dass der Umsatz im letzten Monat um 20 % zurückgegangen ist.
2. Darüber bin ich sehr besorgt.
3. Unser Ziel war, den Umsatz um 10 % zu steigern.
4. Ich lade daher morgen alle Mitarbeiter und Mitarbeiterinnen zu einer Besprechung ein, um gemeinsam Maßnahmen zu erarbeiten.

Denken Sie einmal darüber nach, in welcher Vielfalt Kommunikation stattfindet.

Wissensfragen – „Managementprozess: strategisches und operatives Management"

1. Erklären Sie den Unterschied zwischen dem strategischen und operativen Management.
2. Was wird im Managementprozess (Managementkreis, Führungskreislauf) dargestellt?

Zu „1 Planung"

3. Wie unterscheidet sich die strategische von der operativen Planung?
4. Was wird bei der Analyse der Umweltsphären untersucht?
5. Was kann mithilfe des Fünf-Kräfte-Modells von Michael E. Porter untersucht werden?
6. Nennen Sie Handlungsempfehlungen bei Vorherrschen der Wettbewerbskräfte „Bedrohung durch neue Wettbewerber" und „Bedrohung durch Ersatzprodukte oder -leistungen".
7. Was erkennt man aus einem Stärken-Schwächen-Profil?
8. Wozu dient eine SWOT-Analyse?
9. Welche Wettbewerbsstrategien werden unterschieden? Erklären Sie sie kurz.
10. Wie unterscheidet sich die Produktentwicklungsstrategie von der Diversifikationsstrategie?
11. Erklären Sie den Ablauf der Budgeterstellung.

Zu „2 Entscheidungen treffen"

12. Was ist der Unterschied zwischen intuitiven und rationalen Entscheidungen?
13. Warum kann es vorteilhaft sein, Entscheidungen in der Gruppe zu treffen?

Zu „3 Steuerung und Organisation"

14. Worin liegt der Unterschied zwischen der Aufbau- und der Ablauforganisation?
15. Wie hängen die Begriffe „Aufgabe", „Stelle", „Instanz" und „Abteilung" zusammen?
16. Geben Sie mögliche Bestandteile einer Stellenbeschreibung an.
17. Wann spricht man von einer Organisation mit einer hohen Zentralisation?
18. Wodurch unterscheiden sich Einlinien- von Mehrliniensystemen?
19. Wie können Einliniensysteme gegliedert werden?
20. Welche Vorteile hat die Matrixorganisation?
21. Nennen Sie Möglichkeiten zur betrieblichen Prozessoptimierung.
22. Wie unterscheidet sich die formale von der informalen Organisation?

Zu „4 Kontrolle (Abweichungsanalyse)" + „5 Kommunikation"

23. Warum ist die Analyse der Abweichungen bei Kontrollen sehr wichtig?
24. Welche Rolle kommt der Kommunikation im Managementprozess zu?

Ziele erreicht? – „Managementprozess: strategisches und operatives ...“

KOMPETENZ-ERWERB

Ausgangssituation

Sie sind als Trainee in der X-Dream Kälte- und Klimatechnik GmbH tätig und werden im strategischen und operativen Management mitwirken.

Die X-Dream Kälte- und Klimatechnik GmbH ist ein erfolgreiches Unternehmen, das Gesamtlösungen im Bereich der Kälte- und Klimatechnik anbietet. Die X-Dream Kälte- und Klimatechnik GmbH vertreibt auch Lüftungssysteme. In über 20 Filialen steht Kundinnen und Kunden ein umfangreiches Sortiment zur Verfügung.

Das Unternehmen hat sich hoher Qualität, professioneller Beratung, umfangreicher Auswahl und bestem Kundenservice verschrieben. Es hat sich zur Mission gesetzt, den Menschen ein optimales Wohlfühlklima für ein besseres Lebensgefühl zu bescheren. Die Verbindung von ausgereifter Technik und bester Umweltverträglichkeit stehen im Mittelpunkt aller Handlungen.

Der Hauptsitz sowie die Produktion des Unternehmens sind in Graz. Von dort aus werden alle Vertriebs- und Marketingaktivitäten für die Filialen gesteuert. Für jedes Bundesland gibt es eigene Regionsleiter. Sie arbeiten eng mit den Leitern der Bereiche Einkauf, Produktion, Marketing und Vertrieb, Personal und Rechnungswesen zusammen. An der Unternehmensspitze steht Herr Schuster, einer der Gesellschafter des Unternehmens.

1. Die Vision der X-Dream Kälte- und Klimatechnik GmbH ist, österreichweit der führende Dienstleister im Bereich Kälte- und Klimatechnik zu werden. In den Unternehmenszielen wurde festgelegt, dass in den nächsten fünf Jahren der Marktanteil um weitere 15 % gesteigert werden soll. Bis zur nächsten Strategiesitzung sollen Sie die Unternehmensleitung bei der Entwicklung möglicher Strategien unterstützen. Wie werden Sie dabei vorgehen? Nennen Sie die wesentlichen Schritte, die zur Erarbeitung der Strategien notwendig sind.

2. Nach einiger Recherche- und Analysearbeit werden die wesentlichsten Ergebnisse zur SWOT-Analyse zusammengeführt. Leiten Sie davon für das Unternehmen geeignete strategische Stoßrichtungen ab.

SWOT-Analyse

SWOT-Analyse	Interne Analyse	
	Stärken ■ Sehr gute Qualität der selbst produzierten Artikel ■ Breites und tiefes Warensortiment ■ Eigene Produktion ■ Hohe Flexibilität ■ Sehr gutes Image bei Jugendlichen	**Schwächen** ■ Kein Onlineshop ■ Mangelhafte Reklamationsabwicklung, da zu wenig Personal ■ Beratung besonders auf junge Zielgruppe ausgerichtet ■ Schlechte Marktabdeckung (wenig Filialen) in Vorarlberg
Externe Analyse – **Chancen** ■ Trend zur ausgereiften Technik und gesteigertem Umweltbewusstsein ■ Zielgruppe der Kälte- und Klimatechnik wird immer älter ■ Hohes Umsatzpotenzial im Internet		
Externe Analyse – **Risiken** ■ Bedrohung durch Konkurrenz im Internet und durch andere große Unternehmen aus Deutschland ■ Kältesysteme der eigenen Produktion: Bedrohung durch Billigprodukte aus Asien		

3. Welche **Wettbewerbsstrategie** nach Porter würden Sie aufgrund der bisher bekannten Informationen dem Unternehmen empfehlen? Begründen Sie Ihre Entscheidung.

4. Eine weitere Aufgabe wird sein, eine Portfolioanalyse für die Strategiesitzung vorzubereiten.

a) Bei der Recherche nach den Marktwachstumschancen verschiedener Produktgruppen treffen Sie auf nachstehende Informationen. In welche Felder der 4-Feld-Matrix der Boston Consulting Group würden Sie diese Produktgruppen einordnen? Welche Strategie leitet sich daraus ab?

b) Welche weiteren Informationen müssen Sie einholen, um eine exaktere Portfolioanalyse durchführen zu können?

Tipp: Denken Sie daran, was Sie bereits im Kapitel „Marketing“ gelernt haben.

5. Das erfolgreiche Konzept von X-Dream Kälte- und Klimatechnik GmbH soll in weiteren europäischen Märkten eingeführt werden. Wie nennt man diese Wachstumsstrategie?

6. Welches Leitungssystem könnte das Unternehmen Ihrer Meinung nach derzeit haben? Begründen und erklären Sie genau Ihre Antwort mithilfe der bereits bekannten Informationen und stellen Sie das Leitungssystem in Form eines Organigramms grafisch dar.

7. Diskutieren Sie die Frage, ob es durch das Vorhaben „Installation eines Onlineshops“ zu Veränderungen in der Aufbauorganisation des Unternehmens kommen muss.

8. Welche Beispiele für Stabsstellen sind für die X-Dream Kälte- und Klimatechnik GmbH möglich und realistisch?

9. Im Rahmen der operativen Planung sollen das Gesamtbudget des Unternehmens sowie die Teilbudgets für die einzelnen Unternehmensbereiche festgelegt werden. Welche Vorgehensweise empfehlen Sie der X-Dream Kälte- und Klimatechnik GmbH dabei?

10. Für den Internetvertrieb wird eine Stelle zur Betreuung des neuen Onlineshops geschaffen. Sie ist der Abteilung „Marketing und Vertrieb“ zugeordnet. Wie sollte bei der Installation der Stelle vorgegangen werden?

11. Die mangelnde Zahlungsmoral der Kunden hat die Unternehmensleitung veranlasst, diesen Problemfall genauer unter die Lupe zu nehmen. Es werden die wichtigen Arbeitsprozesse aufgelistet und analysiert. Erstellen Sie ein Flussdiagramm, das den idealtypischen Ablauf des Mahnwesens im Unternehmen darstellt.

12. Welche Bedeutung kommt einer durchdachten Ablauforganisation für die effektive Ausübung der unternehmerischen Aufgaben in den einzelnen Abteilungen und Stellen zu?

13. Als Abschluss des Traineeprogrammes haben Sie noch ein Gespräch mit der Unternehmensleitung. Herr Schuster kommt ins Schwärmen: „Wie Sie gesehen haben, sind wir bemüht, alles schriftlich zu dokumentieren. Wir haben ein klares Leitbild, Organigramme und Stellenbeschreibungen, schriftliche Richtlinien und Pläne und, und, und. Dadurch wird auch das Verhalten der Mitarbeiter/innen genau festgelegt und ein gutes Betriebsklima gesichert.“ Was könnten Sie aufgrund Ihres umfangreichen Wissens über Unternehmensführung erwidern?

Personalmanagement

Eine PPT-Präsentation und weitere Übungen zum Kapitel finden Sie auf der CD.

Vision, Mission und Strategie eines Unternehmens können noch so toll sein, letztendlich sind es die ausführenden Mitarbeiter/innen, die über eine erfolgreiche Umsetzung entscheiden. Nicht ohne Grund werden die Mitarbeiter/innen eines Unternehmens oft als **wichtigstes Kapital – das Humankapital (Human Resources)** – bezeichnet.

Gut aus- und weitergebildete Mitarbeiter/innen sind somit eine Grundvoraussetzung, um auf sich ständig verändernden Märkten bestehen zu können. Es ist daher eine wichtige Aufgabe der Unternehmensführung bzw. der Personalabteilung, den Personalbedarf durch geeignete Mitarbeiter/innen zu decken und ihre Leistungsbereitschaft und -fähigkeit durch anforderungsgerechte und motivierende Rahmenbedingungen zu fördern.

KOMPETENZ-ERWERB

Meine Ziele

Nach Bearbeitung dieses Kapitels kann ich

- Methoden der internen und externen Personalbeschaffung nennen und auswählen;
- Bewerbungsunterlagen methodisch analysieren;
- die Wichtigkeit der Personalentwicklung als Steuerungsinstrument des Personalmanagements verdeutlichen;
- geeignete Personalentwicklungsmaßnahmen auswählen;
- Arbeitsbedingungen mithilfe der Motivationstheorien analysieren und Maßnahmen zur motivierenden Arbeitsplatzgestaltung entwickeln;
- geeignete Entlohnungsformen für bestimmte Tätigkeiten empfehlen.

1 Personalmanagement im Überblick

Die Umdasch Group ist ein weltweit tätiger Konzern mit Hauptsitz in Amstetten (NÖ). Die zwei Divisionen der Umdasch Group – die Doka Group (Entwicklung, Herstellung und Vertrieb von Schalungstechnik) und die Umdasch Shopfitting Group (Ladeneinrichtungen) nehmen international eine führende Marktposition ein. Die Weichen für die Zukunft des Umdasch-Konzerns sind auf weitere Expansion gestellt. Die Strategien der Umdasch Group und die rasche Bewältigung der ständigen Veränderungen vonseiten des Marktes, der Technik und der Menschen machen die Qualifikation und Motivation der Mitarbeiter/innen zu einem entscheidenden Wettbewerbsfaktor.

Das **Personalmanagement** umfasst alle im Zusammenhang mit den Mitarbeiterinnen und Mitarbeitern eines Unternehmens anfallenden **Planungs-, Steuerungs- und Kontrollaufgaben.**

Dem Personalmanagement kommt daher eine große Bedeutung zur Erreichung der Unternehmensziele zu. **Ziel** ist es, rechtzeitig und in ausreichender Qualität Mitarbeiter/innen zur Erfüllung der Unternehmensziele bereitzustellen.

Die folgende Abbildung verdeutlicht die wesentlichen **Aufgaben des Personalmanagements** und ihre Zusammenhänge:

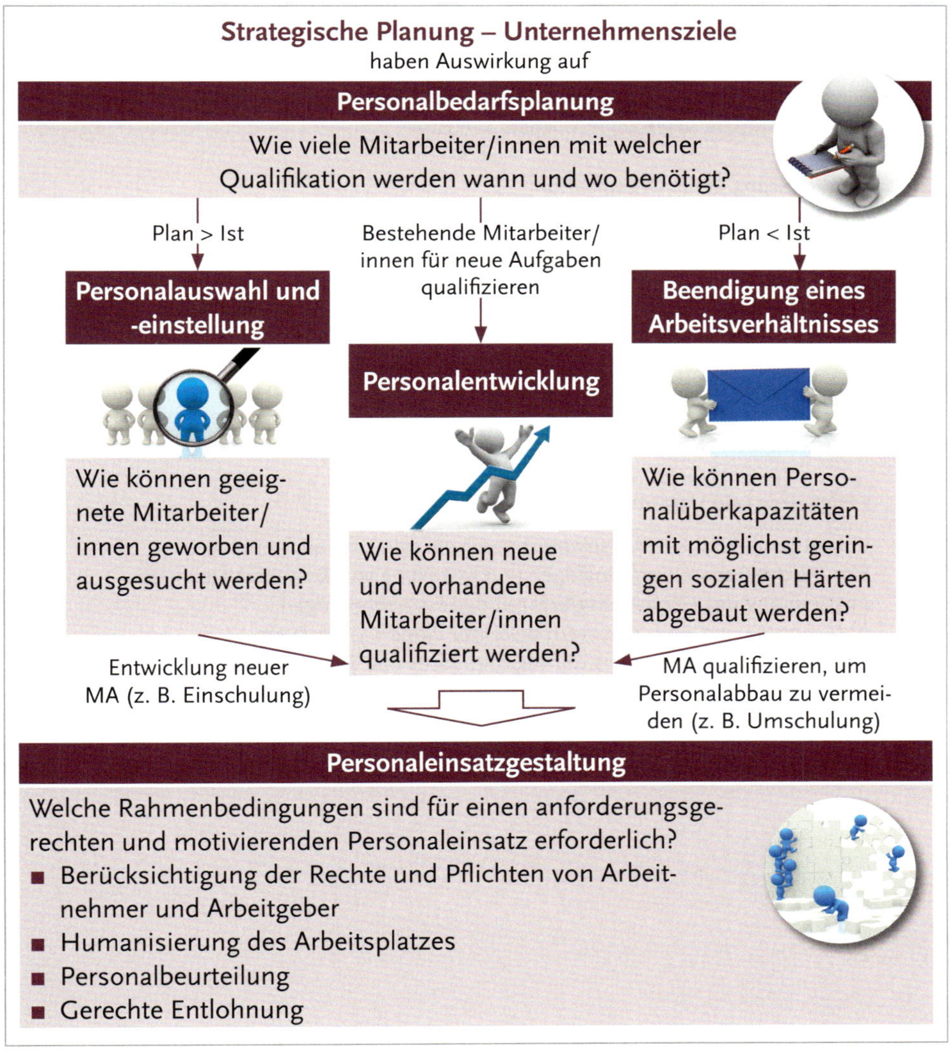

umdaschgroup

Die Umdasch Group ist ein international tätiges Unternehmen. Welche besonderen Herausforderungen könnten hier mit dem Personalmanagement verbunden sein?

Statt Personalmanagement wird häufig der aus den USA stammende Begriff **Human Resource Management** (kurz HRM) verwendet.

Details über strategische Planung und Unternehmensziele haben Sie bereits in den vorigen Kapiteln erfahren.

Mehr zum Thema Beendigung eines Arbeitsverhältnisses erfahren Sie im Kapitel „V Rund um die Mitarbeiterinnen und Mitarbeiter".

In kleineren Betrieben übernimmt meist der Unternehmensinhaber viele Aufgaben des Personalmanagements. In größeren Betrieben ist oft eine eigene Personalabteilung dafür zuständig.

2 Personalbedarfsplanung

Die Aufgaben des Personalmanagements reichen weit in die Zukunft. Die **Personalbedarfsplanung** dient der Ermittlung des
- quantitativen (Wie viele Mitarbeiter/innen werden benötigt?),
- qualitativen (Welche Qualifikationen sollen die Mitarbeiter/innen haben?),
- zeitlichen (Zu welchem Zeitpunkt und wie lange werden sie benötigt?) und
- örtlichen (Wo werden Mitarbeiter/innen benötigt?)

Personalbedarfs.

Welche weiteren Beispiele für veränderten quantitativen Personalbedarf fallen Ihnen ein?

Beispiele: Quantitativer Personalbedarf
- Krankheit, Mutterschutz und Karenz führen zu Schwankungen aus persönlichen Gründen.
- Ein IT-Betrieb hat Mitte der 1970er-Jahre stark expandiert und damals viele junge Mitarbeiter/innen aufgenommen. Da diese jetzt bald in Pension gehen werden, besteht Ersatzbedarf für die ausscheidenden Mitarbeiter/innen.
- Ein Lokalbesitzer mit einem besonders erfolgreichen Konzept eröffnet weitere Filialen.

Zur Festlegung des **qualitativen Personalbedarfs** dient die **Stellenbeschreibung.** Sie gibt u. a. Aufschluss über die erforderlichen Kompetenzen zur Bewältigung der mit der Stelle verbundenen Aufgaben und Arbeitsanforderungen.

Beispiel: Stellenbeschreibung

STELLENBESCHREIBUNG

Position	Architekt/in bzw. Hochbau-Techniker/in für Planung
Positionsinhaber/in (derzeit)	Michael Schuster

1. Eingliederung in die Organisation

Direkte Unterstellung von	Projektleiter/in (derzeit: Ing. Johann Aichinger)
Führungsverantwortung für	Technische Arbeiter/innen
Wird vertreten von	Julian Berger

2. Zielsetzung der Stelle

Unterstützung des Teams bei der Planung und örtlichen Koordination von Hochbauprojekten durch geeignete Instrumente. Dadurch soll ein reibungsloser Ablauf der Hauptaufgaben der Hochbauabteilung sichergestellt werden.

3. Tätigkeiten und Verantwortlichkeiten

- Vorentwurfs- und Entwurfsplanung von Neu- und Umbauprojekten
- Klärung der Bebauungsgrundlagen und Erstellung von Kostenschätzungen
- Abstimmung des Flächenentwurfs mit den Fachabteilungen
- Abstimmung und Prüfung extern erstellter Pläne + Unterlagen
- Planerische Evidenz der Ausführungsstandards und Projektpläne
- Unterstützung der Projektleiter bei Vergabe und Bauabwicklung (Erweiterung Planstandard)

Welche Qualifikationen sollten Mitarbeiter/innen mitbringen, um die Anforderungen der Stelle optimal zu erfüllen? – Die Stellenbeschreibung verschafft Klarheit.

4. **Kompetenzen**

Persönlichkeitskompetenzen	Selbstständige Arbeitsweise, hohe Flexibilität, Reisebereitschaft, Genauigkeit, Belastungs- und Teamfähigkeit
Soziale Kompetenzen	Offen, aufgeschlossen, positives Menschenbild anderen gegenüber, hohes Maß an Loyalität
Methodische und fachliche Kompetenzen	Abgeschlossene technische Ausbildung, mehrjährige einschlägige Berufs- und Projekterfahrung wünschenswert, gute EDV- (MS-Office) Kenntnisse, ausgezeichnete Kenntnis in Auto CAD oder vergleichbaren Programmen (idealerweise Erfahrung in 3-D-Planung)

Erstellt von	HR-Abteilung
Erstellt am	22. 2. 20..
Gültigkeit ab	1. 3. 20..

Ergibt die Personalbedarfsplanung eine qualitative, quantitative, zeitliche oder örtliche Personalunterdeckung, so lässt sich diese durch Maßnahmen der Personalbeschaffung oder Personalentwicklung beheben. Im Falle einer Personalüberdeckung sind entsprechende Maßnahmen der Personalfreisetzung erforderlich.

Rechtzeitige Schulungen können Personalfreisetzung vermeiden

Aufgabenstellung – „Personalbedarfsplanung“

- Um welche Art der Personalbedarfsermittlung handelt es sich dabei? Kreuzen Sie die richtigen Zuordnungen an (Mehrfachantworten möglich!):

Ein IT-Unternehmen ...	**zeitlich**	**örtlich**	**qualitativ**	**quantitativ**
plant seinen Personalbedarf: Im laufenden Betrieb benötigt er vier Techniker, zwei Außendienstmitarbeiter und einen Lehrling.				
möchte ab 17:00 Uhr kostenlose Updates für Kundinnen und Kunden anbieten. Dazu sucht er einen/eine IT-Systemfachmann/-frau.				
übernimmt eine weitere Filiale in einem anderen Bundesland. In der ersten Zeit müssen die Mitarbeiter/innen an beiden Standorten einsatzbereit sein.				

3 Personalauswahl und -einstellung

Bei einem weltweit tätigen Konzern wie der Umdasch Group mit 180 eigenen Vertriebs- und Logistikstandorten in über 65 Ländern und mehr als 7 200 Mitarbeiterinnen und Mitarbeitern entsteht natürlich regelmäßig Personalbedarf, der durch geeignete Personalauswahl gedeckt werden muss. Je größer das Unternehmen, desto wichtiger sind kurze Wege, präzise Anforderungen und rasche Entscheidungen. Daher hat die Umdasch Group ein Online-Bewerbungsportal ins Leben gerufen. Neben einem standardisierten, umfangreichen Fragebogen können Bewerber/innen ihre eigenen Unterlagen hochladen. Dies ist die Basis für eine strukturierte Personalauswahl.

Die Personalbeschaffung wird auch als **Personalrecruiting** bezeichnet.

Wer erfüllt die Anforderungen der Stelle und passt ins Team?

Ist in einem Unternehmen ein Personalbedarf gegeben, wird folgender Prozess der Rekrutierung in Gang gesetzt.

Phasen der Personalauswahl

1. Festlegung des Anforderungsprofils
2. Interne bzw. externe Personalsuche
3. Vorauswahl: Analyse der Bewerbungsunterlagen
4. Auswahl durch diverse Auswahlverfahren
5. Personaleinstellung

Beispiel für eine E-Recruiting-Software: www.rexx-systems.com/e-recruiting.php

Aha!
Größere Unternehmen und Personaldienstleister (z. B. Personalleasingunternehmen), bei denen regelmäßig Personal ausgewählt wird, bedienen sich des **E-Recruitings.** Die Personalbeschaffung wird dabei durch den Einsatz von elektronischen Medien und Personalsoftwaresystemen abgewickelt. Tools von der Stellenanforderung über Stellenpublizierung, Online-Bewerbungsformulare, vollständige Kostenkontrolle bis zu Kommunikation mit dem Bewerber mithilfe von automatisierten, aber personalisierten Standardschreiben unterstützen das Recruiting effizient.

3.1 Festlegung des Anforderungsprofils

Die Umdasch Group hat verschiedene Anforderungskriterien festgelegt, die sie sich von den Bewerberinnen und Bewerbern erwartet. In der Aufstellung „Was wir erwarten" sind Kriterien zur beruflichen Qualifikation, Selbstorganisation, Sozialkompetenz und Persönlichkeit festgelegt.

Ziel der Personalauswahl ist eine optimale Übereinstimmung der Qualifikation der Bewerber/innen mit den Anforderungen, die durch das Unternehmen und die vorgesehene Arbeitstätigkeit bestimmt werden. Wichtig ist:

FIT (Übereinstimmung):
Anforderungen des Unternehmens ↔ Eignung der Bewerber/innen

Ausgehend von den angeführten Aufgaben der Stellenbeschreibung wird abgeleitet, welches Anforderungsprofil jemand für eine zu besetzende Stelle aufweisen muss. Das Anforderungsprofil ist **Basis für Suche und Auswahl der Bewerber/innen.**

Bestandteile des Anforderungsprofils

Ein Anforderungsprofil kann u. a. folgende Punkte enthalten:

- Allgemeine Anforderungen (z. B. Lebensalter, Mobilität, Berufserfahrung)
- Ausbildung (Schulen, erlernter Beruf, Studienschwerpunkte, Spezialkenntnisse)

- Persönlichkeitsmerkmale (z. B. freundlich, hilfsbereit, zuverlässig, belastbar, kommunikativ, durchsetzungsfähig)
- Gegebenenfalls Produkt-, Branchen- und Unternehmenskenntnisse (z. B. Ferialtätigkeit in der Bankenbranche)

Gewichten Sie die Anforderungen!
Was ist grundlegend wichtig, welche Fähigkeiten und Fertigkeiten sind wünschenswert und welche sind das Sahnehäubchen? Diese Angaben sollten Sie zunächst auflisten und streng unterteilen. Überlegen Sie, welche Kompetenzen Bewerber/innen wirklich mitbringen müssen und welche im Rahmen von Einarbeitung und Weiterqualifizierung vermittelt werden können.

3.2 Interne bzw. externe Personalsuche

Die Umdasch Group setzt zahlreiche Personalmarketingmaßnahmen für Schülerinnen und Schüler. Dazu zählen: Doka-Inside-Tage, bei denen man junge Technikerinnen und Techniker kennenlernen kann, die aus dem Nähkästchen plaudern und aus ihrem Arbeitsalltag und auch von Auslandseinsätzen berichten. Außerdem kann die Produktion unter fachkundiger Führung besichtigt werden. Weitere Aktivitäten sind Bewerbungstrainings in Schulen und Auftritte der Umdasch Group auf den wichtigsten Personalmessen in ganz Österreich.

Welche Ziele könnte die Umdasch Group mit diesen Personalmarketingmaßnahmen verfolgen?

Werden nebenstehend interne oder externe Methoden der Personalsuche angesprochen?

Freie Stellen können entweder über den **internen** oder den **externen** Arbeitsmarkt besetzt werden.

- **Interne Personalbeschaffung:** Der Personalbedarf wird innerhalb des Unternehmens gedeckt.
- **Externe Personalbeschaffung:** Der Personalbedarf wird außerbetrieblich durch neue Mitarbeiter/innen gedeckt.

Methoden der Personalsuche

Intern		Extern	
Ohne Personalbewegung	**Mit Personalbewegung**	**Durch das Unternehmen**	**Mit Unterstützung Dritter**
(meist zur Deckung des kurzfristigen Personalbedarfs) Abdeckung des Mehrbedarfs, z. B. durch ■ Überstunden ■ Urlaubsverschiebungen ■ Personalentwicklung	Mitarbeiter/innen werden intern auf freie Stellen versetzt, z. B. durch: ■ Beförderungen ■ Versetzung an gleichgestellte Arbeitsstellen ■ Mitarbeiter/innen können sich intern bewerben	■ Stellenanzeigen (Inserate) in Tages- und Fachzeitschriften ■ Stellenausschreibungen auf der Website des Unternehmens ■ Aushänge in Schulen ■ Karrieremessen ■ Etc.	■ AMS ■ Personalberater, -vermittler ■ Headhunter ■ Personalleasingunternehmen ■ Jobbörsen im Internet ■ Etc.

Jobbörsen im Internet
www.karriere.at
www.monster.at
www.job-consult.com
www.stepstone.at
www.careesma.at
www.jugendservice.at
www.absolventen.at
www.ferialjob.at
www.ams.at
www.jobfinder.at

AMS = Arbeitsmarktservice.

Personalberater = Spezialisten, die für Unternehmen Anzeigen formulieren und bei der Personalauswahl beraten.

Headhunter = Personalvermittler, insbesondere für Stellen für das leitende Management.

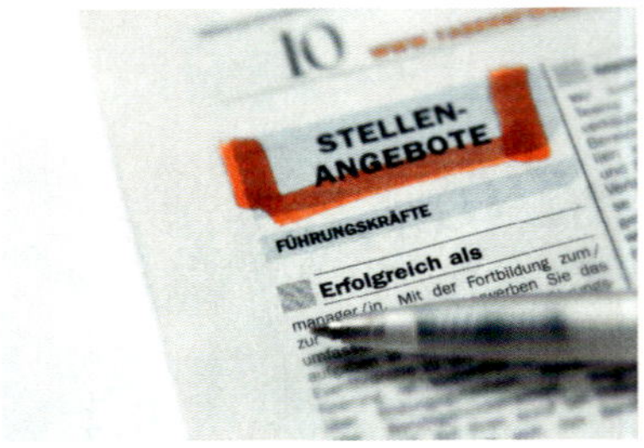

Vorteile interner Personalbeschaffung	Vorteile externer Personalbeschaffung
■ Motivationswirkung und Mitarbeiterbindung durch Aufstiegschancen ■ Geringe Beschaffungskosten ■ Geringerer Zeitverlust durch schnellere Stellenbesetzung ■ Betriebskenntnis des Mitarbeiters ■ Kenntnis über Qualifikation und Motivation des Mitarbeiters ■ Freie Stellen für Nachwuchskräfte	■ Breite Auswahl an potenziellen Mitarbeitern ■ Neue Person bringt neue Impulse und neues Know-how in das Unternehmen ■ Bei einer Führungsposition wird externer Mitarbeiter leichter als Vorgesetzter anerkannt ■ Quantitativer und qualitativer Personalbedarf wird direkt gedeckt (es entsteht kein weiterer Personalbedarf)

Aufgabenstellungen – „Interne bzw. externe Personalsuche“

1. Kreuzen Sie an, ob es sich bei nachfolgenden Beispielen um Personalsuche auf dem internen oder auf dem externen Arbeitsmarkt handelt.

	Intern	Extern
Die Hintringer OG sucht mittels eines Stelleninserats in den Oberösterreichischen Nachrichten eine Karenzvertretung als Sachbearbeiter/in für die Abteilung Verkauf.		
BMW schickt an die Mitarbeiter/innen des Konzerns, die im Bereich des Controllings tätig sind, eine E-Mail, dass jemand gesucht wird, der das Controlling am neuen Standort in Asien übernimmt.		
In der Auslage des Elektrofachgeschäftes ElektroTech befindet sich ein Schild, auf dem steht: „Lehrling gesucht, Bewerbungen bitte bei Frau Mohrer im Geschäft“.		
Das Unternehmen Sonnenschutz K. Gross wendet sich an die Personalleasingfirma, weil ab kommendem Monat ein Monteur bzw. eine Monteurin benötigt wird.		

2. Erstellen Sie Lösungsvorschläge, wie in den folgenden Fällen der Personalbedarf gedeckt werden könnte. Führen Sie außerdem eine Begründung für Ihre Lösungsvorschläge an bzw. erklären Sie, unter welchen Voraussetzungen Ihre Lösungsvorschläge geeignet sind.

Ausgangssituation	Lösungsvorschläge und Begründung
Die Pensionierung der Controllingleiterin steht bevor. Es soll rechtzeitig für Ersatz gesorgt werden. Im Unternehmen ist diese Position sehr angesehen.	
Die Personalabteilung sucht eine Assistenz für die Produktionsleitung. Eine technische Ausbildung – bevorzugt HTL-Abschluss – wird vorausgesetzt.	
Jedes Jahr nimmt das Unternehmen fünf bis zehn neue Lehrlinge für unterschiedliche Bereiche auf.	
Beim Geocaching ist einer der sieben Marketingmitarbeiter fünfzehn Meter in die Tiefe gestürzt. Aufgrund schwerer Rückenverletzungen wird der Mitarbeiter mindestens drei Monate ausfallen.	
Wegen des florierenden Weihnachtsgeschäfts wird in den nächsten Wochen deutlich mehr Arbeit anfallen.	

3.3 Vorauswahl: Analyse der Bewerbungsunterlagen

Die **Bewerbungsunterlagen (Bewerbungsmappen)** bilden die Basis für die Entscheidung, welche Bewerber/innen in die engere Auswahl kommen und z. B. zu einem Vorstellungsgespräch oder Assessment-Center eingeladen werden.

Bewerbungsunterlagen
bestehen in der Regel aus

- **Bewerbungsschreiben**
- **Lebenslauf (inkl. eines aktuellen Fotos)**
- **Kopien von Ausbildungs- und Dienstzeugnissen**

Auswertung der Bewerbungsunterlagen

Es können u. a. folgende **Kriterien** herangezogen werden:

- **Äußere Form** (z. B. Klarheit des Aufbaus, Gesamteindruck, Fehlerlosigkeit, Sorgfältigkeit)
- **Vollständigkeit der Unterlagen**
- **Inhalt der Unterlagen**
  - Werden die „K.-o.-Kriterien" (z. B. erforderliche Ausbildung, Spezialkenntnisse, Berufserfahrung, Mobilität) des Anforderungsprofils erfüllt?
  - Übereinstimmung der Daten des Lebenslaufes mit den Daten der Zeugnisse
  - Lücken zwischen Positionen bzw. Ausbildungs- und Berufsabschnitten
  - Durchschnittliche Verweildauer in den bisherigen Beschäftigungsverhältnissen (wurde häufig die Position gewechselt?)
  - Berufliche Auf- oder Abstiege durch Stellenwechsel

Gefahr für Bewerbungen: Spuren im Internet!
Immer mehr Personalchefs nutzen das Internet, um Informationen über Bewerber/innen und ihre Bewerbungen zu bekommen. Es ist eine gängige Vorgehensweise, den Namen der Bewerber/innen in Suchmaschinen einzugeben. Viele fallen dabei negativ auf, oft mit folgenschweren Auswirkungen auf die Bewerbung.

Das Bewerbungsschreiben

Bei einem Bewerbungsschreiben (Motivationsschreiben) soll in erster Linie die Persönlichkeit des Bewerbers zum Ausdruck kommen. Ein gutes Bewerbungsschreiben vermittelt den Eindruck, dass der Bewerber

- sich über das Unternehmen gut informiert hat,
- dieses Unternehmen bewusst ausgewählt hat und gezielt anschreibt,
- genau jene Qualifikation mitbringt, die diese Position fordert.

Inhalt eines Bewerbungsschreibens		
1 Betreff		Stellenbewerbung, Bewerbung, Verweis auf Inserat.
2 Anrede		Titel und Name des Ansprechpartners angeben (falls aus Informationsquelle bekannt).
Text	3 Einleitung	Bezug auf Informationsquelle oder Grund für Bewerbung
	4 Hauptteil	Bewerbung als ... Kurzer Überblick über Ausbildung und Praxis. Besondere fachliche und menschliche Fähigkeiten. Grund der beruflichen Veränderung.
	5 Schluss	Bitte um Berücksichtigung der Bewerbung. Ersuchen um Termin für ein Vorstellungsgespräch.
6 Grußformel		Mit freundlichen Grüßen; Freundliche Grüße.
7 Beilagen		Lebenslauf mit Foto, Zeugniskopien.

Achten Sie beim Bewerbungsschreiben auf

- eine entsprechende äußere Form des Briefes,
- die Rechtschreibung,
- kurze, aber überzeugende Texte (maximal eine Seite).

Ordnen Sie die Bestandteile eines Bewerbungsschreibens (siehe vorige Seite) dem abgebildeten Bewerbungsschreiben zu.

Textbausteine, die Ihnen bei der Formulierung eines Bewerbungsschreibens helfen, finden Sie auf der CD.

Unaufgeforderte Bewerbung (Blindbewerbung, Initiativbewerbung): Es ist durchaus üblich, sich auch „blind" bei einem Unternehmen zu bewerben, ohne dass aktuell eine konkrete Stelle inseriert worden ist. Eine solche unaufgeforderte Bewerbung soll den potenziellen Arbeitgeber erst auf die Idee bringen, dass er den Bewerber brauchen könnte.

Ein Beispiel für eine Blindbewerbung finden Sie auf der CD.

Das kleine Einmaleins der Bewerbungen mit Tipps finden Sie auf der CD. – Damit Ihr Traumjob Wirklichkeit wird!

Beispiel: Bewerbung als Reaktion auf ein Inserat

Sonja Schuster

Liebermannweg 15
4060 Leonding
Mobil 0664 789 55 99
E-Mail: sonja.schuster@edumail.at

Orax IT-International GesmbH
Personalabteilung
Wiener Straße 14
4050 Traun

29. Mai 20..

Bewerbung als IT-Technikerin

Sehr geehrter Herr Mag. Schimböck!

Mit großem Interesse habe ich Ihre Anzeige in den Oberösterreichischen Nachrichten vom 26. Mai 20.. für die Stelle einer/eines IT-Techniker/in gelesen.

Derzeit besuche ich die fünfte Klasse der Höheren technischen Lehranstalt, mit Schwerpunkt Informationstechnologie, die ich am 20. Juni d. J. mit der mündlichen Abschlussprüfung beenden werde.

Im Rahmen meiner Berufsausbildung und meiner Erfahrung als Ferialpraktikantin bei der Siemens AG hatte ich Gelegenheit, umfangreiche Kenntnisse im IT-Bereich zu erwerben.

Meine Stärken sehe ich im genauen Arbeiten sowie im logischen Denken. Nicht zuletzt verfüge ich aber auch über Einfühlungsvermögen und Teamgeist. Die Einzelheiten meiner Qualifikationen und meiner bisherigen Beurteilungen entnehmen Sie bitte den beigefügten Bewerbungsunterlagen.

Bitte geben Sie mir Gelegenheit, Sie durch ein persönliches Gespräch von meinen Fähigkeiten und Kenntnissen zu überzeugen.

Auf ein persönliches Gespräch mit Ihnen freue ich mich.

Freundliche Grüße

Sonja Schuster

Beilagen
Lebenslauf
Zeugnisse und Bestätigungen

Der Lebenslauf (Curriculum vitae)

Genaue Angaben zur Person sind im Bewerbungsschreiben nicht enthalten. Der tabellarische Lebenslauf informiert in schnell erfassbarer und übersichtlicher Form über die fachlichen Qualifikationen, Ausbildung und den beruflichen Werdegang des Bewerbers.

Inhalt des Lebenslaufes

Bestandteile	Inhalt
Persönliche Daten	Name, Geburtsdatum, Geburtsort, Familienstand, Wohnadresse, Telefonnummer, E-Mail-Adresse, Staatsbürgerschaft
Ausbildung	Lückenlose Angabe der Schul- und Berufsausbildung
Berufserfahrung	▪ Derzeitige Beschäftigung (seit wann, Unternehmen, Position) ▪ Vollständige Auflistung der Praxiszeiten (Unternehmen, Zeit, Position)
Eventuell Präsenzdienst/Karenz	
Sonstige Kenntnisse und Fähigkeiten	▪ Prüfungen, Kurse, berufsbezogene Kenntnisse ▪ Sprachen, Führerschein, Computerskills u. dgl.
Hobbys	Wenn sie zur Branche bzw. zum Job passen
Ort, Datum, Unterschrift (ohne Grußformel)	

Beispiel: Tabellarischer Lebenslauf

Sonja Schuster

Liebermannweg 15
4060 Leonding
Mobil 0664 789 55 99
E-Mail: sonja.schuster@edumail.at

Lebenslauf

Persönliche Daten

Name:	Sonja Schuster
Geburtsdatum:	18. November 19..
Geburtsort:	Linz
Staatsangehörigkeit:	Österreich
Familienstand:	ledig

Bildungsweg

20..– 20..	Höhere technische Lehranstalt, Schwerpunkt IT Linz Paul-Hahn-Straße
20..– 20..	Hauptschule in Leonding
20..– 20..	Volksschule in Leonding

Berufserfahrung

08/20..	Ferialpraxis bei Siemens AG, Linz (IT-Bereich)

Fähigkeiten und Kenntnisse

- Sehr gute Anwenderkenntnisse im Bereich Microsoft Betriebssysteme, Office Anwendungen, SQL Server sowie PC-Hardware und –Peripherie. Sehr gute Kenntnisse im Erstellen von Internet- und Multimedia-Anwendungen
- Erfahrung in der Betreuung von Netzwerken und Serverbetriebssystemen
- Schulkenntnisse in Englisch einschließlich Handelskorrespondenz
- Führerschein B

Spezielle Qualifikationen

Einsatzbereitschaft, Flexibilität, Teamgeist, Kommunikationsfähigkeit

Hobbys

Schwimmen, Joggen, Reisen, Lesen, Kochen

Leonding, 29. Mai 20.. Sonja Schuster

Nicht in den Lebenslauf gehören Angaben über Eltern, Partner, Kinder, Gesundheitszustand, Vermögen, Kirchen-, Gewerkschafts-, Parteizugehörigkeit.

Die Auflistung der Ausbildungsschritte sowie der Praxiszeiten beginnt mit der kürzest zurückliegenden Maßnahme bzw. Erfahrung.

Alternativ verlangen zukünftige Arbeitgeber/innen unter Umständen auch **handschriftlich verfasste Lebensläufe. – Grafologie** befasst sich mit der Handschriftenanalyse und versucht daraus Persönlichkeitsmerkmale abzuleiten.
Diskutieren Sie, welche Persönlichkeitsmerkmale aus einem **handschriftlich** verfassten Lebenslauf eventuell zu erkennen sind.

Der Europass-Lebenslauf ist geeignet für alle Bewerber/innen auf dem österreichischen oder europäischen Arbeitsmarkt. Ein Überblick zur Erstellung ist abrufbar unter www.europass.at.

Stellen Sie sich vor, Sie sind fünf Jahre älter. Sie haben bereits in mehreren Betrieben praktische Erfahrungen sammeln können. Erfinden Sie Ihren zukünftigen Lebenslauf. Sie können dazu auch die Europass-Lebenslauf-Vorlage verwenden.

Ein professionelles Bewerbungsfoto
Kein Personalmanager will ein Foto aus Ihrem letzten Badeurlaub sehen. Lassen Sie Ihr Bewerbungsfoto von einem professionellen Fotografen erstellen. Wichtig: Tragen Sie angemessene und zurückhaltende Kleidung.

Beispiel: Europass-Lebenslauf

europass

Europass Lebenslauf

Angaben zur Person

Nachname(n) / Vorname(n)	**Dybek** Jacob
Adresse(n)	Dr.-Karl-Renner-Ring 30, 9900 Lienz
Telefon	+43 664 780 62 45
E-Mail	jacob.dybek@gmx.at
Staatsangehörigkeit	Österreich
Geburtsdatum	18. April 19..
Geschlecht	männlich

Berufserfahrung

Datum	1. Juli – 31. August 20..
Beruf oder Funktion	Ferialpraktikum
Wichtigste Tätigkeiten und Zuständigkeiten	User Support, Installation und Wartung der Windows Client
Name und Adresse des Arbeitgebers	Lienzen Treusupport, Mag. Walter Sonnenschein, Lindweg 17, 9900 Lienz
Tätigkeitsbereich oder Branche	IT-Support

Schul- und Berufsbildung

Daten	20.. – 20.. HTL Lienz 20.. – 20.. Hauptschule Lienz 20.. – 20.. Volksschule Lienz
Bezeichnung der erworbenen Qualifikation	18. Juni 20.. Reife- und Diplomprüfung 28. April 20.. Landessieger beim „Steirischen Projektwettbewerb“

Persönliche Fähigkeiten und Kompetenzen

Muttersprache(n)	**Deutsch und Polnisch**
Sonstige Sprache(n)	

Selbstbeurteilung	**Verstehen**		**Sprechen**		**Schreiben**
Europäische Kompetenzstufe (*)	Hören	Lesen	An Gesprächen teilnehmen	Zusammenhängendes Sprechen	
Englisch	B1	B2	B2	B2	B1
Französisch	B1	B2	B2	A2	B2

(*) Referenzniveau des gemeinsamen europäischen Referenzrahmens

Soziale Fähigkeiten und Kompetenzen	Teamgeist Offenheit Kommunikationsfähigkeit
Organisatorische Fähigkeiten und Kompetenzen	Ausgeprägtes Organisationstalent, das bei der Planung des Maturaballs und bei der Erstellung der Projektarbeit (Thema: Marketingkonzept für eine Käserei) sehr geschätzt wurde.
IKT-Kenntnisse und Kompetenzen	ECDL (European Computer Driving License)
Sonstige Fähigkeiten und Kompetenzen	Mitglied im Volleyballverein, sportliche Aktivitäten wie Joggen und Snowboarden
Führerschein(e)	B

Anlagen

Reife- und Diplomprüfungszeugnis
ECDL-Zertifikat

Onlinebewerbung, Bewerbung per E-Mail

Viele Unternehmen stellen es in ihren Stellenanzeigen frei, sich schriftlich oder per E-Mail zu bewerben. Wird dezidiert eine E-Mail verlangt, haben Bewerbungen über den Postweg kaum eine Chance. Manchmal wird auch nur eine Bewerbung über das firmeneigene Online-Bewerbungsformular akzeptiert. Grundsätzlich bestehen bei einer E-Mail-Bewerbung die gleichen Anforderungen an die Bewerber/innen wie bei der schriftlichen Bewerbung. – Es müssen also genauso ein Anschreiben und ein Lebenslauf erstellt und Dokumente wie Ausbildungs- und Dienstzeugnisse bereitgestellt werden.

Tipps für die Onlinebewerbung

- Senden Sie Ihre E-Mail von einer seriösen, korrekten E-Mail-Adresse.
- Versenden Sie keine Massenmails. Jede E-Mail sollte genau auf das Unternehmen zugeschnitten sein.
- Sprechen Sie im Anschreiben die Kontaktperson persönlich an.
- Ihre Informationen sollten aussagekräftig, aber nicht zu umfangreich sein.
- Vermeiden Sie Schachtelsätze, aufwendige Grafiken und Emoticons.
- Anhänge nicht zu umfangreich (maximal 3 MB) gestalten und als ein Gesamt-PDF verschicken (Unterlagen in derselben Reihenfolge wie in der Bewerbungsmappe).
- Kontaktdaten wie Adresse und Telefonnummer angeben, am besten nach der Signatur am Ende der Mail.
- Kontrollieren Sie täglich Ihre Mailbox und reagieren Sie sofort.

Aufgabenstellungen – „Vorauswahl: Analyse der Bewerbungsunterlagen"

1. Weisen Sie die Textbausteine den Bestandteilen der Bewerbung zu. Verbinden Sie die passenden Kästchen.

Sehr geehrte Frau Haindl!	Kurze Begründung für die Bewerbung
Mit großem Interesse habe ich Ihre Stellenausschreibung in den Oberösterreichischen Nachrichten gelesen und bewerbe mich …	Hinweise auf Schulbildung bzw. Fähigkeiten
Derzeit besuche ich die fünfte Klasse der HTL … und werde diese voraussichtlich im Juni 20.. beenden …	Hinweise auf Erfahrungen
Ich habe bereits in der Abteilung technische Projektabwicklung im Unternehmen … zwei Monate im Sommer 20.. als Ferialpraktikantin gearbeitet.	Ersuchen um eine persönliche Vorsprache
Da ich über gute Sprachkenntnisse in Kroatisch verfüge, würde ich gerne eine Aufgabe übernehmen, in der ich diese erworbenen Kenntnisse anwenden kann.	Anrede: persönlicher Ansprechpartner
Ich würde mich sehr freuen, Sie zu einem Gespräch aufsuchen zu dürfen.	Anknüpfung (Bezugnahme auf Inserate oder sonstige Informationen über die freie Stelle)

2. Bewerben Sie sich auf eine der drei Stellenanzeigen hin oder suchen Sie auf einer Online-Jobbörse (z. B. Karriere.at) eine Stellenanzeige, die Ihr Interesse geweckt hat. Verfassen Sie ein überzeugendes Bewerbungsschreiben und Ihren persönlichen Lebenslauf. Gehen Sie davon aus, dass Sie soeben die HTL erfolgreich abgeschlossen haben.

efinio INGENIEURE

Efinio AG ist ein europaweit tätiger Entwicklungspartner. Unsere hochqualifizierten Techniker und Ingenieure beweisen an 8 Standorten in Europa Engineering Kompetenz. Von einzelnen Modulen und Komponenten bis hin zu kompletten Projekten werden individuell zugeschnittene Lösungen für unsere Kunden erarbeitet. **Efinio** Ingenieure ist führender Technologiepartner in der Umwelttechnik und im Anlagenbau leistet damit einen aktiven Beitrag für neue und spannende Entwicklungen der Zukunft. Verwirklichen Sie gemeinsam mit uns innovative Ideen zu wegweisenden Technologien.

BERUFSEINSTIEG HTL-ABSOLVENTEN (m/w)
Maschinenbau - Konstrukteur/in

IHRE AUFGABEN SIND:

- Erarbeitung konstruktiver Lösungen im Bereich Werkzeugmaschinen, Sondermaschinen und Vorrichtungen
- Fertigungsgerechte Zeichnungserstellung und - ableitung
- Erstellung von Stücklisten und Baugruppen
- Pflege und Dokumentation aller konstruktionsrelevanter Unterlagen
- Enge Zusammenarbeit mit angrenzenden Abteilungen

DAS SOLLTEN SIE MITBRINGEN:

- Abgeschlossene technische Ausbildung (HTL oder gleichwertig)
- Weiterbildungs- und Reisebereitschaft
- Kommunikationsstärke und Teamfähigkeit
- Gute Englischkenntnisse runden Ihr Profil ab

NUTZEN SIE IHRE CHANCEN:

- Ausbildung im efinio Ausbildungszentrum von 2D&3D CAD-Programme: CREO, CATIA, SIEMENS NX, Verwaltungsprogramme und MS-Office Anwendungen.
- Vielfältige Projekte in Zusammenarbeit mit High Tech Firmen in Europa.
- Für diese Position haben wir ein Bruttomonatsgehalt ab EUR 2.350,-- vorgesehen. **Eine marktkonforme Überzahlung abhängig von beruflicher Qualifikation und Erfahrung ist möglich.**

Haben wir Ihre Leidenschaft geweckt? Frau Barrasch freut sich über Ihre aussagekräftige Bewerbung. Nutzen Sie einfach unser Online-Formular.

WERDEN SIE TEIL UNSERES TEAMS!

... zum Bewerbungsbogen

efinio Ingenieure Salzburg | Ariane Barrasch | Birkenstraße 2
5300 Salzburg | Tel.: 0676-56 15 608 | karriere@efinio.com | www.efinio.com

montron GMBH
MONTAGEPARTNER FÜR INDUSTRIE UND GEWERBE

Wir sind Österreichs führendes Unternehmen im Bereich der Montage von Lichtwerbeanlagen. Wir wachsen stetig und unsere derzeit 95 Mitarbeiter brauchen weitere Verstärkung. Deshalb suchen wir für unsere Unternehmenszentrale in Vösendorf

HTL Absolventen für Elektrotechnik

Nach einer intensiven Einschulung erwarten Sie folgende Aufgaben:

- Montage, Service und Demontage von Lichtwerbeanlagen
- Installation von LED Beleuchtungssystemen
- Tankstellenumbauten österreichweit
- Servicearbeiten an Beleuchtungen

Unsere Anforderungen an Sie:

- Berufsausbildung im Elektrotechnik-Bereich (speziell Beleuchtungstechnik)
- Kenntnisse der LED Technik Voraussetzung
- Führerschein B setzen wir voraus, Führerschein C ist zudem von Vorteil

Persönlich überzeugen Sie zudem durch:

- Einwandfreie Deutschkenntnisse in Wort und Schrift
- einen sorgfältigen, zuverlässigen und selbstständigen Arbeitsstil
- Verantwortungsbereitschaft und Belastbarkeit
- zeitliche Flexibilität und Überstundenbereitschaft

Im Gegenzug bieten wir Ihnen ein langfristiges Dienstverhältnis in einem kollegial geführten Unternehmen. Es erwartet Sie ein ausgezeichnetes Betriebsklima, leistungsgerechte Entlohnung, innerbetriebliche Aus- und Weiterbildungsmöglichkeiten und entsprechende Entwicklungschancen.

Ihr Bruttolohn: Startgehalt ab € 1.971,65 brutto (plus Zulagen) je nach Qualifikation

Ihre Bewerbung mit Foto! richten Sie an schuetze@montron.at oder an Montron GmbH, Schönbrunner Allee 42, 2331 Vösendorf.

Wir sind ein innovativer Familienbetrieb und zählen zu den führenden Lieferanten von Intralogistiklösungen in Österreich. Von unserem Standort im Nordburgenland aus betreuen wir Kunden im In- und Ausland. Zur Unterstützung unseres Teams suchen wir eine(n) engagierte(n)

HTL – Ingenieur – Projektbearbeiter (m/w)

Sie verfügen über...

... eine abgeschlossene HTL-Ausbildung (Maschinenbau, Automatisierungstechnik o. ä.)
... sehr gute CAD-Kenntnisse
... freundliches und kompetentes Auftreten

Ihre Tätigkeit umfasst...

... das Planen, Kalkulieren und Zeichnen kundenspezifischer Angebote unserer Förderanlagen.
... die Projektabwicklung, Dokumentation und Nachbetreuung unserer Kunden.

Wir bieten...

... ein interessantes, professionelles und kollegiales Arbeitsumfeld.
Flache Hierarchien und kurze Entscheidungswege ermöglichen dynamisches Handeln.
Lebenslanges Lernen und Bereitschaft zur Veränderung sichern eine erfolgreiche Zukunft.

Das Mindestentgelt beträgt 25.000,-- EUR brutto/Jahr. Das Gehalt richtet sich nach Ihrer Erfahrung und Qualifikation.

Interessiert? Wir freuen uns auf Ihre schriftliche Bewerbung!

Mag. Monika Heiss | Viktor Kaplan Allee 1 | 7023 Pöttelsdorf
Tel: +43 (0)2626 5870-21
m.heiss@heiss.at
www.heiss-logistic.at

3.4 Auswahl durch verschiedene Auswahlverfahren

Nach der ersten Vorauswahl der Bewerber/innen mithilfe der Bewerbungsunterlagenanalyse werden weitere Instrumente der Personalauswahl eingesetzt, um den Besten oder die Beste zu finden.

Verfahren für die Personalauswahl

- Bewerbungsgespräch (Vorstellungsgespräch)
- Testverfahren
- Assessment-Center
- Grafologisches Gutachten
- Arbeitsproben

Oftmals werden mehrere Verfahren zur Personalauswahl herangezogen. Fast immer wird jedoch das Bewerbungsgespräch verwendet.

3.4.1 Bewerbungsgespräch (Vorstellungsgespräch)

Die Umdasch Group empfiehlt ihren Bewerberinnen und Bewerbern für das Bewerbungsgespräch: „Am weitesten kommt, wer ganz bei sich selbst bleibt!

- *Seien Sie ehrlich, authentisch und kommunikativ.*
- *Halten Sie Blickkontakt.*
- *Sagen Sie, was Sie wollen und erwarten.*
- *Nennen Sie Ihre Stärken und Schwächen.*
- *Vertrauen Sie auf Ihre Körpersprache – sie sagt mehr als jeder modische Chic.*
- *Bereiten Sie sich vor und informieren Sie sich über das Unternehmen, bei dem Sie sich bewerben.“*

Wie würden Sie sich auf ein Vorstellungsgespräch vorbereiten?

Ziel des Bewerbungsgespräches ist, ein klares Bild vom Bewerber bzw. von der Bewerberin zu erhalten. Punkte wie Auftreten, Erscheinungsbild, Kommunikationsverhalten und Überzeugungskraft werden unter die Lupe genommen. Außerdem werden die wichtigsten Punkte des Anforderungsprofils überprüft.

Meist wird von den Interviewern ein mehr oder weniger strukturierter Gesprächsleitfaden vorbereitet. Bewährt hat sich folgender **Ablauf des Bewerbungsgespräches:**

1. Gesprächsbeginn (Atmosphäre schaffen, Überblick geben)
2. Selbstvorstellung des Bewerbers/der Bewerberin
3. Freies Gespräch
4. Lebenslaufbezogene Fragen
5. Realistische Tätigkeitsinformation des Interviewers
6. Situative Fragen (z. B. wird eine kritische Arbeitssituation geschildert und der Bewerber wird gefragt, wie er in der Situation handeln würde)
7. Gesprächsabschluss (Besprechung nächster Schritte, Verabschiedung)

Versuchen Sie diese Fragen zuerst für sich selbst zu beantworten und führen Sie dieses Gespräch anschließend mit Ihrer Sitznachbarin bzw. Ihrem Sitznachbarn.

Beispiel: Ausgewählte Fragen eines Bewerbungsgespräches und warum sie gestellt werden

WAS?	WARUM werden diese Fragen gestellt?
Schildern Sie Ihren bisherigen Werdegang: ▪ Persönliches Umfeld ▪ Entscheidung für Schule, Beruf ▪ Veränderungswunsch	Fähigkeit zur Selbstpräsentation, sprachlicher Ausdruck, Strukturiertheit
Wer ist/war Ihr größtes Vorbild?	Werteorientierung
Welche Werte haben Ihre Eltern Ihnen mit auf den Weg gegeben?	Wertesystem, Persönlichkeit, Reflektiertheit
Was war Ihr bisher größter Erfolg? Gab es auch Misserfolge – wenn ja, welche?	Reflektiertheit, Ehrlichkeit, Leistungsanspruch
Wo liegen Ihre Lebens-/Berufsziele?	Zielorientierung, Mission, Nachvollziehbarkeit aus Werdegang, Realitätssinn

Aha!
Grundsätzlich sind nur Fragen erlaubt, die in enger Beziehung zur zukünftigen Beschäftigung stehen. Grundsätzlich unzulässig sind z. B. Fragen nach Partei- oder Religionszugehörigkeit, Krankheiten, Vorstrafen und Schwangerschaft.

3.4.2 Testverfahren

Unter Tests im Bereich der Personalauswahl versteht man standardisierte Verfahren zur Messung individueller Merkmale und Fähigkeiten der Person. Der Vorteil der Testverfahren ist eine große Objektivität, der Verfahrensablauf ist strukturiert, die Durchführung und Urteilsbildung sind getrennt.

3.4.3 Assessment-Center

Ein sogenanntes **Assessment-Center (kurz: AC)** kann eine ein- bis dreitägige Veranstaltung sein. Dabei werden die Mitbewerber/innen von Führungskräften und Personalfachleuten in Rollenspielen und Fallstudien beobachtet und beurteilt. Diese Rollenübungen und Fallstudien sind **charakteristisch für bestehende oder zukünftige Arbeitssituationen** und Aufgabenfelder.

Auf der CD finden Sie typische AC-Beispiele. (z. B. NASA-Spiel).

Bestimmte Aufgaben, wie z. B. Postkorbübungen, können auch als Einzelarbeit durchgeführt werden. Einen weiteren Bereich bilden Gruppendiskussionen, sonstige Gruppenaufgaben (z. B. NASA-Spiel), Vorträge und Präsentationen. Alle Aufgaben zielen darauf ab, Bewerber/innen und ihr Verhalten in schwierigen Situationen kennenzulernen: Sind sie dominant, kooperativ, durchsetzungsstark, kommunikativ? Können sie Menschen überzeugen, motivieren und führen? Denken sie analytisch oder handeln sie intuitiv? Wie reagieren sie auf Stress?

Postkorbübung: Dabei sind unter schwierigen Umständen viele Entscheidungen zu treffen. Die Zeit ist knapp und viele Aufgaben mit mehr oder weniger eiligen Anliegen warten auf den Bewerber. Es gilt, geschickt Prioritäten zu setzen.

3.4.4 Grafologisches Gutachten

Bei **grafologischen Gutachten** wird aufgrund der Handschrift des Bewerbers eine Persönlichkeitsanalyse erstellt. Aus der Handschrift wird auf die Eigenschaften des Schreibers geschlossen.

3.4.5 Arbeitsproben

Bei Arbeitsproben werden Tätigkeiten direkt aus der Praxis entnommen und sollen auf künftige Arbeitsleistungen der Bewerber/innen schließen lassen. Es sollten dieselben Rahmenbedingungen für alle Bewerber/innen geschaffen und die Beurteilungskriterien im Vorfeld definiert werden.

Beispiele
- Arbeitsproben in Word
- Englisch: Übersetzungsaufgabe
- Halten von Probeseminaren für einen Trainer
- Fertigen eines Werkstückes

Aufgabenstellung – „Auswahl durch Auswahlverfahren"

- Die Personalabteilung eines Telekommunikationsunternehmen ist dabei, eine geeignete Projektleiterin bzw. einen geeigneten Projektleiter für Großprojekte mit Glasfasertechnologie (Leitung von 30 Mitarbeiterinnen und Mitarbeitern) zu finden. Einfühlungsvermögen in die Kundenwünsche, Führungsqualitäten, Organisationstalent und überzeugendes Auftreten Kunden gegenüber sind wichtige Anforderungen, die die Bewerber/innen erfüllen sollten. In den nächsten Jahren wird auch die Entwicklung eines neuen CI von dieser Abteilung durchzuführen sein.
  - Erstellen Sie einen Gesprächsleitfaden für das Bewerbungsgespräch.
  - Welche weiteren Auswahlverfahren würden Sie zum Aufspüren der Besten anwenden? Begründen Sie Ihre Entscheidung.

CI = Corporate Identity.

3.5 Personaleinstellung

Wenn ein Unternehmen eine neue Mitarbeiterin bzw. einen neuen Mitarbeiter einstellt, wird ein **Arbeitsvertrag** abgeschlossen.

Mehr über den Arbeitsvertrag und die damit verbunden Rechte und Pflichten für Arbeitgeber und Arbeitnehmer erfahren Sie im Kapitel „Grundlagen des Arbeitsrechts".

4 Personalentwicklung

Gute Vorbereitung ist der Schlüssel zum Erfolg. Deshalb nimmt sich die Umdasch Group viel Zeit, ihre neuen Mitarbeiter/innen optimal auf die kommenden Aufgaben vorzubereiten. Hilfestellung bieten strukturierte Einarbeitungspläne, Jobrotation und Seminare. Weil sich die Umdasch Group auch selbst als lernende Organisation versteht, genießen die Entwicklung und die Entfaltung der bestehenden Mitarbeiterinnen und Mitarbeiter besonders hohen Stellenwert. Deshalb ist ihr Engagement immer mit Wachstum an Wissen und Können verbunden – und mit Bewegung statt Routine und Stillstand.

Was könnte mit der nebenstehend erwähnten lernenden Organisation gemeint sein?

Die **Personalentwicklung (PE)** beinhaltet alle geplanten Aus-, Fort- und Weiterbildungsmaßnahmen zur individuellen beruflichen Qualifikation und Förderung von Mitarbeiterinnen und Mitarbeitern.

Ausbildung = berufsvorbereitende PE.

Fortbildung = berufsbegleitende PE zur Vertiefung und Aktualisierung der Mitarbeiterqualifikation.

Weiterbildung = berufsverändernde PE.

Im Vordergrund steht die **gezielte Entwicklung der fachlichen, methodischen, sozialen und persönlichen Qualifikationen,** um derzeitige und zukünftige Aufgaben bewältigen zu können. Der **Personalentwicklungsbedarf** entsteht bei Differenzen zwischen den Arbeitsanforderungen und dem Qualifikationsprofil der Mitarbeiter/innen, die nicht durch Personalbeschaffung ausgeglichen werden können oder sollen.

Die Methoden der Personalentwicklung können eingeteilt werden in:

Methoden der PE	Beispiele
Into the Job: Vorbereitung auf zukünftige berufliche Aufgaben. 	■ **Maßnahmen zur Einarbeitung.** ■ **Traineeprogramme:** Sie bieten die Möglichkeit, verschiedene zu Beginn festgelegte Bereiche des Unternehmens zu durchlaufen. Sie dauern von einigen Monaten bis zu zwei Jahren und werden vor allem zur Einführung von Universitäts- und Hochschulabsolventen angeboten. ■ **Berufsausbildung:** So erfolgt z. B. der praktische Teil der Lehrlingsausbildung im Unternehmen und in der Berufsschule vor allem der theoretische Teil. ■ **Mentoring:** Mitarbeiter/innen erhalten in der Einführungsphase Unterstützung durch eine erfahrene Person.
On the Job: Die Mitarbeiter/innen lernen während ihrer laufenden Tätigkeit schrittweise und häufig unbewusst. 	■ **Unterweisung am Arbeitsplatz:** Der Vorgesetzte zeigt und erklärt das Aufgabengebiet. ■ **Coaching:** Unterstützung durch geschulte Trainer/innen bei der Lösung fach- und personenbezogener Problemstellungen. ■ **Qualifikationsfördernde Aufgabengestaltung:** ► **Jobrotation:** systematischer Wechsel des Arbeitsplatzes innerhalb eines Unternehmens. ► **Jobenlargement:** Aufgabenerweiterung, bei der ein Mitarbeiter andere Tätigkeiten mit gleichen Anforderungen ausübt. ► **Jobenrichment:** Aufgabenbereicherung um Teilaufgaben mit höheren Anforderungen. Dabei nimmt die Verantwortung des Mitarbeiters zu.

Nach Personalentwicklungsmaßnahmen ist eine **Kontrolle** der erzielten Erfolge sinnvoll. Diese zeigen sich jedoch meist erst im Laufe der Zeit in der Qualität der Arbeitsergebnisse oder in einer Verhaltensänderung. Die Kontrolle findet in der Regel langfristig im Rahmen der Mitarbeiterbeurteilung, z. B. durch Mitarbeitergespräche, statt.

Mehr zu Jobrotation, Jobenlargement und Jobenrichment erfahren Sie im Abschnitt „Humanisierung des Arbeitsplatzes".

Near the Job: Personalentwicklung findet in enger räumlicher, zeitlicher und inhaltlicher Nähe zum Arbeitsplatz statt. Sie bezieht sich auf zeitlich befristete Sonderaufgaben.	■ **Projektarbeit:** kann den fachlichen Horizont und soziale Fähigkeiten erweitern. ■ **Qualitätszirkel:** Gesprächsrunden, die sich meist wöchentlich mit einem Moderator treffen, um Schwachstellen zu identifizieren und Verbesserungen bei der Produktqualität und in den Arbeitsabläufen zu erreichen.	
Off the Job: PE außerhalb des Arbeitsplatzes.	■ **E-Learning:** mithilfe von Schulungssoftware (Computer-based Training, CBT) oder durch Nutzung von Angeboten im Intranet oder Internet (Web-based Training, WBT). ■ **Konferenzen, Fachseminare.** ■ **Inhouse-Schulungen.**	
Along the Job: Gestaltung der zukünftigen beruflichen Laufbahn der Mitarbeiter/innen.	**Beratungs- und Fördergespräche, Coaching, Karriere- und Nachfolgeplanung, Mentoring.**	
Out of the Job: Vorbereitung des Austritts von Mitarbeitern/Mitarbeiterinnen.	■ **Ruhestandsvorbereitung:** Erleichterung des Übergangs in den beruflichen Ruhestand. ■ **Outplacement:** Mitarbeiter/innen, die gekündigt werden, sollen durch gezielte Maßnahmen (z. B. bei der Jobsuche) unterstützt werden, um soziale Härten zu verhindern.	

Aufgabenstellungen – „Personalentwicklung“

WIFI Niederösterreich vermittelt Verständnis für andere Kulturkreise

Österreichische Firmen drängen auf das internationale Parkett. Gerade bei international tätigen Unternehmen ist es von enormer Bedeutung, dass die Mitarbeiter/innen der Niederlassungen die Kultur in anderen Ländern verstehen, denn Misskommunikation schmälert die Wettbewerbsfähigkeit im Ausland. Gemeinsam mit dem WIFI Niederösterreich wurde daher vor Kurzem ein firmeninternes Training für Doka-Umdasch organisiert, welches die Mitarbeiter/innen im Bereich der interkulturellen Kommunikation schulte. Die Anforderungen an das Training wurden bei einem Vorgespräch geklärt, mit dem Ergebnis, dass vor allem das Verständnis für die Kulturkreise China und Lateinamerika wichtig ist – aufstrebende Wirtschaftsräume, wo auch Doka stark vertreten ist. In interaktiven Vorträgen vermittelten die WIFI-Trainer/innen, welches Wissen und welche Fähigkeiten für die Mitarbeiter/innen im Umgang mit China bzw. Lateinamerika wichtig sind.

(Quelle: www.noe.wifi.at/fit)

1. Zu welcher Art der Personalentwicklung (z. B. Into the Job, On the Job) zählt die erwähnte Methode?

2. Recherchieren Sie im Internet kulturelle Besonderheiten, die bei Geschäften mit China und Lateinamerika berücksichtigt werden sollen (Business-Knigge).

5 Personaleinsatzgestaltung

Einen Überblick darüber, welche Rechte und Pflichten Arbeitnehmer und Arbeitgeber haben, erhalten Sie im Kapitel „Grundlagen des Arbeitsrechts".

Welche Rahmenbedingungen sind für einen anforderungsgerechten und motivierenden Personaleinsatz erforderlich? Um die Leistungsfähigkeit, Leistungsbereitschaft und Leistungsmöglichkeit der einzelnen Mitarbeiter/innen bestmöglich zu entfalten, sind im Unternehmen zusätzlich **Maßnahmen zur Motivation der Mitarbeiter/innen** zu berücksichtigen.

5.1 Motivation (im Überblick)

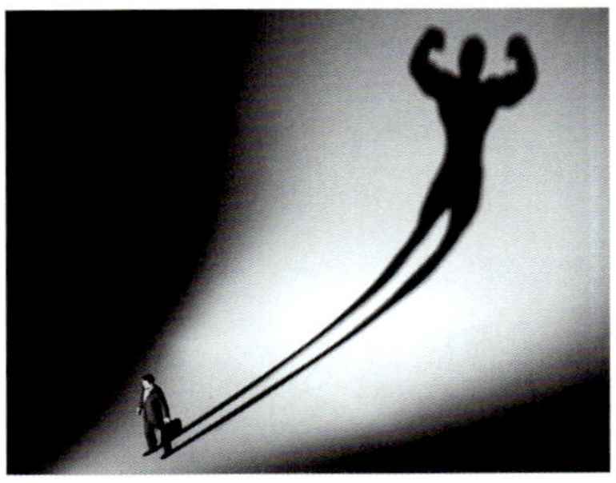

Die Umdasch Group beschreibt als wichtigsten Rohstoff für den nachhaltigen Erfolg eines Unternehmens die Bereitschaft der Mitarbeiterinnen und Mitarbeiter mitzumachen. Nur eine lernende Organisation ist in der Lage, immer wieder zu Begeisterung, Kreativität und persönlichen Bestleistungen zu inspirieren.
Im Dialog mit den Mitarbeiterinnen und Mitarbeitern und in einer intensiven Auseinandersetzung mit den Bedürfnissen der Menschen in Zeiten des Wandels entstehen Ideen und Leistungen, mit denen die Umdasch Group attraktiv bleibt. So liegt der Division Umdasch Shopfitting die Förderung ihrer Mitarbeiterinnen und Mitarbeiter ganz besonders am Herzen. Vom ersten Tag an stehen jeder Mitarbeiterin und jedem Mitarbeiter die Türen zu einem attraktiven Entwicklungs- und Weiterbildungsangebot offen – individuelles Talentemanagement eben.

Was würde Sie in einem Unternehmen zu einer guten Leistung motivieren?

____

____

____

Was motiviert Mitarbeiter/innen wirklich bzw. spornt sie dazu an, Höchstleistungen zu erbringen oder bestimmte Ziele zu erreichen? Es gibt zahlreiche Untersuchungen, die analysieren, welche Motive Menschen zu einem bestimmten Verhalten veranlassen. Zu den bekanntesten daraus resultierenden Theorien zählen

- die Maslow'sche Bedürfnispyramide und die
- Zwei-Faktoren-Theorie von Frederick Herzberg.

Was würde Sie in einem Unternehmen demotivieren?

____

____

____

5.1.1 Maslow'sche Bedürfnispyramide

Bedürfnisse gibt es so viele, wie es unerfüllte menschliche Wünsche geben kann. Nach der Dringlichkeit lassen sich Bedürfnisse in verschiedene Gruppen einteilen. Sehr bekannt ist die **Maslow'sche Bedürfnispyramide.** Nach Abraham Maslow werden die Bedürfnisse nach der Dringlichkeit, d. h. ausgehend von den Grundbedürfnissen bis hin zu den Selbstverwirklichungsbedürfnissen, der Reihe nach befriedigt.

Aha!
Auch wenn die Reihenfolge der Bedürfnisse kritisch zu betrachten ist, ist sicher, dass es die angeführten Bedürfnisse tatsächlich gibt. So haben manche Künstler kaum Geld zum Überleben und erfahren wenig Anerkennung. Dennoch gehen viele ihrem Bedürfnis nach Selbstverwirklichung nach.

Aufgabenstellungen – „Maslow'sche Bedürfnispyramide“

1. Die Bedürfnispyramide liefert Anregungen für die Motivation von Mitarbeiterinnen und Mitarbeitern im Unternehmen. Ordnen Sie die betrieblichen Umsetzungsmöglichkeiten den Stufen der Pyramide zu.

2. Kann nach ABRAHAM MASLOW eine Mitarbeiterin, die ständig um ihren Arbeitsplatz zittern muss, gleichzeitig das Bedürfnis nach Anerkennung und Selbstverwirklichung verspüren? Begründen Sie Ihre Meinung.

5.1.2 Zwei-Faktoren-Theorie von F. Herzberg

FREDERICK HERZBERG hat 1959 in einer Untersuchung Buchhalter und Ingenieure über angenehme und unangenehme Arbeitssituationen befragt. („Können Sie möglichst exakt eine Situation schildern, in der Sie Ihre Arbeit außergewöhnlich gut/schlecht fanden?“)

Das Ergebnis der Untersuchung zeigte, dass ganz bestimmte Faktoren **Zufriedenheit schaffen (= Motivatoren),** wenn sie vorhanden sind. Während bestimmte andere Faktoren **Unzufriedenheit** hervorrufen **(= Hygienefaktoren),** wenn sie nicht vorhanden sind.

- **Motivatoren:** kommen schwerpunktmäßig aus dem **Arbeitsinhalt.** Das Streben nach Wachstum und Selbstzufriedenheit steht hier im Mittelpunkt. Man spricht auch von **intrinsischen Faktoren.**
- **Hygienefaktoren:** beziehen sich auf das Bedürfnis, Schmerz zu vermeiden. Sie beziehen sich auf die **Arbeitsumwelt.** Man spricht auch von **extrinsischen Faktoren.** Sind sie vorhanden, so wird Unzufriedenheit vermieden. Sie allein führen jedoch nicht zu Zufriedenheit.

Motivatoren	Hygienefaktoren
■ Leistung und Erfolg ■ Anerkennung der eigenen Leistung ■ Arbeitsinhalte (fordernd und erfüllbar) ■ Verantwortung ■ Aufstiegsmöglichkeiten ■ Entwicklung und Erweiterung der Persönlichkeit	■ Entlohnung und Gehalt ■ Arbeitsbedingungen ■ Arbeitsplatzsicherheit ■ Personalpolitik, Führungsstil ■ Zwischenmenschliche Beziehungen zu Kollegen und Vorgesetzten ■ Einfluss auf das Privatleben ■ Statussymbole

führt bei Vorhandensein zu

Zufriedenheit	**Vermeidung von Unzufriedenheit**

Motivierte Mitarbeiter/innen leisten mehr als unzufriedene! – Sie sind weniger krank, fröhlicher, loyaler, begeisterungsfähiger ...

Sind Hygienefaktoren unzureichend vorhanden, kommt es zu Unzufriedenheit.

Der Theorie nach müssen Motivatoren und Hygienefaktoren vorhanden sein, um Arbeitszufriedenheit zu erleben.

In den folgenden Abschnitten werden Sie einige Maßnahmen des Personalmanagements, um Zufriedenheit der Mitarbeiter/innen zu erzeugen bzw. Unzufriedenheit zu vermeiden, im Detail kennenlernen.

Aufgabenstellung – „Zwei-Faktoren-Theorie von F. Herzberg"

- Tragen Sie ein, ob es sich um einen Motivator (= M) oder Hygienefaktor (= H) handelt und um welchen.

Beispiele	Motivator/Hygienefaktor
a) Frau Berger, die Leiterin in der Verkaufsabteilung in einem Möbelhandelsunternehmen ist, ruft die Verkäuferin zu sich, die den höchsten Umsatz in diesem Monat erzielt hat, und lobt sie für ihre Leistung.	
b) Das Büro von Herrn Steiner wurde wieder einmal vom Reinigungspersonal nicht geputzt.	
c) Herr Huber muss die Anweisung seines Vorgesetzten ohne Diskussion akzeptieren und ausführen.	
d) Frau Gross, die in der Abteilung Verkauf bei einer Sonnenschutzfirma arbeitet, darf in Zukunft auch die Einteilung der Mitarbeiter/innen für den Montagedienst vornehmen.	
e) Herr Huber arbeitet in einer Kläranlage und bekommt eine monatliche Schmutzzulage.	
f) Der Vorgesetzte Herr Malcher bindet die Mitarbeiter in den Entscheidungsprozess mit ein.	
g) Der Abteilungsleiter für Wintersport initiierte eine Werbekampagne für Carvingski und steigerte dadurch den Umsatz. Er bekommt dafür vom Geschäftsführer eine Prämie.	
h) Die Mitarbeiter/innen in der Buchhaltung bekommen neue ergonomisch geformte Sessel.	

5.2 Humanisierung des Arbeitsplatzes

Ordnen Sie die Maßnahmen der Umdasch Group den unten angeführten Kategorien zur Humanisierung des Arbeitsplatzes zu.

Die Umdasch Group bietet ihren Mitarbeitern und Mitarbeiterinnen viele Vorzüge, z. B. Unterstützung bei der Wohnungssuche, internationale Karriere durch Auslandseinsätze, Freizeit-, Kultur- und Sportangebote, eine eigene Kantine mit einem besonders preiswerten Mittagessen, Einkaufsvorteile in der Stadt Amstetten. Die Umdasch Group legt außerdem hohen Wert auf Arbeitssicherheit und präventive Gesundheitsförderung. Mit einer Vielzahl von Einzelprojekten engagiert sich die Umdasch Group über die gesetzlichen Bestimmungen hinaus, um allen Mitarbeiterinnen und Mitarbeitern ein sicheres und gesundheitsstützendes Arbeitsumfeld zu bieten. So sollen mit dem unternehmenseigenen Vital-Programm „Fit at work by Umdasch Group" die Ernährung, Bewegung und Psyche der Mitarbeiter/innen positiv beeinflusst werden.

Eine kontinuierliche Humanisierung des Arbeitsplatzes steigert sowohl die Zufriedenheit als auch die Leistungsfähigkeit und erhöht dabei die Bindung der Mitarbeiter/innen. Maßnahmen zur Humanisierung eines Arbeitsplatzes lassen sich in drei Teilbereichen verwirklichen:

Aha!
Man nimmt heute an, dass etwa 10 % der Erwerbstätigen am sogenannten **Burn-out-Syndrom** leiden. Burn-out ist eine emotionale und körperliche Krankheit. Es kann mit dem Wort „ausbrennen" übersetzt werden. Diese vollkommene Erschöpfung wird meistens durch extremen Stress im Beruf und auch im Privaten verursacht, wenn keine ausreichende Entspannung gegeben ist. Maßnahmen zur Humanisierung des Arbeitsplatzes helfen, hier vorzubeugen.

Maßnahmen zur Humanisierung des Arbeitsplatzes

Betriebliche Sozialleistungen	Bessere Arbeitsbedingungen	Motivierende Arbeitsorganisation
Beispiele Werksküche, Betriebskindergarten, Sauna, Fitnessstudio, Betriebsausflüge	**Beispiele** Maßnahmen gegen Staub-, Lärm- und Abgasbelastung, angenehme Beleuchtung, ergonomische Büroeinrichtung	**Beispiele** Abwechslungsreiche Tätigkeitsfelder, Verantwortungsübertragung

Betriebliche Sozialleistungen

Betriebliche Sozialleistungen können als Lohnbestandteil oder Zuschuss betrachtet werden. Sie dienen nicht nur der Befriedigung physiologischer (z. B. Werksküche) oder sozialer Bedürfnisse (z. B. Betriebsausflüge), sie sind auch als Ausgleich zum monotonen Arbeitsalltag gedacht. Sauna, Sportplatz oder Fitnessstudio regulieren den Stress und halten die Mitarbeiter/innen fit und gesund. Auch Vorsorgeleistungen, die der zukunftsorientierten, sozialen Absicherung der Arbeitnehmer dienen, wie z. B. betriebliche Altersvorsorge, Versicherungen aller Art, werden zum Teil als freiwillige betriebliche Sozialleistung angeboten.

Vor allem in größeren Betrieben können Mitarbeiter/innen gegen einen geringen Kostenzuschuss in Werksküchen essen.

Bessere Arbeitsbedingungen

Unter besseren Arbeitsbedingungen werden heute nicht nur Maßnahmen zur Unfall- und Schadensverhütung am Arbeitsplatz verstanden. Vielmehr gewinnen Raumgestaltung und Ergonomie immer mehr an Gewicht. Die richtige Beleuchtung, ein gesunder und angenehmer Stuhl, eine helle, freundliche Bauart des Gebäudes und möglichst wenige audiovisuelle Störfaktoren reduzieren den Stress und steigern das Wohlbefinden.

Weitere Sozialleistungen erfahren Sie im Abschnitt „Entlohnung".

Motivierende Arbeitsorganisation

Eine monotone und wenig abwechslungsreiche Arbeit demotiviert im Regelfall die Mitarbeiter/innen. Dies hat eine Erhöhung der Fehlerrate, mehr Krankenstandstage und in letzter Folge vermehrte Kündigungen zur Folge. Durch eine Änderung der Arbeitsorganisation kann der Handlungsspielraum erweitert werden. Möglich wird das durch folgende Maßnahmen:

Ein Arbeitsblatt zur besseren Arbeitsplatzgestaltung finden Sie auf der CD.

Jobrotation (Arbeitsplatzwechsel)	Jobenlargement (Arbeitserweiterung)	Jobenrichment (Arbeitsbereicherung)

Systematischer Wechsel des Arbeitsplatzes innerhalb eines Unternehmens	Aufgabenerweiterung, bei der ein Mitarbeiter andere Tätigkeiten mit gleichen Anforderungen ausübt	Aufgabenbereicherung um Teilaufgaben mit höheren Anforderungen. Dabei nimmt die Verantwortung des Mitarbeiters zu.
Beispiel In einem Fertigungsbetrieb wechselt ein Arbeitnehmer zwischen verschiedenen Tätigkeiten am Fließband.	**Beispiel** Frau Weber übernimmt im Einkauf nicht nur die Bestellung der Handelswaren, sondern auch die Bestellung von Büromaterial und Büroausstattung (Computer etc.).	**Beispiel** Herr Moser arbeitet im Einkauf und schreibt Bestellungen. Demnächst ist er auch für die Auswahl der Lieferanten, die Verhandlungen sowie die Abwicklung von Reklamationen verantwortlich.

Aufgabenstellungen – „Personaleinsatzgestaltung"

1. Kreuzen Sie die richtige Zuordnung an:

Beispiel	Jobrotation	Jobenlargement	Jobenrichment
a) Herr Süß arbeitet in der Rechnungswesenabteilung. Bis jetzt war er vor allem für die Verbuchung laufender Geschäftsfälle zuständig. Da er die Bilanzbuchhalterprüfung erfolgreich bestanden hat, wird er in Zukunft auch an der Erstellung des Jahresabschlusses beteiligt sein.			
b) Clemens arbeitet neben der Schule in einem Lebensmittelmarkt: Zunächst ist er einen Monat in der Obst- und Gemüseabteilung, danach einen Monat im Lager und abschließend noch einen Monat in der Getränkeabteilung tätig.			
c) Frau Huber übernimmt im Telefon-Kundenservice nicht nur die Anfragen oberösterreichischer Kunden, sondern auch jene der niederösterreichischen Kunden.			
d) Beim Traineeprogramm lernen Berufseinsteiger mehrere Abteilungen kennen und sammeln Erfahrungen, die sie als künftige Führungskräfte brauchen, etwa den Umgang mit neuen Kollegen oder das schnelle Einarbeiten in komplexe Aufgabenbereiche.			

2. Finden Sie jeweils ein eigenes Beispiel für „Jobrotation", „Jobenlargement" und „Jobenrichment".

6 Personalbeurteilung

Fähigkeiten werden erst dann richtig wertvoll, wenn man sie gezielt und wirksam einsetzen kann. Gemeinsame Zielvereinbarungen bringen auf den Punkt, worin die Aufgaben, die Leistungskriterien und auch die Rahmenbedingungen bestehen. Das ist eine faire Sache, die allen Beteiligten der Umdasch Group Sicherheit über gewünschte Lösungen und Ergebnisse gibt. – Die Basis für Erfolgserlebnisse!

Was hat die Personalbeurteilung bei der Umdasch Group mit Zielvereinbarungen zu tun?

Bei der **Personalbeurteilung** werden die Leistung und das Potenzial der Mitarbeiter/innen eines Unternehmens ausgewertet.

Potenzial: Was könnte der Mitarbeiter in Zukunft leisten? Die Beurteilung des Potenzials ist im Gegensatz zur Beurteilung der Leistung zukunftsorientiert.

6.1 Ziele und Funktionen der Personalbeurteilung

Eine faire Personalbeurteilung unterstützt ...

die leistungs- und verhaltensgerechte Entlohnung.	den bestmöglichen Personaleinsatz.	die gezielte Personalförderung und -entwicklung.	die Motivation (z. B. durch Anerkennung, Möglichkeit zur Entwicklung der eigenen Persönlichkeit).

6.2 Personen, die die Personalbeurteilung durchführen können

Meist erfolgt die Beurteilung der Mitarbeiter/innen durch **den direkten Vorgesetzten.**

Zusätzlich können je nach Vereinbarung auch andere Personen Feedback geben bzw. Beurteilungen durchführen:

- **Kolleginnen und Kollegen auf der gleichen Hierarchiestufe:** Durch gemeinsame Tätigkeiten haben sie einen guten Einblick in die Leistungen und das Leistungsverhalten. Problematisch ist es jedoch, wenn es darum geht, Belohnungen etc. zu verteilen.
- **Mitarbeiter/innen beurteilen Vorgesetzte:** Diese Form liefert vor allem Rückmeldungen zum Führungsverhalten.
- **Selbstbeurteilung:** Beurteilen sich Mitarbeiter/innen selbst, führt dies zu einer höheren Akzeptanz der Beurteilung. Die eigene Einschätzung der Leistung stimmt jedoch häufig nicht mit der Fremdbeurteilung überein. Dennoch ist eine Selbstbeurteilung hilfreich, um Abweichungen und Übereinstimmungen zwischen Fremd- und Selbstbild zu analysieren und darauf aufbauend Maßnahmen einzuleiten.

Häufig stimmen Selbst- und Fremdbild nicht überein

Aha!
Eine sehr umfassende und aussagekräftige Form der Personalbeurteilung ist das sogenannte **360°-Feedback.** Dabei wird die Person u. a. von Kollegen, Vorgesetzten, unterstellten Mitarbeitern und zum Teil auch von externen Partnern wie Kunden und Lieferanten beurteilt.

Neben der institutionalisierten Personalbeurteilung (z. B. ein- oder zweimal im Jahr) kann sie zusätzlich zur Verhaltenssteuerung bzw. zum Lernen der Mitarbeiter im Tagesgeschäft durch unterstützende Gespräche erfolgen **(„Day-to-day-Feedback“).**

6.3 Mögliche Beurteilungskriterien

Wesentlich ist zu klären, welche Faktoren Gegenstand der Personalbeurteilung sein sollen. Die Beurteilungskriterien lassen sich in drei Kategorien einteilen.

Beurteilungskriterien

Eigenschaften der Mitarbeiter/innen (Persönlichkeit)	Arbeitsverhalten	Arbeitsergebnisse (Erfüllung von Zielen und Aufgaben)
Der alleinige Einsatz von Persönlichkeitsmerkmalen bei der Personalbeurteilung ist problematisch. Sie bieten **keine geeignete Diskussionsgrundlage** für gewünschte Veränderungen. Sie sollten, wenn überhaupt, **nur mit anderen Kriterien kombiniert** eingesetzt werden.	Das Arbeitsverhalten sollte für Beurteilungszwecke möglichst konkret anhand von Beispielen erfasst werden. Wichtig ist, dass **für die Aufgabe wichtige und beeinflussbare Kriterien** zur Beurteilung herangezogen werden.	Gegenstand der Beurteilung sind die Hauptaufgaben (laut Stellenbeschreibung) und die vereinbarten Ziele der Mitarbeiter/innen. Diese Kriterien **entsprechen dem aktuellen Stand** in der Personalbeurteilung.

6.4 Verfahren der Personalbeurteilung (Personalbeurteilungssysteme)

Geeignete Personalbeurteilungssysteme sollen zu möglichst objektiven Ergebnissen kommen. Folgende Verfahren kommen häufig zum Einsatz:

Skala: z. B. 1 = überdurchschnittlich bis 7 = unterdurchschnittlich.

- **Einstufungsverfahren:** bestehen aus einer vorgegebenen Anzahl von Beurteilungskriterien (z. B. in Bezug auf Leistung, Arbeitsverhalten). Die jeweilige Ausprägung des Kriteriums wird auf einer Skala eingestuft. Dieses Verfahren war lange Zeit dominierendes Instrument, da es leicht zu standardisieren ist. Aber genau hier liegen die Mängel. So ist es u. a. schwierig, geeignete Beurteilungskriterien zu finden. Außerdem lässt die Einstufung auf der Skala Beurteilungsspielraum zu.
- **Beurteilungsskalen mit Verhaltensbeschreibungen:** Durch die Erweiterung der Skaleneinstufung um Verhaltensbeispiele wird die Aussagekraft im Vergleich zum herkömmlichen Einstufungsverfahren erhöht.
- **Zielorientierte Verfahren (Management by Objectives):** Die Beurteilung erfolgt, indem überprüft wird, ob die gemeinsam vereinbarten Ziele erreicht wurden. Vorteil dieses Verfahrens ist, dass sich die Beurteilung auf die konkrete Arbeitsleistung konzentriert.

Den Ablauf des Management by Objectives lernen Sie im Kapitel „Führung: Führungstheorien und -konzepte“.

Mitarbeitergespräch

Die oben genannten Verfahren der Personalbeurteilung sollten kombiniert mit einem Mitarbeitergespräch eingesetzt werden. Dieses findet meist einmal jährlich statt. Es sollte unter vier Augen zwischen dem Vorgesetzten und Mitarbeiterin bzw. Mitarbeiter stattfinden.

Das Mitarbeitergespräch verfolgt dabei zwei Hauptziele – eine **Rückschau und** eine **Vorausschau:**

- Die Rückschau beschäftigt sich mit der Beurteilung der Leistungen des Mitarbeiters in der Vergangenheit.
- Bei der Vorausschau werden individuelle, klare Ziele und Aufgaben vereinbart, Weiterbildungs- und Qualifizierungsmaßnahmen festgelegt sowie weitere Perspektiven für den Werdegang aufgezeigt.

Aha!
Der **Personalbeurteilungsbogen** unterstützt das Mitarbeitergespräch. Er stellt sicher, dass das Beurteilungsgespräch strukturiert abläuft. Eine Vergleichbarkeit mit anderen Mitarbeiterinnen und Mitarbeitern wird möglich. Bestandteile sind u. a. Beurteilungskriterien inkl. Skala und Platz für Begründung, Potenzialeinschätzung, geplante Entwicklungsschritte, Zielvereinbarungen.

So nicht! – Beim Beurteilungsgespräch sollte der Beurteilte in einem offenen Dialog die Möglichkeit haben, seine Leistung und seine Entwicklungsmöglichkeiten mit dem Vorgesetzten zu diskutieren!

Ein Beispiel für einen Personalbeurteilungsbogen finden Sie auf der CD.

6.5 Beurteilungsfehler

Auch bei einem objektiven System der Personalbeurteilung kann es – vor allem aufgrund der subjektiven Wahrnehmung des Beurteilers – zu Beurteilungsfehlern kommen. Es ist daher wichtig, sich dieser bewusst zu werden, um sie identifizieren zu können. In der folgenden Tabelle finden Sie einen Auszug aus häufig vorkommenden Beurteilungsfehlern!

Beurteilungsfehler	Erklärung/Beispiele
Halo-Effekt	Aus einzelnen guten oder schlechten Persönlichkeitseigenschaften wird das Gesamtbild einer Person gebildet. Der Eindruck überstrahlt alle anderen Verhaltensäußerungen, z. B. durch „hohe Intelligenz“ wird darauf geschlossen, dass die Person auch sorgfältig ist.
Selektive Wahrnehmung	Aufgrund der persönlichen Situation des Beurteilenden wird nur ein Teil des Geschehens wahrgenommen und kann dadurch zu einer Verfälschung des Urteils führen.
Ähnlichkeitseffekt	Menschen, die dem Beurteiler mehr ähneln als andere, werden oft besser beurteilt.
Selffulfilling Prophecy (sich selbst erfüllende Prophezeiung)	Der Begriff bezeichnet die Auswirkung von **Vorurteilen** gegenüber einer Person auf ihr Verhalten. Wenn eine Person einer anderen eine bestimmte Eigenschaft zuschreibt (z. B. Hans ist faul), wirkt sich dies unbewusst auf das Verhalten der zuschreibenden Person aus. Sie wird Hans so behandeln, dass ihm das Arbeiten keinen Spaß mehr macht. So bestätigt sich die ursprüngliche Zuschreibung und verfestigt sich. Diese Art von Zuschreibung oder Vorhersage nimmt dem anderen die Möglichkeit, sich zu entwickeln.
Nikolaus-Effekt („Recency-Effekt“) 	Die letzten Eindrücke bleiben besser haften und zählen bei Beurteilungen mehr. Beurteilungszeiträume von einem Jahr stellen für das menschliche Gedächtnis eine Herausforderung dar. Daher lassen sich Beurteilende täuschen, wenn Personen frei nach dem Motto „Vor der Bescherung sind alle Kinder brav“ kurz vor dem Beurteilungszeitpunkt ihr Leistungsengagement beträchtlich steigern. Am besten kann man sich durch kontinuierliche schriftliche „Gedächtnisstützen“ vor diesem Vergessenseffekt schützen.

Die Wahrnehmung führt oftmals zu verzerrten Beurteilungsergebnissen.

Interessierte erfahren mehr zu diesem Thema unter www.personalbeurteilung.de.

Aufgabenstellungen – „Personalbeurteilung“

1. Bei der Werbeagentur Reichl und Partner werden einmal jährlich Mitarbeitergespräche durchgeführt.
   a) Erstellen Sie einen Personalbeurteilungsbogen für ein Mitarbeitergespräch mit der Media Assistentin. Wählen Sie geeignete Kriterien zur Beurteilung der Mitarbeiterin. Welche weiteren Inhalte sollten darin vorkommen?
   b) Beim Mitarbeitergespräch werden auch Ziele für das nächste Jahr vereinbart. Wie könnte ein aufgabenorientiertes Ziel und wie ein Ziel in Bezug auf die persönliche Entwicklung der Media Assistentin lauten? Achten Sie darauf, dass das Ziel „SMART“ formuliert ist!

2. In einer Kantine paniert die Köchin Alexandra in acht Stunden 200 Schnitzel – der Vergleichswert ihrer Kolleginnen liegt bei 35 Schnitzeln/Stunde. Bei einem Mitarbeitergespräch erzählt die Köchin Alexandra der Küchenleiterin, dass sie gerne Mehlspeisen bäckt und in den Sommermonaten für neun Hochzeitsgesellschaften Torten und Kekse gebacken hat.
   a) Welche Rückmeldung im Rahmen der Leistungsbeurteilung kann die Küchenleiterin geben?
   b) Welche Rückschlüsse kann die Küchenleiterin im Rahmen der Potenzialbeurteilung ziehen? Zu welcher weiteren Vorgangsweise können Sie raten?

3. Interpretieren Sie die folgende Illustration. Was kann daraus für eine faire Personalbeurteilung abgeleitet werden?

4. Schildern Sie Situationen, bei denen Sie bereits mit Beurteilungsfehlern in Kontakt gekommen sind, z. B. weil Sie Personen falsch eingeschätzt haben oder Sie von anderen Personen Ihrer Meinung nach falsch beurteilt worden sind.

7 Entlohnung

Die Umdasch Group sorgt an allen Standorten für einen angemessenen und gerechten Lohn- und Gehaltsrahmen. Sie respektiert das Recht ihrer Mitarbeiter/innen auf Kollektivverträge gemäß dem Gesetz oder den Gebräuchen, die in den Ländern, in denen sie tätig ist, gelten bzw. üblich sind.

Die **Gegenleistung für die erbrachte Arbeit** in einem Unternehmen wird als **Entlohnung (Entgelt)** bezeichnet.

Es wird dabei zwischen Lohn (bei Arbeitern) und Gehalt (bei Angestellten) unterschieden.

7.1 Entgeltgerechtigkeit

Das Entgelt soll als gerecht empfunden werden. Dabei können verschiedene Kriterien berücksichtigt werden:

„Gerechte" Entlohnung
berücksichtigt

Schwierigkeit der Arbeit und Arbeitsaufwand **(anforderungsgerecht).**	Arbeitsergebnis und Leistung **(leistungsgerecht).**	soziale Aspekte, z. B. Familienstand, Alter **(sozial gerecht).**	erforderliche Qualifikation **(qualifikationsgerecht).**	Höhe der Entlohnung für die gleiche Position in anderen Unternehmen **(marktgerecht).**

Marktgerechte Entlohnung berücksichtigt Angebot und Nachfrage auf dem Arbeitsmarkt. Als z. B. Mitte der 2000er-Jahre ein hoher Mangel an EDV-Fachkräften bestand, wurden diese von Unternehmen überdurchschnittlich bezahlt. 2009 sah die Realität für viele Hochschulabsolventen aufgrund der Flaute auf dem Arbeitsmarkt völlig anders aus.

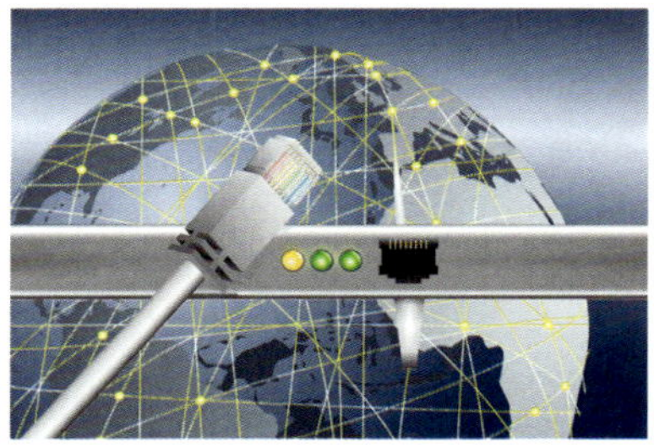

Aha!
Die Entlohnung kann durch Einzelarbeitsverträge, Betriebsvereinbarungen oder durch Kollektivverträge geregelt werden. Die **Mindestlöhne,** die in **Kollektivverträgen** für jede Branche festgelegt sind, dürfen weder in Einzelarbeitsverträgen noch Betriebsvereinbarungen unterschritten werden.

7.2 Formen der Entlohnung

Grundsätzlich kann man folgende Formen der Entlohnung unterscheiden:

Entlohnungsformen

Zeitlohn	Leistungslohn: Akkordlohn	Leistungslohn: Prämienlohn
▪ Beim Zeitlohn wird ein bestimmter Lohn bzw. ein bestimmtes Gehalt pro **Zeiteinheit** (Stundenlohn, Wochenlohn, Monatslohn) gezahlt. ▪ Der Zeitlohn wird dort angewendet, wo sich die Leistung nicht oder nur schwer quantifizieren lässt. ▪ Es wird erwartet, dass die vertraglich vereinbarte und durchschnittlich zu erwartende Leistung **(Normalleistung)** während der Arbeitszeit erbracht wird.	Beim Akkordlohn kann je nach Berechnungsgrundlage unterschieden werden: ▪ **Stückakkord:** Pro Stück wird ein bestimmter Lohnsatz gezahlt. ▪ **Zeitakkord:** Für ein Stück wird eine bestimmte Zeit vorgegeben. Der Akkordlohn kann an einzelne Arbeiter (Einzelakkord) oder an Arbeitsgruppen (Gruppenakkord) gezahlt werden.	▪ Um Leistungsanreize zu schaffen, werden neben dem Grundlohn bzw. -gehalt noch **Prämien** bezahlt. ▪ Die Prämienhöhe ist von einer objektiv feststellbaren **Mehrleistung** abhängig, z. B. Mengen-, Qualitäts- oder Ersparnisprämie. ▪ Diese Form kann z. B. in der Produktion und im Verkauf eingesetzt werden.

Ein Beispiel für eine **Akkordlohnberechnung** finden Sie auf der CD.

Um zusätzliche Leistungsanreize zu schaffen, wird der Zeitlohn oft mit dem Prämienlohn kombiniert.

Erfolgsbeteiligungen sollen zum unternehmerischen Denken und Handeln motivieren.

Überlegen Sie, welche Vor- und Nachteile der Zeitlohn gegenüber dem Akkordlohn hat.

Aha!
Der Vorteil des Leistungslohns ist zwar, dass es dadurch Leistungsgerechtigkeit und Motivation zur Mehrleistung gibt, jedoch bringt er auch zahlreiche Nachteile: z. B. Gefahr der Überbeanspruchung von Mensch und Maschine, Qualitätseinbußen, Unzufriedenheit durch Leistungsdruck.

Die oben angeführten Entlohnungsformen stehen in unmittelbarem Zusammenhang mit der Leistungserstellung der Mitarbeiter/innen. Darüber hinaus können bzw. müssen folgende Zusatzleistungen gewährt werden:

- **Gesetzliche Sozialleistungen:** Leistungen aufgrund gesetzlicher Bestimmungen, z. B. Arbeitgeberanteil zur gesetzlichen Sozialversicherung, Weihnachts- und Urlaubsgeld.
- **Tarifliche Sozialleistungen:** Leistungen aufgrund kollektivvertraglicher Bestimmungen, z. B. Schicht- und Schmutzzulage.
- **Freiwillige betriebliche Sozialleistungen:** vom Unternehmen freiwillig erbrachte Leistungen, z. B. Betriebskantine, betriebliche Altersvorsorge durch Firmenpension, Dienstwagen.
- **Freiwillige Erfolgs- und Kapitalbeteiligung**

Wissensfragen – „Personalmanagement“

Zu „1 Personalmanagement im Überblick“

1. Nennen Sie die wesentlichsten Aufgaben des Personalmanagements und ihre Zusammenhänge.

Zu „2 Personalbedarfsplanung“ und „3 Personalauswahl und -einstellung“

2. Welche Fragen werden bei der Personalbedarfsplanung geklärt?
3. Geben Sie einen Überblick über die Möglichkeiten der Personalsuche und nennen Sie je ein Beispiel.
4. Welche Kriterien können zur Auswertung der Bewerbungsunterlagen herangezogen werden?
5. Wie könnte ein Bewerbungsgespräch ablaufen?
6. Welche Instrumente der Personalauswahl kennen Sie?

Zu „4 Personalentwicklung“ und „5 Personaleinsatzgestaltung“

7. Was versteht man unter folgenden Methoden der Personalentwicklung und nennen Sie je zwei Beispiele:
   - Into the Job
   - On the Job
   - Out of the Job
8. Stellen Sie die Motivatoren den Hygienefaktoren nach dem Herzberg-Modell gegenüber und nennen Sie jeweils zwei Beispiele.
9. Warum ist eine kontinuierliche Humanisierung des Arbeitsplatzes wichtig? Nennen Sie mögliche Maßnahmen.
10. Welche Möglichkeiten kennen Sie, um Mitarbeiter durch weniger monotone und abwechslungsreichere Arbeitsverteilung zu motivieren? Beschreiben Sie diese kurz und nennen Sie dazu jeweils ein Beispiel.

Zu „6 Personalbeurteilung“

11. Was sind die wesentlichen Ziele und Funktionen von Personalbeurteilungssystemen?
12. Was versteht man unter 360°-Feedback?
13. Welche Faktoren können Gegenstand der Personalbeurteilung sein?

Zu „7 Entlohnung“

14. Welche Kriterien sollen für eine gerechte Entlohnung berücksichtigt werden?
15. Was ist der Unterschied zwischen dem Akkordlohn und dem Prämienlohn?

Ziele erreicht? – „Personalmanagement“

KOMPETENZ-ERWERB

1. Für einen Industriebetrieb wird die Personalplanung erstellt. Folgende Veränderungen sind in den einzelnen Abteilungen noch zu berücksichtigen:

- **Forschung und Entwicklung:** Gesucht werden zwei Wissenschaftler/innen mit Spezialkenntnissen in Metallurgie.
- **Materialwirtschaft:** Ein Lagermitarbeiter geht in Pension, zwei Mitarbeiter/innen könnten in die Fertigung wechseln.
- **Verwaltung:** Zwei Mitarbeiter/innen könnten in den Vertrieb, ein Mitarbeiter könnte in die Fertigung wechseln
- **Vertrieb:** Stellenausschreibung für fehlende Mitarbeiter/innen

	Planungszeitpunkt: 31. 12. 20..					
	Forschung und Entwicklung	Materialwirtschaft	Fertigung	Verwaltung	Vertrieb	Gesamtsumme
Personalbedarf	10	4	50	18	12	94
Personalstand	8	7	45	21	9	90
Personalveränderung						
Personalzugangserfordernis:						
Versetzung						
Personalbeschaffung: Aufnahme						
Personalabgangserfordernis:						
Versetzung						
Pensionierung						
Personalfreisetzung						

2. **Ausgangssituation**

Sie sind in der Jürgen Bernlöhr GmbH (Köglstraße 14, 4020 Linz) im Personalmanagement tätig. Der bisherige Debitorenbuchhalter Hans Gruber hat das Unternehmen aus persönlichen Gründen verlassen. Die frei gewordene Position soll so schnell wie möglich durch eine geeignete Mitarbeiterin bzw. einen geeigneten Mitarbeiter nachbesetzt werden.

Aufgaben

a) Die Position kann nicht intern nachbesetzt werden. Welche Möglichkeiten externer Personalbeschaffung kämen in dieser Situation in Betracht?

b) Auf der CD finden Sie die Stellenbeschreibung für die zu besetzende Stelle. Welche Anforderungen sind Ihrer Meinung nach mit der Stelle verbunden? Erstellen Sie ein Anforderungsprofil.

c) Entwerfen Sie für die nachzubesetzende Stelle ein Stelleninserat, das in einer lokalen Wochenzeitung geschaltet werden soll (nur Text). Integrieren Sie dabei die Anforderungen, die Sie im Anforderungsprofil festgelegt haben.

d) Auf das Stelleninserat haben sich viele Interessenten gemeldet. Sie werden die Bewerbungsunterlagen begutachten. Welche Kriterien sollten gute Bewerbungsunterlagen erfüllen?

e) Auf der CD finden Sie einen Auszug aus den erhaltenen Bewerbungsunterlagen und eine Zusammenfassung der Zeugnisse. Beurteilen Sie die Bewerbungen anhand geeigneter Kriterien. Welche Person würden Sie auf jeden Fall zum Bewerbungsgespräch einladen? Begründen Sie Ihre Entscheidung. Tipp: Sie können zur Entscheidungsfindung auch Tools wie die Scoring-Methode heranziehen.

f) Nach einer ersten Vorselektion mithilfe der Bewerbungsunterlagen soll nun die Auswahl fortgesetzt werden. Welches Instrument bzw. welche Instrumente der Personalauswahl würden Sie in diesem Fall einsetzen? Begründen Sie Ihre Entscheidung.

g) Entwickeln Sie ein Maßnahmebündel, dass bei der Jürgen Bernlöhr GmbH zur Motivation bei der neuen Mitarbeiterin/dem neuen Mitarbeiter beitragen kann.

Führung: Führungstheorien und -konzepte

Eine PPT-Präsentation und weitere Übungen zum Kapitel finden Sie auf der CD.

Eine Führungsfunktion zu übernehmen, ist für viele Karriereziel Nummer eins. Eine sehr komplexe Rolle wartet dabei auf Führungskräfte: Sie tragen die Verantwortung für ein Team, eine Abteilung, die Zukunft des Unternehmens.

Muss man zum Manager/zur Managerin geboren sein? Gibt es „one best way" in Bezug auf Eigenschaften und Verhalten der Führungskräfte? Sie werden in diesem Kapitel einige Werkzeuge – Führungstheorien und Führungskonzepte – kennenlernen, die für Führungskräfte eine Hilfestellung bieten. Doch bei all diesen Werkzeugen darf das Wichtigste nicht vergessen werden: die Mitarbeiter/innen mit ihren individuellen Bedürfnissen. Mit viel Einfühlungsvermögen heißt es, das richtige Führungsverhalten für die jeweilige Situation zu wählen!

KOMPETENZ-ERWERB

Meine Ziele

Nach Bearbeitung dieses Kapitels kann ich

- verschiedene Führungstheorien und -konzepte unterscheiden;
- verschiedene Führungstheorien und -konzepte auf Praxisfälle übertragen;
- beurteilen, ob bestimmte Führungstheorien und -konzepte für die jeweilige Situation geeignet sind.

1 Führungstheorien

Führungstheorien erklären, wie Vorgesetzte ihre Mitarbeiter/innen beeinflussen sollen, um die Unternehmensziele zu erreichen. Folgende Gruppen von Führungstheorien werden unterschieden: Eigenschaftstheorien, Verhaltenstheorien, Situationstheorien.

1.1 Führungsstile nach Kurt Lewin

Der **Führungsstil** bezeichnet die Art und Weise, wie Vorgesetzte mit ihren Mitarbeitern umgehen bzw. kommunizieren. Er ist ein langfristiges, relativ stabiles, von der Situation unabhängiges Verhaltensmuster der Führungskraft gegenüber den Mitarbeitern und Mitarbeiterinnen.

Die folgenden drei klassischen Führungsstile gehen auf Kurt Lewin, den Begründer der modernen Sozialpsychologie, zurück. In der Praxis gelangen sie meist als Mischformen zur Anwendung.

Zwischen autoritärem und kooperativem Führungsstil gibt es eine große Zahl von Abstufungen bzw. Mischformen.

Führungsstil	Autoritärer Führungsstil	Kooperativer (demokratischer) Führungsstil	Laissez-faire-Führungsstil

Verhältnis zwischen Vorgesetzten und Mitarbeitern/ Mitarbeiterinnen	▪ Entscheidungen trifft allein die Führungskraft ▪ Mitarbeiter/innen haben die Entscheidungen auszuführen	▪ Treffen von Entscheidungen unter Mitarbeiterbeteiligung (Mehrheitsbeschlüsse) ▪ Vorgesetzte sind offen für Vorschläge und Kritik ▪ Möglichkeit der Mitarbeitermitbestimmung	▪ Führungskraft greift kaum bis gar nicht in das Geschehen ein ▪ Mitarbeiter/innen haben weitgehende Handlungs- und Entscheidungsfreiheit
Vorteile	▪ Klare Kompetenzverteilung und Kontrollmöglichkeit ▪ Rasche Entscheidungsfindung	▪ Entlastung der Führungskraft ▪ Hohe Motivation der Mitarbeiter/innen, gutes Betriebsklima ▪ Fehlentscheidungen werden reduziert ▪ Fördert Verständnis über die Betriebsabläufe ▪ Mitarbeiter/innen übernehmen mehr Verantwortung	▪ Motivation der Mitarbeiter/innen kann steigen, da sie ihre eigenen Stärken in das Unternehmen mit einbringen können ▪ Findet daher häufig im kreativen Bereich Anwendung
Nachteile	▪ Gefahr von Fehlentscheidungen und Überlastung des Managements ▪ Demotivation der Mitarbeiter/innen ▪ Kaum Möglichkeit zur Selbstverwirklichung der Mitarbeiter/innen	▪ Entscheidungsfindung kann zu ausufernden, langen Diskussionen führen ▪ Schwierigkeiten bei Entscheidungsfindung, z. B. wenn die Mitarbeiter/innen nicht über die für die Entscheidungsfindung notwendigen Qualifikationen verfügen	▪ Orientierungslosigkeit der Mitarbeiter/innen kann auftreten ▪ Mangelnde Arbeitsmoral und Disziplinlosigkeit sind möglich

1.2 Verhaltensgitter (Managerial Grid) von Blake und Mouton

Im Verhaltensgitter wird das Führungsverhalten durch das Ausmaß der Aufgaben- und Mitarbeiterorientierung der Führungskraft beschrieben:

- **Ausmaß der Mitarbeiterorientierung:** Inwieweit orientiert sich die Führungskraft am Wohl der Mitarbeiter/innen?
- **Betonung der Aufgabenorientierung:** Inwieweit orientiert sich die Führungskraft an den Sachaufgaben (z. B. Umsatz, Marktanteil, Steigerung des Erfolgs)?

Das „Managerial Grid“ ist ein wissenschaftliches Modell und wurde von von ROBERT R. BLAKE und JANE MOUTON im Rahmen eines Führungskräftetrainings für das Unternehmen Exxon Mobil in den 60er-Jahren entwickelt.

Im Verhaltensgitter wird der Grad der Mitarbeiterorientierung mit dem Grad der Aufgabenorientierung in Beziehung gesetzt.

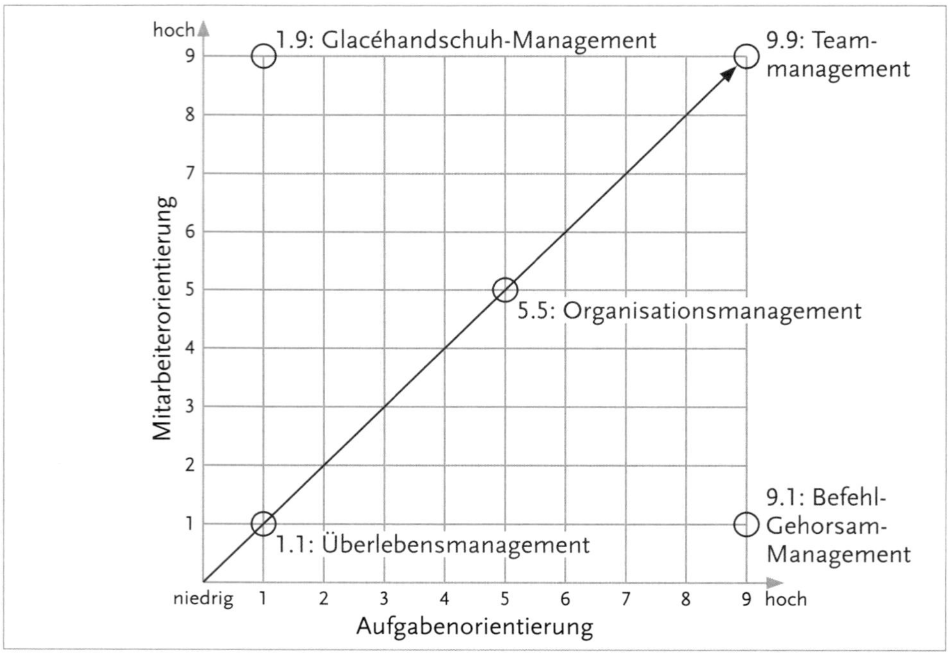

Im dargestellten Verhaltensgitter entstehen 81 Kombinationsmöglichkeiten, die jeweils ein bestimmtes Führungsverhalten darstellen. Man beschränkt sich jedoch auf fünf typische Führungsstile, die sich klar voneinander abgrenzen lassen:

- **1.1-Führungsstil („Überlebensmanagement“):** Die Führung konzentriert sich weder auf hohe Leistung noch auf die Pflege menschlicher Beziehungen. Dies entspricht dem Laissez-faire-Führungsstil. Ziel ist, ohne Engagement in der Organisation zu überleben.

- **1.9-Führungsstil („Glacéhandschuh-Management“):** Es herrscht zwar eine freundliche Arbeitsatmosphäre, aber auf die Arbeitsergebnisse wird wenig Wert gelegt. Die Mitarbeiter/innen geraten nicht unter Leistungsdruck.

- **5.5-Führungsstil („Organisationsmanagement“):** Diese Kompromisslösung zielt auf durchschnittliche Leistungen bei durchschnittlicher Mitarbeiterzufriedenheit ab. Die Mitarbeiter/innen sind zwar motiviert, doch laufen sie nicht zur Höchstform auf. Es könnte mehr geleistet werden.

- **9.1-Führungsstil („Befehl-Gehorsam-Management“):** Die Führungskraft erwartet eine hohe Leistung, ohne auf die Bedürfnisse der Mitarbeiter/innen zu achten. Konflikte werden bei autoritärem Führungsstil unterdrückt. Kurzfristig werden Erfolge erreicht. Auf längere Sicht wenden sich die Mitarbeiter/innen gegen das System – der persönliche Einsatz lässt nach.

- **9.9-Führungsstil („Teammanagement“):** Die gleichzeitige Betonung von Aufgaben- und Mitarbeiterorientierung ermöglicht eine hohe Arbeitsleistung durch engagierte Mitarbeiter/innen. Von der Führung her werden hohe Standards gesetzt. Ziele werden gemeinsam erreicht, Konflikte gemeinschaftlich gelöst. Die Führungskraft handelt als Vorbild.

Blake und Mouton bezeichnen ausschließlich den 9.9-Führungsstil als erfolgreich.

Es hat sich herausgestellt, dass nicht zwingend in allen Situationen der 9.9-Führungsstil der beste aller möglichen Stile ist.

Ziel von Managerial-Grid-Seminaren ist das Erlernen des idealen Führungsverhaltens 9.9.

Beispiel
Bei einem Einsatz des Roten Kreuzes, bei dem es weniger darauf ankommt, dass die Mitarbeiter/innen zufrieden sind, als vielmehr auf die reine „Einsatzleistung“, ist statt des 9.9-Führungsstils der 9.1-Führungsstil angebracht.

2 Führungskonzepte

Die im letzten Abschnitt dargestellten Führungstheorien bilden die Grundlage für die Ableitung von Führungskonzepten (Führungstechniken, Führungsprinzipien).

In den letzten Jahren wurden zahlreiche Führungskonzepte entwickelt, die sich in der Regel aber nicht gegenseitig ausschließen müssen. Meist sind sie unter den Namen **„Management by ...“** bekannt. Sie beinhalten sämtliche auf einheitliche Kurzformeln gebrachte Empfehlungen für die Unternehmensleitung, den Führungsprozess in einer bestimmten Weise zu gestalten bzw. auf einen Teilaspekt der Führung besonderes Augenmerk zu legen.

Einige der bekanntesten Konzepte der betrieblichen Praxis werden hier exemplarisch erläutert:

Management by Delegation (MbD)

Da die einzelnen **„Management by ...“-Konzepte** nur Teilziele hervorheben, werden sie **oftmals kombiniert eingesetzt.** Außerdem lassen sie sich zum Teil nicht 100%ig voneinander abgrenzen.

Alle Mitarbeiter/innen erhalten einen eigenen Aufgabenbereich und sind dafür verantwortlich.

- Motivation und Eigeninitiative werden gefördert.
- Nur wenn Probleme auftreten, die nicht alleine gelöst werden können, greift der Vorgesetzte ein.
- Die Mitarbeiter übernehmen die Handlungsverantwortung. Die Führungsverantwortung bleibt bei der Führungskraft.

Management by Exception (MbE)

Dies ist eine besondere Form des „Management by Delegation“-Konzepts. Die Aufgaben werden innerhalb eines **exakt vorgegebenen Entscheidungsspielraumes** delegiert.

- Die Mitarbeiter/innen entscheiden innerhalb eines festgelegten Handlungsrahmens selbstständig, solange vorgeschriebene Toleranzgrenzen nicht überschritten oder unvorhersehbare Ereignisse eintreten. Um Ausnahmefälle kümmert sich die Führungskraft.

- Führungskräfte sind von Routinearbeiten freigespielt, die Mitarbeiter/innen entwickeln Eigenverantwortung.
- Durch eindeutige Zuständigkeiten werden Entscheidungen schneller gefällt.
- Allerdings behalten die Führungskräfte oftmals die interessanten Aufgaben, was die Kreativität der Mitarbeiter/innen bremst und sie dann nicht mehr verantwortungsvoll agieren.

Management by Motivation (MbM)

Ausgehend von den **Mitarbeiterbedürfnissen,** sollen die Führungskräfte Leistungsanreize finden, die die Mitarbeiter/innen motivieren.

- Anreize sind z. B. verschiedene Möglichkeiten der Weiterentwicklung im Unternehmen.
- Selbstverantwortliches Arbeiten und die Beteiligung an Entscheidungsprozessen erhöhen die Motivation.
- Diese Führungstechnik setzt voraus, dass die Bedürfnisse der Mitarbeiter/innen bekannt sind.
- Es wird davon ausgegangen, dass alle nach Selbstverwirklichung im Beruf streben, was jedoch nicht realistisch ist.

Management by Results (MbR)

Dies umfasst eine Führung, bei der **nur die Ergebnisse zählen.**

- Die zu erreichenden Ergebnisse (z. B. Umsätze oder Stückzahlen) werden von der Führungsebene festgelegt und laufend kontrolliert.
- Führung durch Kontrolle statt auf Basis von Vertrauen.
- Bei unrealistischen Vorgaben besteht die Gefahr der Demotivierung der Mitarbeiter/innen.
- Gefährlich ist auch die reine Zahlenorientierung.

Management by Objectives (MbO)

Mitarbeiter/innen und Führungskräfte **vereinbaren gemeinsam Ziele** und legen fest, wie diese zu kontrollieren sind.

- Durch die Beteiligung am Zielbildungsprozess identifizieren sich die Mitarbeiter/innen stärker mit dem Unternehmen.
- Die Mitarbeiter/innen verfügen über einen Entscheidungsspielraum, innerhalb dessen sie die vereinbarten Ziele nach ihren Vorstellungen realisieren können.
- Größere Mitarbeiterzufriedenheit und damit bessere Leistung können die Folge sein.
- MbO erfordert einen hohen organisatorischen Aufwand und Mitarbeiter/innen, die selbstständig arbeiten und Verantwortung übernehmen.

Die „Management by ...“-Konzepte sollten auch tatsächlich gelebt werden und nicht nur auf dem Papier stehen – sonst besteht die Gefahr, dass sie ins Lächerliche gezogen werden. In der Praxis gibt es bereits ein paar zynische Formulierungen dazu, z. B.:

- **Management by Helicopter:** von oben hereinschweben, viel Staub aufwirbeln und wieder verschwinden.
- **Management by Crocodile:** immer das Maul aufreißen und wenn's brenzlig wird, abtauchen.

„Zum Ziel kommt nur, wer eines hat.“

Wie Ziele richtig formuliert werden, haben Sie bereits im Kapitel „Normatives Management“ gelernt. Beim Formulieren der Mitarbeiterziele sind zusätzlich die individuellen Fähigkeiten der Mitarbeiter/innen zu berücksichtigen!

Grundschema des Management by Objectives

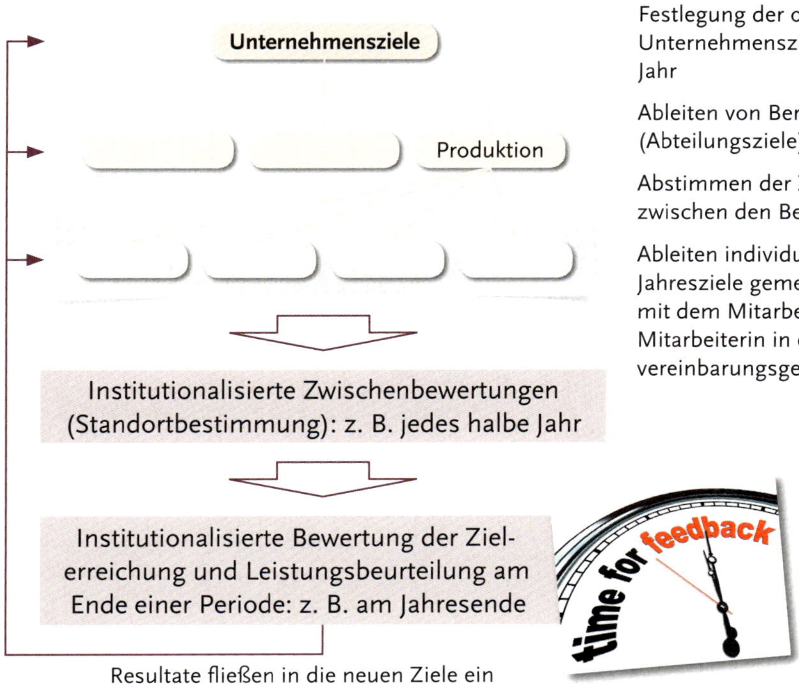

Festlegung der obersten Unternehmensziele für ein Jahr

Ableiten von Bereichszielen (Abteilungsziele)

Abstimmen der Ziele zwischen den Bereichen

Ableiten individueller Jahresziele gemeinsam mit dem Mitarbeiter/der Mitarbeiterin in einem Zielvereinbarungsgespräch

Wissensfragen – „Führung: Führungstheorien und -konzepte“

1. Stellen Sie die Führungsstile nach Kurt Lewin einander gegenüber.
2. Wie wird im Verhaltensgitter von Blake und Mouton das Führungsverhalten beschrieben?
3. Welcher Führungsstil des Verhaltensgitters wird als besonders erfolgreich angesehen?
4. Erklären Sie, warum es keinen optimalen Führungsstil gibt.
5. Beschreiben Sie die folgenden Führungskonzepte näher:
   a) Management by Delegation, b) Management by Exception,
   c) Management by Results, d) Management by Objectives.

Ziele erreicht? – „Führung: Führungstheorien und -konzepte“

KOMPETENZ-ERWERB

1. Welche Führungsstile kommen in den folgenden Beispielen zur Anwendung?

Beispiele	Autoritärer Führungsstil	Kooperativer (demokratischer) Führungsstil	Laissez-faire-Führungsstil
a) Frau Kindermann, Leiterin der Marketingabteilung, achtet weder darauf, dass die Mitarbeiter/innen Ergebnisse produzieren, noch darauf, ob sie untereinander große Konflikte haben.			
b) Ich darf meine Entscheidungen selber treffen, meine Chefin ist da, wenn ich sie brauche.			
c) Der Unternehmensleiter, Herr Auzinger, gibt seiner Mitarbeiterin die Anweisung, dass das Projekt noch bis Ende dieser Woche abgeschlossen sein muss, notfalls mit Überstunden.			

2. Ein Mitarbeiter möchte sich aufgrund eines schweren Krankheitsfalles in der Familie zwei Wochen freinehmen. Wie würden Sie die folgenden möglichen Verhaltensweisen seines Vorgesetzten in das Verhaltensgitter einordnen? Schreiben Sie die Buchstaben in die passenden Kreise.

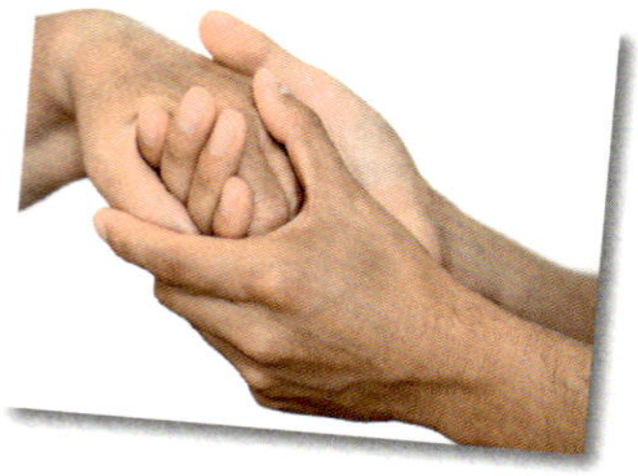

a) „In den nächsten zwei Wochen kann ich Sie unmöglich entbehren. Sie wissen, wie wichtig die zeitgerechte Fertigstellung des Projektes für das Unternehmen ist! Die Pflege Ihres Angehörigen wird doch wohl auch jemand anderer übernehmen können?"

b) „Ah, das tut mir leid für Sie. Na ja, das mit dem Projekt wird schon irgendwie werden."

c) „Die Erkrankung in Ihrer Familie tut mir von Herzen leid. Ich verstehe natürlich, dass Sie sich in dieser schweren Zeit um Ihre Familie kümmern möchten. Wir sollten uns sofort mit den anderen Projektmitgliedern zusammensetzen und einen Plan ausarbeiten, wer Sie in Ihrer Abwesenheit würdig vertreten kann. Notfalls involviere ich mich selbst wieder mehr in das Projekt. Der Erfolg des Projektes sollte schließlich auch nicht darunter leiden."

d) „Glücklich bin ich über die Situation nicht, aber wenn es Ihnen wichtig ist, dann nehmen Sie sich eben frei. Ich werde versuchen, die Projektaufgaben in den nächsten zwei Wochen etwas anders zu verteilen. Falls es nicht anders möglich ist, wird das Projekt eben etwas später fertig."

e) „Da brauchen Sie doch gar nicht fragen. Natürlich können Sie sich in einer solchen Situation frei nehmen. Wenn Sie jemanden zum Reden brauchen, können Sie jederzeit im Urlaub bei mir vorbeikommen. Lassen Sie mich wissen, wenn ich Ihnen helfen kann. Na ja, das mit dem Projekt wird sich wohl irgendwie regeln lassen. Setzen Sie sich da bloß nicht unnötig unter Druck. Sie haben jetzt schon genug Dinge um die Ohren!"

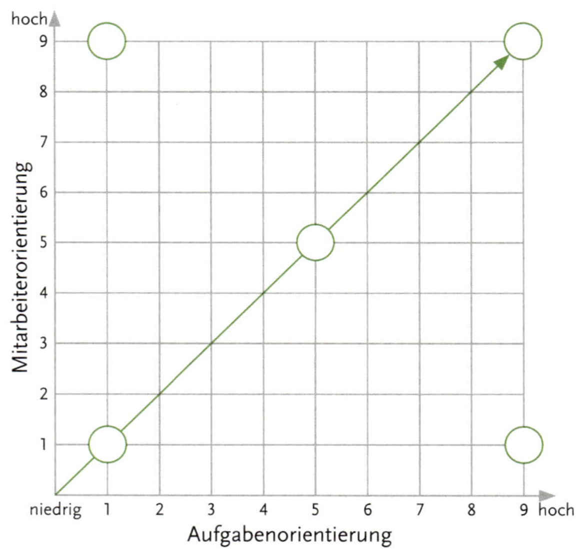

3. Welche Führungskonzepte wurden in diesen Beispielen verwirklicht? Begründen Sie die Lösung.

a) Der Vorgesetzte vereinbart mit seinem Mitarbeiter, dass dieser den Baumaschinenverkauf voll verantwortlich übernehmen soll. Gemeinsam wird eine Stellenbeschreibung erarbeitet und das Aufgabengebiet genau abgegrenzt. Weiters wird ein Verkaufsziel von mindestens 800.000,00 EUR pro Quartal vereinbart.

b) Ein Mitarbeiter klagt seinem Vorgesetzten, dass es bei Verkaufsverhandlungen oft Schwierigkeiten gibt, weil er keine Rabatte gewähren kann. Es wird daher vereinbart, dass der Mitarbeiter Rabatte bis 10 % selbst gewähren darf. In Sonderfällen, in denen höhere Rabatte einzuräumen sind, muss er das Einverständnis des Vorgesetzten einholen.

c) Der Geschäftsführer hat die Leitung der Unternehmensbereiche Einkauf, Fertigung und Verkauf an qualifizierte Mitarbeiter/innen abgetreten. Sie arbeiten weitgehend selbstständig und tragen die volle Verantwortung für ihre Entscheidungen. Die Mitarbeiter/innen informieren den Geschäftsführer in täglichen Besprechungen.

4. Welchen Führungsstil würden Sie selbst wählen, wenn Sie eine Führungskraft wären? Und welchen Führungsstil würden Sie sich von Ihrem Vorgesetzten wünschen? Begründen Sie Ihre Antwort.

5. **Ausgangssituation**

Die Renöckl Elektrotechnik OG hat in den letzten Jahren außerordentlich expandiert und hat sich auf die Auftragsfertigung von Schweißkonstruktionen inklusive mechanischer Bearbeitung spezialisiert. Das Unternehmen beschäftigt 40 Mitarbeiter/innen. Der Gründer und Hauptanteilseigner des Unternehmens, Herr Renöckl, ist alleiniger Geschäftsführer. Er will über alle geschäftlichen Angelegenheiten informiert werden und die Entscheidungen selbst treffen. Jeder geschäftliche Vorgang (z. B. eine Angebotserstellung) geht durch seine Hände. Er gibt die Ausführungsanweisungen an die Mitarbeiter/innen weiter. Über die Erledigung jeder einzelnen Aufgabe lässt er sich informieren und trifft, wenn nötig, weitere Entscheidungen und gibt Anweisungen.

Ein Unternehmensberater stellt als Ergebnis einer Analyse u. a. fest:

- *Das Betriebsklima auf Abteilungsebene ist schlecht, weil*
  - *der einzelne Mitarbeiter/die einzelne Mitarbeiterin kaum Entscheidungsspielraum hat,*
  - *die Mitarbeiter/innen wenig motiviert sind und*
  - *Herr Renöckl stark überlastet ist.*
- *Aufträge werden häufig nicht termingerecht erledigt, auf allen Ebenen besteht eine überdurchschnittliche Fluktuation von Mitarbeitern und Mitarbeiterinnen.*

Der Unternehmensberater kommt zu dem Schluss, dass die Ursache für diese Situation in der Unternehmensführung liegt. Er stellt daher zwei Managementkonzepte zur Diskussion: Management by Objectives und Management by Exception.

Aufgaben

a) Erläutern Sie kurz das Wesen von Management by Objectives und Mangement by Exception.

b) Prüfen Sie, ob die Anwendung der vorgeschlagenen Führungskonzepte die innere Unternehmenssituation verbessern könnte. Für welches Führungskonzept sollte sich das Unternehmen entscheiden?

6. **Ausgangssituation**

Ein Mitarbeiter wendet sich mit folgendem Anliegen an seinen Vorgesetzten: „Darf ich Ihnen einige Verbesserungen zum Fertigungsablauf vorschlagen, die zur Kostensenkung führen?“

Variante A: *Der Vorgesetzte antwortet, ohne sich die Vorschläge anzuhören: „Ja. Bevor Sie aber weiterreden, darf ich Ihnen einen Gegenvorschlag machen …“*
Variante B: *Der Vorgesetzte hört sich die Verbesserungsvorschläge an, stellt Zwischenfragen und meint schließlich: „Im Großen und Ganzen gefallen mir Ihre Vorschläge. Bevor wir weiter ins Detail gehen, sollten wir jedoch auch mit Ihren Kollegen sprechen.“ Der Mitarbeiter: „Das habe ich bereits getan. Die Vorschläge wurden von uns gemeinsam erarbeitet.“*

Aufgaben

a) Welcher Führungsstil wird in Variante A bzw. B praktiziert? Worin unterscheiden sich diese beiden Führungsstile?

b) Wo würden Sie die beiden Varianten im Verhaltensgitter positionieren?

c) Diskutieren Sie die Vorteile und die Nachteile, die ein großer Handlungsspielraum der Mitarbeiter/innen für das Unternehmen mit sich bringt.

Going international

Now let's use the basics of the chapter "Unternehmensführung" in English!

Exercise 1

Read the following mission statement. Which stakeholders are mentioned in the text?

mission statement
Leitbild

Our Starbucks Mission Statement

Our mission: to inspire and nurture the human spirit – one person, one cup and one neighbourhood at a time. Here are the principles of how we live that every day:

Our Coffee

It has always been, and will always be, about quality. We're passionate about ethically sourcing the finest coffee beans, roasting them with great care, and improving the lives of people who grow them. We care deeply about all of this; our work is never done.

Our Partners

We're called partners, because it's not just a job, it's our passion. Together, we embrace diversity to create a place where each of us can be ourselves. We always treat each other with respect and dignity. And we hold each other to that standard.

Our Customers

When we are fully engaged, we connect with, laugh with, and uplift the lives of our customers – even if just for a few moments. Sure, it starts with the promise of a perfectly made beverage, but our work goes far beyond that. It's really about human connection.

Our Stores

When our customers feel this sense of belonging, our stores become a haven, a break from the worries outside, a place where you can meet with friends. It's about enjoyment at the speed of life – sometimes slow and savoured, sometimes faster. Always full of humanity.

Our Neighbourhood

Every store is part of a community, and we take our responsibility to be good neighbours seriously. We want to be invited in wherever we do business. We can be a force for positive action – bringing together our partners, customers, and the community to contribute every day. Now we see that our responsibility – and our potential for good – is even larger. The world is looking to Starbucks to set the new standard, yet again. We will lead.

Our Shareholders

We know that as we deliver in each of these areas, we enjoy the kind of success that rewards our shareholders. We are fully accountable to get each of these elements right so that Starbucks – and everyone it touches – can endure and thrive.

Imagine you are working at Starbucks. How would you behave to fulfil the mission statement?

Fill in the blanks:

strategies
purpose
decision-making
actions
mission

A ________________ **statement** is a statement of the ________________ of a company or organisation, its reason for existing. The mission statement should guide the ________________ of the organisation, spell out its overall goal, provide a path, and guide ________________. It provides the framework within which the company's ________________ are formulated.

Exercise 2

Complete the BCG (Boston Consulting Group) matrix – fill in (and/or draw) the symbols:

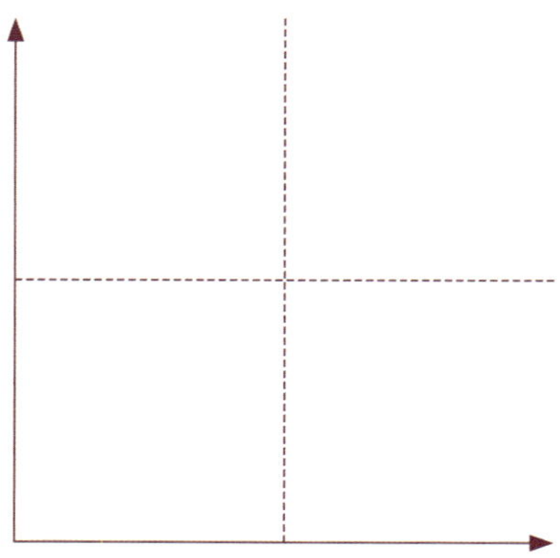

Exercise 3

Large businesses organise themselves in different ways. The most common forms of organisations are by function, by product or by geographical area. A typical organisation chart showing a business divided up by function is shown below.

a) Fill in the missing parts by using the words from the box:

Staff, Finance Manager, Production Manager, Board of Directors, Human Resources Manager, Logistics Manager

b) A business with too long chains of command or with spans of control that are too wide ...

statement	right	wrong
... may find decision-making hard.		
... may find rules difficult to enforce.		
... may find communication useless.		

Exercise 4

Incentives affect people's commitment to work. Incentives can be both financial and non-financial. Underline the non-financial incentives.

receiving a good wage   varied and interesting work   a long-term contract
commission, e.g. for the number of goods sold   being praised for good work
feeling challenged by the work   good working environment
feeling listened to and valued   bonus payments, e.g. for meeting targets
promotion opportunities   fringe benefits, e.g. free meals
extra payments, e.g. overtime   responsibility for making decisions

Exercise 5

Which management concepts are mentioned below? Fill in the correct letter:

a) Managers set goals and communicate them to subordinates.	**Mb...**	
b) Only exceptional events are reported or acted upon by employees.	**Mb...**	

board of directors
Aufsichtsrat, Vorstand, Direktion
managing director
Geschäftsführer

Who reports to the shareholders?

chain of command
Befehls-/Weisungskette
span of control
Kontrollspanne

What could be an efficient way of solving problems caused by too long chains of command or too wide spans of control?

Which leadership style is used here?

Exercise 6

Match the statements to the leadership styles:

Subordinates are given a free hand in deciding their own policies and methods.	**Participative or democratic style**
This style is used when leaders tell their employees what they want done and how they want it done, without getting the advice of their followers.	**Laissez-faire style**
This style involves the leader including one or more employees in the decision-making process (determining what to do and how to do it). However, the leader maintains the final decision-making authority.	**Autocratic or authoritarian style**

Good leaders use all three styles, with one of them normally dominant. The decision of the right leadership style depends on the _ _ _ _ _ _ _ _ _.

IV Businessplan und Finanzierung des Unternehmens

In den vorigen Kapiteln haben Sie bereits wesentliche Inhalte zur Erstellung eines Businessplans gelernt. Sie werden sehen, dass die erworbenen Kompetenzen in den Bereichen Unternehmensgründung, Marketing und Unternehmensführung bei der Entwicklung eines Businessplans von Vorteil sind.

Bevor es an die Entwicklung eines Businessplans geht, werden Sie sich zunächst intensiv mit den Hauptelementen eines Businessplans. Wichtiger Bestandteil eines Businessplans ist auch die Finanzplanung. Hier werden alle Überlegungen, die Sie in den Vorkapiteln getroffen haben, in Zahlen ausgedrückt.

Hauptelemente eines Businessplans

Eine PPT-Präsentation und weitere Übungen zum Kapitel finden Sie auf der CD.

Die nebenstehende Übersicht zeigt eine mögliche Struktur sowie die wesentlichen Elemente eines Businessplans. Es gibt jedoch keine allgemeingültige Formel für die Erstellung eines Businessplans.

Erinnern Sie sich zurück an das Kapitel „I Unternehmensgründung: der Weg in die Selbstständigkeit"! Was sind die Funktionen eines Businessplans?

Hauptelemente eines Businessplans

1. **Executive Summary** – das Besondere auf einen Blick
2. **Unternehmen**
   - Unternehmens- und Gründerprofil
   - Unternehmensziele
3. **Produkt oder Dienstleistung**
4. **Branche, Markt und Wettbewerb**
5. **Marketing**
6. **Management, Schlüsselpersonen und Organisation**
7. **Umsetzungsfahrplan**
8. **Chancen und Risiken**
9. **Finanzplanung**
   - Kapitalbedarfsplanung
   - Kapitalaufbringung
   - Liquiditätsplan

Den Businessplan kann man mit der **Route** für eine Bergwanderung vergleichen. Bei einer Wanderung ist es für Sie wahrscheinlich selbstverständlich, die Ausgangsbedingungen (z. B. Wetterlage, Ausrüstung) und mögliche Hindernisse zu kennen sowie die Route vorab genau zu planen, um das Wanderziel gut zu erreichen.

KOMPETENZ-ERWERB

Meine Ziele

Nach Bearbeitung dieses Kapitels kann ich

- die Hauptelemente des Businessplans erklären;
- Methoden zur Planung von Unternehmensgründungen (z. B. für Standortentscheidungen oder zur Analyse der Branche) anwenden.

1 Struktur und Inhalt des Businessplans

Sabine Gebauer möchte sich mit einem eigenen Ingenieurbüro für Elektro- und Gebäudetechnik selbstständig machen. Als beratende Ingenieurin will sie ihren Kundinnen und Kunden bei Neubau- und Sanierungsprojekten in allen technischen Fragen und in allen Planungsphasen zur Seite stehen.

Wie beurteilen Sie die Geschäftsidee von Sabine Gebauer? Denken Sie bei der Beantwortung der Fragen auch daran, was Sie im Kapitel „I Unternehmensgründung: der Weg in die Selbstständigkeit" zum Thema Geschäftsidee gelernt haben.

1.1 Executive Summary – das Besondere auf einen Blick

Die **Executive Summary** ist eine komprimierte Zusammenfassung des Businessplans. Sie ist ausschlaggebend dafür, ob sich der Leser – z. B. ein möglicher Kapitalgeber – näher mit dem Businessplan auseinandersetzt. Die Executive Summary steht zwar am Anfang, wird jedoch erst nach Abschluss aller anderen Gliederungspunkte verfasst.

Eine gute Executive Summary ...
- hebt das Besondere des Unternehmenskonzepts hervor.
- zeigt kurz, knapp und präzise die erfolgreiche Umsetzbarkeit der Unternehmensidee.
- macht Leser neugierig und animiert zum Weiterlesen.
- wird erst nach Abschluss aller anderen Gliederungspunkte verfasst.
- ist nicht länger als zwei Seiten.

Die Executive Summary ist auch für Gründer selbst hilfreich. Sie dient als Basis für eine „knackige" Präsentation der Geschäftsidee.

1.2 Unternehmen

In diesem Abschnitt des Businessplans gehen Sie darauf ein, auf welchen Grundsteinen das Unternehmen, mit welchen Sie die Idee umsetzen möchten, aufgebaut werden soll. Dabei
- beschreiben Sie das **Unternehmens- und Gründerprofil** und
- legen die **Unternehmensziele** fest.

1.2.1 Unternehmens- und Gründerprofil

Als Basis des Unternehmens muss ein Gründer folgende Punkte des Unternehmens- und Gründerprofils im Businessplan festlegen:

Geschäftsidee und Unternehmensvision

Beschreiben Sie kurz und prägnant Ihre Geschäftsidee und somit den Geschäftsgegenstand Ihres Unternehmens. Überlegen Sie sich ebenfalls, welche Unternehmensvision mit der Geschäftsidee verbunden ist, d. h. welchen Zustand Sie mit Ihrem Unternehmen eines Tages erreichen möchten.

Details zur Unternehmensvision haben Sie bereits im Kapitel „III Unternehmensführung" gelernt.

Beispiel: Vision des Unternehmens Silhouette

„Wir betrachten es als unsere wichtigste Aufgabe, neue, faszinierende Perspektiven in die Optik zu bringen. Was uns so zuversichtlich macht: Jeder von uns hat eine ganz persönliche Beziehung zum Produkt. Jeder von uns hat Spaß daran, seine Arbeit zu tun, Ideen zu entwickeln und das scheinbar Unmögliche möglich zu machen."

Mit diesen Worten beschreibt ARNOLD SCHMIED, 80-jähriger Unternehmensgründer, seine Vision des Unternehmens, die bei der Unternehmensgründung vor mehr als vierzig Jahren ebenso Gültigkeit hatte wie heute.

Rechercheauftrag: Suchen Sie im Internet nach Visionen von Unternehmen und notieren Sie sie.

Tipp:
Eine **klar definierte Unternehmensvision** wirkt inspirierend und begleitet das Unternehmen langfristig.

Gründer bzw. Gründungsteam

Stellen Sie sich bzw. das Gründerteam vor. Gehen Sie dabei auf die persönlichen Eigenschaften, fachlichen Qualifikationen und sozialen Kompetenzen ein. Dem Leser sollte klargemacht werden, warum es gerade Ihnen gelingen kann, die Geschäftsidee erfolgreich umzusetzen.

Die Voraussetzungen, die Unternehmensgründer/innen mitbringen sollten, haben Sie bereits im Kapitel „I Unternehmensgründung: der Weg in die Selbstständigkeit" kennengelernt.

Tipp:
Niemand ist perfekt. Vermeiden Sie daher eine zu positive Darstellung von sich bzw. Ihrem Team als Gründer, denn sie könnte die Leser misstrauisch machen.

Rechtsform

Eine wesentliche Entscheidung ist die Wahl der Rechtsform des Unternehmens. Sie hängt auch davon ab, ob das Unternehmen allein oder mit einem Partner gegründet wird.

Welche Kriterien sollten Unternehmensgründer/innen bei der Wahl der Rechtsform berücksichtigen? Tipp: Sie haben die Kriterien im Band IV gelernt.

Tipp:
In den seltensten Fällen bleibt eine einzelne **Rechtsform** auf Dauer vorteilhaft. Die Wahl der Rechtsform sollte daher **von Zeit zu Zeit** wieder **überprüft werden.**

Firmenwortlaut

Überlegen Sie sich, wie Sie Ihr Unternehmen nennen werden. Falls man Sie bereits namentlich in der Branche kennt, ist es besser, den eigenen Nachnamen für das Unternehmen zu verwenden. Ist das nicht der Fall, kann ein Fantasiename oder Sachname dazu beitragen, der Zielgruppe die gewünschte Botschaft zu vermitteln.

Beispiele

- Personenfirma: Hans Bürgler e. U.
- Sachfirma: Brau Union Österreich AG
- Fantasiefirma: Blitz-Transporte GmbH
- Gemischte Firma: Kräuter Mandl e. U.

Unternehmensstandort

Sabine Gebauer weiß von anderen Gründerinnen und Gründern, dass diese lange nach einem geeigneten Standort gesucht haben. Sie fragt sich aber: „Ist der Standort für ein Ingenieurbüro wirklich so wichtig? Könnte ich nicht zumindest in den Anfangsjahren auch von zu Hause aus arbeiten und mich mit Kunden und Partnern direkt bei ihnen oder am Projektort bzw. an neutralen Orten wie in Cafés oder Restaurants treffen?“

Welche Standortfaktoren sind Ihrer Meinung nach für ein Ingenieurbüro wichtig? Sehen Sie sich dazu die Abbildung „Standortfaktoren“ an. Was sagen Sie zu Sabines Überlegungen?

Die Wahl des Standortes wirkt sich wesentlich auf den Erfolg des Unternehmens aus. Daher ist es wichtig, den Standort umfassend zu planen und unter die Lupe zu nehmen. Eine nachträgliche Änderung des Standortes ist meist mit hohen Kosten verbunden.

Bei Unternehmen, die kein „reiner Bürobetrieb“ sind, kann eine **Betriebsanlagengenehmigung** nötig sein. Informationen darüber erhalten Sie bei der Bezirkshauptmannschaft oder beim Magistrat.

Die Wahl des Standortes ist von einer Vielzahl von **Standortfaktoren** abhängig. Unter anderem von:

Standortfaktoren

beschaffungsseitige Standortfaktoren

- **Infrastruktur** (z. B. Verkehrsanbindung, Energieversorgung)
- **Verfügbarkeit von geeigneten Arbeitskräften**
- **Nähe zu geeigneten Lieferanten und Rohstoffen**
- **Höhe der Mieten bzw. Kaufpreise** (z. B. für Grundstücke, Geschäftsbüros)
- **Lebensqualität** (z. B. Wohnumfeld, Bildung, Umweltqualität)

produktionsbezogene Standortfaktoren

- **Umweltschutzauflagen**
- **Höhe der Steuern und Abgaben**
- **Subventionen und Förderungen**

absatzorientierte Standortfaktoren

- **Nähe zu geeigneten Kunden**
- **Wettbewerbssituation** (Wer sind die direkten und indirekten Mitbewerber?)
- **Verkehrslage** (z. B. Zufahrt, Parkplätze)
- **Image des Standortes**

Je nach Betriebsart spielen die einzelnen Standortfaktoren in unterschiedlicher Ausprägung eine mehr oder weniger wichtige Rolle. Entscheiden Sie daher je nach Situation, welche angeführten Faktoren die Standortwahl beeinflussen.

Berechnungsmethode zur Wahl des geeigneten Standortes

Wenn Sie sich zwischen zwei oder mehreren Standorten nicht entscheiden können, kann Ihnen folgende **Punktebewertungsmethode** die Entscheidung erleichtern:

Punktebewertungsmethoden werden auch Scoring-Methoden genannt.

Wussten Sie, dass ...
es auch vorteilhaft sein kann, sich in einem sogenannten **Gründerzentrum** anzusiedeln? Dort können Gründer von zum Teil geförderten Mietflächen, einer gemeinsamen Büroinfrastruktur und interessanten Kontakten profitieren!

Berechnung der Punkte
Gewichtungsfaktor · Bewertung = Punkte: 10 · 2 = 20

Ein Formular zur Berechnung von Standorten finden Sie auf der CD.

Vorgehensweise

1. **Standortfaktoren**
   Überlegen Sie, welche Standortfaktoren für Ihre Geschäftsidee wichtig sind.
2. **Gewichtung der Faktoren**
   Schätzen Sie die Wichtigkeit jedes Faktors ein und vergeben Sie Punkte von 1 (unwichtig) bis 10 (sehr wichtig).
3. **Bewertung**
   Untersuchen Sie, wie jeder einzelne Standort pro Faktor abschneidet, z. B. Standort A hinsichtlich der Kundennähe. Vergeben Sie Punkte von 1 (sehr schlecht) bis 5 (sehr gut).
4. **Punkte**
   Multiplizieren Sie die Bewertungspunkte mit der Gewichtung.
5. **Summe der Punkte**
   Addieren Sie die Punkte pro Standort.
6. **Entscheidung**
   Der Standort mit den meisten Punkten entspricht Ihren Anforderungen am besten.

Beispiel: Auszug aus einer Standortplanung

		Standort A		Standort B	
Standortfaktoren	**Gewichtung**	**Bewertung**	**Punkte**	**Bewertung**	**Punkte**
Kundennähe	10	2	20	5	50
Verkehrslage	8	5	40	4	32
....	...	...	...	...	...
Standortimage	6	3	18	4	24
Summe der Punkte		**A**	**78**	**B**	**106**

Standort B ist zu bevorzugen.

Tipp:
Eine falsche Einschätzung des Standortes zählt zu den häufigsten Anfangsfehlern von Jungunternehmern. Als Unternehmensgründer/-in sollten Sie sich daher bei der Wahl des Standortes viel Zeit lassen und genau überlegen!

Aufgabenstellungen – „Unternehmens- und Gründerprofil"

1. Nehmen Sie an, Sie gründen ein Stahl- und Maschinenbauunternehmen. Welche Faktoren würden Sie bei der Wahl des Standortes berücksichtigen?
2. Martin Huber möchte in Wien ein Softwareunternehmen gründen. Er hat die Wahl zwischen zwei Standorten. Beide Standorte hat Martin Huber bereits besichtigt, und er hat auch eine Bewertung (1 = sehr schlecht; 5 = sehr gut) verschiedener Faktoren vorgenommen.

- Bewerten Sie bei den folgenden Faktoren, wie wichtig sie für die Umsetzung des Softwareunternehmens sind, und vergeben Sie im Feld „Gewichtung" Punkte von 1 (= unwichtig) bis 10 (= sehr wichtig).
- Berechnen Sie mit der Punktebewertungsmethode, welcher Standort den Anforderungen von Martin Huber am besten gerecht werden wird.

		Standort A		Standort B	
Standortfaktoren	**Gewichtung**	**Bewertung**	**Punkte**	**Bewertung**	**Punkte**
Kundennähe		4		2	
Verkehrslage		5		3	
Höhe der Miete		3		5	
Geeignete Arbeitskräfte		2		5	
Wettbewerbslage		4		2	
Standortimage		4		3	
Summe der Punkte		**A**		**B**	

1.2.2 Unternehmensziele

Sabine Gebauer weiß, dass Sie im nächsten Schritt ihre kurz-, mittel- und langfristigen Ziele, mit denen sie ihre Geschäftsidee bzw. Vision verwirklichen kann, festlegen sollte.

Um Ihre Vision umsetzen zu können, brauchen Sie einen klaren Fahrplan. Legen Sie die kurz-, mittel- und langfristigen Ziele fest, mit denen Sie Ihre Vision verwirklichen möchten.

Kurz-, mittel- und langfristige Ziele

- **Kurzfristige Ziele (operative Ziele) < 1 Jahr**
  Ziele, die in einem Jahr umgesetzt werden sollen. Legen Sie fest, was Sie bis zur Gründung bzw. in der ersten Zeit nach der Gründung erreichen möchten.

  Beispiel
  Um einen erfolgreichen Unternehmensstart sicherzustellen, soll im nächsten halben Jahr unser Finanzbedarf in der Höhe von 30.000,00 EUR durch externe Kapitalgeber abgedeckt sein.

- **Mittelfristige Ziele (taktische Ziele) 1 – 5 Jahre**
  Das sind jene Ziele, die sich auf die ersten ein bis fünf Jahre beziehen. Hier sollten Sie sich zum Beispiel Gedanken darüber machen,
  - wann die Gewinnzone erreicht werden soll,
  - welchen Umsatz Sie in den einzelnen Jahren erzielen wollen,
  - welchen Marktanteil Sie in den einzelnen Jahren anstreben und
  - wie sich die Mitarbeiteranzahl entwickeln soll.

  Beispiele
  - Die Gewinnzone soll in der ersten Hälfte des zweiten Geschäftsjahres erreicht werden.
  - In unserem dritten Geschäftsjahr streben wir einen Umsatz von etwa 110.000,00 EUR an.

Formulieren Sie mögliche Ziele zu Sabines Geschäftsidee. Der Infotext zur Formulierung von Unternehmenszielen hilft Ihnen dabei.

- Kurzfristige Ziele:
- Mittelfristige Ziele:
- Langfristige Ziele:

Gewinnzone = Erträge > Aufwände.

Umsatz = Absatz • Verkaufspreis pro Einheit.

Marktanteil = umsatz- bzw. mengenmäßiger Anteil des Unternehmens am betreffenden Gesamtmarkt, z. B. Umsatz eines Autoherstellers/Menge der verkauften Autos in einer Region.

- **Langfristige Ziele (strategische Ziele) > 5 Jahre**
  Ziele, die über einen Zeitraum von fünf Jahre hinausgehen. Sie dienen im Vergleich zu den kurz- und mittelfristigen Ziele mehr als Richtungsweiser. Der Fortbestand des Unternehmens soll auf lange Sicht gesichert sein. Langfristige Ziele stehen in engem Zusammenhang mit der Vision des Unternehmens. Überlegen Sie, welches Image und welche Werte Sie langfristig verfolgen möchten.

Beispiel

Intact – ein internationales Dienstleistungsunternehmen für die Herkunfts- und Qualitätssicherung in der Lebensmittelerzeugung – hat sich folgendes langfristiges Ziel gesetzt:

„Intact ist weltweit der Inbegriff für sichere Lebensmittel! [...] Damit drücken wir kurz und prägnant unser großes und langfristiges Unternehmensziel aus, dem wir beharrlich und konsequent entgegengehen."

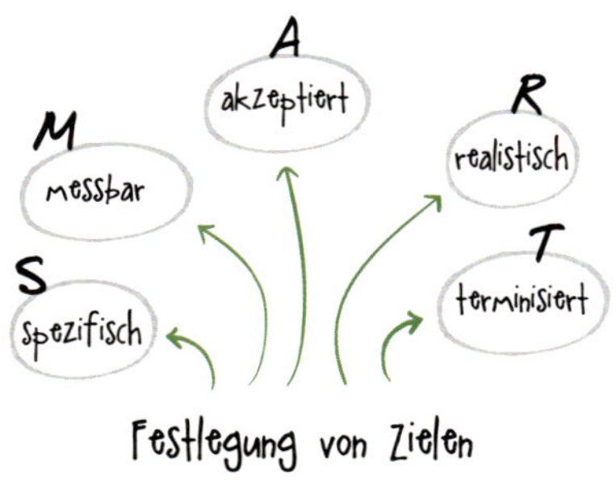

Das richtige Formulieren von Zielen haben Sie im Kapitel „III Unternehmensführung" kennengelernt.

Richtiges Formulieren von Zielen

Bei der Zielformulierung ist es hilfreich, sich an die **SMART-Regel** zu halten. So stellen Sie sicher, dass Ihre Ziele auch korrekt definiert und somit mess- und überprüfbar sind.

Aufbauend auf den Zielen werden Maßnahmen festgelegt, um die Ziele zu erreichen.

Aufgabenstellung – „Unternehmensziele"

- Formulieren Sie für Ihren privaten Bereich bzw. für Ihren schulischen Bereich Ziele. Beachten Sie beim Formulieren der Ziele die SMART-Regel!

  a) **Kurzfristige Ziele:** ______

  b) **Mittelfristige Ziele:** ______

  c) **Langfristige Ziele:** ______

1.3 Produkt oder Dienstleistung

Welchen Nutzen bietet Sabine ihren Kunden?

______

______

______

______

______

______

„Mein Ingenieurbüro wird für jedes Neubau- und Sanierungsprojekt den perfekten Rahmen schaffen. Mit Leidenschaft und Begeisterung werde ich die individuellen Wünsche der Kunden für ihre Projekte umsetzen. Meine Kunden werden von meinem Organisationstalent und meiner Eignesťändigkeit profitieren. Als fachkundige Projektleitung übernehme ich im Vorfeld alle nötigen Abstimmungen. Die Kunden ersparen sich die aufwendige Erstellung von Plänen oder die zeitaufwendige Überwachung der Projekte und so weiter. Durch meine Praktikas in verschiedenen Unternehmen konnte ich gute Geschäftsbeziehungen zu wertvollen Partnern im Bereich Elektro- und Gebäudetechnik aufbauen. Meine Kunden werden von meiner langjährigen Erfahrung im Bereich der Technik profitieren!", schwärmt Sabine Gebauer.

Der Sinn jedes neu gegründeten Unternehmens ist, Kunden eine Problemlösung in Form eines Produkts oder einer Dienstleistung anzubieten. Nun geht es darum, die im Abschnitt „Unternehmen“ kurz erläuterte Geschäftsidee zu präzisieren.

Beschreiben Sie möglichst genau Ihr geplantes Angebot an **Produkten bzw. Dienstleistungen:**

Sabine hat sich schon genau über den Kundennutzen ihrer Geschäftsidee Gedanken gemacht. Sollte sie im Businessplan Ihrer Meinung nach noch auf weitere Punkte eingehen?

Kundennutzen und Kundenvorteile

Nun geht es darum, das Besondere Ihres Produktes bzw. Ihrer Dienstleistung herauszuarbeiten:

- Welchen **Nutzen** können Sie Ihren Kunden bieten?

  Beispiele
  - Sie helfen den Kunden, Zeit oder Geld zu sparen.
  - Sie liefern den Kunden außerordentliche Qualität.
  - Sie bieten den Kunden etwas Innovatives.

- Was ist Ihr **USP (Unique Selling Proposition)?** Das heißt, was macht Ihr Angebot einzigartig?

  Beispiele
  - Restaurant, das Gerichte aus Bioprodukten zubereitet.
  - Geschäft, das gratis einen Zustellservice anbietet.
  - Produktion von Produkten mit besonderer Funktionalität.

Mehr zum Thema Kundennutzen haben Sie im Kapitel „II Marketing“ gelernt.

Stand der Entwicklung

Gehen Sie darauf ein, wie weit Sie mit der Entwicklung des Produktes oder der Dienstleistung sind.

- Welche Schritte sind notwendig, um den ersten Verkauf zu tätigen?
- Zu welchem Zeitpunkt wird das Produkt oder die Dienstleistung reif für den Markt sein?

Fertigung bzw. Erstellung

Überlegen Sie sich den Fertigungs- bzw. Dienstleistungserstellungsprozess des Unternehmens:

- Welchen Anteil machen Sie selbst? Was kaufen Sie zu?
- Was benötigen Sie für die Fertigung bzw. Erstellung (Materialien, Anlagen etc.)?
- Wie viele Mitarbeiter brauchen Sie dazu?
- Durch welche Maßnahmen sichern Sie die Qualität Ihrer Leistungen?

Mehr Informationen über Schutzrechte finden Sie unter:
- www.patentamt.at
- www.espacenet.com
- www.help.gv.at

Beachten Sie, dass registrierungspflichtige Schutzrechte nur in dem Land gelten, in dem sie registriert wurden. Wollen Sie z. B. eine Erfindung nicht nur in Österreich schützen, können Sie beim Europäischen Patentamt (mit Hauptsitz in München) einen europäischen und/oder internationalen Schutz für ein Patent beantragen.

Tipp:
Reden ist Silber, Schweigen ist Gold! Riskieren Sie nicht die Neuheit Ihrer Erfindung selbst. Melden Sie daher Ihre Erfindung zuerst an, bevor Sie damit an die Öffentlichkeit treten.

Ein Gebrauchsmuster kann besonders dann interessant sein, wenn aufgrund von zu geringer erfinderischer Tätigkeit kein Patent angemeldet werden kann.

Schutz vor Nachahmung

Leider ist kein Unternehmer vor Kopien und Nachahmungen geschützt. Überlegen Sie und beschreiben Sie im Businessplan, welche **Schutzrechte** Sie in Anspruch nehmen könnten, um Ihre Gründungsidee bzw. Erfindung zu schützen. Umgekehrt müssen Sie auch überprüfen, ob Ihre Gründungsidee nicht gesetzlich geschützt ist.

Sie können auf vielfältige Weise Ihre Produkte bzw. Dienstleistungen schützen:

Registrierungs- und kostenpflichtige Schutzrechte	Nicht registrierte und kostenfreie Schutzrechte
■ **Patente** – zum Schutz von technischen Innovationen ■ **Gebrauchsmuster** – das kleine Patent ■ **Marke** – zur Unterscheidung von Produkten ■ **Muster** – zum Schutz von Design	■ **Urheberrecht** – zum Schutz von geistiger Schöpfung ■ **Betriebs- und Geschäftsgeheimnis**

Patente – zum Schutz von technischen Innovationen

Das **Patent** ist ein **technisches Schutzrecht.** Sie können damit gewährleisten, dass nur Sie die Erfindung nutzen.

Voraussetzungen zur Erlangung eines Patents
- Die Erfindung muss **neu und erfinderisch** sein, d. h., zum Zeitpunkt der Anmeldung darf sie nicht veröffentlicht sein.
- Die Erfindung betrifft die Lösung eines **technischen Problems.** Nicht geschützt werden können z. B. mathematische Methoden, wissenschaftliche Theorien oder chirurgische und therapeutische Behandlungsverfahren.

Patentanmeldung
- Patente gelten nur in jenen Staaten, für die sie erteilt wurden. Sie können die Entwicklung beispielsweise beim **Österreichischen Patentamt** anmelden, sollten aber überlegen, ob das ausreicht oder ob ein Patent in mehreren Staaten angemeldet werden sollte.
- Die **Schutzdauer** für Patente beträgt ab dem Anmeldetag **20 Jahre.**

Gebrauchsmuster – das kleine Patent

Das **Gebrauchsmuster** wird auch als „kleines Patent" bezeichnet und bietet ebenfalls Schutz für neue technische Erfindungen. Im Gegensatz zum Patent
- muss die Erfindung keinen hohen Erfindungsgehalt aufweisen,
- beträgt die Schutzdauer **maximal zehn Jahre.**

Die zuständige Behörde ist das Österreichische Patentamt.

Marke – zur Unterscheidung von Produkten

Die **Marke** sind Elemente (z. B. Buchstaben, Worte, Zahlen, grafische Darstellungen oder Tonfolgen), durch die ein Unternehmen seine Waren und Dienstleistungen von der Konkurrenz unterscheidbar macht.

Beispiele
- Mercedes-Stern
- Coca-Cola-Schriftzug

Die Schutzdauer beträgt zehn Jahre und kann immer wieder auf weitere **zehn Jahre** verlängert werden. Die zuständige Behörde ist das Österreichische Patentamt.

Das Thema Marke wurde bereits im Kapitel „II Marketing“ genauer behandelt.

Muster – zum Schutz von Design

Durch den **Musterschutz** wird das Aussehen (Design) eines Produkts geschützt. Der Schutz umfasst jedoch nicht die hinter dem Produkt steckende Idee, Erfindung, das Erzeugungsverfahren oder Ähnliches.

Das Muster ist nicht zu verwechseln mit dem Gebrauchsmuster!

Beispiele

Musterschutz für Karos von Schottenröcken

Musterschutz für spezielles Design von Geschirr

Die zuständige Behörde ist das Österreichische Patentamt. Der Schutz dauert fünf Jahre und kann viermal um jeweils fünf Jahre verlängert werden.

Urheberrecht – zum Schutz von geistiger Schöpfung

Durch das **Urheberrecht** sind ohne Registrierung jene Werke geschützt, die eine geistige Schöpfung auf den Gebieten

- der Literatur,
- der Tonkunst,
- der bildenden Kunst und
- der Filmkunst

sind.

Geistige Schöpfung

Beispiele

- **Werke der Literatur:** Romane, Erzählungen, Gedichte, Liedtexte, Bühnenwerke, Drehbücher, wissenschaftliche Arbeiten, Reden, Computerprogramme
- **Filmkunst:** vom Spielfilm bis zum Werbespot

Der urheberrechtliche Schutz ist zeitlich begrenzt. Die **Schutzfristen** sind je nach Schutzgegenstand unterschiedlich. Das Urheberrecht an Werken endet grundsätzlich 70 Jahre nach dem Tod des Urhebers (bzw. des letzten lebenden Miturhebers).

Auch für Sie hat das Urheberrecht Bedeutung. So dürfen Sie beim Verfassen von Referaten oder Hausübungen nicht einfach bereits bestehende Texte 1 : 1 übernehmen!

Betriebs- und Geschäftsgeheimnis

Sofern Sie versuchen, Ihre Geschäftsidee im Rahmen Ihrer unternehmerischen Tätigkeit geheim zu halten, ist sie als **Betriebs- und Geschäftsgeheimnis** geschützt. Dritte dürfen diese Idee ohne Ihre Zustimmung nicht verwenden. Wenn jemand das Betriebs- und Geschäftsgeheimnis verletzt, kann gegen diese Person gerichtlich vorgegangen werden.

Beispiel
Wenn ein Mitarbeiter eines Schokoladenherstellers, der Zugang zu einem Rezept hat, die gleiche Schokolade für ein anderes Unternehmen herstellt, verletzt er das Betriebs- und Geschäftsgeheimnis.

§ 11 – 12 Gesetz gegen den unlauteren Wettbewerb (UWG)

Ein Beispiel für eine Geheimhaltungsvereinbarung finden Sie auf der CD.

Tipp:
Obwohl Vertrauen immer die Basis einer Geschäftsbeziehung sein sollte, ist zu empfehlen, Informationen an Geschäftspartner oder potenzielle Kunden erst nach Abschluss einer **Geheimhaltungsvereinbarung** weiterzugeben.

Aufgabenstellung – „Produkt oder Dienstleistung"

- Überlegen Sie sich einen USP für folgende Unternehmen. Was könnte ihr Angebot einzigartig machen?
  - Bauunternehmen
  - Tischler/in
  - IT-Unternehmen
  - Autohändler/in
  - Elektroinstallationsunternehmen
  - Ingenieurbüro

1.4 Branche, Markt und Wettbewerb

Der Erfolg Ihres Unternehmens ist vom Absatzmarkt abhängig. Stellen Sie fest, wie hoch das Marktpotenzial Ihres Unternehmens ist.

Marktpotenzial = Umfang der Produkte bzw. Dienstleistungen, die das Unternehmen voraussichtlich am Markt verkaufen kann.

Wie hoch ist das Marktpotenzial des Unternehmens?

Zu untersuchen sind

Branche

Markt innerhalb der Branche **Wettbewerb**

Markt

Sabine Gebauer weiß, dass sie unmöglich den gesamten Markt bedienen kann. Um ihre Marketingmaßnahmen gezielt setzen zu können, muss sie eine klare Zielgruppe definieren.

Wenden Sie Ihre Marketingkenntnisse an und versuchen Sie für Sabines Ingenieurbüro, die sich auf Elektro- und Gebäudetechnik spezialisiert hat, eine mögliche Zielgruppe zu definieren.

Finden Sie heraus, welche **Zielgruppe** am attraktivsten für Sie als Gründer bzw. Gründerin ist. Das ist jene Kundengruppe,

- der Ihr Produkt bzw. Ihre Dienstleistung den größten Nutzen bringt,
- die Sie am leichtesten erreichen können,
- die bereit ist, für Ihr Produkt bzw. Ihre Dienstleistung zu bezahlen,
- die groß genug ist, um sie effizient bearbeiten zu können.

Die **Unterteilung des Marktes in Käufergruppen** nennt man **Marktsegmentierung.** Wie man dabei am besten vorgeht, haben Sie bereits im Kapitel „II Marketing" kennengelernt.

Tipp:
Starten Sie mit einer Ihnen möglichst vertrauten Zielgruppe! Zum Beispiel mit einer, die Ihrem Bekanntenkreis entspricht.

Wettbewerb

Um im Wettbewerb erfolgreich bestehen zu können, ist es wichtig, Ihr Unternehmen mit den wichtigsten Mitbewerbern zu vergleichen: Warum sollten Kunden gerade bei Ihnen kaufen und nicht bei Ihren Mitbewerbern (USP)?

Suchen Sie gemeinsam mit Ihren Mitschülerinnen und Mitschülern nach Unternehmensbeispielen aus Ihrer Umgebung und überlegen Sie sich, welche direkten und indirekten Mitbewerber die Unternehmen haben.

Tipp:
Testen Sie Ihre Konkurrenten! Der einfachste Weg ist, sich als Kunde auszugeben. Sie werden wertvolle Einblicke in Stärken und Schwächen sowie Arbeitsweisen der Mitbewerber gewinnen.

Aufgabenstellungen – „Branche, Markt und Wettbewerb“

1. Man sagt zu Unternehmensgründern: „Sie können am Anfang unmöglich den gesamten Markt bedienen.“ Was bedeutet das? Wie sollte man stattdessen vorgehen?
2. Was bedeutet der Ausspruch „Keine Konkurrenz gibt es nicht!“? Erläutern Sie dies mit einem eigenen Beispiel.

1.5 Marketing

Sabine Gebauer weiß, dass man als Jungunternehmer Kosten sparen muss und sich auf ein paar wenige, aber dafür effektvolle Marketingmaßnahmen konzentrieren sollte. Welche Marketingaktivitäten rund um die 4 P sind für Sabines Ingenieurbüro sinnvoll?

Erfolgreiche Unternehmen sind ihren Mitbewerbern im Bereich Marketing oft einen Schritt voraus, daher stellt auch der Marketingteil ein Kernstück des Businessplans dar. Jungunternehmer müssen sich überlegen, wie sie auf intelligente und möglichst kostengünstige Weise zu ihren Kunden kommen.

Gehen Sie im Businessplan darauf ein, wie Sie die 4 P ausgestalten werden.

Wenden Sie Ihre Marketingkenntnisse an und überlegen Sie sich für das Ingenieurbüro Maßnahmen zu allen 4 P.

Anschließend können Sie einzelne Maßnahmen gleich umsetzen. Gestalten Sie z. B. Inserate für Zeitschriften, Flyer oder Plakate für das Ingenieurbüro.

Mehr darüber haben Sie im Kapitel „II Marketing“ gelernt.

Product (Produktpolitik)	Price (Preispolitik)
Wie sehen die Produkte bzw. Dienstleistungen aus?	Wie sind die Preise für die Produkte bzw. Dienstleistungen gestaltet?
Tipp: Gehen Sie besonders auf den Zusatznutzen ein.	**Tipp:** Der Preis soll nicht nur die Kosten decken, sondern auch dem entsprechen, was der Kunde zu zahlen bereit ist – z. B. einen höheren Preis für ein innovatives Produkt.

Place (Distributionspolitik)	Promotion (Kommunikationspolitik)
Wie können die Produkte bzw. Dienstleistungen im richtigen Zustand zur rechten Zeit am gewünschten Ort in der gewünschten Menge zur Verfügung gestellt werden?	Wie können die Kunden über die Produkte bzw. Dienstleistungen informiert werden?
Tipp: Zu den wichtigsten Vertriebskanälen für ein neues Unternehmen zählen Onlineshops, eigener Geschäftsstandort oder Veranstaltungen.	**Tipp:** Hier können sehr hohe Kosten anfallen. Planen Sie die Aktivitäten daher sehr genau. Bevorzugen Sie direkte Promotion-Aktivitäten, z. B. persönliche Besuche, Telefonate, Websites, Teilnahme an Messen.

1.6 Management, Schlüsselpersonen und Organisation

Welche Aufgaben fallen bei einem Ingenieurbüro (z. B. bei Neubauten) an? Durch welche externen Partner können die Aufgaben erbracht werden
Zum Beispiel Tiefbau → Bauunternehmen

Sabine Gebauer gründet das Unternehmen alleine. Ihre Hauptaufgabe wird es sein, die Projekte zu planen, zu organisieren und abzuwickeln. Natürlich wird es auch eine wesentliche Aufgabe sein, Kunden auf sich aufmerksam zu machen und Beziehungen zu Kunden und Partnern aufzubauen. Gerade im Bereich der Technik ist es wichtig, mit externen Partnern zusammenzuarbeiten.

In diesem Abschnitt legen Sie das beschriebene **Geschäftsmodell** zur Realisierung Ihrer Geschäftsidee auf die Organisation und auf die Menschen um:

Welche **Aktivitäten** sind zur Bereitstellung eines Produktes bzw. einer Dienstleistung an einen Kunden **notwendig?**	⇨	**Durch wen** sollen diese Aufgaben und Tätigkeiten **erbracht** werden?

Nicht alle Aufgaben müssen im Unternehmen selbst durchgeführt werden. Denn nur selten bringt ein Unternehmerteam alle notwendigen Qualifikationen und Erfahrungen mit. Vielmehr macht es einen professionellen Eindruck, **externe Partner** (z. B. Wirtschaftsprüfer, PR-Agenturen oder Unternehmensberater), **mit denen man zusammenarbeitet,** anzuführen.

1.7 Umsetzungsfahrplan

Auf den nächsten Schritt im Businessplan – das Erstellen eines Umsetzungsplans – freut sich Sabine Gebauer schon, denn sie hat es in der Schule schon geliebt, Lernpläne aufzustellen und Meilensteinpläne für Schulprojekte zu übernehmen.

Wie planen Sie Ihre schulischen Aufgaben, um einen möglichst guten Lernerfolg zu erzielen?

Für die Durchführung Ihrer Geschäftsidee ist eine **effiziente und möglichst realistische Planung der Umsetzung** wichtig.

Um einen **Umsetzungsfahrplan** (Realisierungsfahrplan, Meilensteinplan) zu erarbeiten, sind folgende Schritte hilfreich:

„Die Wirtschaft ist wie Schach: Man muss immer einige Züge vorausdenken!" (Prof. William A. Sahlmann)

Vorgehensweise

1. **Aufgabenliste erstellen und in Arbeitspakete einteilen**
   Beim Aufbau und bei der Entwicklung eines Unternehmens sind viele verschiedene Detailarbeiten zu erledigen. Fassen Sie einzelne Tätigkeiten zu Arbeitspaketen zusammen, z. B. „Arbeitspaket Marketing und Verkauf".
2. **Meilensteine festlegen**
   Legen Sie fest, bis wann konkrete Meilensteine erreicht werden sollen, z. B. eine fertig entwickelte Marketingkampagne oder ein erster abgewickelter Kundenauftrag.
3. **Kritische Zusammenhänge beachten**
   Da einzelne Aktivitäten das Gesamtprojekt verzögern können, ist es wichtig, festzulegen, welche Aufgaben und Meilensteine direkt voneinander abhängen.
4. **Kontrolle**
   Legen Sie fest, von wem und wie die Einhaltung des Umsetzungsfahrplans kontrolliert werden soll. Überlegen Sie sich auch, was Sie machen, falls Sie die Ziele nicht erreichen.

Meilensteine = Etappenziele, d. h. messbare Ergebnisse.

Beispiel: Auszug aus einem Umsetzungsfahrplan für die Gründung eines Produktionsunternehmens

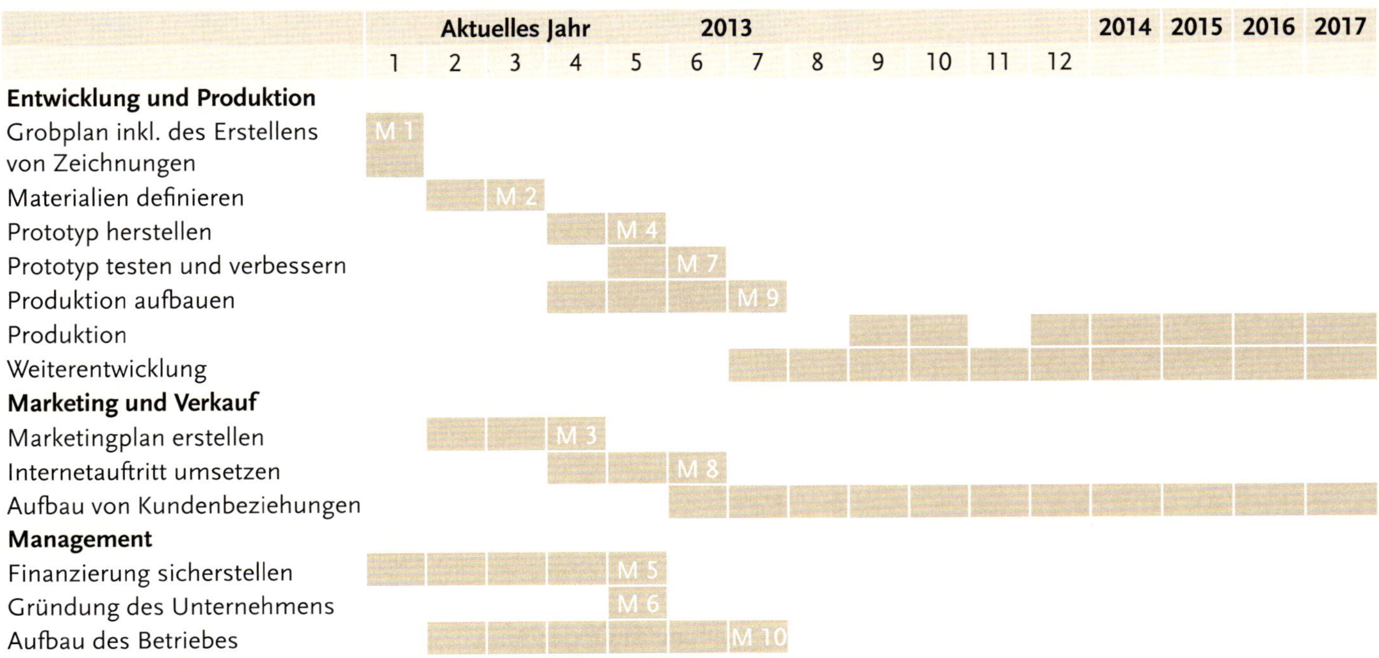

M = Meilenstein.

Die Erstellung eines Umsetzungsfahrplans ist nicht nur für Unternehmensgründungen hilfreich, sondern für alle Projekte. Versuchen Sie, beim nächsten Projekt in der Schule einen Umsetzungsfahrplan aufzustellen!

Tipps:

- **Führen Sie risikominimierende Tätigkeiten möglichst am Anfang durch,** finden Sie z. B. mit einer Marktbefragung heraus, ob die Geschäftsidee auch wirklich Erfolg haben könnte.
- **Fragen Sie Experten, um ihre Erfahrung zu nützen.** Ein Marketingexperte kann Ihnen beispielsweise sagen, wie lange Sie brauchen, um eine Marketingkampagne zu planen und durchzuführen.

Aufgabenstellung – „Umsetzungsfahrplan"

- Erarbeiten Sie für ein privates (z. B. Geburtstagsparty) oder schulisches Vorhaben (z. B. Umgestaltung des Klassenzimmers) einen Umsetzungsfahrpan.
  - Machen Sie eine Aufstellung, welche Aufgaben für die Umsetzung Ihres Vorhabens notwendig sind.
  - Erstellen Sie anschließend einen Umsetzungsfahrplan.

1.8 Chancen und Risiken

Überlegen Sie für Sabine Chancen und Risiken, die einen Einfluss auf den Erfolg ihres Ingenieurbüros haben könnten.

„Hm, welche Chancen und Risiken können einen Einfluss auf den Erfolg meines Ingenieurbüros haben?", fragt sich Sabine Gebauer, als sie beim nächsten Punkt des Businessplans ankommt.

Welche Chancen und Risiken beeinflussen den Erfolg des Unternehmens?

Chancen	Risiken
betreffen u. a. Markttrends und Marktpotenziale sowie Vorteile des eigenen Produkts gegenüber Konkurrenzprodukten.	können sich u. a. in den Bereichen Technologie, Kundenverhalten, Wettbewerb, Branche, Markt, Mitarbeiter, Standort ergeben.
Beispiele ■ Wachstumsmöglichkeiten dank steigender Nachfrage nach dem Produkt. ■ Gewinnung von Stammkunden durch gezieltes Beziehungsmarketing. ■ Einzigartigkeit des Produkts.	**Beispiele** ■ Ein wichtiger Mitarbeiter fällt aus. ■ Ein Mitbewerber bringt ein billigeres Alternativprodukt auf den Markt. ■ Der größte Kunde wird zahlungsunfähig.

Tipp:
Beschreiben Sie Maßnahmen, die Sie zur Reduzierung von Risiken planen! Damit zeigen Sie dem Kapitalgeber, dass die Geschäftsidee gut durchdacht ist.

1.9 Finanzplanung

Eine gute Finanzplanung ist für den Aufbau und die Entwicklung jedes erfolgreichen Unternehmens unerlässlich. Bei der Finanzplanung werden die Überlegungen, die Sie in den Vorkapiteln getroffen haben, in Zahlen ausgedrückt.

Details zu diesem Thema erfahren Sie im nächsten Kapitel.

Wissensfragen – „Hauptelemente eines Businessplans“

1. Was zeichnet eine gute Executive Summary aus?
2. Was sind die Hauptelemente eines Businessplans?
3. Erklären Sie die Bedeutung einer Unternehmensvision.
4. Welche Kriterien sind bei der Wahl des Standortes zu berücksichtigen?
5. Was sind kurzfristige, mittelfristige und langfristige Unternehmensziele? Nennen Sie jeweils ein Beispiel.
6. Erklären Sie mithilfe der SMART-Regel, wie man Ziele richtig formuliert.
7. Beschreiben Sie die Schutzrechte, die einem Unternehmen zum Schutz vor Nachahmung zur Verfügung stehen.
8. Was versteht man unter Branche?
9. Was sind die vier P des Marketings?
10. Welche Schritte sind zur Erstellung eines Umsetzungsfahrplans (Meilensteinplans) notwendig?

Ziele erreicht? – „Hauptelemente eines Businessplans“

KOMPETENZ-ERWERB

Ausgangssituation

Max Hametner möchte sich selbstständig machen und ein Unternehmen im Hochleistungsgetriebebau gründen. Nun ist es an der Zeit seine Geschäftsidee zu konkretisieren und diese in einem Businessplan zu skizzieren.

1. Geben Sie einen Überblick über die Hauptelemente eines Businessplans.
2. Max Hametner hat inzwischen zwei potenzielle Standorte (Wien und Linz) für sein Unternehmen besichtigt und bittet Sie, ihm bei der Wahl zu helfen.
   a) Welche Standortfaktoren sind Ihrer Meinung nach für ein Unternehmen im Hochleistungsgetriebebau wichtig?
   b) Max Hametner hat auch eine Bewertung (1 = sehr schlecht; 5 = sehr gut) der Standorte anhand verschiedener Faktoren vorgenommen. Bewerten Sie bei den folgenden Faktoren, wie wichtig sie für die Umsetzung des Unternehmen von Max Hametner sind, und vergeben Sie im Feld „Gewichtung“ Punkte von 1 (= unwichtig) bis 10 (= sehr wichtig). Berechnen Sie anschließend, welcher Standort den Anforderungen von Max Hametner am besten gerecht werden wird.

		Standort Wien		Standort Linz	
Standortfaktoren	**Gewichtung**	**Bewertung**	**Punkte**	**Bewertung**	**Punkte**
Kundennähe		5		3	
Wettbewerbslage		2		2	
Verkehrslage		2		4	
Geeignete Arbeitskräfte		4		3	
Standortimage		3		4	
Höhe der Miete		3		5	
Summe der Punkte		Wien		Linz	

3. Max Hametner weiß, dass der Erfolg seines Unternehmens vom Absatzmarkt abhängig ist. Zu diesem Zweck möchte er das Marktpotenzial seines Unternehmens untersuchen. Helfen Sie ihm dabei und definieren Sie für das Unternehmen im Hochleistungsgetriebebau mögliche Zielgruppen. Überlegen Sie sich auch, welche Unternehmen direkte und welche Unternehmen indirekte Mitbewerber von Max Hametners Unternehmen sein könnten.
4. Wenden Sie Ihre Marketingkenntnisse an und überlegen Sie sich für das Unternehmen im Hochleistungsgetriebebau Maßnahmen zu allen 4 P.

Finanzierung des Unternehmens

Eine gute Finanzplanung ist für den Aufbau und die Entwicklung jedes erfolgreichen Unternehmens unerlässlich. Dabei ist es nicht nur wichtig, die finanziellen Mittel für die Unternehmensgründung aufzubringen, sondern die finanzielle Stabilität des Unternehmens langfristig sicherzustellen.

Dieses Kapitel vermittelt Ihnen die nötigen Grundlagen, führt mit vielen anschaulichen Beispielen durch die verschiedenen Etappen der Finanzplanung und gibt wertvolle Praxishinweise.

KOMPETENZ-ERWERB

Meine Ziele

Nach Bearbeitung dieses Kapitels kann ich

- die wesentlichen Bestandteile der Kapitalbedarfsplanung erläutern;
- die verschiedenen Quellen der Kapitalaufbringung wiedergeben;
- die Begriffe Eigenkapital und Fremdkapital unterscheiden;
- einen Liquiditätsplan analysieren und richtig interpretieren.

1 Finanzplanung

Nachdem Sie nun alle wesentlichen Bestandteile des Businessplans kennengelernt haben, ist es nun an der Zeit sich Gedanken über den Finanzplan zu machen. Bei der Finanzplanung werden die Überlegungen, die Sie in den Vorkapiteln getroffen haben, in Zahlen ausgedrückt.

Finanzplanung

Wie hoch ist mein Kapitalbedarf?

Wie soll das Kapital aufgebracht werden?

Einplanung ausreichender Finanzmittel mit einem Liquiditätsplan, um zahlungsfähig zu bleiben.

Liquidität = Zahlungsfähigkeit.

2 Kapitalbedarfsplanung

„Mein Businessplan ist fast fertig, jetzt fehlt noch ein ganz wesentlicher Punkt: Die Planung des Kapitalbedarfs. Aber wie viel an Kapital werde ich wohl für das Ingenieurbüro benötigen? Gar nicht so einfach!", denkt sich Sabine Gebauer.

Welcher Kapitalbedarf ist für die Gründung des Ingenieurbüros notwendig? Markieren Sie in der Aufstellung auf der nächsten Seite „Bestandteile der Kapitalbedarfsplanung" die Positionen, die für das Ingenieurbüro relevant sind. Nehmen Sie eine grobe Schätzung der Höhe der einzelnen Positionen vor. Sie können auch das Internet zu Hilfe nehmen!

Bei der Kapitalbedarfsplanung wird ermittelt, wie viel Kapital für
- Anlagevermögen,
- Umlaufvermögen bzw. laufende Zahlungen

benötigt wird.

Tipps:
- **Planen Sie Kapitalreserven ein,** denn bevor ein Projekt startet, kommt man bei fremden Kapitalgebern leichter an Kapital als nach mehreren Monaten mit schlechten Umsätzen.
- **Planen Sie den Kapitalbedarf so genau wie möglich!** Eine grobe Schätzung ist jedoch im Zweifelsfall besser als das Weglassen einer Position.

Die Übersicht auf der nächsten Seite zeigt die **wesentlichen Bestandteile der Kapitalbedarfsplanung.** Die Zusammensetzung des Kapitalbedarfs variiert von Unternehmen zu Unternehmen.

	Kapitalbedarf	Euro
	Kapitalbedarf für Gründung	
	Rechts- und Beratungsaufwand (z. B. für Steuerberater, Rechtsanwalt, Gründungsberater)	
	Vertragserrichtungen	
	Gebühren	
	Gewerbeanmeldung	
	Eintragung ins Firmenbuch	
Fallen einmalig an.	**Eröffnungswerbung**	
	Kapitalbedarf für Investitionen	
	Grundstück	
	Bauliche Investitionen (Neu- und Umbauten, Anpassung von Räumen, Kaution bei Miet- und Pachtobjekten etc.)	
	Einrichtung (Büroausstattung, Maschinen und Werkzeuge, Lagereinrichtung, Ausstellungsräume etc.)	
	Fuhrpark (Pkws, Kombis, Lkws, etc.)	
	Sonstige Investitionen	
	Kapitalbedarf für Betriebsmittel	
	Roh-, Hilfs- und Betriebsstoffe	
	Handelsware	
	Laufender Kapitalbedarf	
	Verbindlichkeiten (Außenstände)	
	Personalaufwand	
	Miete oder Pacht und Betriebskosten	
Fallen laufend an und müssen daher bei einer Jahresplanung auf ein Jahr hochgerechnet werden.	**Zinsen**	
	Strom	
	Versicherungen	
	Gebühren und Abgaben	
	Büroaufwand	
	Marketingaufwand	
	Rechts- und Beratungsaufwand	
	Privatentnahmen (privater Lebensunterhalt)	
	Reserve für Folgeinvestitionen und Unvorhergesehenes (z. B. nicht geplante Investitionen, längere Anlaufphase, mehr Werbung, schlechte Zahlungsmoral der Kunden)	
	Gesamter Kapitalbedarf	**Summe**

3 Kapitalaufbringung

„Wow, ganz schön hoch, mein Kapitalbedarf! Für den Großteil werden wohl oder übel meine Ersparnisse herhalten müssen. Meine Eltern unterstützen zum Glück mein Vorhaben ebenfalls. Zum einen werden sie mir 2.000,00 EUR schenken und zum anderen habe ich die Möglichkeit, bis zu 10.000,00 EUR auszuborgen. Natürlich muss ich den Betrag dann in Raten zurückzahlen, aber im Unterschied zu einem Bankkredit verlangen meine Eltern keine Zinsen von mir. So ganz werde ich aber voraussichtlich ohne Bankkredit nicht auskommen“, überlegt sich Sabine Gebauer.

Welche Formen der Kapitalaufbringung hat Sabine genannt?

- Eigenkapital:
- Fremdkapital:

Nachdem der Kapitalbedarf ermittelt wurde, ist darüber nachzudenken, wie er finanziert werden kann. Ziel ist es, eine strukturierte **Unternehmensfinanzierung** zu planen. Dem Kapitalbedarf werden geeignete Finanzierungsquellen gegenübergestellt. Zu den Quellen der Kapitalaufbringung zählen u. a.:

Kapitalaufbringung

Eigenkapital	Fremdkapital	Förderungen
		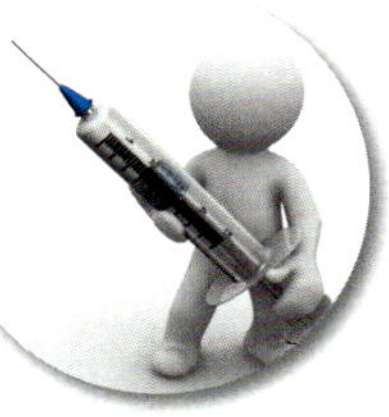
■ Eigenmittel ■ Eigenleistungen ■ Informelle Geldgeber ■ Aufnahme von Partnern ■ Business-Angels	■ Kreditfinanzierung ► Kontokorrentkredit ► Darlehen ► Diskontkredit ► Haftungs- oder Avalkredit ► Lieferantenkredit ► Kundenkredit ► Kreditähnliche Finanzierung (Leasing, Factoring) ■ Effekten (Gläubiger- oder Forderungspapiere)	

Gibt es Formen der Kapitalaufbringung, die Sabine nicht genannt hat, Sie aber trotzdem berücksichtigen würden?

Effekten = vertretbare (austauschbare, fungible) Wertpapiere, die am Kapitalmarkt handelbar sind. Sie dienen der langfristigen Kapitalbeschaffung und Anlage von Kapital.

3.1 Finanzierung mit Eigenkapital

Eigenkapital ist jener Anteil des Kapitals, den der Unternehmer selbst aufbringt und dem Unternehmen dauerhaft zur Verfügung stellt.

Die **Vorteile von Eigenkapital** bestehen darin, dass

- es Unternehmen finanziell unabhängiger macht,
- es die Kreditfähigkeit von Unternehmen erhöht (d. h., das Unternehmen erhält leichter zusätzlich benötigtes Fremdkapital) und dass
- keine Rückzahlungen (Tilgungen) zurückzuzahlen sind.

In der Regel sollte beim Start der Eigenmittelanteil ca. 20 % des Gesamtkapitals ausmachen!

Überlegen Sie anhand des Kapitalbedarfsplans, welchen Teil Sie **selbst aufbringen** können:

- **Eigenmittel:** z. B. Bargeld, Bankguthaben, Wertpapiere, Bausparverträge, vorhandene betriebsnotwendige Güter, wie z. B. Maschinen, Fahrzeuge oder Einrichtungsgegenstände.
- **Eigenleistungen:** z. B. Durchführung von Renovierungsarbeiten durch den Unternehmer.

Obwohl der Unternehmensgründer bei der Finanzierung die Hauptrolle spielt, werden die eigenen Mittel voraussichtlich nicht ausreichen. Deshalb ist es wichtig, den Eigenkapitalanteil durch **weitere Eigenkapitalquellen** zu erhöhen:

Tipps:
Treffen Sie eine schriftliche Vereinbarung über Rückzahlung, Verzinsung bzw. Gewinnbeteiligung, wenn Sie sich von Verwandten, Freunden, Bekannten etc. Geld leihen.

- **Informelle Geldgeber:** Verwandte, Freunde, Bekannte etc.
- **Aufnahme von Partnern:** Gesellschaftsgründung (z. B. GmbH).
- **Business-Angels:** sind vermögende und erfahrene Personen (z. B. Ex-Manager, Ex-Unternehmer), die für den Unternehmensgründer eine Art Patenschaft übernehmen. Sie stellen dem jungen Unternehmen Eigenkapital, aber auch ihre Erfahrung und Businesskontakte zur Verfügung.

Um Business-Angels von der Produktidee und den hohen Wachstumschancen zu überzeugen, ist ein ein Businessplan wichtig!

Vermittlungsplattformen für Business-Angels:
http://www.awsg.at
http://www.business-angels.at

Tipps:
Business-Angel ist nicht gleich Business-Angel. Wählen Sie Ihren Business-Angel sorgfältig aus und stellen Sie somit sicher, dass er nicht Ihre Unerfahrenheit als Jungunternehmer ausnützen möchte, z. B. damit er Zugang zu Patenten oder Technologien bekommt, die er dann selbst vermarktet. Untersuchen Sie beispielsweise, ob der Business-Angel das nötige Wissen und ausreichend Zeit hat!

Aufgabenstellung – „Finanzierung mit Eigenkapital"

- Welche Arten der Eigenfinanzierung liegen in den folgenden Fällen vor? Geben Sie die Finanzierungsart so genau wie möglich an.

Beispiele	Finanzierungsart
Im Unternehmen Thomas Radler e. U. wird der erwirtschaftete Gewinn nicht entnommen, sondern dem Eigenkapitalkonto zugeführt.	
Die Blitz KG nimmt einen weiteren Kommanditisten auf, um die Eigenkapitalbasis zu erhöhen.	
Thomas Radler e. U. brachte bei der Gründung private Mittel in der Höhe von 120.000,00 EUR ein.	
Sabine Holzer, Gründerin des IT-Unternehmens Digitalinvest e. U. wird durch den erfahrenen Manager Dieter Hutterer unterstützt. Neben Eigenkapital stellt Dieter Hutterer der Gründerin sein Know-how als Manager und sein gutes Netzwerk in der IT-Branche zur Verfügung. Dieter Hutterer zu seinem Engagement: „Mir geht es bei dieser Investition nicht darum, möglichst schnell Gewinne zu erzielen. Vielmehr genieße ich es, mein unternehmerisches Wissen an andere weiterzugeben!"	

3.2 Finanzierung mit Fremdkapital

Erst wenn Sie versucht haben, alle Eigenkapitalquellen auszuschöpfen, sollten Sie Fremdkapitalquellen heranziehen.

Fremdkapital ist jener Anteil des Kapitals, der dem Unternehmen von Institutionen von außen zugeführt wird.

Fremdkapital gehört dem Unternehmer nicht selbst und muss daher **zuzüglich Zinsen zurückbezahlt werden.** Häufig verlangen Fremdkapitalgeber die Bereitstellung entsprechender **Sicherheiten,** z. B. die Hinterlegung von Sparbüchern, Abschluss von Lebensversicherungen und Wertpapieren.

Entscheidend ist die richtige Mischung von Eigenkapital und Fremdkapital. Ein zu hoher Fremdkapitalanteil kann gefährlich werden.

Merkmale des Fremdkapitals

Fremdkapital

- vergrößert relativ rasch die Finanzierungsbasis eines Unternehmens.
- steht dem Unternehmen nur befristet zur Verfügung.
- berechtigt den Kapitalgeber nicht, Einfluss auf die Geschäftsleitung zu nehmen. (Zum Teil haben Banken bei Krediten aber ein Mitspracherecht im Unternehmen.)
- beteiligt den Kapitalgeber nicht am Gewinn und Zuwachs des Vermögens.
- belastet das Unternehmen mit laufenden Zinsen- und Rückzahlungsverpflichtungen.

Aha!
Der Kapitalgeber trägt das Risiko eines Verlustes des eingesetzten Kapitals. Im Falle eines Konkurses wird jedoch der Fremdkapitalgeber gegenüber dem Eigenkapitalgeber bevorzugt.

Tipps:

- **Eigenkapital ist wichtig, um Fremdkapital zu beschaffen!** Kapitalgeber werden die beste Idee nicht finanzieren, wenn der Unternehmer selbst nicht genügend eigenes Kapital einbringt! Viele Banken verlangen je nach Branche und Finanzierungsvolumen üblicherweise einen Eigenkapitalanteil von 20 bis 30 %.
- **Gehen Sie nicht erst dann zur Bank, wenn Sie kein Geld mehr haben!** Machen Sie nicht den Fehler, Anfangsinvestitionen vollständig mit Eigenkapital zu finanzieren und erst dann zur Bank zu gehen, wenn Sie nicht genügend Eigenkapital zur Verfügung haben.
- **Banken bieten mehr als „nur" Geld!** Sie geben wichtige Informationen und können besonders bei Förderungen weiterhelfen.

3.2.1 Kreditfinanzierung

Der **Kredit** ist eine Leistung, die im Vertrauen darauf erbracht wird, dass später eine ordnungsgemäße Gegenleistung erfolgt.

Die Möglichkeiten der Kreditfinanzierung sind vielfältig. Manche Fremdkredite entstehen ohne besondere Maßnahmen durch die normale Geschäftsabwicklung (z. B. Lieferantenkredite), andere erfordern eigene **Kreditverträge** (z. B. Bankkredite).

Kreditvertrag = übereinstimmende Willenserklärung zwischen Kreditgeber und Kreditnehmer, eine Leistung (z. B. Geld, Warenlieferung) im Vertrauen auf die spätere Gegenleistung (z. B. Rückzahlung) zu überlassen.

Unterscheidung der Kreditarten

Die **Kreditarten oder Kreditformen** ergeben sich aus den vielfältigen Bedürfnissen der Kreditnehmer und Kreditgeber und können u. a. nach verschiedenen Kriterien eingeteilt werden:

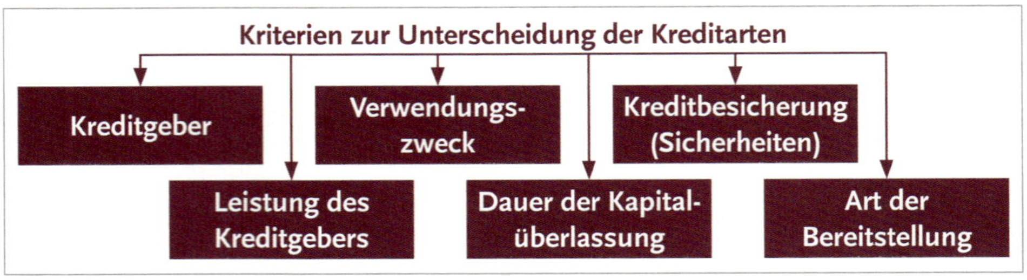

❶ Kreditgeber

Kreditgeber (Gläubiger, Kreditoren) können sein:

- Unternehmen (Kreditinstitute, Lieferanten, Abnehmer),
- öffentlich-rechtliche Körperschaften oder
- Privatpersonen

Wobei in der Praxis Kreditinstitute und Lieferanten zu den wichtigsten Kreditgebern zählen.

❷ Leistung des Kreditgebers

❸ Verwendungszweck

Kredite für		Kreditnehmer sind
■ Investitionen im engeren Sinn (d. h. Anlagevermögen) ■ die Beschaffung von Werkstoffen (Umlaufvermögen) ■ die Zwischenfinanzierung (z. B. um einen späteren Zahlungseingang oder um umsatzschwächere Saisonen zu überbrücken)	⇨	**Unternehmen und öffentlich-rechtliche Körperschaften**
■ die Finanzierung von Konsumgütern		**Privatpersonen**

Die Finanzierung des privaten Eigenheims ist oftmals mit der Aufnahme eines Kredites verbunden

❹ Dauer der Kapitalüberlassung

- **Kurzfristig:** Laufzeit bis 1 Jahr
- **Mittelfristig:** Laufzeit 1–5 Jahre
- **Langfristig:** Laufzeit über 5 Jahre

❺ Kreditbesicherung (Sicherheiten)

Obwohl vor der Vergabe von Krediten der Kreditgeber die Kreditwürdigkeit des Kreditnehmers prüft, lässt sich das Risiko, dass ein Kunde seinen Kredit nicht zurückzahlen kann, nie komplett ausschließen. Daher werden Kredite im Normalfall nicht ohne ausreichende Kreditbesicherung gewährt. Der Kreditgeber will sich somit absichern, dass er den Kredit zurückbezahlt bekommt. Man unterscheidet folgende Sicherheiten:

Kreditbesicherung

Kreditsicherheiten

Personalsicherheiten

- Wechsel
- Bürgschaft
  - Gewöhnliche Bürgschaft
  - Haftung als „Bürge und Zahler“ (selbstschuldnerische/solidarische Bürgschaft)
  - Ausfallsbürgschaft

Realsicherheiten

- Pfandrecht an beweglichen Gütern (Lombardkredit)
- Pfandrecht an unbeweglichen Gütern (Hypothek)
- Forderungsabtretung (Zession)
- Eigentumsvorbehalt

Kreditversicherung

Eine Versicherungsgesellschaft übernimmt gegen Zahlung einer Prämie das Kreditausfallsrisiko.

Je höher der Wert der Sicherungen, desto geringer ist das Risiko für den Kreditgeber.

- **Personalsicherheiten**
  Der Kredit wird durch den Kreditnehmer oder dritte Personen (z. B. Bürgen) sichergestellt.
  - **Wechsel**
    Zur Sicherstellung des Kredites akzeptiert der Kreditnehmer oder evtl. auch der Kreditbürge einen unausgefüllten Wechsel (Blankowechsel). Der Kreditgeber hat die Möglichkeit, den Blankowechsel bei Nichtrückzahlung des Kredites zahlbar zu stellen und gerichtlich einzuklagen.
  - **Bürgschaft**
    Neben dem Kreditnehmer verpflichtet sich noch eine – oder auch mehrere Personen –, für die Verbindlichkeit des Schuldners einzustehen. Je nach Haftungsvoraussetzungen wird zwischen folgenden **Arten von Bürgschaften** unterschieden:

Gewöhnliche Bürgschaft	Selbstschuldnerische od. solidarische Bürgschaft	Ausfallsbürgschaft
Der Bürge kann erst dann belangt werden, wenn der Hauptschuldner vom Gläubiger erfolglos gemahnt worden ist. Diese Bürgschaftsform spielt in der Praxis nur eine untergeordnete Rolle.	Der Bürge haftet als „Bürge und Zahler“. Bei Zahlungsverzug des Kreditnehmers hat der Kreditgeber ein völlig freies Wahlrecht, wen er zuerst belangt. Der Kreditgeber kann sich aussuchen, ob sie den Kreditnehmer, den Bürgen oder beide zugleich belangt.	Der Bürge haftet nur für den Fall, dass der Gläubiger trotz aller zumutbaren Schritte keine Zahlung des Hauptschuldners erlangt. Dazu gehören das Einklagen der Forderung und das Führen der Exekution.

Achtung!
„Ich brauche dringend einen Bankkredit! Kannst du mir dafür bürgen?“ Diese Frage kann Ihnen später von nahen Angehörigen oder Freunden gestellt werden. Es ist möglich, dass Sie dadurch in eine psychische Zwangslage geraten und deshalb diesen Freundschaftsdienst nicht abschlagen wollen. In dieser Situation sollten Sie aber bedenken, dass eine unüberlegte Entscheidung und eine anschließende Unterschrift fatale Folgen haben können. Mit der Übernahme von Bürgschaften sind oft finanzieller und wirtschaftlicher Ruin sowie zerstörte Freundschaften verbunden.

- **Realsicherheiten**
  Dem Kreditgeber werden zur Sicherstellung Wertsachen (bewegliche und unbewegliche Sachen sowie Rechte) des Kreditnehmers übertragen.
  - **Pfandrecht an beweglichen Gütern (Lombardkredit):** Bewegliche Güter (Mobilien) werden zur Sicherstellung als Pfand (Faustpfand) genommen, z. B. Wertpapiere, Münzen, Edelmetalle, Schmuck oder Bilder.
  - **Pfandrecht an unbeweglichen Gütern (Hypothekarkredit):** Immobilien wie Grundstücke, Gebäude oder Eigentumswohnungen werden zur Sicherstellung als Pfand genommen. Die Verpfändung (Hypothek) wird in das Grundbuch eingetragen. Wenn der Kredit ordnungsgemäß zurückgezahlt worden ist, wird die Hypothek im Grundbuch **gelöscht.** Wegen der hohen Grundbuchgebühren ist eine Hypothek nur bei langfristigen Krediten wirtschaftlich.

Grundbuch = öffentliches Buch, das beim Bezirksgericht geführt wird und in das alle Grundstücke und Gebäude eingetragen werden.

Für ein Grundstück oder Gebäude können mehrere Hypotheken eingetragen werden, wenn der Wert der Pfandsache höher eingeschätzt wird als die gewährten Kredite

Aha!
Kann der Kredit nicht zurückgezahlt werden, hat der Kreditgeber das Recht, im Kreditvertrag genannte bewegliche oder unbewegliche **Pfandsache zu verwerten,** um den offenen Kreditbetrag zu tilgen. In der Regel bedarf es jedoch der gerichtlichen Mitwirkung. Der Gläubiger muss durch eine gerichtliche Klage ein Urteil erwirken, das zum Verkauf der Pfandsache führt. Der Erlös aus der Versteigerung oder dem Freihandverkauf des Pfandes geht an den Gläubiger.

- **Forderungsabtretung (Zessionskredit):** Forderungen des Kreditnehmers gegenüber einem Drittschuldner (das ist z. B. ein Kunde des Kreditnehmers) werden zur Sicherung eines Kredites an den Kreditgeber abgetreten.
- **Eigentumsvorbehalt:** ist eine Kaufvertragsvereinbarung zwischen Verkäufer und Käufer. Der Käufer erhält die Ware zwar und kann sie auch benutzen. Er wird aber erst nach vollständiger Bezahlung Eigentümer. Dies dient zur Sicherung von Forderungen bei Zielkäufen (Lieferantenkrediten).

❻ Art der Bereitstellung bzw. Inanspruchnahme

Kontokorrentkredit	Bereitstellung eines Kreditrahmens (Kreditlinie) auf einem Konto, immer wieder ausnutzbar
Darlehen	Bereitstellung des Kreditbetrages in einer Summe; Rückzahlung in Raten oder am Ende der Laufzeit
Diskontkredit	Bereitstellung einer Kreditlinie (Obligo), bis zu der Wechsel angekauft werden
Haftungs- oder Avalkredit	Übernahme einer Haftung für Verbindlichkeiten in Form einer Bürgschaft oder Garantie
Lieferantenkredit	Bereitstellung von Lieferungen bzw. Leistungen auf Ziel durch Lieferanten
Kundenkredit	Anzahlung oder Vorauszahlung durch Kunden (Abnehmer)

Wie Sie oben beim Punkt „Realsicherheiten“ gesehen haben, werden Kredite u. a. nach den Sicherheiten benannt, z. B. Lombard-, Zessions- oder Hypothekarkredit. Es handelt sich dabei um einen Kontokorrentkredit oder um ein Darlehen.

Die verschiedenen Kriterien werden je nach Bedarf kombiniert, um die Art des Kredites zu beschreiben.

Beispiel
Der Bauunternehmer Hubert Forstinger nimmt bei der örtlichen Raiffeisenbank einen Kredit in der Höhe von 200.000,00 EUR zum Ankauf eines Krans auf. Die Rückzahlung soll in vier Jahren erfolgen. Es handelt sich dabei um einen **mittelfristigen Kredit zur Finanzierung von Investitionen.** Der Geldbetrag **(Effektivkredit)** wird in Form eines **Darlehens** zur Verfügung gestellt.

In der Folge werden **die wichtigsten Kreditarten nach der Art der Bereitstellung** behandelt und dabei wird immer wieder auf die oben besprochenen Kriterien Bezug genommen, um die Kreditarten zu beschreiben.

3.2.1.1 Kontokorrentkredit

Der Kontokorrentkredit ist ein kurzfristiger Geldkredit in einer bestimmten Höhe. Er wird als **Kreditrahmen (Kreditlinie) auf einem Giro- oder Kontokorrentkonto** eingeräumt.

Bankkredite sind in Europa die dominierende Finanzierungsquelle.

Der Kreditnehmer kann während der Laufzeit den Kredit – je nach Bedarf – bis zum Kreditrahmen **rollierend** in Anspruch nehmen. Wird der Kreditrahmen überschritten, spricht man von Überziehung. Es kann auf dem Konto aber auch ein Guthaben ausgewiesen werden. Für Guthaben werden **Habenzinsen** gewährt.

Verwendung
Im Geschäftsleben hat der Kontokorrentkredit große Bedeutung. Unternehmen verwenden den Kontokorrentkredit **kurzfristig,** z. B. zur Finanzierung des Kaufs von Betriebsmitteln (Roh-, Hilfs- und Betriebsstoffen etc.) oder als Saisonkredit zur Überbrückung eines saisonbedingten Kapitalbedarfs (beispielsweise zur Produktion im Winter, zum Verkauf der Erzeugnisse im Sommer).

Für den Kreditnehmer ist der Kontokorrentkredit vorteilhaft, weil sich die meisten Kosten nur auf den wirklich beanspruchten Kreditbetrag beziehen. Wird der Kredit vorübergehend nicht benötigt, so entstehen auch keine variablen Kosten.

Kosten
Die laufenden Kosten des Kreditnehmers bei einem Kontokorrentkredit setzen sich im Wesentlichen aus folgenden Posten zusammen:

- **Sollzinsen (Schuldzinsen):** Zinsen für den tatsächlich beanspruchten Kredit (kontokorrentmäßige Verzinsung). Der Zinssatz hängt von der Bonität des Schuldners, von der Höhe und der Laufzeit des Kredites sowie von den Sicherheiten ab.
- **Kreditprovision:**
  - Als Kreditbereitstellungsprovision (vom gesamten Kreditrahmen, vom ausgenutzten oder nicht ausgenutzten Rahmen) oder
  - als Umsatzprovision (von den monatlichen Höchstschuldbeträgen)
  - **Überziehungsprovision (Überziehungszinsen):** Von den Beträgen, die den Kreditrahmen übersteigen
  - **Kontoführungsgebühren:** Zeilen-, Buchungs-, Abschlussgebühr etc.
  - **Auszugsspesen:** Bei Zusendung der Kontoauszüge.

Aha!
Werden bei kurzfristigen Krediten wie Kontokorrentkrediten bewegliche Güter zur Sicherstellung als Pfand genommen, spricht man von einem **Lombardkredit.**

3.2.1.2 Darlehen

Bei einem Darlehen stellt der Kreditgeber dem Kreditnehmer **langfristig** einen bestimmten Geldbetrag zur Verfügung. Die Rückzahlung des Darlehens erfolgt im Allgemeinen in Raten oder durch einmalige Rückzahlung am Ende der Laufzeit. Der Darlehensbetrag kann nur einmal beansprucht werden.

Privatdarlehen werden bei den Banken unterschiedlich bezeichnet, z. B. als Personalkredit, Anschaffungskredit, Konsumdarlehen oder Ratenkredit.

Verwendung
Darlehen dienen zur **langfristigen** Finanzierung von Investitionsvorhaben (im engeren Sinn) von Unternehmen oder von Privatpersonen z. B. für Wohnungsbau. Das Umlaufvermögen wird mit Ausnahme der Finanzierung eiserner Bestände normalerweise nicht mit langfristigen Krediten finanziert.

Aha!
Erfolgt die Sicherstellung des Darlehens durch ein Pfand an unbeweglichen Gütern (d. h. an Immobilien wie Grundstücken, Gebäuden oder Eigentumswohnungen), spricht man von einem **Hypothekarkredit.**

Kosten
Der Darlehensnehmer hat üblicherweise folgende Kosten:

- **Zinsen:** Es kann für eine bestimmte Zeit ein Festzinssatz oder ein variabler Zinssatz vereinbart werden. Die Höhe des Zinssatzes wird stark von der Bonität des Kreditnehmers beeinflusst.
- **Bearbeitungsgebühr.**
- **Kontoführungsgebühr.**
- **Kosten für die Bereitstellung von Sicherheiten,** z. B. Schätzkosten für das zu beleihende Objekt; Beurkundungsgebühren, Eintragungs- und Löschungsgebühren bei Grundbucheintragungen.

Der **variable Zinssatz** ist an einen Geldmarktzinssatz gekoppelt, z. B. EURIBOR, LIBOR oder US Prime Rate.

Rückzahlung (Tilgung) des Darlehens
Nach der Art der Tilgung lassen sich drei Formen unterscheiden, wobei die Zahlungen jährlich, halbjährlich, vierteljährlich oder monatlich erfolgen können:

Fälligkeitsdarlehen (endfällige Darlehen, Festdarlehen)	Die Darlehenssumme wird am Ende der Laufzeit in voller Höhe zurückgezahlt (getilgt). Während der Laufzeit sind in vereinbarten Zeitabständen die Darlehenszinsen vom Darlehensbetrag zu zahlen.

Abzahlungsdarlehen (Ratendarlehen)	Die Darlehenssumme wird in gleichbleibenden Beträgen (Raten) getilgt. Da jeweils nur der verbleibende Darlehensbetrag zu verzinsen ist, sinken die Zinsanteile von Jahr zu Jahr. Die Annuität sinkt ständig.
Annuitätendarlehen (Tilgungs- oder Amortisationsdarlehen)	Die Annuität bleibt während der Kreditlaufzeit gleich. Die Zinsanteile sinken, die Tilgungsquote steigt von Jahr zu Jahr.

Annuität = Tilgungsquote und Zinsen.

Tilgungsquote = Betrag, der zur Verminderung der Schuld führt.

Unterscheidung Kontokorrentkredit und Darlehen

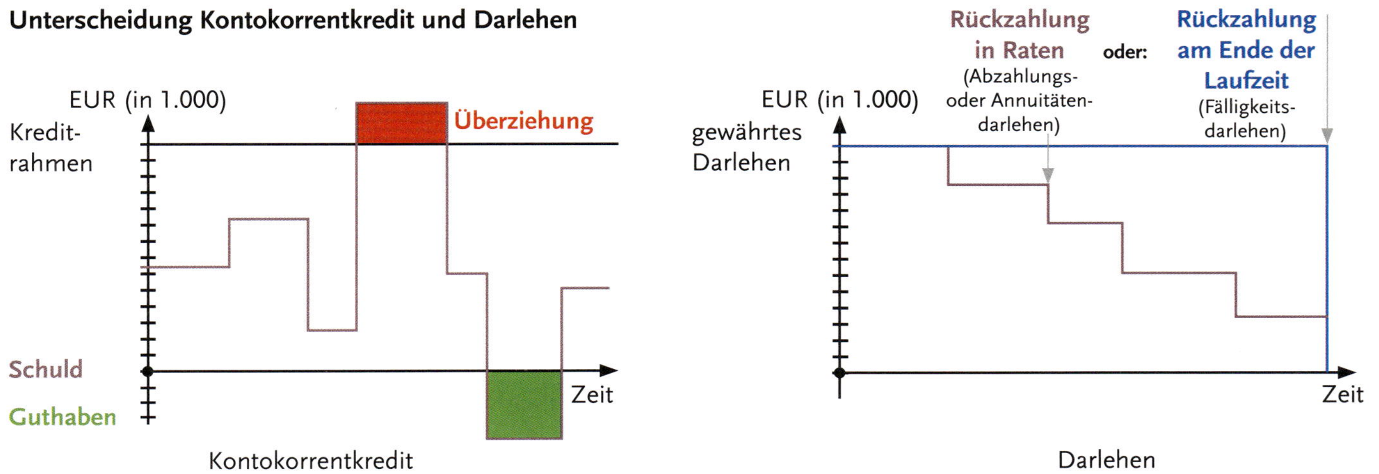

3.2.1.3 Lieferantenkredit

Beim Lieferantenkredit zahlt der Kunde eine bereits gelieferte Ware bzw. die erbrachte Dienstleistung erst später innerhalb der vom Lieferanten gewährten Zahlungsfrist. Für die Zahlungsfrist wird ein Skontosatz in den Preis eingerechnet.

Zinsen für Zahlungsziel
\+ Risikozuschlag
\+ Verwaltungskosten
= **Skontosatz**

Lieferantenkredit

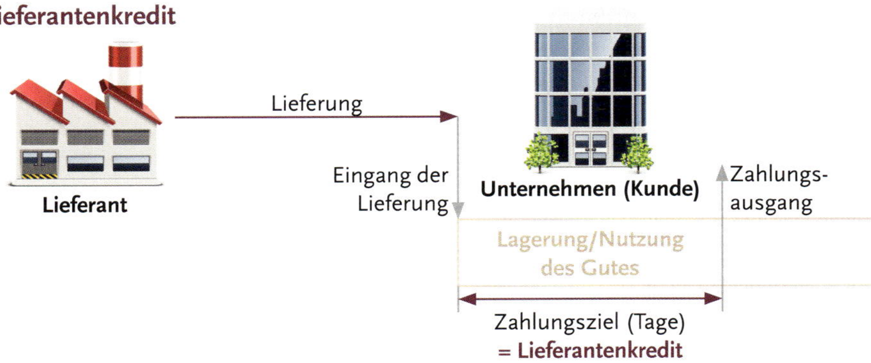

Verwendung

Der Lieferant nutzt den Lieferantenkredit als absatzpolitisches Instrument zur Absatzsicherung bzw. als Mittel im Wettbewerb. Vorteil für den Käufer ist, dass er schnell und formlos einen Kredit ohne Einschaltung von Banken in Anspruch nehmen kann. Der Lieferant wird sich aber zumindest bei größeren Beträgen und bei unbekannten Kunden bei der Bank erkundigen, ob die künftige Bezahlung gesichert erscheint. Als Sicherheit bleibt ihm meistens nur der Eigentumsvorbehalt.

Kosten
Die Kosten des Lieferantenkredites entstehen, indem der Käufer den Skonto nicht in Anspruch nimmt.

Beispiel: Zahlungskondition mit Zahlungsziel und Skonto
„Zahlung: **8 Tage** bei 3 % Skonto, **30 Tage** netto."

↑ Kassafrist, Kassarespiro ↑ Zahlungsziel

Der Lieferantenkredit ist jedoch eine sehr teure Kreditform. Wenn man die Skontoersparnis in einen Jahreszinssatz umrechnet, sieht man, dass es sich sogar auszahlt, einen Bankkredit zu beanspruchen, um den Skonto auszunutzen.

Beispiel: Welcher Jahresverzinsung entspricht das Nichtausnützen des Skontos?
Zahlungsziel: 30 Tage, Kassafrist: 8 Tage, Skonto: 3 %
Das bedeutet, dass man für **22 Tage (30 minus 8) 3 %** vom Kaufpreis bezahlen muss.

22 Tage............3 %
365 Tage..........x %

$$\textbf{Jahresverzinsung} = \frac{\text{Skonto in Prozenten}}{\text{Zahlungsziel in Tagen} - \text{Kassafrist in Tagen}} \cdot 365$$

$$x = \frac{3 \cdot 365}{22} = \text{ca. } 49{,}8\ \%\ \text{p. a.}$$

Um den Skonto ausnützen zu können, würde es sich sogar auszahlen, einen Bankkredit zu beanspruchen. Der Jahreszinssatz eines Bankkredites (z. B. 7 %) ist wesentlich niedriger!

3.2.1.4 Kundenkredit

Kundenkredite entstehen durch erhaltene **Anzahlungen und Vorauszahlungen** von Kunden. Es handelt sich um einen Kredit vom Eintreffen des Geldbetrages bis zur Erbringung der Lieferung bzw. Leistung.

Verwendung
Vorauszahlungen und Anzahlungen bieten dem Verkäufer eine gewisse Sicherheit, dass der Käufer die Ware auch wirklich abnimmt. Oft dienen Anzahlungen auch der Vorfinanzierung der Herstellungskosten durch den Käufer.

Kundenkredite sind in verschiedenen Branchen üblich, z. B. bei Auftragsproduktionen im Maschinen-, Großanlagen-, Schiffs- und Flugzeugbau.

3.2.1.5 Kreditähnliche Finanzierung

Im Zusammenhang mit Fremdfinanzierung sollen nun noch die Finanzierungsformen **Factoring** und **Leasing** geklärt werden. Dabei handelt es sich um „kreditähnliche" Finanzierungsformen, die zwar nicht in der Bilanz als Fremdkapital aufscheinen, aber als Ersatz für die Aufnahme von Krediten dienen.

❶ Factoring
Beim **Factoring** verkauft ein Unternehmen Forderungen aus Lieferungen und Leistungen bis zu einem vereinbarten Betrag vor Fälligkeit an ein spezielles Finanzinstitut (Factor).

Je nach Vereinbarung übernimmt der Factor folgende Funktionen	
Finanzierungsfunktion	Die Finanzierung erfolgt durch Bevorschussung der angekauften Inlands- und/oder Auslandsforderungen. Es werden üblicherweise 80–90 % der Rechnungsbeträge sofort als Kreditbetrag bis zum Fälligkeitstag der Forderung zur Verfügung gestellt. Durch die ordnungsgemäße Begleichung der Rechnungen wird der Kredit getilgt, und auch die restlichen 10–20 % der Rechnungsbeträge werden dem Kreditnehmer gutgeschrieben. Der Factor verrechnet marktübliche Zinsen für den bereitgestellten Kreditbetrag.
Delkrederefunktion	Der Factor übernimmt auf Wunsch und gegen Bezahlung das Zahlungsausfallsrisiko (Dubiosenrisiko). In diesem Fall wird auch von echtem Factoring gesprochen.
Dienstleistungsfunktion	Der Factor übernimmt gegen eine umsatzabhängige Factoringprovision weitere Dienstleistungen im Bereich der Abwicklung von Forderungen, z. B. ■ Debitorenbuchhaltung, ■ Mahnwesen oder ■ Inkassowesen.

Beim **echten Factoring** übernimmt der Factor auch das Risiko, dass der Schuldner der Forderung nicht bezahlt.

Es kann zwischen offenem und stillem Factoring unterschieden werden:
- **Offenes Factoring:** Der Kunde wird von der Forderungsabtretung informiert.
- **Stilles Factoring:** Der Kunde erfährt von der Abtretung nichts.

Prinzip des offenen Factorings

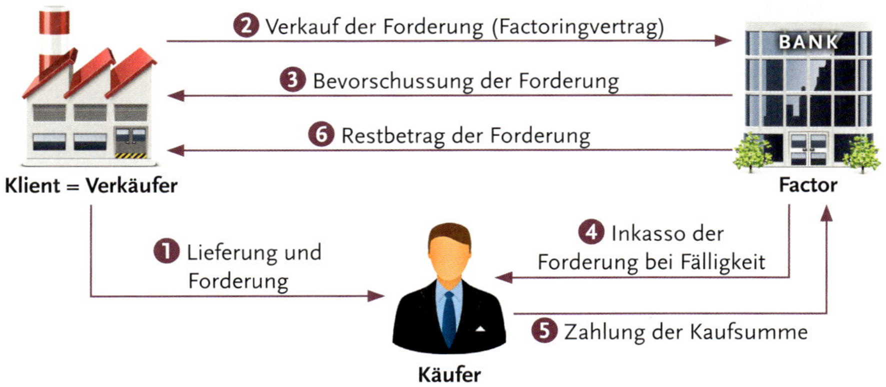

2 Leasing

Leasing ist eine mittel- oder langfristige Vermietung oder Verpachtung von Wirtschaftsgütern durch den Eigentümer. Das kann entweder der Hersteller oder eine eigene Leasinggesellschaft sein.

Leasing spielt sowohl im privaten als auch im geschäftlichen Bereich eine Rolle.

Leasingobjekte

Folgende **Objekte** kann man leasen bzw. verleasen:

Leasingobjekte

Immobilien	Mobilien
Beispiele ■ Gebäude ■ Gesamte Betriebsanlagen	**Beispiele** ■ Fahrzeuge ■ Maschinen ■ Computer ■ Ganze Einrichtungen des Anlagevermögens

In Österreich werden pro Jahr ca. 170 000 Leasingverträge abgeschlossen. Gut die Hälfte davon entfällt auf Kfz-Leasing.

Beispiel: Leasing eines Autos

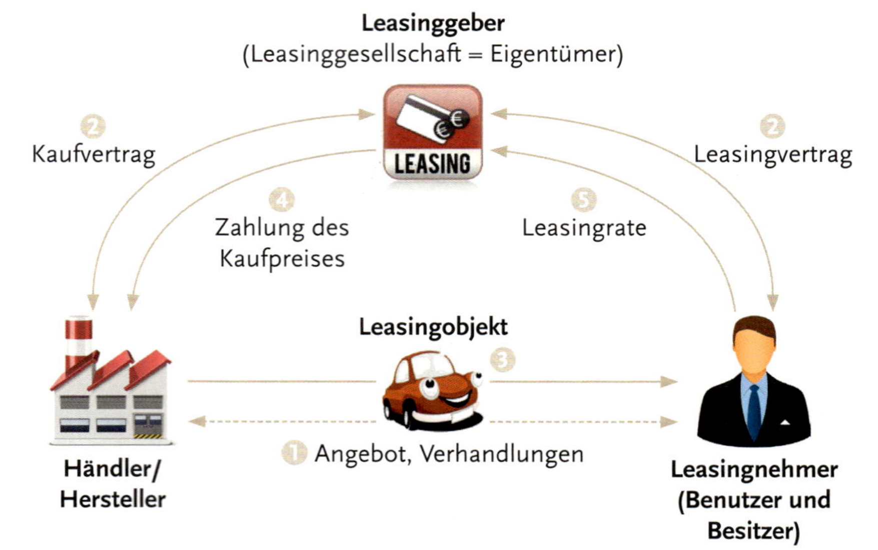

Ablauf des Leasings

❶ Der Leasingnehmer einigt sich mit dem Händler bzw. Hersteller über die Art des Leasingobjekts.

❷ Meist wendet sich der Händler bzw. Hersteller an eine Leasinggesellschaft. Die Leasinggesellschaften sind in der Regel Tochtergesellschaften von Kreditinstituten, aber auch von Herstellern oder Händlern.
- Ein Kaufvertrag wird zwischen Händler/Hersteller und dem Leasinggeber geschlossen.
- Der Leasinggeber wiederum geht mit dem Leasingnehmer einen Leasingvertrag ein.

❸ Das Leasingobjekt wird dem Leasingnehmer vom Händler/Hersteller übergeben.

❹ Der Leasinggeber zahlt den Kaufpreis an den Händler/Hersteller.

❺ Der Leasingnehmer zahlt für die Nutzung des Leasingobjekts an den Leasinggeber periodisch eine vertraglich vereinbarte Leasingrate.

Finanzierungsleasing entspricht der oben dargestellten Leasingform.

Arten von Leasing

Generell kann man verschiedene Arten von Leasing unterscheiden. Die wichtigsten dabei sind **Operate-Leasing** und **Finance-Leasing.** Sie unterscheiden sich wie folgt:

Merkmale	Operate-Leasing	Finance-Leasing
Fristigkeit	Keine feste oder kurze Leasingdauer.	Mittlere bis lange Leasingdauer.
Kündigungsrecht	Der Vertrag ist von beiden Seiten unter Einhaltung der vereinbarten Frist jederzeit kündbar.	Kein Kündigungsrecht während der Vertragslaufzeit.
Investitionsrisiko (z. B. Verlustgefahr und Beschädigung)	Trägt der Leasinggeber. Der Vertrag kommt einem Mietvertrag sehr nahe.	Trägt der Leasingnehmer (atypischer Mietvertrag).
Wartung und Instandhaltung	Durch den Leasinggeber.	Durch den Leasingnehmer.

Nach Ablauf der Vertragslaufzeit	Kein Recht auf einen Kauf nach der Vertragslaufzeit.	Nach Ablauf der Vertragslaufzeit je nach Vertragsart entweder ■ Rückgabe, ■ Kaufoption oder ■ Vertragsverlängerungsoption des Leasingobjekts.

Eine etwas andere Art des Leasings ist das sogenannte **Sale and Lease Back (SLB).** Das Unternehmen verkauft dabei Objekte aus seinem Besitz an eine Leasinggesellschaft und least sie dann zurück. Dadurch gewinnt das Unternehmen kurzfristig Liquidität, hat aber in der Folge kontinuierliche Liquiditätsbelastungen durch die Leasingraten.

Welche Gefahren lauern und worauf Sie beim Leasing achten sollten, sehen Sie auch in einem **Video** auf www.trauner.at/leasing.aspx.

Kosten

Die Höhe der Leasingrate hängt ab von

- den Anschaffungskosten des Investitionsgutes,
- der Laufzeit des Leasingvertrages,
- der Übernahme der zusätzlichen Kosten, z. B. für Wartung,
- den Finanzierungskosten, z. B. Zinssatz, Verwaltungskosten und Risikoabgeltung.

Beurteilung

Der **Leasingnehmer** hat im Vergleich zum Käufer eines Investitionsgutes folgende **Vorteile bzw. Nachteile:**

Vorteile	Nachteile
■ Die Liquidität wird geschont. Anstelle eines einmalig höheren Liquiditätsabflusses (Kaufpreis eines Objektes) findet ein kontinuierlicher niedriger Liquiditätsabfluss statt (Leasingrate). ■ Die Leasingraten sind bei einem Unternehmen Betriebsaufwand und verringern somit den Gewinn und die Ertragssteuern des Leasingnehmers. ■ Leasing mit entsprechendem Service durch den Leasinggeber spart dem Leasingnehmer Verwaltungsaufwand.	■ Privatpersonen können Leasingraten steuerlich nicht geltend machen. Daher sind hier andere Finanzierungsarten (z. B. Bankkredit) meist günstiger. ■ Der Leasingnehmer erwirbt kein Eigentum am Leasinggut und hat somit keine Möglichkeiten für einen eventuellen Verkauf bei Nichtnutzung oder Liquiditätsproblemen. ■ Das Dreiecksverhältnis Leasinggeber – Leasingnehmer – Hersteller kann besonders bei Gewährleistungs- und Garantiefällen die Situation erschweren.

Aha!

Um in einem konkreten Fall beurteilen zu können, ob es günstiger ist, ein Investitionsobjekt zu leasen oder zu kaufen, sind verschiedene Faktoren zu prüfen, u. a. bei

- **der Leasingoption:** Höhe der Leasingraten; Höhe der Nebenkosten (z. B. verlangt eine Leasinggesellschaft bei Fahrzeugen eine Vollkaskoversicherung, die man sonst evtl. nicht abschließen würde).
- **der Kaufoption:** Höhe der Abschreibungsbeträge, die bei Leasingobjekten nicht gewinn- und steuermindernd berücksichtigt werden können; Höhe der Finanzierungskosten (z. B. für einen Bankkredit, der zur Finanzierung der Anschaffung aufgenommen werden muss); Höhe der Gebühren, die mit dem Kauf verbunden sind.

Aufgabenstellungen – „Kreditfinanzierung“

1. Geben Sie bei den folgenden Beispielen an, um welche **Kreditart** es sich handelt.

Beispiele	Kreditart
Herr Strigl finanziert die Anschaffung seiner Wohnzimmereinrichtung mit einem Bankkredit in Höhe von 25.000,00 EUR. Die Rückzahlung erfolgt innerhalb von sechs Jahren in vierteljährlichen Raten.	
Ein Sportartikelhändler finanziert sein Warenlager und den Zahlungsmittelbedarf für laufende Auszahlungen, wie z. B. Löhne, durch einen Bankkredit. Die vertragliche Laufzeit des Kredites beträgt sechs Monate.	
In der Bilanz des Huber-Verlags scheinen keine Kopiermaschinen auf, obwohl das Unternehmen einige neue Kopiermaschinen im Wert von jeweils 1.500,00 EUR besitzt.	
Das Unternehmen Thomas Radler e. U. kauft 250 Stück Fahrradhelme „Turbo X“ mit einem Zahlungsziel von 90 Tagen.	

2. Geben Sie bei den folgenden Beispielen an, um welche **Kreditbesicherung** es sich handelt. Definieren Sie die Art der Sicherheit möglichst genau.

Beispiele	Kreditbesicherung (Sicherheit)
Frau Schuster erhält einen Kredit für die Finanzierung ihres neuen Autos. Sie übergibt der Bank die geerbte Münzsammlung als Sicherstellung.	
Herr Stadlbauer hat sich verpflichtet, für die Verbindlichkeiten seines Freundes einzustehen, aber erst dann, wenn dieser nach allen rechtlichen Schritten (d. h. nach Einklagen der Forderung und Führen der Exekution) nicht zahlen kann.	
Die Sparkasse OÖ gewährt der Spedition TransEurope GmbH einen Kredit. Die Sicherstellung betrifft ein Betriebsgrundstück. Dies wird im Grundbuch vermerkt.	
Im Kaufvertrag wird vereinbart, dass die Grandissima AG am 30. Oktober 20.. die Produktionsmaschine mit einem Zahlungsziel von 30 Tagen geliefert bekommt. Die Maschine bleibt jedoch bis zur vollständigen Bezahlung im Eigentum des Lieferanten.	
Frau Huber wurde ein Darlehen gewährt, sie gerät jedoch mit der Rückzahlung in Verzug. Das Kreditinstitut hat ein völliges Wahlrecht, wen es zuerst belangt: entweder Frau Huber oder ihre Freundin, die sich verpflichtet hat, für die Schulden einzustehen; aber auch beide zugleich können belangt werden.	

3. Alexandra Aichinger findet bei der Sixt Leasing AG für sich nebenstehendes Angebot:

a) Sie ist vom Angebot überzeugt und geht mit der Sixt Leasing AG einen Leasingvertrag ein. Die Sixt Leasing AG wiederum kauft das Auto bei Audi. Stellen Sie die Abwicklung des Leasinggeschäftes grafisch dar. Alle beteiligten Partner sollen mit ihren Aufgaben berücksichtigt werden.

b) Voller Stolz erzählt Alexandra Aichinger ihrer Freundin: „Das ist mein neues Auto. Endlich ein Auto, das mein Eigentum ist.“ Was sagen Sie zu Alex’ Aussage? Ist sie im Recht?

4. Silhouette erhält nachfolgende Rechnung über den Kauf einer Maschine.
   a) Berechnen Sie die Jahresverzinsung des **Lieferantenkredites,** den HMP Silhouette gewährt.
   b) Soll für die Inanspruchnahme des Skontos ein Kontokorrentkredit in Anspruch genommen werden, für den 9,75 % p. a. Kreditkosten anfallen?
   c) Wie hoch sind die Einsparungen durch die Wahl der günstigeren Finanzierungsart?

HEINRICH MÜLLER
Maschinenfabrik GmbH

HMP

Industriestraße 5 I 4300 St. Valentin
☎ +43 7435 31 996-0* | Fax: +43 7435 31 996-19
www.hmp.com | office@hmp.com

Silhouette International Schmied AG
z. H. Frau Evelyn Indrich
Postfach 538
4021 Linz

Datum: 20..-12-15
Zeichen: d-schu
Bearb.: Herr Schulze
Telefon: +43 7435 31 996-0
Telefax: +43 7435 31 996-19
E-Mail: d.schulze@hmp.com

Rechnung Nr. 12/751

Kunden Nr.:	200422
UID Nr.:	ATU 36926403
Auftrags Nr.:	201007888

Ihre Bestellung vom: 20..-10-10
Lieferdatum: 20..-12-15

Menge	Art.-Nr.	Bezeichnung	Einzelpreis EUR	Gesamtpreis EUR
1	487777	Kaltstauchanlage der Type X-5200 inkl. Montagematerial	99.850,00	99.850,00
			Netto	99.850,00
			+ 20 % USt	19.970,00
			Brutto	**119.820,00**
			– Anzahlung vom 15. 10. 20..	**10.000,00**
			Restbetrag	**109.820,00**

Netto Kassa innerhalb von 90 Tagen oder innerhalb von 10 Tagen mit 5 % Skonto.

Wir hoffen, dass Sie mit unseren Artikeln zufrieden sind, und freuen uns auf weitere Bestellungen.

Landesgericht St. Pölten
FN 459754 a

DVR-Nr.: 1285567
ARA 7270
UID-Nr. ATU 57124242

PSK-Wien, BLZ 60000
Kto.-Nr. 930.40.820

IBAN AT7860000000093040520
BIC BAWAATWW

5. Sie lesen folgenden Zeitungsartikel:

Bund, Land und Gemeinden zahlen Firmen besonders spät

Öffentliche Auftraggeber gönnen sich besonders lange Zahlungsziele. Das kommt die Firmen teuer, die Banken freut das allerdings.

Wien (ker). Der Staat begleicht seine Rechnungen hierzulande sehr unpünktlich, wie aus einer Umfrage des Kreditschutzverbandes von 1870 (KSV) unter mehr als 2 000 kleinen und mittleren Unternehmen (KMU) hervorgeht. In 26 % der Fälle überweist der Staat das Geld für erfüllte Aufträge zu spät. Die verlässlichsten Zahler sind dagegen die Privatkunden, gefolgt von den Firmenkunden.

Öffentliche Auftraggeber wie Bund, Land und Gemeinden sind im Schnitt mit acht Tagen in Verzug. Sie begleichen ihre Rechnungen durchschnittlich um zwei Tage später als im Vorjahr. Und das, obwohl die staatlichen Auftraggeber von den Betrieben die relativ lange Zahlungsfrist von 32 Tagen eingeräumt bekommen.

Factoring-Banken profitieren

Woher kommt diese schlechte Zahlungsmoral des Staates? „Das liegt daran, dass vor allem regionale Unternehmen auf Aufträge der öffentlichen Hand sehr stark angewiesen sind. Der Staat kann es sich in diesen Fällen leisten, bei den Zahlungen säumig zu sein", kritisiert Johannes Nejedlik, Chef des KSV, vor Journalisten.

Für die Unternehmen ist es äußerst problematisch, wenn die Kunden ihre Rechnungen nicht rechtzeitig bezahlen. Die Betriebe haben nämlich bis zum Eingang der Zahlung weniger Geld in der Kasse oder auf dem Bankkonto.
Profiteure von Kunden, die es mit ihren Rechnungen nicht so genau nehmen, sind die Banken, genauer gesagt, die Factoring-Banken. *(Quelle: Die Presse)*

a) Welchen Kredit nehmen die öffentlichen Auftraggeber hier in Anspruch?
b) Welche Funktionen übernehmen die Factoring-Banken in diesem Fall bzw. sollten sie sinnvollerweise übernehmen?
c) Was ist ein Vorteil und was ein Nachteil des Factorings für die Unternehmen?
d) Stellen Sie den Ablauf des Factorings grafisch dar, wenn ein privates Unternehmen die Forderung eines öffentlichen Auftraggebers (z. B. des Bundes, des Landes oder der Gemeinde) an einen Factor verkauft.

3.2.2 Fremdfinanzierung mit Effekten (in Form von Anleihen)

Neben der Aufnahme von Krediten kann Fremdkapital den Unternehmen durch die Ausgabe von **Effekten (in Form von Anleihen)** zugeführt werden.

Durch die Ausgabe von Anleihen nehmen Großunternehmen **langfristiges Fremdkapital** (Darlehen) von anderen Unternehmen oder Privatpersonen auf. Der gesamte Darlehensbetrag wird in Teilbeträge (Teilschulverschreibungen) zerlegt, um genügend Kapitalgeber zu finden. Der Erstverkauf wird in der Regel von Banken durchgeführt.

Die Voestalpine AG finanziert sich u. a. durch die Ausgabe von Anleihen

Der Kapitalnehmer verpflichtet sich gegenüber dem Gläubiger zu bestimmten Leistungen wie **termingerechter Rückzahlung** des ausgeliehenen Kapitals und **Zinsenzahlungen.**

Die Fremdfinanzierung mit Effekten statt mit Krediten macht die Unternehmen unabhängiger von den Kreditinstituten. Allerdings steht diese Form der Finanzierung **nur Unternehmen ab einer bestimmten Größenordnung** offen, denn die Effektenemission ist mit relativ hohen Kosten verbunden.

Aha!
Eine andere Effektenart sind Aktien. Dem Unternehmen (Emittenten) wird durch die Aktienausgabe im Gegensatz zu den Gläubiger- und Forderungspapieren nicht Fremdkapital, sondern Eigenkapital zur Verfügung gestellt.

3.2.3 Bonitätsprüfung

Bei den verschiedenen Formen der Fremdfinanzierung spielt die Bonitätsprüfung des Fremdkapitalwerbers eine wichtige Rolle. Bei dieser Beurteilung, dem sogenannten **Rating,** wird das Unternehmen eingehend geprüft und je nach Risikogehalt einer Ratingklasse zugeteilt. Hier die Bonitätsprüfung im Überblick:

Bonitätsprüfung vor Fremdkapitalvergabe

⇩

Risikoeinstufung des Unternehmens durch

interne Ratings	externe Ratings
▪ Von Kreditinstituten durchgeführt ▪ Klein- und Mittelbetriebe werden bewertet	▪ Von internationalen Ratingagenturen durchgeführt ▪ Große Unternehmen werden bewertet

⇩

Ergebnis des Ratings

gute Bonität (= geringes Risiko)

- Niedrige Kreditzinsen für Kreditnehmer
- Weniger Eigenkapital muss durch Kreditinstitut hinterlegt werden

schlechte Bonität (= hohes Risiko)

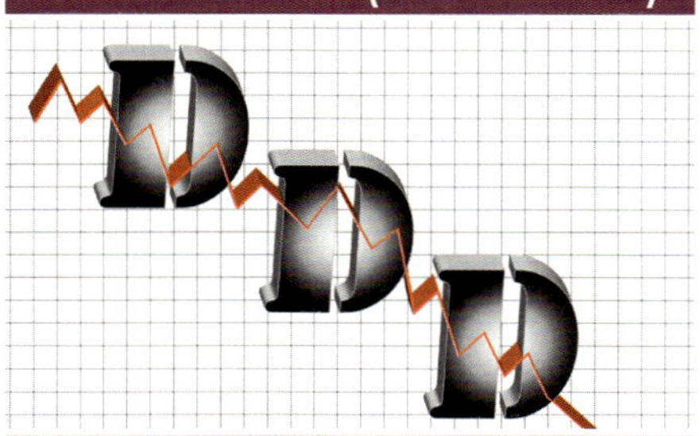

- Hohe Kreditzinsen für Kreditnehmer oder kein Kredit
- Hohe Eigenkapitalhinterlegung der Kreditinstitute erforderlich

Durchführung der Bonitätsprüfung

Das Rating kann intern durch das jeweilige Kreditinstitut oder extern durch eine internationale Ratingagentur erfolgen. Externe Ratings durch internationale Ratingagenturen (Standard & Poor's, Moody's und Fitch) eignen sich nur für große Unternehmen, da sie sehr kostspielig sind. Bei Klein- und Mittelbetrieben bzw. Privatpersonen wird das Rating von den Banken durchgeführt.

Internationale Ratingagenturen bewerten und analysieren nicht nur die Bonität von Wirtschaftsunternehmen, sondern u. a. auch von Banken und Staaten. Sie geben auch Anlegern vor dem Kauf von Wertpapieren (z. B. Aktien oder Anleihen) Aufschluss über das damit verbundene Risiko.

3.3 Förderungen

Einen ersten Überblick über Förderungen bekommen Sie in der Förderdatenbank der Wirtschaftskammern: http://wko.at/foerderungen

Darüber hinaus erhalten Jungunternehmer **persönliche Beratung** in den Wirtschaftskammern bzw. bei Banken.

Förderungen sind eine weitere wichtige Kapitalquelle. Sie sind „geschenktes Geld" für Unternehmensgründer. Unternehmensgründer sollten jedoch Förderungen nur als Draufgabe betrachten und nicht die Gründung von der Förderzusage abhängig machen.

Es gibt viele verschiedene Fördermodelle. Ob Anspruch auf Förderung besteht, muss immer im Einzelfall geklärt werden.

Zu den Förderungen zählen
- Zuschüsse (z. B. für Investitionen),
- günstige Kredite sowie
- Befreiung von bestimmten Gebühren und Abgaben im Rahmen des Neugründungsförderungsgesetzes.

4 Liquiditätsplan

Sabine Gebauer hat von erfahrenen Unternehmern den Rat erhalten, besondersauf die Liquidität aufzupassen, denn oftmals beachten Unternehmen nicht, dass die Ausstellung einer Rechnung nicht mit dem Eingang des Rechnungsbetrages auf dem Konto gleichzusetzen ist. Ein Unternehmen kann trotz eines profitablen Ergebnisses gemäß der Gewinn- und Verlust-Rechnung zahlungsunfähig werden. Dies kann das Ende für das Unternehmen bedeuten. Sabine hat daher einen Liquiditätsplan aufgestellt. Helfen Sie ihr, die Ergebnisse zu interpretieren. Im Folgenden sehen Sie einen Auszug des Liquiditätsplans.

Häufige Fehler bei der Finanzplanung:
- Zu optimistische Schätzung der Umsätze.
- Fehlende Berücksichtigung von Zahlungsverzögerungen durch die Kunden.
- Umsatz ≠ Gewinn.

Um Zahlungsunfähigkeit zu vermeiden, muss das Unternehmen zu jedem Zeitpunkt liquide, d. h. zahlungsfähig, sein.

Der **Liquiditätsplan** leistet dazu einen wesentlichen Beitrag, da Probleme frühzeitig erkannt werden können und ihnen effektiv gegengesteuert werden kann. Es werden die in Zukunft erwarteten **Einzahlungen** und **Auszahlungen** einander gegenübergestellt.

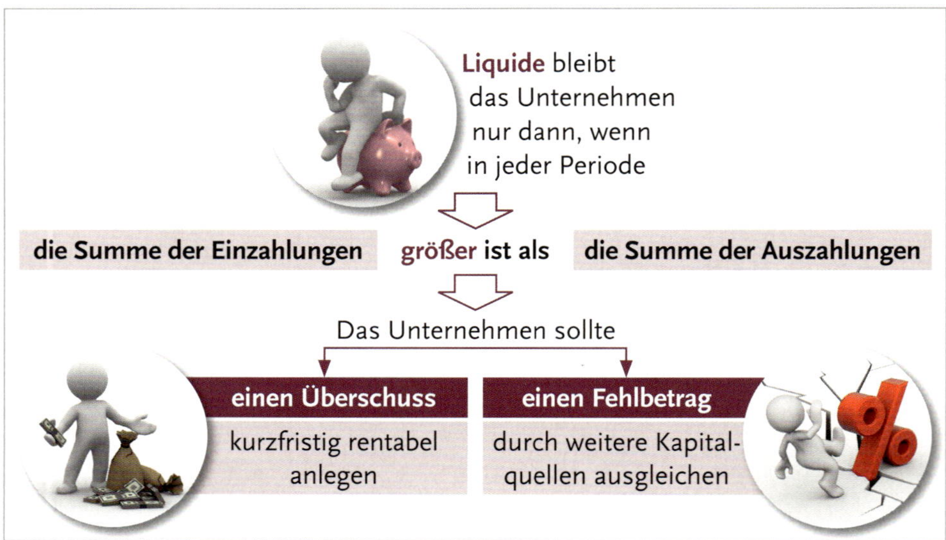

Für Zeiträume, in denen ein **Fehlbetrag** aufscheint, ist die rechtzeitige Überlegung einer Beschaffungslösung wichtig. Bei einem **Überschuss** sollte geplant werden, wie der Betrag kurzfristig rentabel angelegt werden kann.

Beispiel: Auszug aus einem Liquiditätsplan für das erste Geschäftsjahr

Beträge in 1.000,00 EUR

	Monat 1	Monat 2	Monat 3	...	Monat 12
1. Zahlungsmittelanfangsbestand	0	–36	–32		120
2. Geplante Einzahlungen					
Umsätze	25	55	65		70
Kredite	30	0	30		0
Privateinlagen	40	0	0		0
Sonstige Einzahlungen	15	20	20		35
Summe Planeinzahlungen (1. + 2.)	**110**	**39**	**63**		**225**
3. Geplante Auszahlungen					
Aufwand laut Planung	10	15	15		30
Investitionen	87	10	0		20
Material	25	25	25		60
Privatentnahmen	1	1	1		2
Zahlung Finanzamt	6	5	6		8
Zinszahlungen/Bankspesen	0	5	5		5
Kreditrückzahlungen	10	10	10		10
Sonstige Zahlungen	7	0	0		8
Summe Planauszahlungen	**146**	**71**	**62**	**0**	**143**
Überschuss bzw. Fehlbetrag (1. + 2. – 3.)	**–36**	**–32**	**1**		**82**

Tipp:
Erstellen Sie die Liquiditätsplanung im Businessplan für
- das **erste Geschäftjahr mit Monatszahlen,**
- das **zweite, dritte und vierte Geschäftsjahr mit Ganzjahreszahlen.**

Aus welchen Quellen Sie Kapital dem Unternehmen zuführen können, haben Sie bereits im Abschnitt „Kapitalaufbringung" erfahren!

Helfen Sie Sabine beim Interpretieren der Ergebnisse des Liquiditätsplans:

- Im ersten und zweiten Monat muss ...

  ____
  ____
  ____

- Im dritten und zwölften Monat sollte sich Sabine überlegen, ...

  ____
  ____
  ____

Wissensfragen – „Finanzierung des Unternehmens“

1. Worin besteht die Aufgabe der Finanzplanung bei der Unternehmensgründung?
2. Was wird bei der Kapitalbedarfsplanung ermittelt?
3. Welche Finanzierungsformen stehen Unternehmensgründern zur Verfügung?
4. Worin liegen die Vorteile von Eigenkapital?
5. Was sind Business-Angels?
6. Was sind die wesentlichen Merkmale des Fremdkapitals?
7. Welchen Zweck hat die Kreditbesicherung?
8. Wozu wird ein Kontokorrentkredit hauptsächlich verwendet?
9. Auf welche Weise kann die Rückzahlung eines Darlehens erfolgen?
10. Wie können Sie die Kosten eines Lieferantenkredites berechnen?
11. Welche Funktionen übernimmt der Factor je nach Vereinbarung beim Factoring?
12. Schildern Sie die Abwicklung eines Leasinggeschäftes für einen Pkw.
13. Was unterscheidet das Operate-Leasing vom Finance-Leasing?
14. Wann ist ein Unternehmen liquide?
15. Was ist ein Liquiditätsplan?
16. Was sollte man tun, wenn laut Liquiditätsplan
    a) ein Fehlbetrag aufscheint oder
    b) ein Überschuss aufscheint?

Ziele erreicht? – „Finanzierung des Unternehmens“

KOMPETENZ-ERWERB

1. Überlegen Sie, welcher Kapitalbedarf bei der Gründung eines technischen Büros für Maschinenbau anfällt. Gehen Sie dabei nur auf die möglichen Positionen ein, ohne Geldbeträge zu berücksichtigen.

Kapitalbedarf für Gründung

Kapitalbedarf für Investitionen

Kapitalbedarf für Betriebsmittel und sonstiger laufender Kapitalbedarf

Reserve für Folgeinvestitionen und Unvorhergesehenes

2. Michaela Schneider hat bereits den Kapitalbedarf für ihr zukünftiges Unternehmen ermittelt. Nun überlegt sie, wie sie das Unternehmen finanzieren kann. Geben Sie ihr dazu ein paar Tipps!

3. Was sagen Ihnen die Ergebnisse des folgenden Liquiditätsplanes? Was werden Sie in den einzelnen Monaten tun?

(Beträge in 1.000,00 EUR)

	Monat 1	Monat 2	Monat 3
1. Zahlungsmittelanfangsbestand	40	–16	–22
2. Geplante Einzahlungen			
Umsätze	20	30	60
Kredite	25	10	25
Privateinlagen	20	40	0
Sonstige Einzahlungen	15	12	20
Summe Planeinzahlungen	120	76	83
3. Geplante Auszahlungen			
Aufwand laut Planung	10	25	10
Investitionen	75	5	0
Material	25	45	30
Privatentnahmen	1	1	0
Zahlung Finanzamt	10	7	6
Zinszahlungen/Bankspesen	0	5	5
Kreditrückzahlungen	10	10	10
Sonstige Zahlungen	5	0	0
Summe Planauszahlungen	136	98	61
Überschuss bzw. Fehlbetrag	**–16**	**–22**	**22**

Entwicklung eines Businessplans

Beim Weg in die Selbstständigkeit ist es für Neugründer leider noch immer nicht selbstverständlich, einen Businessplan anzufertigen. Nur etwa die Hälfte der Gründer in Österreich starten mit einem Businessplan in die Selbstständigkeit. Das ist ein Fehler, denn Untersuchungen über den Erfolg von Jungunternehmern zeigen: **Ein Businessplan steigert die Erfolgschancen wesentlich!**

Sie kennen nun alle Bestandteile, die ein Businessplan enthalten soll. Jetzt sind Sie an der Reihe einen eigenen Businessplan zu erstellen. In diesem Kapitel erhalten Sie wertvolle Tipps für die Erstellung eines Businessplans.

KOMPETENZ-ERWERB

Meine Ziele

Nach Bearbeitung dieses Kapitels kann ich

- einen Businessplan entwickeln.

1 Tipps für die Erstellung eines erfolgreichen Businessplans

Für den Erfolg eines Businessplans ist es hilfreich, folgende **Tipps** zu beachten:

Schreiben Sie zielgruppengerecht!	▪ Überlegen Sie, wer Ihren Businessplan lesen wird. ▪ Setzen Sie je nach Adressaten unterschiedliche Schwerpunkte.
Beeindrucken Sie durch Klarheit!	Wichtig sind ▪ klare und nachvollziehbare Formulierungen sowie ▪ eine gute Struktur.
Überzeugen Sie durch Sachlichkeit!	▪ Begeisterung vermitteln und gleichzeitig sachlich und realistisch bleiben. Keinesfalls sollte Ihr Businessplan einer Werbebroschüre ähneln! ▪ Belegen Sie wichtige Aussagen durch Zahlen und Quellenangaben.
In der Kürze liegt die Würze!	Viele Businesspläne sind zu lang. ▪ Statt eines langatmigen Schreibstils sollten Sie den Businessplan kurz und präzise halten. ▪ Der Umfang sollte nicht mehr als 20 bis 30 DIN-A4-Seiten betragen. Zusätzlich können Sie einen Anhang anfügen.
Werden Sie selbst aktiv!	▪ Keine gute Idee ist es, sich den Businessplan schreiben zu lassen, denn schließlich müssen Sie Ihren Businessplan 100%ig verstehen, um vor Geschäftspartnern und Kapitalgebern Rede und Antwort stehen zu können. ▪ Gegebenenfalls ist die Hilfe von Experten heranzuziehen!
Das Aussehen soll überzeugen.	▪ Verwenden Sie ein logisches Inhaltsverzeichnis, Seitennummerierungen, einfache und übersichtliche Abbildungen, Grafiken sowie eine gut lesbare Schrift und ▪ ein einheitliches Layout und Design.

Quellenangabe = Angabe, wo Sie die Information entnommen haben.

Ein paar Grundregeln können Ihnen helfen, im oftmals unruhigen Wirtschaftsmeer mit Ihrem Businessplan Oberwasser zu bekommen!

2 Beispiel eines Businessplans

Florian Gschwandtner, René Giretzlehner, Christian Kaar und Mag. Alfred Luger haben 2009 die Idee geboren, sich mit mobile softwareunterstützte Sportanwendungen selbstständig zu machen. Dazu wurde ein Businessplan erstellt. Im Oktober 2009 war es endlich so weit, das Unternehmen wurde gegründet und die ersten Kunden konnten auf www.runtastic.at das große Angebot nutzen.

runtastic

Im Folgenden sehen Sie kurze **Auszüge aus dem Businessplan,** den die Gründer als Basis für die Gründung erstellt haben.

- Lesen Sie den Businessplan aufmerksam durch und unterstreichen Sie wichtige Informationen.
- Welche Rechtsform wurde gewählt? Was sind die Vor- und Nachteile der Rechtsform?

Diskutieren Sie über die Geschäftsidee des Unternehmens. Inwieweit erfüllt sie die Voraussetzungen einer erfolgreichen Geschäftsidee?

Wenn der Businessplan Sie neugierig gemacht hat, besuchen Sie die Website des Unternehmens unter: www.runtastic.at

runtastic

Businessplan

1 Unternehmen

Geschäftsidee und Unternehmensvision

Die Verwaltung von Sportdaten musste bis jetzt immer sehr häufig aufwändig händisch oder mittels der beigelieferten Software durchgeführt werden. Das Problem ist, dass alle Hersteller ihre eigene Software mitliefern und somit keine Kompatibilität zwischen den einzelnen Geräten vorhanden ist. Die Verwaltung von Trainingsplänen für den Sportbereich ist zwar auf einigen Plattformen möglich. Meist fehlt aber hier wieder die Möglichkeit eines automatischen Trainingsdaten-uploads und somit müssen die Daten händisch nachgetragen werden. Diese Probleme werden mit dem runtastic Portal und dessen automatischer Datenverwaltung gelöst. Durch die Onlineverwaltung der Daten hat jede Benutzerin/jeder Benutzer die Möglichkeit immer und von überall auf seine privaten Leistungsdaten zuzugreifen.

Gründer und Rechtsform

Die runtastic GmbH wurde von vier Akademikern (Florian Gschwandtner, René Giretzlehner, Christian Kaar und Mag. Alfred Luger), welche bereits über mehrjährige Projekterfahrung verfügen, gegründet. Neben den sich ergänzenden Kompetenzen aus unterschiedlichen Studienrichtungen zeichnet sich das Projektteam vor allem durch seine kooperative, von Offenheit geprägte Arbeitsweise aus, die durch die umfangreiche Nutzung neuer Internettechnologien als sehr fortschrittlich betrachtet werden darf.

Die Rechtsform der GmbH wurde aus haftungs- und steuerrechtlichen Gründen gewählt.

2 Produkte und Dienstleistung

Das Unternehmen bietet Produkte und Dienstleistungen rund um die Erfassung von Sportdaten (fixe und mobile Systeme), Verwaltung der Sportdaten (Webportal) sowie das Teilen der Sportdaten mit Gleichgesinnten(Community) an.

Ausgewählte Möglichkeiten auf www.runtastic.at:

- Komplettangebot für die Verwaltung der Sportdaten inkl. umfangreicher Statistiken
- Wettbewerbe zwischen Personen oder zwischen Städten zur Förderung der sportlichen Aktivitäten der Benutzer/innen
- Gutscheinsystem, das mit den Wettbewerben gekoppelt wird
- „Drill Sergeant“, der die Benutzer/in erinnert Sport zu betreiben
- Einfacher Datenaustausch für Benutzer/innen (Nutzerfreundliche Anwendungen)
- Automatische Erstellung und Überwachung von Trainingsplänen
- Austausch mit Gleichgesinnten und Teilen von Daten, Bildern, Statistiken, ...
- Plattform für „alles“ im Bereich Laufen und Sport → Single-Point-of-Contact
- Verbindung mit anderen neuen Medien und Portalen – Social Networks (z. B Facebook, Twitter), Geotagging, RSS

3 Branche, Markt und Wettbewerb

Das Unternehmen runtastic ist sowohl im Bereich von Sportportalen als auch im direkten Anwendungsbereich für Sportapplikationen tätig.
Die großen Städte sind die finanziell bedeutendste Kundengruppe in der Start-Up-Phase von runtastic. Die zweite sehr bedeutende Kundengruppe sind die Firmenkunden, da diese erstens als Sponsoren von Strecken mit dem runtastic Mess-system in Städten und Gemeinden dienen sollen. Der Gesamtmarkt für die Nutzung der runtastic Produkte und Dienstleistungen umfasst neben den Läufern auch Nordic Walker, Skater und Radfahrer.

4 Marketing

Produktpolitik

Die runtastic GmbH bietet Produkte und Dienstleistungen rund um die Erfassung von Sportdaten (fixe und mobile Systeme), Verwaltung der Sportdaten (Webportal) sowie das Teilen der Sportdaten mit Gleichgesinnten(Community) an.

Preispolitik

Die Einnahmen von runtastic setzen sich folgendermaßen zusammen:

- Zeitmessstationen und Beschilderung: Pro Zeitmessstation 2.500,00 – 3.000,00 EUR
- RFID-Chips: 15,00 EUR pro Chip
- Wartung und Support: Fixe Station (1.000,00 EUR pro Jahr und Laufstrecke), Mobile Schiene (kostenlos)
- Mobiltelefone: Grundfunktionalität kostenlos, Premiumapplikationen 0,69 EUR (Ertrag für runtastic)
- Pulsuhren: Kostenlos für alle Sportler
- Webshop: Provisionen (Ø 15 % pro verkaufter Einheit), ab 40,00 EUR Versand frei
- Accounts: Basis Accounts (kostenlos), Premium-Accounts (10,00 EUR pro Quartal, Preisstaffelung nach Dauer der Bindung)
- Werbung am Portal: Preis angepasst an Userzahlen sowie Art der Werbung
- Werbedienstleistungen: Preis nach Aufwand (ca. 100,00 EUR pro Programmierstunde)

Distributionspolitik

Der Hauptvertriebskanal von runtastic ist der Webshop. Für den Werbeauftritt wurde die Hauptdomain www.runtastic.at gebucht.

Kommunikationspolitik

Bei allen Kommunikationsmaßnahmen soll den potenziellen Kunden der Nutzen des Webshops und der dort angebotenen Produkte vermittelt werden. Darüber hinaus soll auch Spaß am Sport nähergebracht werden.

5 Management, Schlüsselpersonen und Organisation

René Giretzlehner und Florian Gschwandtner übernehmen die Geschäftsführung. Christian Kaar widmet sich der technischen Leitung und Mag. Alfred Luger ist für das Marketing und die Organisationsentwicklung zuständig. Für den Bereich Webdesign wurde ein Mitarbeiter eingestellt. Die Kompetenzlücken im Bereich Buchhaltung und Personalverrechnung, Officemanagement und Verwaltung werden am Markt zugekauft.

Wussten Sie, dass ...
Sie von unterschiedlichen Stellen beim Schreiben eines Businessplans Hilfe bekommen können?

- Das Gründerservice der Wirtschaftskammer (www.gruender-service. at) bietet Seminare und Beratung an.
- Über die Internetplattform www.i2b.at können Sie Ihren Businessplan kostenlos bewerten lassen.
- Speziell für den Finanzteil können Sie Steuerberater heranziehen.
- Unternehmensberater (www.beraterfinder.at) können ebenfalls helfen.

6 Umsetzungsfahrplan

Wirtschaftliche Entwicklung

Datum	Meilensteine
Aug. – Sept. 2009	Vorbereitung des Markteintritts, Vorbereitung der Firmengründung
Okt. 2009	Launch Webplattform BETA, Launch der iPhone Basisversion
Nov. 2009	Firmengründung erfolgt
Okt. – Dez. 2010	Marketing und Vertrieb
März 2010	Official Launch der Webplattform
Apr. 2010	Launch der iPhone Premiumversion

Technische Entwicklung

Datum	Meilensteine
2009 – 2010	Webportal, Mobile Entwicklung
Aug. – Dez. 2009	Zeitmessstationen

7 Chancen und Risiken des Unternehmens

Chancen

Die runtastic Geschäftsidee beinhaltet die Chance einen internationalen Markt zu erobern und die Services für weitere Zielgruppen und ähnlich gelagerte Bereiche zu erweitern. Die niedrigen Marktanteile, die dem bereits profitablen Geschäftsmodell zugrunde liegen, zeigen das hohe zukünftige Potenzial. Zudem wird erwartet, dass der Sport- und Gesundheitssektor in den nächsten Jahren weiter wachsen wird, was den Bemühungen von runtastic sehr entgegenkommt.

Risiken

- Unzureichende Finanzierungsquellen, um die technische und kaufmännische Entwicklung weiterzuführen.
- Followers auf dem Markt
- Neue Technologien
- Zielpublikum nutzt Technologie nicht

Das Unternehmen runtastic wurde tatsächlich im Jahr 2009 gegründet. Daher beziehen sich auch die Jahreszahlen im Businessplan auf dieses Gründungsjahr.

8 Finanzplanung

Kapitalbedarf

Der Finanzierungsbedarf für die runtastic Geschäftsidee liegt bei 350.000,00 EUR im Basisszenario. Die Finanzmittel werden vor allem für Personal als auch für die Aufrechterhaltung des täglichen Betriebs (Räumlichkeiten, Marketing, Produktion, Vertrieb) benötigt.

Kapitalaufbringung

Der Bedarf soll sowohl aus Eigenmitteln (40.000,00 EUR) als auch aus Förderungen (Zuschüsse, zinsgünstige Darlehen) sowie durch eine Kooperation mit einem strategischen Investor („Business Angel") gedeckt werden.

Bis Ende 2014 wird ein Umsatz (kumuliert) von über 11 Mio. EUR mit knapp über 300.000 Nutzern des Webportals www.runtastic.at erwartet. 170.000 davon sollen mit unserem fixen Sportsystem gewonnen werden. Dies entspricht in Österreich einem Marktanteil (im Jahr 2014) von 6,7 %.

Quelle: www.gruenderservice.at

Ziele erreicht? – „Entwicklung eines Businessplans“

KOMPETENZ-ERWERB

Ausgangssituation

Im Kapitel „Grundvoraussetzungen für die Unternehmensgründung“, Abschnitt „2 Geschäftsidee“ (Seite 10) haben Sie eine Geschäftsidee entwickelt. Nun ist es an der Zeit, sie zu konkretisieren und dafür einen Businessplan zu skizzieren:

Falls Sie keine eigene Geschäftsidee haben, können Sie die Idee der Seite 157 aufgreifen und ein Ingenieurbüro für Elektro- und Gebäudetechnik gründen. Natürlich soll sie sich von anderen Ingenieurbüros abheben. Wie? Das ist nun Ihre Aufgabe!

- Erstellen Sie einen groben Businessplan für Ihre Geschäftsidee. Sie können den Businessplan an den unten vorgesehenen Stellen skizzieren oder die Businessplanvorlage der CD verwenden.

1 Unternehmen

Ihre Geschäftsidee (Unternehmensvision)

Tipp:
Nutzen Sie die Gelegenheit und machen Sie bei **Businessplanwettbewerben** mit. Neben der Chance auf attraktive Preise können Sie von Seminar- und Coachingangeboten profitieren. Außerdem bekommen Sie Feedback von Experten. Im Falle eines Gewinnes verbessern Sie Ihre Stellung bei Partnern und Kapitalgebern. Österreichs größter Wettbewerb ist i2B & Go (www.i2b.at). Daran kann jeder teilnehmen, alleine oder auch im Team.

Gründer (Ihre persönlichen Eigenschaften, Qualifikationen)

Rechtsform, die Sie wählen würden (Begründung)

Firmenwortlaut, der zu Ihrer Geschäftsidee passt

Standort
Welche Standortfaktoren sind für Ihre Geschäftsidee wichtig?

Kurz-, mittel- und langfristige Ziele zur Umsetzung Ihrer Geschäftsidee

Ihre kurzfristigen Ziele	
Ihre mittelfristigen Ziele	
Ihre langfristigen Ziele	

❷ Beschreibung des Produktes oder der Dienstleistung

- Was ist der Kundennutzen?
- Was macht Ihr Angebot einzigartig (USP)?

❸ Branche, Markt und Wettbewerb

Wer ist Ihre Zielgruppe?

Wer werden Ihre direkten und indirekten Mitbewerber sein?

❹ Marketingmaßnahmen

Produktpolitik	
Preispolitik	
Distributionspolitik	
Kommunikationspolitik	

❺ Management, Schlüsselpersonen und Organisation

- Was werden Sie an Dritte auslagern?
- Wird es eine Teamgründung oder eine Einzelgründung sein?

❻ Umsetzungsfahrplan

Welche Schritte und Maßnahmen planen Sie, um Ihre Idee umzusetzen?

❼ Chancen und Risiken

Was beeinflusst den Erfolg des Unternehmens?

Chancen	Risiken

8 Finanzplanung

Wie hoch ist Ihr Kapitalbedarf?

Kapitalbedarf für Gründung

Kapitalbedarf für Investitionen

Kapitalbedarf für Betriebsmittel und sonstiger laufender Kapitalbedarf

Reserve für Folgeinvestitionen und Unvorhergesehenes

Wie soll das Kapital aufgebracht werden?

Mit einer genialen Geschäftsidee im Kopf und einem ausgearbeiteten Businessplan in der Hand sind nur noch ein paar Schritte notwendig, um das Unternehmen tatsächlich zu gründen. Details zur Durchführung der Unternehmensgründung finden Sie auf der CD.

Going international

Now let's use the basics of the chapter „Businessplan und Finanzierung des Unternehmens" in English!

to implement sth
in die Tat umsetzen
target
Planziel
to negotiate sth with so
etwas mit jemandem verhandeln

Exercise 1

Fill in the following words: implement, capital, business plan, targets, negotiating

The **business concept** (also frequently called the company or ____________) is a description of the idea behind the business start-up and the steps to be taken to ____________) it. There are several **advantages** to setting down the business plan in writing:

- writing something down requires you to think it through;
- a business concept in writing gives you a guideline for your ____________) and activities; you can also review it regularly;
- a clear business concept strengthens your position when ____________) with co-operating partners such as banks and suppliers;
- a clear business concept is the foundation for financing via banks or other providers of ____________).

Exercise 2

Which content of a business plan is meant? Connect the boxes.

branch of business
Geschäftszweig

to negotiate sth with so
etwas mit jemandem verhandeln

Content of a Business Plan	Explanation
Executive Summary	Describes company name, legal form, ownership structure, purpose of company, location etc.
The company	Use this section to describe your business concept and its benefits to customers in detail.
Product or service?	It provides investors with a quick overview of the entire plan; it should also stimulate them to read through your project.
Branch of business, market	4 Ps for your own business.
Marketing	The financial plan is part of this section.
Financial requirements	Answers to the following questions are given: ■ How is the branch of business developing? ■ What are the trends and developments on the market? ■ Etc.
Founders, Management, Key Persons	What chances do you see in your business idea? What are the risks involved and how can you minimise or reduce them?
Chances and Risks	Who is responsible for which duties? Which services are outsourced, e.g. tax accounting, corporate consulting?
Action Planning/ Milestones	What specific steps have you planned for putting your business idea into action?

V Rund um die Mitarbeiterinnen und Mitarbeiter

In diesem Kapitel bekommen Sie einen Einblick in die Personalverrechnung und einen Überblick über die wesentlichen Bestimmungen des Arbeitsrechts. Sie erfahren, was alles zu tun ist, wenn eine neue Mitarbeiterin/ein neuer Mitarbeiter in ein Unternehmen eintritt, welche Rechte und Pflichten Sie als Arbeitnehmer/in haben, wenn Sie nach Abschluss Ihrer Ausbildung eine Arbeitsstelle antreten.

Dieses Kapitel soll Sie aber auch in Ihrer Rolle als mögliche zukünftige Unternehmer/in mit wichtigen arbeitsrechtlichen Informationen versorgen, wenn Sie aufgrund einer Expansion Mitarbeiter/innen oder Lehrlinge in Ihr Unternehmen aufnehmen.

Grundzüge der Personalverrechnung

Eine PPT-Präsentation und weitere Übungen zum Kapitel finden Sie auf der CD.

Wird ein Mitarbeiter im Unternehmen aufgenommen, gehören die Ausfertigung eines Dienstvertrages bzw. eines Dienstzettels und die Meldung bei der Gebietskrankenkasse zu den wichtigsten Tätigkeiten. Am Ende des Monats wird die Abrechnung des ersten Lohns bzw. Gehalts durchgeführt. Aber bitte merken Sie sich: Brutto ist nicht gleich netto!

In größeren Abständen werden zusätzliche Entgelte – so genannte Sonderzahlungen, dazu zählen Urlaubs- und Weihnachtsgeld, aber auch Bilanzgelder oder Gewinnanteile – ausbezahlt. Diese sind begünstigt besteuert. Außerdem gilt es die Besonderheiten der Lohn- und Gehaltsabrechnung für Lehrlinge, geringfügig Beschäftigte und freie Dienstnehmer zu beachten.

KOMPETENZ-ERWERB

Meine Ziele

Nach Bearbeitung dieses Kapitels kann ich

- die erforderlichen Arbeiten anlässlich der Aufnahme einer neuen Mitarbeiterin bzw. eines neuen Mitarbeiters nennen;
- den Aufbau einfacher Lohn- und Gehaltsabrechnungen erklären;
- einfache Gehaltsabrechnungen (inklusive Sonderzahlungen) durchführen;
- die Gehaltsnebenkosten des Dienstgebers aufzählen und rechnerisch ermitteln;
- Besonderheiten der Lohn- und Gehaltsabrechnung (Lehrling, geringfügig Beschäftigte, freie Dienstnehmer/innen) aufzeigen.

1 Beginn eines Dienstverhältnisses

Die TWBA Mess- und Regeltechnik GmbH von Thomas Wegel und Bernhard Auer entwickelt sich sehr gut. Die beiden Unternehmer haben sich daher entschlossen, einen neuen Mitarbeiter für den Bereich Verkauf aufzunehmen. Sie haben mehrere Gespräche mit Bewerbern für die ausgeschriebene Stelle eines Verkaufsberaters geführt und sich schließlich für Herrn Andreas Böck entschieden.

Folgende Daten von Herrn Böck haben sie bereits erhoben:
- *Andreas Böck, wohnhaft in 4020 Linz, Willingerstraße 23, geboren am 16. Juni 1984, Sozialversicherungsnummer 2557, ledig.*
- *Lehre: Einzelhandelskaufmann, Lehrabschlussprüfung am 22. September 2002 abgelegt.*
- *Beginn des Dienstverhältnisses: 1. Jänner 2015, vereinbartes Bruttomonatsgehalt: 1.600,00 EUR.*

Bei welchen Institutionen muss die Einstellung eines neuen Mitarbeiters gemeldet werden?

Frau Linko, die auch für die Lohnverrechnung zuständig ist, wird alle Tätigkeiten durchführen, die anlässlich der Einstellung von Herrn Böck anfallen.

Ausfertigung eines Dienstvertrages

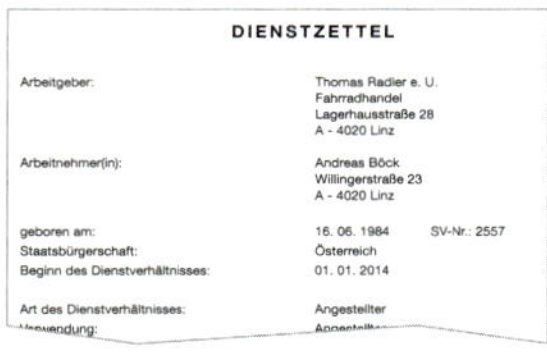

Ausstellung eines Dienstzettels

OÖ GKK FORUM GESUNDHEIT

Anmeldung bei der Gebietskrankenkasse

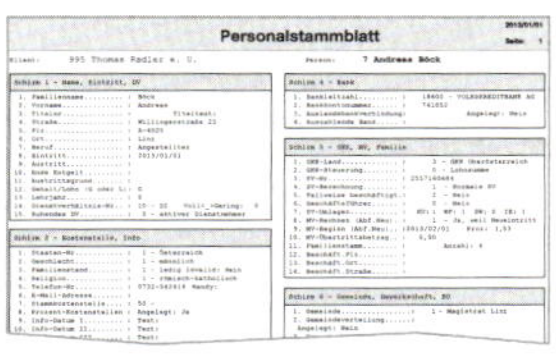

Anlage eines Lohnkontos

Aufnahme in diverse Verzeichnisse

In größeren Betrieben gibt es meist eine eigene Personalabteilung, die – neben anderen Aufgaben – auch die Lohn- bzw. Gehaltsverrechnung durchführt.

Beispiel
Mit Beginn seines Dienstverhältnisses erhält Herr Böck von Frau Linko einen Dienstvertrag und einen Dienstzettel. Darin enthaltene Bestandteile sind u. a. Dienstzeit, Entgelt und Aufgaben. Ebenso meldet Frau Linko der Gebietskrankenkasse, dass Herr Böck nun Angestellter der TWBA Mess- und Regeltechnik GmbH ist – dies ist für den Versicherungsschutz wichtig. Außerdem werden Herrn Böcks Daten im Lohnkonto und in anderen wichtigen Verzeichnissen (z. B. Urlaubskartei) eingetragen, die der internen Verwaltung dienen.

Im Rahmen eines Dienstverhältnisses beschäftigte Personen können entweder als **Arbeiter** oder als **Angestellte** tätig sein. Die nachfolgende Grafik verdeutlicht die Unterschiede:

Kollektivverträge legen einen Mindestbezug für Dienstnehmer der einzelnen Branchen fest. Der Dienstgeber darf seine Dienstnehmer nicht unter dem festgelegten Mindestbetrag entlohnen.

Nennen Sie Berufe für Arbeiter:

Berufe für Angestellte:

	Angestellter	Arbeiter
Tätigkeitsfeld	Kaufmännische Tätigkeiten und Bürodienste	Einfache manuelle Tätigkeiten bis zu hochqualifizierten Arbeiten
Gesetzliche Grundlage	Angestelltengesetz Branchenkollektivvertrag	Gewerbeordnung 1859 ABGB, Branchenkollektivvertrag
Entgelt	Gehalt	Lohn

Aufgabenstellung – „Arbeiter – Angestellter“

- Andreas Böck ist nicht nur in der Beratung und im Verkauf tätig, sondern auch für die Kontrolle der gelieferten Waren, die Kassa und die Auszeichnung der Waren verantwortlich. Handelt es sich bei Herrn Böck um ein Arbeiter- oder Angestelltenverhältnis?

  Andreas Böck ist ☐ Arbeiter ☐ Angestellter

1.1 Erstellung eines Dienstvertrages bzw. eines Dienstzettels

Wodurch unterscheiden sich Dienstvertrag und Dienstzettel? Muss Frau Linko beides ausstellen?

Dienstvertrag	Dienstzettel
Vertrag, der ein Dienstverhältnis begründet und den Dienstnehmer gegen Zahlung eines Entgelts zur Arbeitsleistung für den Dienstgeber verpflichtet.	**Schriftstück,** in dem die wesentlichen Rechte und Pflichten, die sich aus dem Dienstverhältnis ergeben, festgehalten werden.
Bei der Gestaltung des Dienstvertrags besteht **Formfreiheit** (kann schriftlich, mündlich oder durch schlüssiges Verhalten abgeschlossen werden).	Muss **schriftlich** gestaltet werden.

Der Dienstgeber ist verpflichtet, dem Dienstnehmer unverzüglich einen Dienstzettel auszuhändigen, außer der Dienstvertrag enthält bereits alle erforderlichen Angaben. Es kann daher sein, dass nur ein Dienstvertrag (in dem alle Angaben bereits enthalten sind) oder nur ein Dienstzettel (z. B. wenn der Dienstvertrag mündlich abgeschlossen wurde) ausgestellt wird. Es ist aber auch möglich, dass sowohl ein Dienstvertrag als auch ein Dienstzettel (mit den ergänzenden Angaben) ausgehändigt wird.

Frau Linko hat für Herrn Böck den Dienstvertrag sowie den Dienstzettel vorbereitet.

DIENSTVERTRAG

1. Vertragspartner

Der Dienstvertrag wird abgeschlossen zwischen

Herrn Andreas Böck, Willingerstraße 23, 4020 Linz (Dienstnehmer)

und der TWBA Mess- und Regeltechnik GmbH, Lagerhausstraße 28, 4020 Linz (Dienstgeber).

Die Rechtsbeziehung der beiden Vertragspartner richtet sich nach dem Angestelltengesetz in der jeweils gültigen Fassung sowie nach den Bestimmungen des Kollektivvertrags für Handelsangestellte.

2. Probezeit

Das Dienstverhältnis beginnt am 01. 01. 2015 und wird auf unbestimmte Zeit abgeschlossen.

Gleichzeitig wird im Sinne der Bestimmungen des § 19 (2) AngG eine Probezeit für die Dauer eines Monats vereinbart, innerhalb derer das Dienstverhältnis von beiden Seiten jederzeit ohne Angabe von Gründen gelöst werden kann.

3. Dienstverwendung

Beantworten Sie folgende Fragen zum vorliegenden Auszug des Dienstvertrages:

Wer ist Dienstgeber?

____

____

Wann beginnt das Dienstverhältnis?

____

____

Wann endet das Dienstverhältnis?

____

____

Erklären Sie den Begriff „Probezeit"!

____

____

DIENSTZETTEL

Arbeitgeber:	TWBA Mess- und Regeltechnik GmbH Lagerhausstraße 28 A - 4020 Linz	
Arbeitnehmer(in):	Andreas Böck Willingerstraße 23 A - 4020 Linz	
geboren am:	16. 06. 1984	SV-Nr.: 2557
Staatsbürgerschaft:	Österreich	
Beginn des Dienstverhältnisses:	01. 01. 2015	
Art des Dienstverhältnisses:	Angestellter	
Verwendung:	Angestellter	
Dienstort:	Linz	
wöchentliche Normalarbeitszeit:	5 Tage	38,50 Stunden pro Woche
MV - Kasse:	Victoria Volksbanken MVK Schottengasse 10 1013 Wien MVK-Leitzahl: 71300	

Wodurch unterscheiden sich Dienstzettel und Dienstvertrag?

1.2 Anmeldung bei der Sozialversicherungsanstalt

Jeder Dienstnehmer muss bei Dienstantritt vom Dienstgeber bei der zuständigen **Sozialversicherungsanstalt** angemeldet werden. Je nach beruflicher Tätigkeit werden verschiedene Sozialversicherungsanstalten unterschieden.

Bei welchen Sozialversicherungsanstalten sind Sie bzw. Ihre Eltern versichert?

Die Sozialversicherung sichert die Versicherten im Falle von Unfall, Krankheit, Arbeitslosigkeit und Pension ab und bezahlt die daraus entstehenden Kosten.

Beispiel
Im Winter rutscht Herr Böck auf einer Eisplatte aus und bricht sich das Bein. Die Kosten für die Erstversorgung durch das Rettungswagenteam und die Behandlung im Krankenhaus übernimmt seine Sozialversicherungsanstalt.

Frau Linko meldet Herrn Böck direkt über die Onlineplattform (ELDA) der zuständigen Sozialversicherungsanstalt an. Nach Fertigstellung der Anmeldung erhält Frau Linko folgenden Auszug:

Gebietskrankenkasse
Oberösterreich

ANMELDUNG * BONUS NEIN * 5184943

Böck 2557160684
1
Andreas Österreich

Willingerstraße 23
4020 Linz
BESCHÄFTIGT AB 01. 01. 2015 ANG
ALS Angestellter

DAS ARBEITSVERHÄLTNIS UNTERLIEGT FOLGENDEN
GESETZLICHEN REGELUNGEN:
– Angestelltengesetz
– Kammerumlage wird entrichtet
– IESG-Zuschlag wird entrichtet
– MV-pflichtig ab: 2015/02/01, Leitzahl 71300

BAUARBEITER-URLAUBSKASSE ZUSTÄNDIG: NEIN
MITARBEITER-VORSORGEBEITRAG – AB: 01. 02. 2015
MITARBEITER-VORSORGE KASSENLEITZAHL: 71800

GELDBEZÜGE (MONATLICH, BRUTTO)
INKL. PROVISIONEN, TRINKGELDER, USW. EUR 1.600,00
SACHBEZÜGE

EUR 0,00

MONATLICHES GESAMTENTGELT EUR 1.600,00

ANZUWENDENDER KV: Handelsangestellte
DURCHSCHN. BESCHÄFTIGT I.D. WOCHE 5 TAGE 38.50 STD.

TWBA Mess- und Regeltechnik GmbH
Lagerhausstraße 28 30. 12. 2014
4020 Linz

DVR 2107821 UNTERSCHRIFT

Bei welcher Sozialversicherungsanstalt ist Herr Böck angemeldet?

Wie lautet die SV-Nummer von Herrn Böck?

Liegen noch nicht alle für die Anmeldung erforderlichen Daten vor, genügt die Einreichung einer Mindestangaben-Anmeldung vor Beschäftigungsbeginn. Die Anmeldung kann dann binnen sieben Tagen nachgereicht werden.

Mit Anfang der Beschäftigung beginnt auch die Versicherungspflicht seitens der Sozialversicherung. Die Beiträge werden anteilig sowohl vom Dienstgeber als auch vom Dienstnehmer übernommen.

1.3 Anlage eines Lohnkontos

Bei der Aufnahme eines neuen Mitarbeiters ist für ihn ein Lohnkonto anzulegen. Ein Lohnkonto besteht aus einem Stammblatt mit den Daten des Dienstnehmers und den Lohn- bzw. Gehaltsabrechnungen der einzelnen Monate. Den Abschluss des Lohnkontos bildet das Jahreslohnkonto.

Aufgabenstellung – „Beginn eines Dienstverhältnisses"

- **Ausgangssituation**

Die TWBA Mess- und Regeltechnik GmbH hat einen weiteren neuen Mitarbeiter eingestellt. Florian Rathmayr beginnt seine Tätigkeit am 1. März d. J. im Unternehmen. Er wird in erster Linie im Verkauf tätig sein.

Aufgaben

a) Erläutern Sie die einzelnen Schritte, die bei der Einstellung eines neuen Mitarbeiters notwendig sind!

- ______
- ______
- ______
- ______
- ______

b) Handelt es sich bei Florian Rathmayr um einen Arbeiter oder einen Angestellten? Begründen Sie Ihre Entscheidung.

☐ Arbeiter ☐ Angestellter

Begründung:

c) Um zukünftig rascher alle Unterlagen für die korrekte Anmeldung bei der Krankenkasse zu erhalten, sollen Sie im Rahmen Ihres Betriebspraktikums eine Checkliste für Frau Linko gestalten. Überlegen Sie genau, welche Angaben Sie in dieses Formular aufnehmen müssen!

2 Erstellung einer Monatsabrechnung

Andreas Böck ist sehr fleißig und leistet gute Arbeit. Ende Jänner ist Andreas Böck nun schon gespannt auf die Gehaltsabrechnung. Laut Dienstvertrag erhält Herr Böck ein Bruttogehalt von 1.600,00 EUR. Bekommt Andreas Böck diesen Betrag wirklich ausbezahlt oder muss er mit gesetzlichen Abzügen rechnen?

Diskutieren Sie diese Fragestellung in Kleingruppen!

Die Personalverrechnung ist für die Abrechnung folgender Bezüge verantwortlich:

- monatliche Abrechnung der laufenden Bezüge (Löhne, Gehälter, Lehrlingsentschädigungen)
- Abrechnung von Sonderzahlungen (Urlaubsbeihilfe und Weihnachtsremuneration)

Urlaubsbeihilfe und **Weihnachtsremuneration** = Urlaubsgeld und Weihnachtsgeld oder 13. und 14. Bezug.

Zur Ermittlung des Auszahlungsbetrags gilt in der Personalverrechnung folgendes Schema:

	Bruttobezug	
–	Dienstnehmeranteil zur Sozialversicherung (SV-DNA)	gesetzliche Abzüge
–	Lohnsteuer (LSt)	
=	**Nettobetrag (Auszahlungsbetrag)**	

Der **Bruttobezug** ist der **Grundlohn,** der bei Beginn des Dienstverhältnisses zwischen Dienstgeber und Dienstnehmer vereinbart wird, inklusive Überstunden und Zuschläge (z. B. für Nacht-, Feiertagsarbeit). Der **Auszahlungsbetrag (Nettobezug)** ist jener Betrag, den der Dienstnehmer dann tatsächlich ausbezahlt bekommt bzw. der auf sein Gehaltskonto überwiesen wird.

Vielleicht kennen Sie diese oder ähnliche Aussagen: „Mir wird so viel von meinem Bruttobezug abgezogen! Wenn ich netto das herausbekäme, was brutto auf meinem Lohnzettel steht, wäre ich zufrieden.“ Diskutieren Sie.

Die Sozialversicherungsbeiträge und die Lohnsteuer werden vom Dienstgeber im Rahmen der Lohnverrechnung ermittelt, einbehalten und am Fälligkeitstag (am 15. des Folgemonats) an die zuständige Stelle abgeführt. Die **Berechnung** erfolgt in den meisten Fällen **monatlich.**

Doch nicht nur die Berechnung der einzelnen Positionen ist Aufgabe der Personalabteilung, vielmehr müssen die ermittelten Beträge auch fristgerecht an die verschiedenen Institutionen überwiesen werden. Welche Positionen an welche Institution bzw. an den Mitarbeiter überwiesen werden, zeigt die nachfolgende Grafik:

Notieren Sie, welche weiteren Steuern Sie bereits kennen.

So sieht die erste Gehaltsabrechnung von Andreas Böck für Jänner 20.. aus:

LOHN/GEHALTSABRECHNUNG Jänner 20..

Klient : 995 TWBA Mess und Regeltechnik GmbH DVR-Nr.: 9999
Kostenstelle : 20
Person : 6

Böck Andreas
Willingerstrasse 23
A-4020 Linz

Beruf : Verkäufer
Eintritt : 20../01/01
Austritt :

LSt-Tage	SV-Tage	Freibetrag	AVAB	Pendlerpauschale	Verw.gruppe	Einstufung	DV
30	30		NEIN			1	10

BA	Lohnart	Einheiten	Satz	Betrag	SV-pfl.	LSt-pfl.
10	GEHALT			1.600,00	1.600,00	1.600,00

SV Lfd. DG		346,08
DB		72,00
DZ		5,76
KOMMUNALSTEUER		48,00
MV: Bmg/Beitrag	1.600,00	24,48

		Brutto	**1.600,00**
BMG SV lfd	1.600,00	SV lfd.	289,12
BMG SV SZ		SV SZ	
BMG LSt lfd	1,294,88	LSt lfd.	103,46
BMG LSt SZ		LSt SZ	
GEWERKSCHAFT F	16,00-	E-Card Service	
		Abzüge	408,58
		Netto	1.191,42

IBAN: AT57 1800 0000 0074 1953 BIC: VKBLAT2L

JAHRESSUMMEN :

Brutto ohne PAR 26	: 1.600,00	Bezüge gemäß Par. 67(1+2)	:
Zul./Zuschl. PAR 68(1,2)	:	Bezüge Par.67(3-8)fest/frei	:
einbehaltene Lohnsteuer	: 103,46	LSt Par.67(3-8) feste Sätze	:
steuerfreie Bezüge PAR 3	:	steuerfreie Bezüge PAR 26	:
Jahressechstel	: 3.200,00	Überhang Jahressechstel	:
einbehaltene Sozialvers.	: 289,12	verbrauchte SV-BMG SZ	:

Welchen Betrag erhält Herr Böck auf sein Konto überwiesen? Markieren Sie diesen Betrag.

SV lfd. (Sozialversicherung laufend) = gesetzlich geregelte Pflichtversicherung für alle Dienstnehmer für den Fall von Krankheit, eines Arbeitsunfalles, von Berufsunfähigkeit oder Invalidität, von Arbeitslosigkeit, von Pensionierung und Tod (für Witwen und Waisen).

LSt lfd. (Lohnsteuer laufend) = Einkommensteuer der Arbeitnehmer.

BMG = Bemessungsgrundlage.

2.1 Dienstnehmeranteil zur Sozialversicherung

Andreas Böck geht auf Nummer sicher und kontrolliert die erhaltene Gehaltsabrechnung ganz genau. Er fragt sich, warum der Betrag für die Sozialversicherung so hoch ist. Wie wird dieser SV-Betrag eigentlich ermittelt und wofür wird er verwendet?

Zur Orientierung

Bruttobetrag
– SV-DNA
– Lohnsteuer
Auszahlungsbetrag

Die Sozialversicherung ist eine gesetzlich vorgeschriebene **Pflichtversicherung**. Jeder Erwerbstätige zahlt einen prozentuellen Anteil seiner Einkünfte für die soziale Absicherung. Dabei umfasst die Sozialversicherung folgende vier Hauptbereiche:

Recherchieren Sie im Internet den Tätigkeitsbereich der Kammer für Arbeiter und Angestellte unter www.ak.at.

Ebenso sind im Dienstnehmeranteil der Sozialversicherung (SV-DNA) die **Kammerumlage** (KU) und der **Wohnbauförderungsbeitrag** (WF) von jeweils 0,50 % enthalten. Die **Kammerumlage** ist ein Pflichtbeitrag des Dienstnehmers zu seiner gesetzlichen Interessensvertretung, der Kammer für Arbeiter und Angestellte. Der **Wohnbauförderungsbeitrag** ist ein Beitrag zur Finanzierung der Wohnbauförderung, der für Eigenheime, Eigentums- und Mietwohnungen gewährt wird.

Die **Beiträge zur Sozialversicherung** sind sowohl vom Dienstnehmer (SV-DNA) als auch vom Dienstgeber (SV-DGA) zu leisten. Der Dienstgeber behält von den monatlichen Bruttobezügen der Mitarbeiter den Dienstnehmeranteil (SV-DNA) ein und führt diesen gemeinsam mit dem Dienstgeberanteil (SV-DGA) spätestens am 15. des Folgemonats an die zuständige Krankenkasse ab.

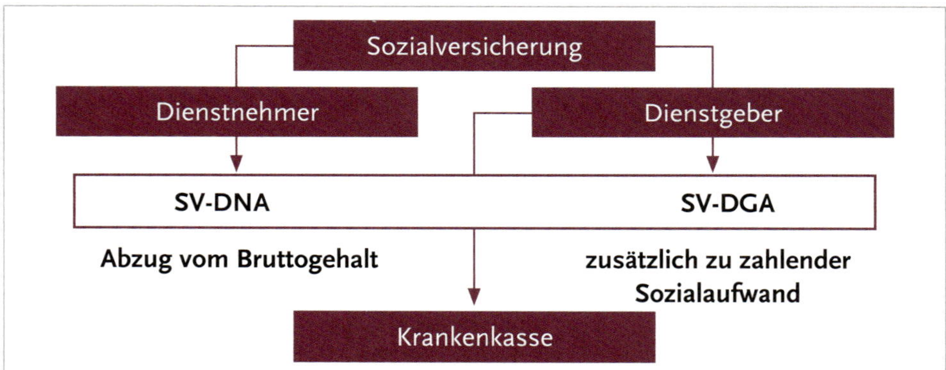

Die Beiträge zur Sozialversicherung sind je nach Berufsgruppe unterschiedlich hoch. Die folgende Tabelle zeigt, wie sich der **Sozialversicherungssatz für Dienstnehmer** zusammensetzt:

Ermitteln Sie die SV-DNA-Sätze für Arbeiter A1 und Angestellte D1 und tragen diese in die Tabelle ein.

	SV-Beiträge im engeren Sinn				Zwischensumme	SV-Beiträge im weiteren Sinn		SV-Satz
	KV	UV	PV	AV		KU	WF	
A1	3,95 %	0,00 %	10,25 %	3,00 %		0,50 %	0,50 %	
D1	3,82 %	0,00 %	10,25 %	3,00 %		0,50 %	0,50 %	

Eine Übersicht über die SV-Anteile für alle Beitragsgruppen finden Sie auf der Website der Sozialversicherungsanstalten unter www.sozialversicherung.at

In der Praxis kommen die Beitragsgruppen A1 für Arbeiter und D1 für Angestellte am häufigsten vor. Als Basis für die Berechnung des Dienstnehmeranteils zur Sozialversicherung (SV-DNA) gilt der Bruttobezug, welcher mit dem entsprechenden Sozialversicherungssatz multipliziert wird.

Demobeispiel: Berechnung Dienstnehmeranteil zur SV

Beispiel 1: Berechnung Sozialversicherungsbeitrag Herr Böck
Herr Böck ist Angestellter in der Beitragsgruppe D1 und bezieht ein Monatsgehalt von 1.600,00 EUR brutto. Wie hoch ist sein monatlicher SV-Beitrag?

1.600,00 EUR x 18,07 % = 289,12 EUR
Herr Böck leistet einen monatlichen SV-Beitrag in Höhe von 289,12 EUR.

Beispiel 2: Berechnung Sozialversicherungsbeitrag Herr Kofler
Herr Kofler ist Arbeiter in der Beitragsgruppe A1 und bezieht einen Monatslohn von 1.850,00 EUR. Wie hoch ist sein monatlicher SV-Beitrag?

1.850,00 EUR x 18,20 % = 336,70 EUR
Herr Kofler leistet einen monatlichen SV-Beitrag in Höhe von 336,70 EUR.

Übersteigt der Bruttobezug die **Höchstbeitragsgrenze** von derzeit **4.650,00 EUR**, wird zur Berechnung des Sozialversicherungsbeitrags höchstens der Betrag von 4.650,00 EUR herangezogen. Für den überschreitenden Anteil wird keine Sozialversicherung mehr eingehoben.

Aufgabenstellung – „Dienstnehmeranteil zur SV"

- Ermitteln Sie die entsprechenden Dienstnehmeranteile der Sozialversicherung des Monats Mai 20..

Name	Tätigkeit	Beitragsgruppe	Bruttobetrag	SV-DNA
Lara K.	Sekretärin	D1	2.300,00 EUR	
Carlos E.	Lagerarbeiter	A1	1.600,00 EUR	
Markus I.	Gärtner	A1	2.090,00 EUR	
Franz F.	Abteilungsleiter	D1	4.840,00 EUR	
Isabella H.	Grafikerin	D1	2.440,00 EUR	

Um die Leistungen der Sozialversicherung in Anspruch nehmen zu können, hat jeder Versicherte eine eigene Sozialversicherungsnummer (vierstelliger Code und Geburtsdatum) und eine E-Card.

2.2 E-Card-Gebühr

Die **E-Card-Gebühr (Service-Entgelt)** ersetzt die Krankenscheingebühr und muss vom Dienstgeber für alle Dienstnehmer, die mit dem **Stichtag 15. November** ein aufrechtes Dienstverhältnis haben, einbehalten werden. Die Gebühr beträgt 10,85 EUR (Stand 2015) und wird einmal pro Jahr dem Dienstnehmer mit der Novemberabrechnung in Abzug gebracht.

Die E-Card-Gebühr wird auf der Beitragsnachweisung für November unter der Verrechnungsgruppe N 89 ausgewiesen und an die Gebietskrankenkasse bezahlt. Mitversicherte Ehepartner bzw. Lebensgefährten, Kinder und Pensionisten bezahlen **keine** E-Card-Gebühr. Da die E-Card-Gebühr als Pflichtbeitrag anzusehen ist, **reduziert** diese genauso wie der Gewerkschaftsbeitrag die **Lohnsteuerbemessungsgrundlage.**

Die Anteile zur Unfallversicherung werden zur Gänze vom Dienstgeber bezahlt!

Hinweis:

- Bei einem Monatsbezug bis 1.280,00 EUR entfällt der Dienstnehmeranteil zur Arbeitslosenversicherung in der Höhe von 3 %.
- Bei einem Monatsbezug über 1.280,00 EUR bis 1.396,00 EUR reduziert sich der Dienstnehmeranteil zur Arbeitslosenversicherung von 3 % auf 1 %.
- Bei einem Monatsbezug über 1.396,00 EUR bis 1.571,00 EUR reduziert sich der Dienstnehmeranteil zur Arbeitslosenversicherung von 3 % auf 2 %.

Die Höchstbeitragsgrenzen der Sozialversicherung werden jährlich angepasst!

Diskutieren Sie, in welchen Situationen Sie Ihre E-Card nutzen.

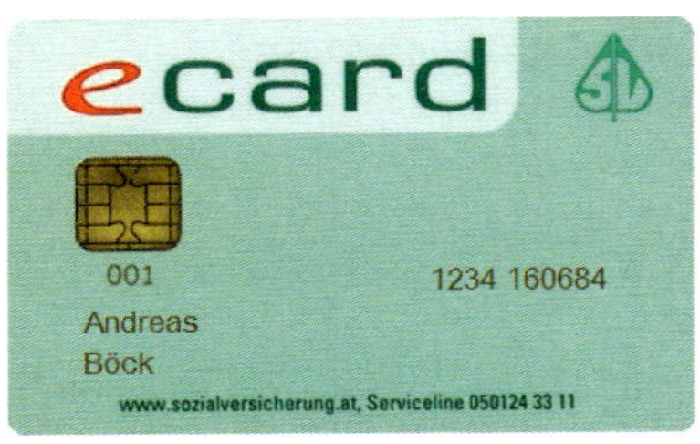

Bei der Bemessungsgrundlage für die Sozialversicherung erfolgt keine Berücksichtigung der E-Card-Gebühr.

Demobeispiel: Berücksichtigung der E-Card-Gebühr in der Monatsabrechnung

Sie erinnern sich an Herrn Böcks erste Gehaltsabrechnung. In der Abrechnung vom November wird nun auch die E-Card-Gebühr berücksichtigt.

LOHN/GEHALTSABRECHNUNG NOVEMBER 20..

Klient : 995 TWBA Mess und Regeltechnik GmbH DVR-Nr.: 9999
Kostenstelle : 20
Person : 6

Böck Andreas
Willingerstrasse 23
A-4020 Linz

Beruf : Verkäufer
Eintritt : 20../01/01
Austritt :

LSt-Tage	SV-Tage	Freibetrag	AVAB	Pendlerpauschale	Verw.gruppe	Einstufung	DV
30	30		NEIN			1	10

BA	Lohnart	Einheiten	Satz	Betrag	SV-pfl.	LSt-pfl.
10	GEHALT			1.600,00	1.600,00	1.600,00

SV Lfd. DG		346,08
DB		72,00
DZ		5,76
KOMMUNALSTEUER		48,00
MV: Bmg/Beitrag	1600,00	24,48

		Brutto	**1.600,00**
BMG SV lfd	1.600,00	SV lfd.	289,12
BMG SV SZ		SV SZ	
BMG LSt lfd	1.284,03	LSt lfd.	99,50
BMG LSt SZ		LSt SZ	
GEWERKSCHAFT F	16,00-	E-Card Service	10,85-
		Abzüge	415,47
		Netto	**1.184,53**

IBAN: AT57 1800 0000 0074 1953 BIC: VKBLAT2L

JAHRESSUMMEN :

Das Service-Entgelt für die E-Card wird in der Novemberabrechnung berücksichtigt.

2.3 Berechnung der Lohnsteuer

Herr Böck ist überrascht, dass er für sein Einkommen mehr als 100,00 EUR Lohnsteuer bezahlen muss. Nun möchte er wissen, wie dieser Betrag zustande kommt, und macht sich mithilfe des Internets schlau:

1. ***Ermittlung der Bemessungsgrundlage***
2. ***Auswahl des Steuersatzes***
3. ***Berücksichtigung des Absetzbetrages***
4. ***Lohnsteuer***

Nun möchte Andreas Böck den Auszahlungsbetrag kontrollieren!

Zur Orientierung
Bruttobetrag
– SV-DNA
– Lohnsteuer
Auszahlungsbetrag

Nach österreichischem Recht ist jedes Einkommen zu versteuern. Jeder Dienstnehmer ist dazu verpflichtet, von seinem Gehalt bzw. seinem Lohn die sogenannte Lohnsteuer zu entrichten.

Bei der Berechnung der monatlichen Lohn- und Gehaltsberechnung ermittelt der Dienstgeber die Lohnsteuer. Diese wird direkt vom Bruttobezug abgezogen und bis zum 15. des Folgemonats direkt vom Dienstgeber an das Finanzamt weitergeleitet.

In einem ersten Schritt zur Berechnung der Lohnsteuer wird die Bemessungsgrundlage ermittelt, dafür wird folgendes Schema verwendet:

	Bruttobezug
–	Dienstnehmeranteil zur Sozialversicherung (SV-DNA)
–	Pendlerpauschale
–	Freibetrag
–	Gewerkschaftsbeitrag
	Bemessungsgrundlage

Welche zusätzliche Position mindert die LSt-MBGL bei der Novemberabrechnung?

Der SV-Beitrag des Dienstnehmers reduziert die Lohnsteuerbemessungsgrundlage. Weitere Positionen, welche die Bemessungsrundlage für die Lohnsteuer vermindern, werden nachfolgend behandelt.

2.3.1 Pendlerpauschale

Unter bestimmten Voraussetzungen kann der Dienstnehmer beim Dienstgeber einen Antrag auf Berücksichtigung des **Pendlerpauschales** stellen. Das Pauschale mindert die Lohnsteuerbemessungsgrundlage. Pendler/innen haben zusätzlich zum Pendlerpauschale auch einen Anspruch auf den sogenannten Pendlereuro.

Für die Beantragung des Pendlerpauschales und des Pendlereuros ist seit 1. 1. 2014 der Ausdruck aus dem Pendlerrechner (www.bmf.gv.at – Berechnungsprogramme) zu verwenden.

Pendlerpauschale

Pendlerpauschale	Pendlereuro

■ Wird in der monatlichen Lohn- und Gehaltsabrechnung berücksichtigt. ■ Die Höhe ist abhängig von der Entfernung zwischen Wohnort und Arbeitsplatz sowie der Verfügbarkeit bzw. Zumutbarkeit der öffentlichen Verkehrsmittel.	■ Der Pendlereuro beträgt im Kalenderjahr pro Kilometer Entfernung zwischen Wohnung und Arbeitsstätte 2,00 EUR. ■ Sie kann während des Kalenderjahres beim Arbeitgeber oder nach Ablauf des Kalenderjahres in der Arbeitnehmerveranlagung geltend gemacht werden.

Arbeitnehmerveranlagung = die Ermittlung der Steuer durch die Finanzbehörde aufgrund der jährlichen Steuererklärung des Steuerpflichtigen.

Beim Pendlerpauschale wird zwischen folgenden Formen unterschieden:

Kleines Pendlerpauschale	Großes Pendlerpauschale
■ Der Arbeitsplatz ist mehr als 20 km vom Wohnort entfernt. ■ Die Benützung eines öffentlichen Verkehrsmittels ist möglich und zumutbar.	■ Der Arbeitsplatz ist mehr als zwei Kilometer vom Wohnort entfernt. ■ Auf zumindest der halben Fahrtstrecke ist die Benützung eines öffentlichen Verkehrsmittels „nicht möglich oder nicht zumutbar".
Höhe des Pauschale ab 20 km: mtl. 58,00 EUR ab 40 km: mtl. 113,00 EUR ab 60 km: mtl. 168,00 EUR	Höhe des Pauschale ab 2 km: mtl. 31,00 EUR ab 20 km: mtl. 123,00 EUR ab 40 km: mtl. 214,00 EUR ab 60 km: mtl. 306,00 EUR

Die Höhe des gewährten Pendlerpauschales ist abhängig von der Distanz zwischen Arbeitsplatz und Wohnort, sowie der Verfügbarkeit bzw. der Zumutbarkeit öffentlicher Verkehrsmittel.

mtl. = monatlich

Beispiel: Berechnung des Pendlereuro
Herr Kofler fährt von seiner Wohnung bis zur Arbeit 41 km. Er bekommt den Pendlereuro in Höhe von 82,00 EUR (41 km • 2,00 EUR) ausbezahlt. Das bedeutet, dass **monatlich 6,83 EUR** (82,00 EUR : 12 Monate) von der Lohnsteuer abgezogen werden.

Demobeispiel: Pendlerpauschale

Um zu seinem Arbeitsplatz zu kommen, benützt Clemens Klein öffentliche Verkehrsmittel. Er wechselt zwei Mal die Verkehrslinie und geht die letzte Strecke zu Fuß.

Wohnort | Fußweg | Zug | Wartezeit | Bus | Fußweg | Arbeitsplatz

Für die 39 km lange Strecke (einfacher Weg) benötigt Clemens Klein mehr als zwei Stunden. Die Nutzung öffentlicher Verkehrsmittel ist in diesem Fall nicht möglich bzw. nicht zumutbar. Auf Antrag erhält Herr Klein das große Pendlerpauschale von 123,00 EUR pro Monat gewährt.

2.3.2 Freibetrag

Steuerpflichtige können Werbungskosten und Sonderausgaben geltend machen.

- **Werbungskosten** sind Ausgaben, die für die Berufsausübung anfallen (wie z. B. selbst bezahlte Fortbildungskosten, Kosten für Fachliteratur etc.).
- **Sonderausgaben** sind gesetzlich definierte Privatausgaben (wie z. B. freiwillige Kranken-, Lebens- oder Unfallversicherungsbeiträge, Ausgaben für Wohnraumsanierung etc.).

Bei Arbeitern und Angestellten, denen die Lohnsteuer sofort vom Lohn bzw. Gehalt abgezogen wird, werden diese Beträge grundsätzlich im Zuge der **Arbeitnehmerveranlagung** berücksichtigt. Sind **keine Werbungskosten oder Sonderausgaben** angefallen oder wurden sie vom Steuerpflichtigen nicht bekannt gegeben, werden dennoch eine **Werbungskostenpauschale** von derzeit 132,00 EUR pro Jahr sowie eine **Sonderausgabenpauschale** von derzeit 60,00 EUR pro Jahr von der Lohnsteuerbemessungsgrundlage abgezogen.

Diese Pauschalbeträge werden automatisch berücksichtigt und sind auch in den Lohnsteuertabellen eingerechnet. In diesen Fällen ist keine Arbeitnehmerveranlagung erforderlich.

Ergibt die **Arbeitnehmerveranlagung** eine **Steuergutschrift,** geht die Finanzbehörde davon aus, dass auch im laufenden Jahr Kosten in dieser Höhe anfallen werden, und stellt einen sogenannten **Freibetragsbescheid** aus. Legt der Arbeitnehmer diesen bei seinem Dienstgeber vor, kann der Freibetrag bereits bei den monatlichen Lohnabrechnungen berücksichtigt werden und es wird während des Jahres nicht zu viel Lohnsteuer einbehalten.

Die Mitgliedschaft bei einer Gewerkschaft ist freiwillig.

2.3.3 Gewerkschaftsbeitrag

Die Gewerkschaft ist eine **freiwillige Interessensgemeinschaft**, welche Dienstnehmer der jeweiligen Branchen vertritt. Für die Mitgliedschaft ist ein Gewerkschaftsbeitrag zu bezahlen, der von der jeweiligen Organisation eigenständig festgelegt werden kann. Wenn kein genereller Beitrag vereinbart ist, wird ein Prozent des Bruttobezuges, maximal jedoch 30,55 EUR (Stand 2015), für die Mitgliedschaft eingehoben.

Einen Überblick über die verschiedenen Gewerkschaften finden Sie unter www.oegb.at.

Beispiel
Lena Schneider ist Mitglied der Gewerkschaft Druck. Als Gewerkschaftsbeitrag wurden ein Prozent des Bruttobezuges vereinbart. Lena verdient monatlich 2.100,00 EUR. In ihrer monatlichen Gehaltsabrechnung werden 21,00 EUR Gewerkschaftsbeitrag berücksichtigt.

Andreas Böck hat nun sämtliche Informationen gesammelt, um die Bemessungsgrundlage für die Lohnsteuer zu berechnen:

Gehalt	*1.600,00 EUR*	
– SV-DNA	*289,12 EUR*	*(1.600 x 18,07 %)*
– Gewerkschaftsbeitrag	*16,00 EUR*	
LSt-BMGL	**1.294,88 EUR**	

Der von Andreas Böck ermittelte Betrag entspricht aber noch nicht der tatsächlich zu bezahlenden Lohnsteuer, er hat lediglich die Bemessungsgrundlage für die Lohnsteuer berechnet. Wie kommen wir aber nun zum tatsächlichen Lohnsteuerbetrag?

Brutto 1.600,00 EUR
Angestellter
kein Freibetrag
keine Pendlerpauschale
Gewerkschaftsbeitrag
16,00 EUR/Monat

Die Bezahlung des Beitrags kann direkt über die monatliche Gehalts- und Lohnabrechnung erfolgen. In diesem Fall führt dies zu einer weiteren Reduktion der Lohnsteuerbemessungsgrundlage. Zahlt der Arbeitnehmer den Gewerkschaftsbeitrag selbst ein, kann dieser bei der Arbeitnehmerveranlagung als Abzugsposten geltend gemacht werden.

LSt-BMGL = Lohnsteuerbemessungsgrundlage.

2.3.4 Ermittlung der Lohnsteuer

Nun werden Sie die Ermittlung der Lohnsteuer mithilfe der Effektivtabelle kennenlernen. Anhand dieser Tabelle lassen sich alle wichtigen Informationen herauslesen, die für die Berechnung der Lohnsteuer gebraucht werden.

Monatslohnsteuertabelle 2015 – Arbeitnehmer						**Effektiv-Tarif-Tabelle**
Monatslohn			**Alleinverdiener oder Alleinerzieher**			
von	**bis**		**ohne AV/AEAB**	**1 Kind**	**2 Kinder**	**3 Kinder**
keine Negativsteuer bis			1.011,44	1.124,23	1.164,18	1.214,41
		Prozent	**Abzug**			
1.011,45	2.099,34	36,50000 %	369,173	410,340	424,923	443,257
2.099,35	5.016,00	43,21429 %	510,129	551,295	565,879	584,212
über	5.016,00	50,00000 %	850,500	891,667	906,250	924,583
			Für jedes weitere Kind erhöht sich der Abzug um 18,333 EUR.			

In der Praxis werden Lohnsteuertabellen zur vereinfachten Berechnung oder zum Ablesen des Steuerbetrages verwendet.

AV/AEAB = Alleinverdiener- bzw. Alleinerzieherabsetzbetrag.

Um die Lohnsteuer berechnen zu können, muss man wissen, ob der Steuerpflichtige Alleinverdiener bzw. -erzieher ist. Für Alleinverdiener bzw. -erzieher gibt es steuerliche Begünstigungen.

Alleinverdiener ist,

- wer für mindestens ein Kind mehr als sechs Monate im Kalenderjahr Familienbeihilfe bezogen hat, und mehr als sechs Monate im Kalenderjahr in einer Ehe, Lebensgemeinschaft oder eingetragenen Partnerschaft lebt und die Einkünfte des (Ehe)Partners nicht mehr als 6.000,00 EUR jährlich betragen.

Alleinerzieher ist,

- wer mindestens für mehr als sechs Monate für ein Kind Familienbeihilfe bezogen hat und mehr als sechs Monate im Kalenderjahr **nicht** in einer Gemeinschaft mit einem Ehepartner, Lebensgefährten oder eingetragenen Partnerschaft lebt.

Die E-Card-Gebühr ist nur bei der Novemberabrechnung zu berücksichtigen.

Im Folgenden werden Sie die einzelnen Rechenschritte zur Ermittlung der Lohnsteuer anhand der **Gehaltsabrechnung** von **Andreas Böck** kennenlernen.

	Ermittlung der Lohnsteuer	**Beispiel: Lohsteuer Andreas Böck**
1	Ermittlung der Lohnsteuerbemessungsgrundlage: Bruttobezug – SV-DNA – Pendlerpauschale – Freibetrag – Gewerkschaftsbeitrag **LSt-BMGL**	Ermittlung der Lohnsteuerbemessungsgrundlage von Andreas Böck: Gehalt 1.600,00 EUR – SV-DNA 289,12 EUR – Gewerkschaftsbeitrag 16,00 EUR **LSt-BMGL 1.294,88 EUR** Hinweis: Bei diesem Beispiel gibt es kein Pendlerpauschale und keinen Freibetrag.
2	Auswahl der richtigen Spalte der Lohnsteuertabelle – mit oder ohne Alleinverdiener- bzw. Alleinerzieherabsetzbetrag.	Andreas Böck ist ledig und wohnt alleine. Aus diesem Grund hat er keinen Anspruch auf den Alleinverdiener- bzw. Alleinerzieherabsetzbetrag.

Monatslohnsteuertabelle 2015 – Arbeitnehmer **Effektiv-Tarif-Tabelle**

Monatslohn			Alleinverdiener oder Alleinerzieher			
von	bis		ohne AV/AEAB	1 Kind	2 Kinder	3 Kinder
keine Negativsteuer bis			1.011,44	1.124,23	1.164,18	1.214,41
		Prozent	Abzug			
1.011,45	2.099,34	36,50000 %	369,173	410,340	424,923	443,257
2.099,35	5.016,00	43,21429 %	510,129	551,295	565,879	584,212
über	5.016,00	50,00000 %	850,500	891,667	906,250	924,583

*) Für jedes weitere Kind erhöht sich der Abzug um 18,333 EUR.

3	Einordnung der Bemessungsgrundlage in die entsprechende Zeile.	Die Lohnsteuerbemessungsgrundlage von Andreas Böck beträgt 1.294,88 EUR.
4	Ablesen des Prozentsatzes und des Abzugswertes.	Für Andreas Böck ergeben sich folgende Werte: **Prozent: 36,500 %** **Abzug: 369,173 EUR**
5	Multiplikation der Lohnsteuer-Bemessungsgrundlage mit dem Prozentsatz.	**1.294,88 x 36,500 % = 472,631 EUR** **Achtung:** Dieses Ergebnis ist auf drei Dezimalstellen zu runden!
6	Durch die Subtraktion des Abzugsbetrages vom Zwischenergebnis ergibt sich der Lohnsteuerbetrag.	Zwischenergebnis 472,631 EUR – Abzugsbetrag – 369,173 EUR Lohnsteuer 103,458 EUR **Lohnsteuer gerundet = 103,46 EUR**

Aufgabenstellung – „Berechnung der Lohnsteuer"

- Ermitteln Sie die Lohnsteuer für folgende Personen:
  a) Frau Linko ist Angestellte (D1), verheiratet, ohne AVAB, ein Kind, Gewerkschaftsbeitrag 18,70 EUR, Monatsgehalt 1.870,00 EUR.
  b) Elena Schneider, Angestellte (D1), verheiratet, ohne AVAB, ein Kind, Monatsgehalt 1.960,00 EUR.

c) Laura Krenn, Angestellte (D1), verheiratet, mit AVAB, zwei Kinder, großes Pendlerpauschale 123,00 EUR (die einfache Fahrstrecke beträgt 32 km), Gewerkschaftsmitglied, Monatsgehalt 2.430,00 EUR.

Berechnung der Lohnsteuer:

Bruttogehalt ....

– ....

– ....

LSt-BMGL ....

davon ....

– ....

Lohnsteuer ....

Lohnsteuer gerundet ....

2.4 Ermittlung des Auszahlungsbetrags

Nachdem Sie sämtliche Beträge ermittelt haben, ziehen Sie diese vom Bruttobezug ab. Das Ergebnis stellt den Auszahlungsbetrag dar, den der Dienstnehmer tatsächlich überwiesen bekommt.

Zur Orientierung
Bruttobetrag
– SV-DNA
– Lohnsteuer
Auszahlungsbetrag

Andreas Böck hat händisch nachgerechnet und folgenden Auszahlungsbetrag ermittelt:

Bruttogehalt	*1.600,00 EUR*	*1.600,00 EUR*
– SV-Beitrag: 1.600,00 x 18,07 %	*289,12 EUR*	*– 289,12 EUR*
– Gewerkschaftsbeitrag	*16,00 EUR*	
Bemessungsgrundlage	*1.294,88 EUR*	
davon 36,50000 %	*472,631 EUR*	
– Abzugsbetrag	*369,173 EUR*	
Lohnsteuer	*103,458 EUR*	*– 103,46 EUR*
– Gewerkschaftsbeitrag		*– 16,00 EUR*
Auszahlungsbetrag		***1.191,42 EUR***

Ein Vergleich mit dem Gehaltszettel führt zum gleichen Ergebnis. Herr Böck ist zufrieden, da er nun weiß, wie er seine Gehaltsabrechnung kontrollieren kann.

		Brutto	**1.600,00**
BMG SV lfd	1.600,00	SV lfd.	289,12
BMG SV SZ		SV SZ	
BMG LSt lfd	1.294,88	LSt lfd.	103,46
BMG LSt SZ		LSt SZ	
GEWERKSCHAFT F	16,00-	E-Card Service	
		Abzüge	408,58
		Netto	**1.191.42**

IBAN: AT57 1800 0000 0074 1953   BIC: VKBLAT2L

JAHRESSUMMEN :

Brutto ohne PAR 26 :	1.600,00	Bezüge gemäß Par. 67(1+2) :	
Zul./Zuschl. PAR 68(1,2) :		Bezüge Par.67(3-8)fest/frei:	
einbehaltene Lohnsteuer :	103,46	LSt Par.67(3-8) feste Sätze:	
steuerfreie Bezüge PAR 3 :		steuerfreie Bezüge PAR 26 :	

Aha!
Arbeitnehmer/innen können neben dem Bruttogehalt auch Sachbezüge beziehen. Darunter sind Vorteile aus einem Dienstverhältnis zu verstehen, die nicht aus Geld bestehen (z. B. die private Nutzung eines Firmenautos, freie Wohnung). Der Wert der Sachbezüge ist sowohl zur Sozialversicherungs- als auch zur Lohnsteuerbemessungsgrundlage hinzurechnen.

Aufgabenstellung – „Ermittlung des Auszahlungsbetrags“

- Berechnen Sie die Auszahlungsbeträge des Monats Mai 20.. für folgende Dienstnehmer/innen des Unternehmens TWBA Mess- und Regeltechnik GmbH:
  a) Dieter Kofler, Werkstättenleiter, Angestellter, verheiratet, mit AVAB (ein Kind) Monatsgehalt 2.100,00 EUR.
  b) Alfred Siebert, Facharbeiter, Werkstätte, ledig, ohne AVAB, kleines Pendlerpauschale ab 40 km (die einfache Fahrtstrecke beträgt 41 km), Monatslohn 1.850,00 EUR.
  c) Andreas Böck, Verkäufer, Angestellter, verheiratet, ohne AVAB, Monatsgehalt 1.600,00 EUR.
  d) Florian Rathmayr, Verkäufer mit Fachberatung, verheiratet, mit AVAB (zwei Kinder), Freibetrag 70,00 EUR, Monatsgehalt 1.580,00 EUR.
  e) Alexandra Linko, Büroangestellte, ledig, ohne AVAB, Monatsgehalt 1.770,00 EUR.

Nutzen Sie für die Berechnung der Löhne und Gehälter ein Tabellenkalkulationsprogramm!

2.5 Abrechnung von Überstunden

Bei der Abrechnung von Überstunden stellen sich einige Fragen:
- Was sind Überstunden?
- Wie sind diese zu bezahlen?
- Wie sind Überstunden hinsichtlich SV-Beitrag und Lohnsteuer zu behandeln?

Überstunden sind jene Arbeitsstunden, die über die wöchentliche gesetzliche Normalarbeitszeit (in Österreich prinzipiell 40 Stunden) hinaus geleistet wurden.

Die Entlohnung einer Überstunde setzt sich aus dem Überstundengrundlohn und dem Überstundenzuschlag zusammen.

Überstundengrundlohn

Die Berechnung des Überstundengrundlohnes ist ebenfalls in den Kollektivverträgen festgelegt. Meist ist der Lohn bzw. das Gehalt durch einen Überstundenteiler zu dividieren.

Überstundengrundlohn =
Lohn bzw. Gehalt pro Überstunde. Im KV für Handelsangestellte beträgt der Überstundenteiler 1/158. IM KV für Arbeiter im eisen- und metallverarbeitenden Gewerbe ist ein Überstundenteiler von 1/143 vorgeschrieben.

Überstundenzuschlag

Er hängt davon ab, wann die Überstunden geleistet wurden. Der Zuschlag beträgt in der Regel 50 %, für Überstunden an Sonn- und Feiertagen oder zwischen 20.00 und 6.00 Uhr (Nachtstunden) beträgt der Zuschlag 100 %. Auch die Berechnung der Überstundenzuschläge ist in den Kollektivverträgen geregelt und diesen zu entnehmen.

Abrechnung der Überstunden hinsichtlich SV-Beitrag und Lohnsteuer

Sozialversicherung

Die Überstundenentlohnung (Grundlohn und Zuschlag) ist bis zur monatlichen Höchstbeitragsgrundlage sozialversicherungspflichtig.

Lohnsteuer

- Überstundengrundlohn: lohnsteuerpflichtig
- Zuschlag (§ 68/2 EStG): Die ersten zehn Überstunden mit max. 50 % Zuschlag im Monat sind lohnsteuerfrei (Gesamtbetrag max. 86,00 EUR), alle anderen Zuschläge sind lohnsteuerpflichtig. Daneben gibt es noch eine relativ komplizierte Befreiungsbestimmung für Zuschläge bei Sonn-, Feiertags- oder Nachtarbeit.

Demobeispiel: Überstundenabrechnung Andreas Böck

Überstundenabrechnung von Andreas Böck im Mai:
25 Überstunden jeweils in der Zeit zwischen 18.00 und 20.00 Uhr,
Überstundenteiler laut Kollektivvertrag 1/158.

Monatsgehalt 1.600,00 EUR
Überstundengrundlohn pro Stunde = *1.600,00 EUR : 158 = 10,13 EUR*
Wert einer Überstunde inklusive 50 % Zuschlag: *10,13 EUR • 1,5 = 15,19 EUR*

Abrechnung für 25 Überstunden: *15,19 EUR • 25 = 379,75 EUR*

Zusammensetzung:

25 • ÜGR (10,13 EUR)	=	*253,25 EUR*	
10 • ÜZ (5,06 EUR)	=	*50,60 EUR*	(lohnsteuerfrei)
15 • ÜZ (5,06 EUR)	=	*75,90 EUR*	(lohnsteuerpflichtig)
		379,75 EUR	

Da die Arbeitszeit laut Kollektivvertrag (38,5 Stunden) unter der gesetzlichen Normalarbeitszeit von 40 Stunden liegt, entstehen bei Überschreiten der 38,5 Wochenstunden so genannte **Mehrarbeitsstunden.** Sie wurden bei der Berechnung der Überstunden von Herrn Böck nicht berücksichtigt, da sie nicht ausbezahlt, sondern durch Zeitausgleich abgegolten werden.

Aufgabenstellungen – „Abrechnung von Überstunden“

1. Berechnen Sie die Auszahlungsbeträge für folgende Dienstnehmer/innen:
   a) Frau Linko bekommt 24 Überstunden für die Bilanzierungsarbeiten ausbezahlt. Monatsgehalt 1.770,00 EUR, ohne AVAB, Überstundenteiler 1/158.
   b) Herr Siebert bekommt neben seinem Monatslohn von 1.850,00 EUR (ohne AVAB, kleines Pendlerpauschale ab 40 km, die einfache Fahrtstrecke beträgt 41 km) 16 Überstunden ausbezahlt. Überstundenteiler KV für Handelsarbeiter: 1/167.
2. Beantworten Sie folgende Fragen.
   a) Wann liegen Überstunden vor?
   b) Wie sind sie zu entlohnen?
   c) Wie sind Überstunden bezüglich der SV zu behandeln?
   d) Wie werden Überstunden besteuert?

2.6 Abrechnung von Aufwandsentschädigungen

Kilometergeld und **Tagesgeld** fallen unter den Begriff Aufwandsentschädigung. Darunter versteht man die Vergütung von Aufwendungen des Dienstnehmers, die dieser für den Betrieb des Dienstgebers aus privater Tasche getätigt hat. Auch die Vergütung von Nächtigungskosten bzw. von Fahrtkosten (z. B. Fahrkarte für Bus oder Bahn) fällt unter diesen Begriff.

Kilometergeld = Abgeltung der Aufwendungen für den Betrieb und Abnützung des Privat-Pkw des Dienstnehmers für betriebliche Fahrten (derzeit 0,42 EUR je km, Stand: 1. 1. 2015).

Tagesgeld = zur Abdeckung der Verpflegungskosten, die bei einer Dienstreise anfallen.

Aufwandsentschädigungen sind grundsätzlich sozialversicherungs- und lohnsteuerfrei zu behandeln.

Aha!
Neben der Abrechnung von Überstunden und Aufwandsentschädigungen gibt es die Möglichkeit,
- Reisekosten (Tagesgeld, Nächtigungsgeld, Fahrtkosten),
- Zuschläge für Sonn-, Feiertags- und Nachtarbeit sowie
- Zulagen für besonders schmutzige, gefährliche bzw. schwere Arbeit

zu berechnen.

Detaillierte Informationen zu allen Themen der Personalverrechnung finden Sie unter www.trauner.at/personalverrechnung-kompakt.aspx

Demobeispiel: Berechnung von Aufwandsentschädigungen

Im Juni 20.. war Andreas Böck im Auftrag von Herrn Müller bei einer IT-Messe.

Daten zu dieser Dienstreise:
- Beginn: Dienstag, 3. Juni, 8.00 Uhr (Abfahrt in Linz)
- Ende: Mittwoch, 4. Juni, 20.00 Uhr (Rückkehr in Linz)
- Andreas Böck ist mit seinem privaten Pkw gefahren und hat 640 km zurückgelegt.
- Die Nächtigung im Hotel sowie die Messekarten hat er mit der Firmenkreditkarte bezahlt, alle übrigen Ausgaben hat er privat bezahlt.

Andreas Böck hat Anspruch auf Kilometer- und Tagesgeld. Frau Linko hat aufgrund der Angaben von Herrn Böck Folgendes errechnet und bei der Gehaltsabrechnung im Juni 20.. berücksichtigt:

Kilometergeld	*268,80 EUR (320 km • 2 (Hin- und Rückfahrt) • 0,42 pro km)*
Tagesgeld (3. + 4. Juni)	*52,80 EUR*
Reisekosten	*321,60 EUR*

Aufgabenstellungen – „Abrechnung von Aufwands…"

- Berechnen Sie die Auszahlungsbeträge für folgende Dienstnehmer/innen:
  a) Frau Linko hat am 23. und 24. Juli 20 . . bei einem Personalverrechnungsseminar in Wien teilgenommen. Für diese Dienstreise sind folgende Kosten angefallen: Tagesgeld 52,80 EUR, Nächtigungskosten 75,00 EUR, Fahrkarten für Bahn und U-Bahn 50,00 EUR. Monatsgehalt 1.770,00 EUR, ohne AVAB.
  b) Herr Rathmayr hat im vergangenen Monat mit seinem privaten Pkw insgesamt 280 km für dienstliche Fahrten zurückgelegt. Er erhält daher neben seinem Monatsgehalt von 1.550,00 EUR (mit AVAB 2 Kinder, Freibetrag 70,00 EUR) das amtliche Kilometergeld für die dienstlichen Fahrten

3 Abrechnung von Sonderzahlungen

Andreas Böck freut sich, dass er in Kürze eine Sonderzahlung erhält. Mit dieser Sonderzahlung möchte er die geplante Urlaubsreise bezahlen. Doch bevor er ins Reisebüro geht, überlegt er, mit welchem zusätzlichen Geldbetrag er rechnen darf.

Im Sozialversicherungsrecht spricht man von Sonderzahlungen, im EStG hingegen von sonstigen Bezügen.

Die Zahlung von Urlaubs- und Weihnachtsgeld ist in Österreich in den Kollektivverträgen geregelt (meist in Höhe von je einem Monatsbezug).

Sonderzahlungen sind zusätzliche Entgelte, die in größeren Abständen bezahlt werden. Dazu gehören beispielsweise das Urlaubsgeld, das Weihnachtsgeld, aber auch Gewinnanteile, Bilanzgelder etc. Die Höhe und Fälligkeit werden in der Regel im Kollektivvertrag festgelegt und sind diesem zu entnehmen.

Ist ein Dienstnehmer während des Jahres eingetreten oder ausgeschieden, steht ihm nur der **aliquote** Anteil des Urlaubs- und Weihnachtsgeldes zu.

aliquot = anteilig.

Demobeispiel: Berechnung der aliquoten Sonderzahlungen

Das Dienstverhältnis von Herrn Böck hat am 1. Jänner 20.. begonnen. Bei einem Monatsgehalt von 1.600,00 EUR bekommt er laut Kollektivvertrag sowohl das Urlaubs- als auch das Weihnachtsgeld jeweils in Höhe eines Monatsgehaltes. Ein unterjähriger Eintritt (z. B. im April) wäre folgendermaßen zu berücksichtigen:

Urlaubsgeld	1.600,00 EUR (:12 Mon. • 9 Mon.) = 1.200,00 EUR
Weihnachtsgeld	1.600,00 EUR (:12 Mon. • 9 Mon.) = 1.200,00 EUR

Die Berechnung des aliquoten Anteils der Sonderzahlungen kann auch nach Tagen erfolgen. Dies ist sinnvoll, wenn der Dienstnehmer nicht zu Monatsbeginn, sondern während des laufenden Monats eintritt.

Berechnung der aliquoten Sonderzahlungen nach Tagen
Wäre der Eintrittstag beispielsweise der 6. April 20.. gewesen, so würden sich die aliquoten Teile des Urlaubs- und Weihnachtsgeldes wie folgt berechnen:

Urlaubsgeld $\frac{\text{1.600,00 EUR}}{\text{365 Tage}} \cdot \text{270 Tage} = \text{1.183,56 EUR}$

Weihnachtsgeld $\frac{\text{1.600,00 EUR}}{\text{365 Tage}} \cdot \text{270 Tage} = \text{1.183,56 EUR}$

6. 4. – 31. 12. = **270 Tage.**

Hier bleiben Schaltjahre unberücksichtigt.

3.1 Dienstnehmeranteil zur Sozialversicherung bei Sonderzahlungen

Von seinem laufenden Bezug werden neben Beiträgen zur Kranken-, Unfall-, Pensions- und Arbeitslosenversicherung, auch die Kammerumlage sowie der Wohnbauförderungsbeitrag abgezogen, das weiß Herr Böck schon. Nun stellt er sich die Frage, ob für Sonderzahlungen dieselben Werte gelten.

Wiederholen Sie nochmals die wichtigsten Aspekte zum Dienstnehmeranteil zur Sozialversicherung im Abschnitt „Erstellung einer Monatsabrechnung“.

Bei Sonderzahlungen werden die Kammerumlage (0,5 %) und der Wohnbauförderungsbeitrag (0,5 %) nicht eingehoben. Dadurch reduzieren sich die SV-Sätze für Sonderzahlungen um ein Prozent und betragen bei Arbeitern 17,20 % und bei Angestellten 17,07 %. Zudem ist zu beachten, dass für **Sonderzahlungen** eine **Höchstbeitragsgrundlage** von derzeit **9.300,00 EUR** pro Jahr gilt. Wird diese Grenze überschritten, fällt für den **überschreitenden Teil keine Sozialversicherung** für Sonderzahlungen an.

Demobeispiel: Berechnung SV-DNA bei Sonderzahlungen

Die Angestellte Julia Prenner verdient monatlich 4.800,00 EUR. Im Juni bekommt sie die Urlaubsbeihilfe und im November die Weihnachtsremuneration ausbezahlt. In Summe erhält sie 9.600,00 EUR an jährlichen Sonderzahlungen. Die **Jahresgrenze für Sonderzahlungen** (9.300,00 EUR) wird durch die Auszahlung der **Urlaubsbeihilfe** (UB) im Juni noch **nicht überschritten**.

Urlaubsbeihilfe
4.800,00 EUR

Bis zur Höchstgrenze von 9.300,00 EUR besteht SV-Pflicht

Berechnung SV-DNA Urlaubsbeihilfe
4.800,00 EUR x 17,07 % = 819,36 EUR

Mit der Auszahlung der **Weihnachtsremuneration** (WR) von 4.800,00 EUR wird die **Höchstgrenze** von 9.300,00 EUR **überschritten**.

Urlaubsbeihilfe
4.800,00 EUR

Weihnachtsremuneration
4.800,00 EUR

Bis zur Höchstgrenze von 9.300,00 EUR besteht SV-Pflicht

300,00 EUR
SV-frei

Urlaubsbeihilfe	4.800,00 EUR
+ Weihnachtsremuneration	4.800,00 EUR
Summe Sonderzahlungen	**9.600,00 EUR**

Gesamte Sonderzahlungen	9.600,00 EUR
– Höchstbeitragsgrundlage	9.300,00 EUR
SV-frei	**300,00 EUR**

Da eine Überschreitung der Höchstbeitragsgrenze erfolgt, wird der SV-DNA nur für 9.300,00 EUR bezahlt. Die Überschreitung von 300,00 EUR ist steuerfrei.

Für den **überschreitenden Teil** fällt **keine Sozialversicherung** an.

Berechnung SV-DNA Weichnachtsremuneration
4.500,00 EUR x 17,07 % = 768,15 EUR

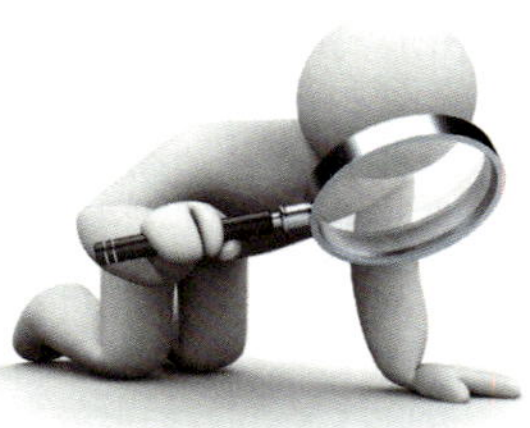

Aufgabenstellung – „Dienstnehmeranteil zur Sozialversicherung bei Sonderzahlungen"

- Ermitteln Sie die Höhe der SV-DNA für folgende Sonderzahlungen (D1):

Name	Urlaubsgeld	SV-DNA UB	Weihnachtsgeld	SV-DNA WR
Michael H.	3.850,00 EUR		3.850,00 EUR	
Anna F.	4.500,00 EUR		4.500,00 EUR	
Thomas K.	2.400,00 EUR		2.400,00 EUR	
Hanna E.	4.420,00 EUR		4.420,00 EUR	
Sandro G.	5.000,00 EUR		5.000,00 EUR	

Der SV-DNA bei Sonderzahlungen beträgt
- für Arbeiter 17,20 % und
- für Angestellte 17,07 %.

3.2 Lohnsteuer bei Sonderzahlungen

Die Bemessungsgrundlage für die Lohnsteuer ergibt sich aus der Sonderzahlung abzüglich des darauf entfallenden SV-DNA-Beitrages. Sonderzahlungen sind begünstigt besteuert, das bedeutet, **620,00 EUR der Bemessungsgrundlage** sind **lohnsteuerfrei**. Die **restliche LSt-Bemessungsgrundlage** wird mit einem festen **Steuersatz** von **6 %** besteuert.

Demobeispiel: Berechnung Lohnsteuer bei Sonderzahlungen

Fortsetzung des Demobeispiels Julia Prenner:

Berechnung der Lohnsteuer für die Urlaubsbeihilfe

Urlaubsbeihilfe	4.800,00 EUR
– SV-DNA	819,36 EUR
– Freibetrag	620,00 EUR
LSt-BMGL	3.360,64 EUR

Lohnsteuer UB 3.360,64 EUR x 6 % =	201,638 EUR
Lohnsteuer UB gerundet	201,64 EUR

Berechnung der Lohnsteuer für die Weihnachtsremuneration

Weihnachtsremuneration	4.800,00 EUR
– SV-DNA	768,15 EUR
= LSt-BMGL	4.031,85 EUR

Lohnsteuer WR 4.031,85 EUR x 6 % =	241,911 EUR
Lohnsteuer WR gerundet	241,91 EUR

Da der Lohnsteuer-Freibetrag in Höhe von 620,00 EUR bereits beim Urlaubsgeld verwendet wurde, kann dieser beim Weihnachtsgeld nicht mehr genutzt werden!

Kommt es zu einem Wechsel des Dienstverhältnisses, hat der neue Dienstgeber anhand des Lohnzettels bei der Abrechnung der Sonderzahlungen zu prüfen, ob der Freibetrag in Höhe von 620,00 EUR schon ausgeschöpft wurde und so die Freigrenze bereits überschritten wurde.

Aufgabenstellung – „Lohnsteuer bei Sonderzahlungen"

- Ermitteln Sie die Lohnsteuer folgender Dienstnehmer/innen:
  a) Clara Schneider ist Angestellte und erhält ein Urlaubsgeld in Höhe von 2.200,00 EUR.
  b) Ali Kundus ist beschäftigt als Arbeiter, sein Urlaubsgeld beträgt 1.600,00 EUR.
  c) Die Arbeiterin Fiona Zuki erhält ein Urlaubsgeld in Höhe von 1.800,00 EUR, das Weihnachtsgeld beträgt 1.800,00 EUR.
  d) Der Angestellte Xaver Huber erhält sein Urlaubsgeld in Höhe von 2.800,00 EUR, das aliquote Weihnachtsgeld bei einem neuen Dienstgeber beträgt 1.200,00 EUR.

3.3 Ermittlung der Auszahlungsbeträge bei Sonderzahlungen

Nachdem sowohl der SV-DNA als auch die Lohnsteuer ermittelt wurden, werden diese von den Sonderzahlungen abgezogen, um so den Auszahlungsbetrag der Sonderzahlungen zu erhalten.

Wie hoch ist der SV-DNA von Julia Prenner im Rahmen der Sonderzahlung in Prozent?

Demobeispiel: Berechnung Auszahlungsbeträge bei Sonderzahlungen

Fortsetzung des Demobeispiels Julia Prenner:

Berechnung Auszahlungsbetrag UB		**Berechnung Auszahlungsbetrag WR**	
Urlaubsgeld (brutto)	4.800,00 EUR	Weihnachtsgeld (brutto)	4.800,00 EUR
– SV-DNA	819,36 EUR	– SV-DNA	768,15 EUR
– LSt	201,64 EUR	– LSt	241,91 EUR
Auszahlungsbetrag	3.779,00 EUR	Auszahlungsbetrag	3.789,94 EUR

Wie errechnet sich die Lohnsteuer für die Urlaubsbeihilfe von Julia Prenner?

4 Gesetzliche Lohn- und Gehaltsabgaben

Was kostet ein Dienstnehmer?

Andreas Böck bekommt monatlich 1.600,00 EUR brutto. Der Auszahlungsbetrag beläuft sich allerdings nur auf 1.191,42 EUR.

Bruttogehalt	*1.600,00 EUR*	
abzüglich SV	*– 289,12 EUR*	*Zahlung an die Gebietskrankenkasse*
abzüglich LSt	*– 103,46 EUR*	*Zahlung an das Finanzamt*
abzüglich Gewerkschaftsbeitrag	*– 16,00 EUR*	*Zahlung an die Gewerkschaft*
Nettogehalt	**1.191,42 EUR**	*Zahlung an Andreas Böck*

Die TWBA Mess- und Regeltechnik GmbH zahlt Andreas Böck ein Monatsgehalt von 1.191,42 EUR aus, behält insgesamt 408,58 EUR ein und zahlt diese Beträge an die Gebietskrankenkasse, an das Finanzamt bzw. an die Gewerkschaft.

Aber ist das schon alles, oder kommen noch weitere Personalkosten auf den Dienstgeber (TWBA Mess- und Regeltechnik GmbH) zu?

Die gesetzlichen Lohn- und Gehaltsabgaben werden vom Dienstgeber bezahlt.

Die Lohn- und Gehaltsnebenkosten sind gesetzlich verankert und müssen vom Dienstgeber zusätzlich zum Bruttolohn für den Dienstnehmer bezahlt werden.

Lohn- und Gehaltsabgaben sind:
- Dienstgeberanteil zur Sozialversicherung (SV-DGA)
- Beiträge zur Betriebsvorsorgekasse
- Dienstgeberbeitrag zum Familienlastenausgleichsfonds (DB)
- Zuschlag zum Dienstgeberbeitrag (DZ)
- Kommunalsteuer (KommSt)

Lohn- und Gehaltsabgaben

Krankenkasse	Finanzamt	Gemeinde
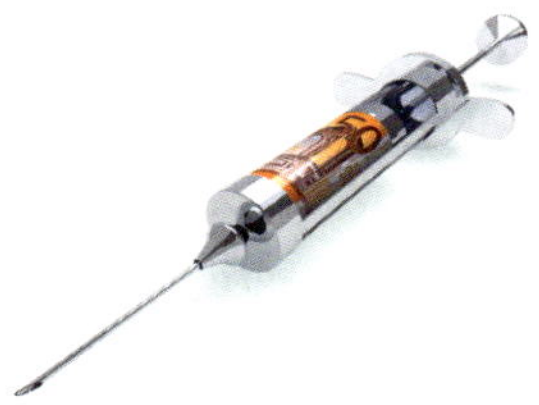		
■ Dienstgeberanteil zur Sozialversicherung (SV-DGA) ■ Beiträge zur Betriebsvorsorgekasse	■ Dienstgeberbeitrag zum Familienlastenausgleichsfonds (DB) ■ Zuschlag zum Dienstgeberbeitrag (DZ)	■ Kommunalsteuer

4.1 Sozialversicherung (SV-DGA)

Die **österreichische gesetzliche Sozialversicherung** ist eine **Pflichtversicherung** und umfasst sowohl die **Kranken-, die Unfall-, die Arbeitslosen- als auch die Pensionsversicherung.** Voraussetzung für die Sozialversicherung ist die Erwerbstätigkeit des Versicherungsnehmers.

Die Beiträge zur Sozialversicherung sind einerseits vom Dienstgeber und andererseits vom Dienstnehmer zu leisten. Der Dienstgeber behält also von den monatlichen Bruttobezügen seiner Mitarbeiter den Dienstnehmeranteil (SV-DNA) ein und führt diesen gemeinsam mit dem Dienstgeberanteil (SV-DGA) spätestens am 15. des Folgemonats an die zuständige Krankenkasse ab.

SV-DNA Angestellte =	18,07 %
SV-DNA Arbeiter =	18,20 %
SV-DGA Angestellte =	21,63 %
SV-DGA Arbeiter =	21,50 %

(Stand: 1. 1. 2015)

4.2 Betriebsvorsorgekasse (BV-Kasse)

Die Betriebsvorsorgekasse (Mitarbeitervorsorgekasse) ist ein Abfertigungsmodell, bei dem die Abfertigungsverpflichtungen des Dienstgebers auf Betriebsvorsorgekassen ausgelagert werden. Die **Abfertigung** ist ein außerordentliches Entgelt, das bei Beendigung eines Dienstverhältnisses gewährt wird.

Für Mitarbeiter, die nach dem 1. Jänner 2003 in ein Beschäftigungsverhältnis getreten sind, werden ab dem zweiten Beschäftigungsmonat **1,53** % des Bruttoentgelts vom Dienstgeber in die Vorsorgekasse einbezahlt. Die Kasse garantiert die Erhaltung des Kapitals, das dem Mitarbeiter beim Ausscheiden aus dem Betrieb zusteht.

Der Beitrag zur Betriebsvorsorgekasse kann auch auf ein eigenes Konto gebucht werden.

Das Abfertigungsmodell neu wird auch als Rucksack-Modell bezeichnet, da die erworbenen Ansprüche bei jedem Wechsel des Dienstverhältnisses wie ein Rucksack mitgenommen werden können.

4.3 Dienstgeberbeitrag zum Familienlastenausgleichsfonds (DB)

Die Familienbeihilfe wird in der Regel über das Finanzamt ausbezahlt.

In Österreich haben Eltern Anspruch auf Familienbeihilfe. Diese Beihilfe wird aus dem Familienlastenausgleichsfonds bezahlt (ebenso Kinderbetreuungsgeld, Karenzgeld, Mutter-Kind-Pass-Bonus). Um diesen Fonds zu decken, wird unter anderem der DB von Unternehmen eingehoben. Er beträgt **4,5 %** des Bruttoentgelts und stellt ebenfalls einen zusätzlichen Aufwand dar. Er ist gemeinsam mit der Lohnsteuer spätestens am 15. des Folgemonats an das Finanzamt der Betriebsstätte abzuführen.

4.4 Zuschlag zum Dienstgeberbeitrag – Kammerumlage (DZ)

Die aktuellen Zuschläge je Bundesland zum DB (= DZ) finden Sie unter www.trauner.at/dz-kammerumlage.aspx.

Der Zuschlag zum Dienstgeberbeitrag ist ein Teil der Kammerumlage, d. h., die Kammern der gewerblichen Wirtschaft heben von ihren Mitgliedern Beiträge ein. Der DZ wird mit den Lohnabgaben spätestens am 15. des Folgemonats an das Finanzamt der Betriebsstätte abgeführt. Die Höhe des DZ ist je nach Bundesland verschieden und wird ausgehend vom Dienstgeberbeitrag zum Familienlastenausgleichsfonds (DB) berechnet.

Die Kommunalsteuer beträgt 3 % vom Bruttoentgelt.

4.5 Kommunalsteuer (KommSt)

Die Kommunalsteuer ist eine Gemeindeabgabe. Ein Unternehmen unterliegt der Kommunalsteuer jener Gemeinde, in der sich dessen Betriebsstätte befindet. Die Bemessungsgrundlage für die Kommunalsteuer ist das Bruttoentgelt der Mitarbeiter. Sie ist mit einem Steuersatz von **3 %** festgesetzt und am 15. des Folgemonats an die Gemeinde- bzw. Stadtkasse abzuführen.

Aufgabenstellung – „Gesetzliche Lohn- und Gehaltsabgaben“

- Ermitteln Sie die gesetzlichen Gehaltsabgaben der Novemberabrechnung von Andreas Böck:

  a) **Dienstgeberanteil zur Sozialversicherung (SV-DGA)**
  1.600,00 EUR x ______ % = ______ EUR

  b) **Beitrag zur Betriebsvorsorgekasse (BV-Kasse)**
  1.600,00 EUR x ______ % = ______ EUR

  c) **Dienstgeberbeitrag (DB)**
  1.600,00 EUR x ______ % = ______ EUR

  d) **Zuschlag zum Dienstgeberbeitrag (DZ)**
  ______ EUR x ______ % = ______ EUR

  e) **Kommunalsteuer (KommSt)**
  1.600,00 EUR x ______ % = ______ EUR

  f) **Gesamtkosten der Gehaltsabgaben für Andreas Böck betragen ______ EUR.**

5 Besonderheiten der Lohn- und Gehaltsabrechnung

5.1 Besonderheiten bei der Aufnahme eines Lehrlings

Wird ein Lehrling aufgenommen, so ist ein Lehrvertrag zu erstellen, der bei der Wirtschaftskammer einzureichen ist. Bei minderjährigen Lehrlingen ist die Zustimmung des gesetzlichen Vertreters erforderlich. Der Lehrling ist nicht nur bei der Gebietskrankenkasse, sondern auch bei der zuständigen Berufsschule anzumelden.

Rechtsgrundlage eines Lehrverhältnisses ist das Berufsausbildungsgesetz (BAG). Weiters empfiehlt es sich für den Dienstgeber, den geltenden Kollektivvertrag genau zu beachten, da sich darin eine Reihe von Sonderbestimmungen für Lehrlinge (z. B. bezüglich der Dienstzeit) finden.

Entlohnung eines Lehrlings

Die Entlohnung des Lehrlings entspricht meistens der in den Kollektivverträgen festgesetzten **Lehrlingsentschädigung.** Sie steigt von Lehrjahr zu Lehrjahr an.

Da die Lehrlingsentschädigung meist sehr niedrig ist, sind in der Regel **nur SV-Beiträge** zu entrichten.

Gerade bei den Lehrlingen gibt es **viele unterschiedliche Beitragsgruppen,** wie die nachstehende Tabelle (Beitragsgruppen für Lehrlinge) zeigt. Abhängig von der Anzahl der Lehrjahre und der arbeitsrechtlichen Einordnung des Lehrlings (Arbeiter oder Angestellter etc.), wird die Beitragsgruppe festgelegt. Je nach Beitragsgruppe ergibt sich der aktuell gültige Beitragssatz (Beitragssätze zu den Beitragsgruppen für Lehrlinge).

Die Beitragsgruppe ändert sich in der Regel mit jedem neuen Lehrjahr. Die Änderung der Beitragsgruppe ist der Gebietskrankenkasse mit einer Änderungsmeldung mitzuteilen.

Beitragsgruppen für Lehrlinge 2015

BEITRAGSWESEN / LEHRLINGE

Beitragssätze nach Lehrjahren

Lehrzeit	Beitragsgruppe	Summe	DG	Lg.
2 Jahre				
1. Lehrjahr	A7y/D7b	22,80 %	12,55 %	10,25 %
2. Lehrjahr	A8y/D8b	28,80 %	15,55 %	13,25 %
2,5 Jahre				
1. Lehrjahr	A7y/D7b	22,80 %	12,55 %	10,25 %
2. Lehrjahr 1. Hälfte	A7y/D7b	22,80 %	12,55 %	10,25 %
2. Lehrjahr 2. Hälfte	A8y/D8b	28,80 %	15,55 %	13,25 %
3. Lehrjahr 1. Hälfte	A3y/D3b	36,45 %	19,25 %	17,20 %
3 Jahre				
1. Lehrjahr	A7y/D7b	22,80 %	12,55 %	10,25 %
2. Lehrjahr	A7y/D7b	22,80 %	12,55 %	10,25 %
3. Lehrjahr	A3y/D3b	36,45 %	19,25 %	17,20 %
3,5 Jahre				
1. Lehrjahr	A7y/D7b	22,80 %	12,55 %	10,25 %
2. Lehrjahr	A7y/D7b	22,80 %	12,55 %	10,25 %
3. Lehrjahr 1. Hälfte	A4y/D4b	30,45 %	16,25 %	14,20 %
3. Lehrjahr 2. Hälfte	A3y/D3b	36,45 %	19,25 %	17,20 %
4. Lehrjahr 1. Hälfte	A3y/D3b	36,45 %	19,25 %	17,20 %
4 Jahre				
1. Lehrjahr	A7y/D7b	22,80 %	12,55 %	10,25 %
2. Lehrjahr	A7y/D7b	22,80 %	12,55 %	10,25 %
3. Lehrjahr	A4y/D4b	30,45 %	16,25 %	14,20 %
4. Lehrjahr	A3y/D3b	36,45 %	19,25 %	17,20 %

Weitere Informationen zum Thema „Lehrling“ erhalten Sie im gleichnamigen Kapitel.

Diskutieren Sie die nebenstehende Aussage!

Fristen:
- Einreichung des Lehrvertrages binnen drei Wochen,
- Anmeldung bei der Berufsschule binnen zwei Wochen (jeweils ab Beginn des Lehrverhältnisses).

Die Übersicht über Beitragssätze für Lehrlinge finden Sie auch auf der CD.

Nähere Infos zur Sozialversicherung finden Sie unter www.sozialversicherung.at

Aufgrund des geringen Bezuges fällt meist keine Lohnsteuer an.

Die Ausbildung von Lehrlingen wird in Österreich sehr gefördert. Aus diesem Grund sind beispielsweise die ersten beiden Ausbildungsjahre keine Krankenversicherungsbeiträge zu entrichten. Ebenso gibt es einen Entfall der Beiträge zur Unfallversicherung für die gesamte Dauer der Ausbildung.

Demobeispiel: Berechnung der Entlohnung des Lehrlings

Herr Wegel hat am 1. September 20.. Sabrina Zimmermann aufgenommen. Sie ist Lehrling und wird im Bereich Verkauf tätig sein. Sabrina Zimmermann hat im Juni 20.. den polytechnischen Lehrgang beendet und befindet sich jetzt im ersten Lehrjahr. Die Lehrzeit für Handelsangestellte beträgt drei Jahre.

Die monatliche Abrechnung für Sabrina Zimmermann:

Lehrlingsentschädigung laut Kollektivvertrag für Handelsangestellte	374,00 EUR
abzüglich 10,25 % Sozialversicherung	– 38,34 EUR
Auszahlungsbetrag	**335,66 EUR**

Aufgabenstellung – „Entlohnung eines Lehrlings“

- Berechnen Sie für folgende Lehrlinge die Auszahlungsbeträge:

Andreas Steinmann absolviert eine Lehre als Dachdecker. Er befindet sich gerade im zweiten von drei Lehrjahren und erhält einen monatlichen Bruttobezug von 710,00 EUR.

Sabrina Zimmermann befindet sich unmittelbar vor der Lehrabschlussprüfung im dritten Lehrjahr. Sie erhält pro Monat 687,00 EUR brutto und ist derzeit der Beitragsgruppe D3b zugeordnet.

5.2 Abrechnung von geringfügig Beschäftigten

Geringfügig Beschäftigte sind Personen, deren
- Dienstverhältnis kürzer als ein Monat dauert und deren Bruttoentgelt pro Arbeitstag 31,17 EUR nicht übersteigt und
- die höchstens einen Bruttobezug von monatlich 405,98 EUR erhalten.

Geringfügig Beschäftigte können eine freiwillige Sozialversicherung (PV, KV) abschließen. Die Kosten belaufen sich auf 57,30 EUR/Monat.

Geringfügig Beschäftigte haben **keine SV-Beiträge** zu entrichten, sie sind lediglich **unfallversichert.** Der Betrag ist vom Dienstgeber einmal jährlich zu entrichten und beträgt 1,3 % des Jahresentgelts, zuzüglich 1,53 % für die **Betriebsvorsorgekasse.** Da die Einkünfte aus geringfügiger Beschäftigung niedrig sind, ist dafür **keine Lohnsteuer** zu entrichten.

Hat eine Person neben der geringfügigen Beschäftigung ein weiteres geringfügiges Dienstverhältnis, so kommt es zu einer Nachverrechnung der SV-Beiträge, da die Entgelte aus allen Dienstverhältnissen zusammengerechnet werden.

Diese Bestimmung gilt jedoch nur, solange pro Monat nicht mehr als 608,97 EUR (= 405,98 x 1,5) an geringfügig beschäftigten Personen im Unternehmen ausbezahlt werden. Bei Überschreitung dieser Grenze ist zusätzlich zur Unfallversicherung eine pauschalierte Abgabe von 16,4 % des Entgelts vom Dienstgeber zu bezahlen. Somit betragen die Abgaben des Unternehmens nicht mehr 1,3 %, sondern 17,7 % des Bruttoentgelts.

Aufgabenstellungen – „Abrechnung von geringfügig Beschäftigten"

1. Liegt bei den folgenden Beschäftigten eine geringfügige Beschäftigung vor? Kreuzen Sie an und begründen Sie.

	Ja	Nein	Begründung
Nikola arbeitet seit zwei Jahren jedes Wochenende in einer Fast-Food-Kette als Aushilfskraft und erhält pro Monat 340,20 EUR brutto.			
Während des fünftägigen Volksfestes arbeitet Hanna täglich sechs Stunden bei einem Süßwarenstand. Pro Stunde erhält sie 9,50 EUR.			
Karl arbeitet in den Sommerferien jeden Tag einige Stunden als Betreuer auf einem 14-tägigen Jugendcamp. Er erhält dafür pro Tag 20,00 EUR.			
Verena arbeitet jeden Samstag in einem Elektrofachgeschäft als Verkäuferin. Am Ende des Monats erhält sie 350,00 EUR überwiesen.			

2. Die TWBA Mess- und Regeltechnik GmbH beschäftigt zu Spitzenzeiten eine Aushilfe im Verkauf auf Basis einer geringfügigen Beschäftigung. Wie hoch ist der Auszahlungsbetrag, wenn diese Aushilfe im letzten Monat 15 Stunden gearbeitet hat? Als Stundensatz wurden 12,50 EUR vereinbart.

5.3 Freie Dienstnehmer

Ein freier Dienstvertrag ist durch folgende Merkmale gekennzeichnet:

- Der Dienstnehmer verpflichtet sich zur Dienstleistung für den Dienstgeber, die im Wesentlichen persönlich erbracht werden muss, eine Vertretungsmöglichkeit besteht jedoch.
- Der Dienstnehmer hat die Möglichkeit, den Arbeitsablauf selbst zu regeln und den Arbeitsort sowie die Arbeitszeit selbst zu bestimmen.
- Die Dienstleistung wird im Wesentlichen mit den Betriebsmitteln des Dienstgebers erbracht.

Konsequenzen eines freien Dienstvertrags

Für freie Dienstnehmer gelten grundsätzlich sozialversicherungsrechtlich die gleichen Bestimmungen wie für „normale" Dienstnehmer:

- Sie müssen vor Beginn ihrer Beschäftigung bei der zuständigen Gebietskrankenkasse angemeldet werden.
- Sie sind seit 1. Jänner 2008 in allen vier Teilbereichen (Pensions-, Unfall-, Arbeitslosen- und Krankenversicherung) pflichtversichert.
- Ebenso sind freie Dienstnehmer seit 1. Jänner 2008 Pflichtmitglieder in der Arbeiterkammer und müssen daher 0,5 % Kammerumlage entrichten.
- Mit 1. Jänner 2008 wurden freie Dienstnehmer auch in die „Abfertigung neu" einbezogen. Der Dienstgeber muss daher ab dem zweiten Beschäftigungsmonat 1,53 % Mitarbeitervorsorgebeitrag für die freien Dienstnehmer entrichten.
- Insgesamt hat der freie Dienstnehmer 17,62 % Beiträge (einschließlich 0,5 % Arbeiterkammerumlage) selbst zu tragen. Der Dienstgeberanteil beträgt bei freien Dienstnehmern 22,61 % (einschließlich 1,53 % BV-Beitrag).

Beitragssätze (ab 1. 1. 2015)

	DG	*DN*
KV	*3,78 %*	*3,87 %*
UV	*1,30 %*	*–*
PV	*12,55 %*	*10,25 %*
AV	*3,00 %*	*3,00 %*
	20,63 %	*17,12 %*
AK	*–*	*0,50 %*
IE	*0,45 %*	*–*
MVK	*1,53 %*	*–*
	22,61 %	***17,62 %***

Steuerrechtlich wird der freie Dienstnehmer wie ein selbstständiger Unternehmer behandelt. Er muss daher seine Honorare selbst im Wege einer Einkommensteuererklärung beim Finanzamt versteuern. Den Dienstgeber trifft bei freien Dienstnehmern keine steuerliche Verpflichtung. Das heißt, dass der Dienstgeber bei der monatlichen Abrechnung des Honorars des freien Dienstnehmers keine Lohnsteuer abzuziehen hat.

Die sonstigen Dienstgeberabgaben (DB, DZ, Kommunalsteuer) sind bei einem freien Dienstvertrag grundsätzlich nicht zu entrichten. Im freien Dienstvertrag können diverse arbeitsrechtliche Ansprüche (z. B. Sonderzahlungen) vereinbart werden. Der freie Dienstnehmer ist allerdings auf derartige Vereinbarungen angewiesen, da sie von Gesetzes wegen nicht vorgesehen sind.

Auch für freie Dienstnehmer ist ein Dienstzettel auszustellen.

Demobeispiel: Abrechnung eines freien Dienstvertrages

Martin Baumgartner hat seine Tätigkeit für die TWBA Mess- und Regeltechnik GmbH im September 20.. begonnen und in diesem Monat 40 Stunden gearbeitet. Als Stundensatz wurden 14,00 EUR vereinbart.

LOHN/GEHALTSABRECHNUNG SEPTEMBER 20..

Klient :	995	TWBA Mess- und Regeltechnik GmbH	DVR-Nr.: 9999
Kostenstelle :	20		
Person :	6		

Baumgartner Martin	Beruf : Betriebswirt
Wiener Str. 3-5/1/9	Eintritt : 20../09/01
A-4020 Linz	Austritt :

LSt-Tage	SV-Tage	Freibetrag	AVAB	Pendlerpauschale	Verw.gruppe	Einstufung	DV
30	30		NEIN			1	200

BA Lohnart	Einheiten	Satz	Betrag	SV-pfl.	LSt-pfl.
34 HONORAR FREIE DN/WV			560,00	560,00	560,00
SV Lfd. DG		118,05			

		Brutto	**560,00**
BMG SV lfd	560,00	SV lfd.	81,87
BMG SV SZ		SV SZ	
BMG LSt lfd		LSt lfd.	
BMG LSt SZ		LSt SZ	
GEWERKSCHAFT F			
		Abzüge	81,87
		Netto	**478,13**

IBAN: AT68 1860 0000 0741 1852 BIC: VKBLAT2L

JAHRESSUMMEN

Hinweis:
Da Martin Baumgartner nur 560,00 EUR Honorar bezieht, entfällt der Dienstnehmeranteil zur Arbeitslosenversicherung in der Höhe von 3 % zur Gänze. Der DN-Anteil beträgt daher hier nur 14,62 %.

Beiträge zur BV-Kasse sind erst ab dem zweiten Beschäftigungsmonat zu entrichten.

Wissensfragen – „Grundzüge der Personalverrechnung“

1. Innerhalb welcher Frist ist der Dienstnehmer anzumelden?
2. Was ist der Unterschied zwischen einem Dienstvertrag und einem Dienstzettel?
3. Wie errechnet man den Nettobezug (Auszahlungsbetrag) eines Dienstnehmers?
4. Wie hoch ist derzeit der Dienstnehmerbeitrag von Angestellten und woraus setzt er sich zusammen?
5. Welche Posten wirken sich mindernd auf die Lohnsteuerbemessungsgrundlage aus?
6. Wer hat Anspruch auf das Pendlerpauschale?
7. Erklären Sie die Begriffe AVAB und AEAB.
8. Was versteht man unter Sonderzahlungen? Nennen Sie Beispiele.
9. Welche Abgaben zählen zu den Lohn- bzw. Gehaltsnebenkosten?

Ziele erreicht? – „Grundzüge der Personalverrechnung“

KOMPETENZ-ERWERB

1. Erstellen Sie die Monatsabrechnung für folgende Mitarbeiterinnen und Mitarbeiter:
   - Ulrike Barth bekommt neben ihrem Monatsgehalt von 1.580,00 EUR (ohne AVAB) vier Überstunden mit 50 % Zuschlag ausbezahlt. Überstundenteiler laut KV für Handelsangestellte: 1/158.
   - Tina Reiter, geboren am 14. Mai 1965, Abteilungsleiterin Verkauf, Bruttogehalt: 3.200,00 EUR, ohne AV/AEAB.
   - Georg Friedrich, geboren am 20. Dezember 1989, Produktionsmitarbeiter, Bruttolohn: 1.710,00 EUR, AVAB ein Kind, Freibetrag 20,00 EUR, kleines Pendlerpauschale mit 24 km.
   - Kristina Korkmez, geboren am 5. August 1975, Sachbearbeiterin, Bruttogehalt: 2.450,00 EUR, AEAB zwei Kinder, großes Pendlerpauschale mit 29 km.
   - Lorenz Huber, Facharbeiter, Werkstätte, ohne AVAB, kleines Pendlerpauschale mit 41 km, Monatslohn 1.850,00 EUR, Urlaubsgeld 1.850,00 EUR.
2. Felix Huber arbeitet als Mechatroniker bei der BMW Motoren GmbH in Steyr. Erst letzte Woche hat er eine Fortbildung in München gemacht. Herr Huber ist mit seinem eigenen Pkw gefahren. Er möchte die Kosten als Aufwandentschädigung abrechnen. Wie sind diese bezüglich der Sozialversicherung und Lohnsteuer zu behandeln?
3. Thomas Kugler (D1) feiert ein besonderes Jubiläum im Unternehmen und bekommt eine Sonderzahlung in Höhe von 500,00 EUR. Es ist die erste Sonderzahlung in diesem Kalenderjahr. Welchen Betrag erhält er ausbezahlt?
4. Berechnen Sie die Personalgesamtkosten für folgende Mitarbeiter/innen:

Name	Arthur Schneider	Claudia Puchner	Heinz Stöger
Abteilung	Produktion	Marketing	Buchhaltung
Beitragsgruppe	A1	D1	D1
Bruttobezug	2.400,00 EUR	2.850,00 EUR	3.100,00 EUR

5. Eine sehr bekannte Fast-Food-Kette hat neben der Tauernautobahn ein Restaurant eröffnet. Die Reisenden brauchen bei der oft anstrengenden Fahrt in den Süden eine Pause und nutzen das Angebot des Restaurants. In der Urlaubssaison wird ein neuerlicher Gästeansturm erwartet!

a) Um lange Wartezeiten im Drive-in sowie im Restaurant zu vermeiden, werden das bisherige Team fünf geringfügig Beschäftigte an den Wochenenden zusätzlich verstärken. Ihr Bruttolohn beträgt 360,00 EUR. Berechnen Sie die Gesamtkosten, die für das Unternehmen entstehen.

b) Derzeit absolvieren zwei Lehrlinge ihre dreijährige Lehre als Systemgastronomiefachfrau/mann. Wie hoch ist ihr Nettoverdienst pro Monat?

Name	Hannes Berger	Laura Neisl
Lehrjahr	2. Lehrjahr	1. Lehrjahr
Bruttolohn	740,00 EUR	640,00 EUR

6. Christina Bauer arbeitet als freie Dienstnehmerin bei einer Zeitung. Welche Konsequenzen ergeben sich aus diesem Dienstverhältnis?

Grundlagen des Arbeitsrechts

Eine PPT-Präsentation und weitere Übungen zum Kapitel finden Sie auf der CD.

Bald haben Sie es geschafft, die Schule ist absolviert, das Erwachsenenleben kann beginnen. Sie gehören auch zu den Glücklichen, die bereits eine Stelle gefunden haben. Ein bisschen mulmig ist Ihnen schon zumute, nächste Woche sind Sie bereits Arbeitnehmer/in. Sie überlegen noch einmal in Ruhe, was das für Sie bedeutet, welche Rechte und Pflichten Sie haben, wie der Arbeitnehmerschutz aussieht, welche die wichtigsten Bestimmungen des Arbeitsvertragsrechts sind usw.

Die Antworten auf diese Überlegungen und vieles mehr finden Sie im nachfolgenden Kapitel zum Arbeitsrecht.

Jedes Individuum in seiner Eigenschaft als Mitglied der Gesellschaft bedarf zur Wahrung seiner Würde und zur Entfaltung seiner Persönlichkeit des Schutzes vor sozialen Risken.

Art. 22 der UNO-Menschenrechtserklärung von 1948

Meine Ziele

KOMPETENZ-ERWERB

Nach Bearbeitung dieses Kapitels kann ich

- das Arbeitsverhältnis hinsichtlich seiner Rechte und Pflichten sowie Beendigungsmöglichkeiten charakterisieren;
- die Bestandteile eines Dienstzettels nennen und einen Dienstzettel erstellen;
- unterscheiden, was typische und atypische Arbeitsverhältnisse sind und deren sozialrelevanten Auswirkungen einschätzen;
- einzelne Bereiche des Arbeitnehmerschutzes darstellen.

1 Arbeitsrecht – wozu?

Patrick hat heuer erfolgreich die Höhere technische Lehranstalt, Fachrichtung Elektrotechnik abgeschlossen. Er hat Glück gehabt und gleich einen Job bei der TCOM Telekommunikationsberatung bekommen. Gleich nachdem er die Zusage erhalten hat, stellt er sich aber viele Fragen: Welche Pflichten und welche Rechte habe ich als Arbeitnehmer? Bekomme ich einen Dienstvertrag und was steht darin? Wie sieht die Entlohnung aus? Kann ich in der Mittagspause heimfahren? Kann ich bald wieder gekündigt werden? Gibt es eine Probezeit?

Überlegen Sie gemeinsam mit Ihrem Sitznachbarn/Ihrer Sitznachbarin, welche Rechte und Pflichten darüber hinaus für Sie von Interesse sind.

Die Mehrheit der Bevölkerung verdient sich den Lebensunterhalt durch den Verkauf der eigenen Arbeitskraft. Die Arbeit für andere wird als unselbstständige Tätigkeit bezeichnet. Das Arbeitsrecht ist das **Recht der unselbstständig Tätigen.**

Stufenbau der Rechtsvorschriften im Arbeitsrecht

- Gesetz
- Verordnung
- Kollektivvertrag (KV)
- Betriebsvereinbarung
- Dienstvertrag

Das Arbeitsrecht wird unterteilt in

Individualarbeitsrecht

Regelt die Rechtsbeziehungen zwischen einem Arbeitgeber/einer Arbeitgeberin (AG) und einem Arbeitnehmer/einer Arbeitnehmerin (AN).

- **Arbeitsvertragsrecht**
- **Arbeitnehmerschutzrecht**

Kollektives Arbeitsrecht

Regelt das Recht der Arbeitsverbände (Gewerkschaften, Arbeitgeberverbände, Betriebsräte), ihre Verträge (z. B. Betriebsvereinbarungen, Kollektivverträge) und das Arbeitskampfrecht.

- **Berufsverfassungsrecht**
- **Betriebsverfassungsrecht**

Vereinbarungen auf einer unteren Ebene dürfen nicht gegen übergeordnete Bestimmungen verstoßen. Weiters gilt das **Günstigkeitsprinzip,** d. h., die nachrangigen Rechtsquellen dürfen die Stellung des AN nicht verschlechtern, sondern nur verbessern.

2 Individualarbeitsrecht

2.1 Das Arbeitsvertragsrecht

Das Arbeitsvertragsrecht regelt das Verhältnis zwischen AG und AN.

Folgende Punkte sind darin festgelegt

- Arbeitsverhältnis
- Arbeitsvertrag
- Pflichten des AG
- Pflichten des AN
- Beendigung des Arbeitsverhältnisses

Arbeitnehmer/innen-Gruppen
- Arbeiter/innen
- Angestellte
- Beamte/Beamtinnen
- Vertragsbedienstete
- Heimarbeiter/innen
- Hausbesorger/innen
- Lehrlinge
- Praktikanten/Praktikantinnen

2.1.1 Das Arbeitsverhältnis

Durch das Arbeitsverhältnis ist der AN persönlich und wirtschaftlich vom AG abhängig, darauf ist im Arbeitsrecht Bedacht zu nehmen.

Wann handelt es sich um ein Arbeitsverhältnis?

Merkmale

- Der AN stellt seine Arbeitskraft gegen Bezahlung eines **Entgelts** dem AG zur Verfügung.
- Der AN ist **wirtschaftlich** und **persönlich** (Weisungsgebundenheit) vom AG **abhängig.**
- Es besteht **persönliche Arbeitspflicht,** d. h., der AN kann sich nicht vertreten lassen.
- Der AG stellt dem AN die **Arbeitsmittel** (z. B. Computer, Telefon) zur Verfügung.
- Es besteht persönliche **Treue- und Fürsorgepflicht.**
- Der AN hat sich in die betriebliche Organisation einzuordnen.

Der AG stellt dem AN die Arbeitsmittel zur Verfügung.

Abgrenzung zwischen privatrechtlichen (vertragsmäßigen) und öffentlich-rechtlichen Dienstverhältnissen

In einem öffentlich-rechtlichen Dienstverhältnis stehen Beamte/Beamtinnen, die bei einer Körperschaft des öffentlichen Rechts (Bund, Land, Gemeinde, Universität, Schule ...) beschäftigt sind. Vertragsbedienstete arbeiten auf Basis eines privatrechtlichen Vertrages.

Sie haben sicherlich schon Erfahrungen in der Arbeitswelt gesammelt und sei es auch nur als Praktikant/in. Diskutieren Sie mit Ihrem Nachbarn/Ihrer Nachbarin, inwiefern für Sie die persönliche Abhängigkeit vom Arbeitgeber spürbar war.

2.1.2 Der Arbeitsvertrag (Dienstvertrag)

Der Arbeitsvertrag wird zwischen dem AN und dem AG abgeschlossen und ist grundsätzlich **formfrei.** Er kann schriftlich, mündlich oder durch **schlüssige Handlung** abgeschlossen werden. Wenn kein schriftlicher Arbeitsvertrag ausgehändigt wird, muss der AG dem AN einen **Dienstzettel** ausstellen.

Schlüssige Handlung: Ein Arbeitsvertrag kommt schlüssig zustande, wenn jemand Arbeitsleistung für einen anderen erbringt und dieser die Leistung annimmt.

Was muss im Dienstzettel stehen?

- Name und Anschrift des AG
- Name und Anschrift des AN
- Beginn des Arbeitsverhältnisses
- Ende des befristeten Arbeitsverhältnisses
- Kündigungsfrist und Kündigungstermin
- Gewöhnlicher Arbeitsort und Hinweise auf eventuell wechselnde Arbeitsorte
- Allfällige Einstufung in ein generelles Schema (Kollektivvertrag)
- Vorgesehene Verwendung
- Grundgehalt und Grundlohn sowie Sonderzahlungen; Fälligkeit des Entgelts
- Ausmaß des jährlichen Erholungsurlaubs
- Vereinbarte tägliche oder wöchentliche Normalarbeitszeit
- Bezeichnung des gültigen Kollektivvertrages bzw. Betriebsvereinbarung
- Name und Anschrift der Mitarbeitervorsorgekasse

Siehe auch voriges Kapitel Personalverrechnung, 1.1 Erstellung eines Dienstvertrages bzw. eines Dienstzettels.

Der AG ist zur Ausstellung eines Dienstzettels verpflichtet.

Zweck des Arbeitsverhältnisses kann neben der Arbeitsleistung auch die Ausbildung des AN oder seine Erprobung sein.

2.1.2.1 Ausbildungsverhältnisse

Sie verpflichten den AG zur Ausbildung des AN. Man unterscheidet **Lehrverhältnisse,** die einer Ausbildung für einen bestimmten Lehrberuf dienen, von anderen, nicht weiter geregelten **Ausbildungsverhältnissen.**

Lehrling	Ausbildung in einem bestimmten Lehrberuf
Anlernling	Ausbildung für die im Betrieb vorgesehene Verwendung
Volontär/in	Wird weder für den Betrieb noch für einen bestimmten Lehrberuf ausgebildet, sondern möchte Kenntnisse und Fähigkeiten für einen anderen Zweck (Berufstätigkeit, Ausbildung) erwerben. Er/sie erhält daher auch meist kein oder nur ein geringfügiges Entgelt.
(Ferial-)Praktikanten	Sind jene Personen, die nach schulrechtlichen Vorschriften entweder ein **Ferialpraktikum** oder ein **Pflichtpraktikum** absolvieren müssen. Es wird ein Ausbildungsvertrag zwischen dem Praktikanten und dem Betriebsinhaber geschlossen. Der AG schuldet aus dem Praktikantenvertrag dem (Ferial-)Praktikanten außer Entgelt und Fürsorge das Bemühen um Ausbildung. Wenn keine gesetzlichen oder kollektivvertraglichen Mindestentgeltsätze existieren, ist dem Praktikanten ein angemessenes Entgelt zu zahlen.

Zu unterscheiden von den (Ferial-)Praktikanten und -Praktikantinnen sind die **Ferialarbeiter/innen,** das sind die aus Erwerbsgründen und nicht aus Gründen der Absolvierung eines gesetzlich vorgeschriebenen Praktikums arbeitenden Schüler/innen und Studenten/Studentinnen. Es handelt sich hier um ein normales Arbeitsverhältnis mit den damit verbundenen Rechten und Pflichten.

Tauschen Sie sich mit Ihrem Nachbarn/Ihrer Nachbarin aus, inwiefern der AG während Ihres Praktikums dem Bemühen um Ausbildung nachgekommen ist.

2.1.2.2 Probearbeitsverhältnis

Das Arbeitsverhältnis auf Probe unterscheidet sich vom gewöhnlichen Arbeitsverhältnis nur insofern, als (regelmäßig von beiden Teilen) geprüft werden soll, ob den Vertragspartnern an der Fortsetzung des begonnenen Dienstverhältnisses gelegen ist oder nicht. Das Arbeitsverhältnis wird also nur **vorläufig** eingegangen und kann jederzeit ohne Angabe von Gründen gelöst werden. In der Regel besteht diese **Lösungsmöglichkeit einen Monat** lang.

2.1.2.3 Besonderheiten beim Zustandekommen des Arbeitsvertrages

Übereinstimmung

Der Abschluss von Arbeitsverträgen setzt **übereinstimmende Willenserklärungen** voraus, d. h., AG und AN müssen sich über alle wesentlichen Punkte des Arbeitsverhältnisses einig sein.

Lesen Sie sich Ihren Arbeitsvertrag ganz genau durch. Er hat Auswirkungen auf Ihr gesamtes Arbeitsleben im Betrieb!

Geschäftsfähigkeit

Der Abschluss von Arbeitsverträgen ist erst mit der **Geschäftsfähigkeit,** die im Allgemeinen mit der Volljährigkeit (Vollendung des 18. Lebensjahres) eintritt, möglich. Für andere Personen tritt der gesetzliche Vertreter (Vater, Mutter, Sachwalter) auf. Eine **Ausnahme** stellen **mündige Minderjährige** (Vollendung des 14. Lebensjahres), die die Schulpflicht erfüllt haben, dar. Sie können selbstständig Arbeitsverträge abschließen.

Möglichkeit und Erlaubtheit des Vertragsinhaltes

Die Rechtsfolgen bei **Unmöglichkeit** und **Unerlaubtheit** richten sich nach allgemeinen schuldrechtlichen Grundsätzen. Beispiel für Unerlaubtheit: Die Bezahlung eines angestellten Fernfahrers nach gefahrenen Kilometern und nicht nach geleisteter Arbeitszeit.

Form

Der Abschluss des Arbeitsvertrages bedarf nicht der Schriftform, ausgenommen sind Lehrverträge. Ein schriftlicher **Dienstzettel** ist jedoch gesetzliche Pflicht.

Beschäftigungsbewilligung für Ausländer/innen

Ausländische Arbeitnehmer/innen benötigen eine Beschäftigungsbewilligung, die unter Berücksichtigung der Bedürfnisse der österreichischen Wirtschaft und der Lage des Arbeitsmarktes vom Arbeitsmarktservice erteilt werden kann. Sie hat für ein Jahr Gültigkeit. Weiters enthält sie die Auflage, dass im Falle eines Beschäftigungseinbruchs Ausländer/innen vor Österreichern bzw. Österreicherinnen gekündigt werden müssen.

Der Abschluss eines Lehr- oder sonstigen Ausbildungsvertrages bedarf bei Minderjährigen der Zustimmung des gesetzlichen Vertreters.

Unter bestimmten Umständen kann vom AMS eine Arbeitserlaubnis mit einer Gültigkeit bis zu zwei Jahren oder ein Befreiungsschein mit einer Gültigkeit von fünf Jahren ausgestellt werden. EU-Bürger/innen sind österreichischen Staatsbürgern und -bürgerinnen gleichgestellt.

Recherchieren Sie, wie viele Beschäftigungsbewilligungen im letzten Jahr erteilt wurden.

Sonderformen von Arbeitsverträgen – atypische Arbeitsverträge

Es handelt sich dabei um alle Beschäftigungsformen, die vom „normalen" Arbeitsverhältnis, das durch arbeits- und sozialrechtliche Schutzbestimmungen, Kollektivverträge sowie Betriebsvereinbarungen geschützt ist, abweichen.

Die Zahl der Vollzeitbeschäftigten in Österreich belief sich im Jahr 2013 auf 3.620.000, die der Teilzeitbeschäftigten auf 959.500. Das sind 26,5 Prozent.

Die Abweichungen beziehen sich z.B. auf

- die **Arbeitszeit** (Teilzeitarbeit, geringfügige Beschäftigung) oder die
- **Beendigung** (befristete Dienstverhältnisse) des Arbeitsverhältnisses.

Diskutieren Sie in der Klasse über die Vor- und Nachteile von atypischen Beschäftigungsverhältnissen.

Sonderformen von Arbeitsverträgen	
Teilzeitbeschäftigung	Ist ein „echtes" Dienstverhältnis mit geringerer Stundenzahl, für das alle arbeits- und sozialrechtlichen Ansprüche gelten.
Freier Dienstvertrag	Der freie Dienstnehmer/die freie Dienstnehmerin stellt dabei seine/ihre Arbeitskraft einem AG für eine bestimmte oder auch unbestimmte Zeit zur Verfügung. Es besteht keine oder nur eine sehr geringe Abhängigkeit vom AN. **Beispiel:** Herr Huber übernimmt den Auftrag, bis Jahresende das Computersystem eines Betriebes auf ein neues Betriebssystem umzustellen.
Werkvertrag	Ein Werkunternehmer/eine Werkunternehmerin verpflichtet sich, ein bestimmtes Werk herzustellen. Er/sie haftet für einen bestimmten Erfolg, ist aber weder persönlich noch wirtschaftlich vom Auftraggeber/der Auftraggeberin abhängig. **Beispiel:** Frau Mayr gibt in einer Schneiderei ein Kleid in Auftrag.
Geringfügige Beschäftigung	Das Entgelt darf einen bestimmten Betrag (405,98 EUR, Stand 2015) nicht übersteigen.
Arbeitskräfteüberlassung (Leiharbeit)	Ein AN wird mit einem Arbeitsvertrag von einem Überlassungsbetrieb (ÜLB) eingestellt. Ein AG bekommt von einem ÜLB für bestimmte Zeit einen AN vermittelt. Der AG ist gegenüber dem AN weisungsbefugt.

2.1.3 Pflichten des Arbeitgebers

Entgeltpflicht → **Entgeltleistung** | **Entgeltfortzahlung**

Fürsorgepflicht → **Schutz der Mitarbeiter/innen**

Entgeltfortzahlung:
- Im Krankheitsfall
- Im Urlaub
- Bei persönlicher Verhinderung
- Im Mutterschutz

⚠ Das **Gleichbehandlungsgesetz** sieht vor, dass bei der Festsetzung des Entgelts niemand wegen seines Geschlechtes diskriminiert werden darf!

2.1.3.1 Entgeltleistung

Der AG ist verpflichtet, dem AN ein **Entgelt** für seine Arbeitsleistung zu zahlen. Das Entgelt besteht nicht nur aus dem **Grundlohn,** sondern auch aus allen anderen Zahlungen, die **regelmäßig** vom AG ausbezahlt werden, wie Überstundenentgelt, Prämien, Sonderzahlungen, Gewinnbeteiligungen und Sachbezüge.

Die **Höhe des Entgelts** richtet sich in erster Linie nach den Vereinbarungen im **Arbeitsvertrag.** In den meisten Branchen legt der Kollektivvertrag, der Mindestlohntarif oder eine Betriebsvereinbarung eine Untergrenze für das Entgelt fest.

2.1.3.2 Entgeltfortzahlung

Der AG hat in bestimmten Fällen die Verpflichtung zur Entgeltzahlung, auch wenn der AN seine Arbeitsleistung nicht erbringen kann.

Entgeltfortzahlung im Krankheitsfall

Die Entgeltfortzahlung im Krankheitsfall ist bei Angestellten, Arbeitern und Lehrlingen unterschiedlich geregelt. Für alle AN gilt aber, dass sie eine Erkrankung oder einen Unfall unverzüglich dem AG mitteilen müssen. Auf Verlangen ist dem AG eine ärztliche Bestätigung vorzulegen. Der AN hat eine **Mitteilungspflicht und Nachweispflicht!**

Aha!
Bringt der AN trotz Aufforderung durch den AG keine Bestätigung, verliert er für die Dauer der Säumnis den Anspruch auf Entgeltfortzahlung. Die Unterlassung des Nachweises berechtigt den AG nicht zur Entlassung.

Ansprüche der AN im Krankheitsfall und bei Arbeitsunfall

Dauer des Arbeitsverhältnisses	Volles Entgelt	Halbes Entgelt	Pro Krankheit höchstens
0–5 Jahre	6 Wochen	4 Wochen	10 Wochen
5–15 Jahre	8 Wochen	4 Wochen	12 Wochen
15–25 Jahre	10 Wochen	4 Wochen	14 Wochen
ab 25 Jahre	12 Wochen	4 Wochen	16 Wochen

Bei einem Arbeitsunfall oder einer Berufskrankheit verlängert sich die Frist von sechs Wochen um maximal zwei Wochen.

Arbeiter/innen – Besonderheiten

- Bei wiederholter Erkrankung innerhalb eines Arbeitsjahres besteht der Anspruch nur so lange, bis der Entgeltfortzahlungszeitraum erschöpft ist. Anschließend wird dem AN das Krankengeld von der Krankenkasse ausbezahlt.
- Bei einem Arbeitsunfall oder einer Berufskrankheit erhöht sich der Anspruch auf die Entgeltfortzahlung pro Arbeitsverhinderung unabhängig von anderen Krankenständen.

Angestellte – Besonderheiten

Bei den Angestellten wird die Entgeltfortzahlung pro Krankheitsfall bezahlt, außer es tritt innerhalb eines halben Jahres eine weitere Dienstverhinderung ein und die angeführten Fristen sind bereits ausgeschöpft. Tritt der neuerliche Krankheitsfall nach einem halben Jahr ein, so entsteht wieder der volle Anspruch.

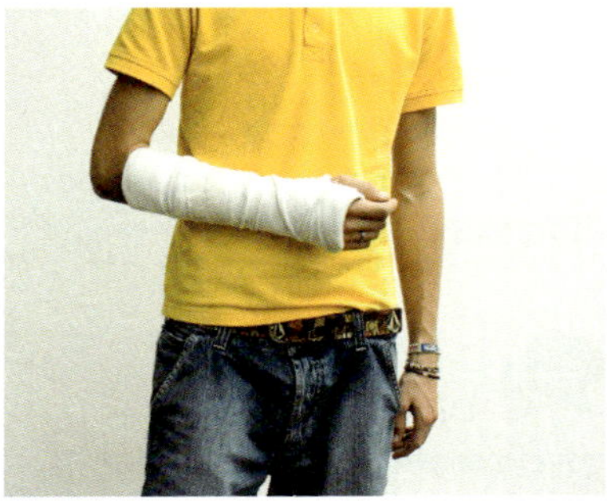

Wenn ein AN vorsätzlich oder grob fahrlässig eine Erkrankung herbeigeführt hat, hat er keinen Anspruch auf Entgeltfortzahlung (z. B. Verkehrsunfall durch Trunkenheit am Steuer).

Entgeltfortzahlung im Urlaub

Der AN hat Anspruch auf den gesetzlich vorgeschriebenen **Mindesturlaub.** In dieser Zeit muss der AG dem AN das Entgelt weiterbezahlen. Der Anspruch auf Urlaub entsteht in den ersten sechs Monaten des ersten Arbeitsjahres anteilsmäßig, danach besteht er in voller Höhe. Er beträgt **30 Werktage** jährlich und erhöht sich nach einer Dienstzeit von 25 Jahren auf 36 Werktage.

Im Mai 2014 standen bei den unselbstständig Erwerbstätigen 1.339.114 Arbeiter/innen 1.939.280 Angestellten gegenüber.

Der Urlaubsantritt ist mit dem AG zu vereinbaren. Der AN darf den Urlaub nicht eigenmächtig antreten. Eine **Erkrankung unterbricht den Urlaub,** wenn sie länger als drei Tage (Werktage) dauert. Voraussetzung ist jedoch, dass der AG durch den AN rechtzeitig verständigt wird und eine ärztliche Bestätigung vorgelegt wird.

Zusätzlich zum Anspruch auf Fortzahlung des Entgelts gebührt dem AN in der Regel ein **Urlaubszuschuss** nach dem Branchenkollektivvertrag, das ist eine Sonderzahlung für die Urlaubszeit. Davon ist die **Urlaubsersatzleistung** für nicht verbrauchten Urlaub zu unterscheiden.

Urlaubszuschuss = Sonderzahlung, die dem AN aufgrund des Kollektivvertrages oder des Arbeitsvertrages zusteht.

Urlaubsersatzleistung ist zu zahlen, wenn das Arbeitsverhältnis vor Verbrauch des Urlaubs beendet wird.

Entgeltfortzahlung bei persönlicher Verhinderung

Der AN hat auch Anspruch auf Entgeltfortzahlung bei kurzfristiger Arbeitsverhinderung, z. B. bei eigener Eheschließung, dem Tod naher Angehöriger, bei Vorladung zu Behörden und bei einer Übersiedelung.

Pflegefreistellung

Für die Pflege von im Haushalt lebenden nahen Angehörigen hat der AN Anspruch auf Pflegefreistellung bis zum Ausmaß einer Wochenarbeitszeit innerhalb eines Arbeitsjahres. Für die Pflege von Kindern unter zwölf Jahren kann zusätzlich bis zu einem Höchstausmaß einer Wochenarbeitszeit Pflegefreistellung in Anspruch genommen werden.

Für die Betreuung eines kranken Kindes hat man das Recht auf Pflegefreistellung

Sonderfall Mutterschutz

- Schwangere Arbeitnehmerinnen erhalten bis zum Eintritt in den Mutterschutz (acht Wochen vor der voraussichtlichen Geburt und acht Wochen nach der Geburt bzw. zwölf Wochen bei Kaiserschnitt, Früh- und Mehrlingsgeburten) das **normale Entgelt.**
- Nach Eintritt in den Mutterschutz haben sie Anspruch auf **Wochengeld,** das von der Sozialversicherung ausbezahlt wird.
- Während des Mutterschutzes besteht **Beschäftigungsverbot.**

- Weiters besteht ein besonderer **Kündigungsschutz.** Er beginnt mit dem Eintritt der Schwangerschaft und endet
  - nach vier Monaten bei Nichtinanspruchnahme der **Karenz,**
  - vier Wochen nach Ende der **Karenz,**
  - spätestens jedoch nach 24 Monaten.

Karenz = Freistellung von der Arbeitsleistung gegen Entfall des Arbeitsentgelts.

- Mütter und Väter haben Anspruch auf **Karenzurlaub** bis zum Ablauf des zweiten Lebensjahres des Kindes, wenn sie mit dem Kind im gemeinsamen Haushalt leben. Die Mindestdauer der Karenz beträgt drei Monate.
- Während der Karenzzeit besteht Anspruch auf das **Kinderbetreuungsgeld** (KBG). Die Eltern können zwischen **fünf Varianten** wählen. Die Dauer des Bezuges kann zwischen den Eltern geteilt werden. Ein Wechsel ist maximal zweimal möglich.

Diskutieren Sie, ob es gesellschaftlich sinnvoll wäre, dass auch eine größere Zahl von Vätern in Karenz geht.

Variante	Bezug bis maximal zur Vollendung des	Monatlich
30 + 6 Monate	30. Lebensmonats; zusätzlich weitere 6 Monate durch den anderen Elternteil	436,00 EUR
20 + 4 Monate	20. Lebensmonats; zusätzlich weitere 4 Monate durch den anderen Elternteil	624,00 EUR
15 + 3 Monate	15. Lebensmonats; zusätzlich weitere 3 Monate durch den anderen Elternteil	800,00 EUR
12 + 2 Monate	12. Lebensmonats; zusätzlich weitere 2 Monate durch den anderen Elternteil	1.000,00 EUR
Einkommens-abhängiges KBG	12. Lebensmonats; zusätzlich weitere 2 Monate durch den anderen Elternteil	80 Prozent des letzten Nettoeinkommens (mind. 1.000,00 EUR, max. 2.000,00 EUR)

Kündigungsschutz besteht nur 24 Monate – maximaler Bezug von KBG: 36 Monate.

Acht Wochen vor und nach der Geburt besteht Beschäftigungsverbot

2.1.3.3 Fürsorgepflicht

Unter Fürsorgepflicht versteht man, dass der AG dafür zu sorgen hat,

- dass das Leben und die Gesundheit seiner Mitarbeiter/innen möglichst geschützt sind (z. B. Schutzkleidung, ergonomischer Arbeitsplatz)
- und auch der Schutz der Persönlichkeit gewahrt bleibt (z. B. Schutz vor Mobbing oder sexueller Belästigung).

Gleichbehandlungsgebot
Der AG mehrerer AN darf aufgrund der Fürsorgepflicht nicht Einzelne willkürlich, also ohne einleuchtende sachliche Rechtfertigung, schlechter behandeln.

Der AG hat auch nach Beendigung des Arbeitsverhältnisses alles zu vermeiden, was sich bei der Arbeitsplatzsuche des ausgeschiedenen AN negativ auswirken könnte (z. B. das Ausstellen eines schlechten Dienstzeugnisses).

2.1.3.4 Arbeitgeberhaftung

Der AG haftet dem AN für Schädigungen nach dem allgemeinen Schadenersatzrecht, also bei **schuldhaft rechtswidrigem Verhalten.**

Im Bereich der Arbeitsunfälle verschafft § 333 ASVG dem AG eine entscheidende **Haftungserleichterung:**

- Der AG haftet dem verunglückten AN (oder seinen Hinterbliebenen) für einen Schaden aus einer **Körperverletzung** infolge eines Arbeitsunfalls oder einer Berufskrankheit nur, wenn er sie **vorsätzlich verursacht** hat.
- Im Bereich des **fahrlässigen Verhaltens** muss sich der AN mit den verschuldensunabhängigen Leistungen der Allgemeinen Unfallversicherungsanstalt begnügen.
- Liegt **grobe Vernachlässigung** durch den AG vor, muss er mit Regressansprüchen der zahlungspflichtigen Versicherung rechnen.
- Der AG haftet auch für das **Verschulden Dritter,** deren er sich zur Erfüllung seiner vertraglichen oder gesetzlichen Verbindlichkeiten gegenüber dem AN bedient.

2.1.4 Pflichten des Arbeitnehmers

Arbeitspflicht

- Der AN hat sich sorgfältig zu bemühen, die ihm übertragenen Aufgaben richtig auszuführen.
- Der AN schuldet dem AG seine persönliche Arbeitskraft.
- Der AN ist zur Erbringung der vertraglichen Arbeitsleistung verpflichtet, haftet aber nicht für einen bestimmten Erfolg.
- Der AN ist gegenüber dem AG weisungsgebunden.

Der Arbeitgeber hat die Pflicht, seine Mitarbeiter/innen vor Übergriffen aller Art (z. B. Mobbing) zu schützen

Treuepflicht

Treuepflicht bedeutet, dass der AN die betrieblichen und unternehmerischen Interessen des AG zu beachten hat.

Beispiel
Verschwiegenheitspflicht: Der AN hat über die ihm bekannt gewordenen Geschäfts- und Betriebsgeheimnisse Verschwiegenheit zu bewahren.

Diskutieren Sie, ob über soziale Medien eine Treuepflichtverletzung leichter fällt als im direkten Kontakt zwischen Menschen.

Sorgfalts- und Haftpflicht

Der AN kann für Schäden, die er bei der Arbeit verursacht, nur eingeschränkt haftbar gemacht werden. Beim **Verschuldensgrad** unterscheidet man **vier Stufen.**

Die Schadenersatzhöhe und die Fristen hängen vom Grad des Verschuldens des AN ab.

Stufen	Erklärung zu Fehlverhalten	Folgen	Fristen
Entschuldbare Fehlleistung	Nur bei außerordentlicher Aufmerksamkeit vermeidbar	Keine Schadenersatzpflicht	–
Leichte Fahrlässigkeit	Dieser Fehler passiert gelegentlich auch einem sorgfältigen AN	Das Gericht kann den Schadenersatz mäßigen oder auch ganz erlassen.	6 Monate
Grobe Fahrlässigkeit	Der AN hat die erforderliche Sorgfalt in ungewöhnlicher und auffallender Weise vernachlässigt.	Das Gericht kann den Schadenersatz mäßigen, aber nicht ganz erlassen.	3 Jahre
Vorsatz	Der AN hat einen Schaden bewusst herbeigeführt.	Voller Schadenersatz	3 Jahre; Verjährung nach 30 Jahren

Aha!
Sonderfall – Schadenszufügung gegenüber Dritten
Wird ein **Dritter** (z. B. Kunde) geschädigt, muss der AG diesem den Schaden ersetzen. Der AG kann vom AN in dem Ausmaß, in dem ihn ein Verschulden trifft, die Kosten zurückfordern.

2.1.5 Beendigung des Arbeitsverhältnisses

Arten der Beendigung eines Arbeitsverhältnisses

- **Zeitablauf**: Ende eines befristeten Arbeitsverhältnisses
- **Auflösung während der Probezeit**
- **Einvernehmliche Auflösung**
- **Entlassung**
- **Austritt**
- **Kündigung**
  - durch Arbeitgeber
  - durch Arbeitnehmer

befristetes Arbeitsverhältnis (Zeitablauf bis Kündigung)

unbefristetes Arbeitsverhältnis (Einvernehmliche Auflösung bis Kündigung)

2.1.5.1 Zeitablauf

Arbeitsverhältnisse, die auf bestimmte Zeit abgeschlossen werden (z. B. für sechs Monate, für die Dauer einer Karenzvertretung oder einer Saison), **enden automatisch** mit Ablauf der im Arbeitsvertrag vereinbarten Frist oder mit dem konkret vereinbarten Austrittstermin (z. B. 31. Jänner 20..).

2.1.5.2 Auflösung während der Probezeit

Ein **befristetes Probearbeitsverhältnis** kann sowohl vom Arbeitgeber als auch vom Arbeitnehmer **jederzeit während der Probezeit, ohne Einhaltung von Fristen und Terminen sowie ohne Angabe von Gründen gelöst werden.** Eine Probezeit kann im Arbeitsvertrag lt. § 19 (2) Angestelltengesetz maximal für einen Monat vereinbart werden. (Ausnahme: Lehrlinge haben eine dreimonatige Probezeit). Kürzere Fristen ergeben sich aus den Kollektivverträgen.

2.1.5.3 Einvernehmliche Lösung

Bei der einvernehmlichen Lösung **einigen** sich der AG und der AN darauf, das Dienstverhältnis zu einem **bestimmten Zeitpunkt** zu beenden. Es gibt **keine Formvorschriften** und es sind auch **keine Fristen** einzuhalten. Aus Beweisgründen ist es aber zu empfehlen, ein Schreiben aufzusetzen, das von beiden Seiten unterzeichnet wird.

2.1.5.4 Kündigung

- Die Kündigung erfolgt **einseitig** durch den AG oder den AN.
- Die Kündigung ist eine **empfangsbedürftige Willenserklärung,** d. h., dass die Zustimmung des AG bzw. AN nicht notwendig ist.
- Es gibt **keine Formvorschrift,** die Kündigung kann mündlich, schriftlich oder durch schlüssige Handlung (z. B. Übersendung der Arbeitspapiere) erfolgen und
- es muss auch **kein Kündigungsgrund** genannt werden.

Suchen Sie nach einem Beispiel, wo Sie selbst oder eine Kollegin/ein Kollege ein grob fahrlässiges Verhalten z. B. in der Werkstatt gesetzt hat.

In der Regel wird der erste Arbeitsmonat als **Probezeit** vereinbart. In dieser Zeit kann das Arbeitsverhältnis vom AG und AN jederzeit aufgelöst werden.

Welche Termine sind einzuhalten?

Kündigungsfristen und -termine, die in den verschiedenen Gesetzen, Kollektivverträgen oder auch im einzelnen Arbeitsvertrag geregelt sind, müssen eingehalten werden.

Kündigungsfristen und -termine

Arbeiter/innen	Angestellte
Sind in den **branchenbezogenen Kollektivverträgen** unterschiedlich geregelt. Besteht keine Regelung im Kollektivvertrag oder im Arbeitsvertrag, so gilt eine Kündigungsfrist von **14 Tagen.**	Sind im **Angestelltengesetz** geregelt. **Kündigung durch den AN:** 1 Monat zum Monatsletzten **Kündigung durch den AG:** 6 Wochen bis 5 Monate zu Quartalsende

Die Kündigung ist nur empfangsbedürftig.

Beispiel

Ein Angestellter möchte am 31. 7. 2016 aus dem Betrieb ausscheiden. Die Kündigung muss spätestens bis 30. 6. 2016 ausgesprochen werden bzw. muss eine schriftliche Kündigung spätestens an diesem Tag beim AG einlangen (Postweg beachten!).

Kündigungsschutz

Damit Arbeitnehmer/innen nicht willkürlich vor die Tür gesetzt werden können, gibt es einen **allgemeinen Kündigungsschutz.**

Vor der Kündigung muss der Betriebsrat vom AG verständigt werden. Dieser hat die Möglichkeit zu widersprechen oder zuzustimmen. Wenn die Kündigung trotz Widerspruchs durch den Betriebsrat ausgesprochen wird, kann sie vom Betriebsrat oder vom AN selbst beim **Arbeits- und Sozialgericht** (ASG) angefochten werden.

Beispiele für Anfechtungsgründe

- **Anfechtung wegen verpönter Motive**
  Beitritt, Mitgliedschaft oder Tätigkeit in Gewerkschaften, Einberufung der Betriebsversammlung durch den AN, Tätigkeit in einer Wahlkommission, Tätigkeit als Betriebsrat, Tätigkeit in einer Schlichtungsstelle, Tätigkeit als Sicherheitsvertrauensperson, Einberufung zum Präsenzdienst usw.
- **Anfechtung wegen Sozialwidrigkeit der Kündigung**
  Voraussetzung ist, dass der betroffene AN bereits sechs Monate dem Betrieb angehört hat, durch die Kündigung wesentliche Interessen des AN beeinträchtigt werden und kein Entlassungsgrund vorliegt.

Die Kündigung ist zunächst gültig. Erst durch ein entsprechendes Urteil des Arbeits- und Sozialgerichts wird die Kündigung beseitigt und das Arbeitsverhältnis läuft ohne Berücksichtigung der Kündigung weiter.

Besonderer Kündigungsschutz

Arbeitnehmer/innen, die unter besonderem Kündigungsschutz stehen, können nur unter erschwerten Bedingungen gekündigt werden (beispielsweise nur mit Zustimmung des Gerichts oder des Bundessozialamts). Dazu zählen

- werdende Mütter sowie Mütter und Väter, die Karenzurlaub in Anspruch nehmen,
- Betriebsräte und -rätinnen, Jugendvertrauensräte und -rätinnen,
- Präsenz- und Zivildiener,
- Lehrlinge.

2.1.5.5 Entlassung und Austritt

Das Arbeitsverhältnis kann mit sofortiger Wirkung aus wichtigem Grund sowohl vom AG (Entlassung) als auch vom AN (Austritt) einseitig beendet werden. Es sind im Gegensatz zur Kündigung **keine Fristen** einzuhalten, sondern das Arbeitsverhältnis endet an dem Tag, an dem es der AG bzw. AN mündlich oder schriftlich für beendet erklärt.

Entlassungsgründe für den AG	Austrittsgründe für den AN
▪ Der AN verursacht Tätlichkeiten gegen den AG oder einen Mitarbeiter/eine Mitarbeiterin. ▪ Der AN unterlässt ohne rechtmäßigen Hindernisgrund (z. B. Krankheit) die Arbeitsleistung und weigert sich beharrlich, den Anforderungen des AG zu folgen. ▪ Der AN verrät Betriebsgeheimnisse an ein Konkurrenzunternehmen. ▪ Der AN erscheint betrunken zum Dienst. ▪ Der AN bestiehlt den AG oder seine Kollegen/Kolleginnen.	▪ Der AG verursacht Tätlichkeiten gegen den AN. ▪ Der AG bezahlt das vereinbarte Entgelt nicht. ▪ Der AN kann die Arbeit ohne Schaden für seine Gesundheit nicht fortsetzen (z. B. der AG zwingt den AN, gefährliche Tätigkeiten ohne Schutzbekleidung durchzuführen). ▪ Der AG belästigt den AN sexuell.

Aha!
Als **Kündigungstermin** wird der letzte Tag des Arbeitsverhältnisses bezeichnet.

Die **Kündigungsfrist** ist die Zeitspanne zwischen dem Zugang der Kündigung und dem Kündigungstermin.

Bei der **Selbstkündigung** hat man erst nach einer Sperrfrist von vier Wochen Anspruch auf Arbeitslosengeld vom AMS.

Umfassende Informationen zu den Themen Kündigung, Entlassung und Austritt finden Sie unter www.arbeiterkammer.at.

Entlassungsschutz
Sowohl der BR als auch der AN können die Entlassung als rechtsunwirksam bekämpfen. Wird eine Entlassung ausgesprochen, hat der AN unverzüglich den BR, sofern einer eingerichtet ist, zu verständigen. Der BR kann innerhalb von drei Tagen ab Verständigung Stellung nehmen, d. h., der Entlassung zustimmen oder ihr widersprechen oder keine Stellungnahme abgeben. Je nach Inhalt der Stellungnahme kann die Entlassung vom Betriebsrat oder vom Arbeitnehmer beim Arbeits- und Sozialgericht angefochten werden.

Folgende Arbeitnehmergruppen genießen einen **besonderen Entlassungsschutz:** Belegschaftsfunktionäre, Eltern gemäß Mutterschutzgesetz und Elternkarenzurlaubsgesetz, Behinderte und Opferbefürsorgte, Präsenz- und Zivildiener, Lehrlinge, Vertragsbedienstete.

2.1.6 Ansprüche während und nach Beendigung eines Arbeitsverhältnisses

Laufendes Entgelt bis zum letzten Tag des Dienstverhältnisses.

Anteilige Sonderzahlungen (Urlaubsgeld, Weihnachtsremuneration).

Ersatzleistung für anteiligen Urlaubsanspruch, wenn sich der Verbrauch des Urlaubs während der Kündigungszeit nicht mehr ausgeht.

Recht auf Postensuchtage

Bei Kündigung durch den AG sind dem AN während der Kündigungsfrist auf sein Verlangen wöchentlich mindestens acht Arbeitsstunden ohne Vorenthaltung seines Entgelts freizugeben.

Die Zeit zur Arbeitssuche kann auf mehrere Arbeitstage pro Woche aufgeteilt werden – mit Zustimmung des AG. Durch den Kollektivvertrag können abweichende Regelungen getroffen werden.

Aha!
Abfertigungsbeiträge sind auch für folgende Zeiten zu entrichten:

- Präsenz-, Ausbildungs- und Zivildienst (AG)
- Mutterschutz und Krankenstand (AG)
- Zeit des Kinderbetreuungsgeldbezuges (FLAF = Familienlastenausgleichsfonds)
- Bildungskarenz, Hospizkarenz (FLAF)

Abfertigungsanspruch

Das neue Abfertigungssystem lagert die Abfertigung in sogenannte **Mitarbeitervorsorgekassen** aus. Ab dem zweiten Monat des Arbeitsverhältnisses muss der AG monatlich 1,53 Prozent des Bruttoentgelts (auch vom Urlaubs- und Weihnachtsgeld) mit dem Sozialversicherungsbeitrag an die Krankenkasse zahlen. Dieser Beitrag wird von der Krankenkasse geprüft und an die Abfertigungskasse weitergeleitet.

Die Auszahlung des Abfertigungsanspruchs besteht nach drei Einzahlungsjahren bei Kündigung durch den AG, unverschuldeter Entlassung, berechtigtem Austritt, einvernehmlicher Auflösung, Zeitablauf u. v. m.

Bei einem Anspruch auf Auszahlung gibt es folgende **Wahlmöglichkeiten:**

- Auszahlung der Abfertigung,
- Weiterveranlagung in der bisherigen Abfertigungskasse,
- Übertragung des Abfertigungsbetrages in die Mitarbeitervorsorgekasse des neuen AG oder
- Überweisung in eine Zusatzpensionsversicherung.

Weigert sich der AG, ein Dienstzeugnis auszustellen, kann der AN das Dienstzeugnis über das Arbeits- und Sozialgericht einklagen.

Das Recht auf ein Dienstzeugnis

Sucht man einen neuen Arbeitsplatz, so legt man in der Regel den Bewerbungsunterlagen auch Dienstzeugnisse früherer Beschäftigungen bei. Der AG hat dem AN auf sein Verlangen ein schriftliches Zeugnis auszustellen. Eintragungen und Anmerkungen im Zeugnis, die dem AN die Erlangung einer neuen Stelle erschweren könnten, sind dabei nicht erlaubt.

Allerdings haben AG im Laufe der Zeit eine Art Code entwickelt, sodass zwischen den Zeilen des Dienstzeugnisses durchaus erkennbar ist, was der AG von seinem Mitarbeiter bzw. seiner Mitarbeiterin gehalten hat. Auch sehr kurze Zeugnisse bei langer Beschäftigungsdauer wirken automatisch abwertend.

Die folgenden Formulierungen sollten nicht im Dienstzeugnis vorkommen, denn sie enthalten **verschlüsselte** oder **negative Botschaften.**

Formulierung im Dienstzeugnis	Bedeutung
Er bemühte sich, die ihm übertragenen Aufgaben zur Zufriedenheit zu erledigen.	Bemüht hat er sich ja, aber zusammengebracht hat er nichts.
Sie ist tüchtig und versteht es gut, sich positiv darzustellen.	Vorsicht: Wichtigtuerin!
Er trug durch seine Geselligkeit zum Betriebsklima bei.	Achtung: Hielt Kollegen und Kolleginnen von der Arbeit ab, evtl. Alkoholproblem.
Er zeigte sich den Belastungen gewachsen.	Er war nicht besonders belastbar.
Er handelte in seinem Interesse und im Interesse des Unternehmens.	Vorsicht: Er hat das Unternehmen bestohlen.
Die Aufgaben, die wir ihr übertrugen, hat sie zu unserer Zufriedenheit erledigt.	Sie erledigte nur die Aufgaben, die ihr übertrugen wurden und verhielt sich passiv.
Sein Verhalten gegenüber Kollegen/Kolleginnen und Vorgesetzten war stets vorbildlich.	Da „Vorgesetzter“ nach „Kollegen/Kolleginnen“ geschrieben ist, hatte er Probleme mit den Vorgesetzten.
Sie war sehr kompromissbereit bei allen Problemen.	Sie konnte sich nicht durchsetzen.

Schreiben Sie ein Dienstzeugnis für eine gekündigte Mitarbeiterin, die oft zu wenig energisch sowie für ihre Aufgaben ungeeignet war und schlussendlich Büromaterial entwendet hat.

Der Arbeitnehmer hat Anspruch auf ein Dienstzeugnis.

2.2 Arbeitnehmerschutz

Speziell zur Gesundheitsvorsorge und Unfallverhütung am Arbeitsplatz wurde 1995 das **Arbeitnehmerschutzgesetz** (ASchG) erlassen. Dieses verpflichtet den AG, entsprechende Schutzmaßnahmen für seine Mitarbeiter/innen vorzusehen.

Die Anzahl der Arbeitsunfälle pro Jahr liegt bei ca. 130 000 (doppelt so viele bei Männern als bei Frauen)!
Die unfallgefährdetste Branche ist das Handwerk.

Die Arbeitsschutzbestimmungen regeln u. a.:
- Den Einsatz gefährlicher Maschinen und Werkzeuge
- Den Umgang mit gefährlichen Arbeitsstoffen, wie z. B. giftigen oder entzündlichen Chemikalien
- Belastungen durch Arbeitsvorgänge und andere Einwirkungen, wie z. B. Lärm, Hitze, Kälte, Staub, Rauch oder Dämpfe
- Einrichtungen zur Gefahrenverhütung
- Unterweisungen und Untersuchungen der Arbeitnehmer/innen
- Arbeitsbedingungen werdender und stillender Mütter
- Beschäftigung schutzbedürftiger Arbeitnehmer/innen (Menschen mit Behinderung)
- Arbeitszeit und Arbeitsruhe
- Beschäftigung von Kindern und Jugendlichen

Der AG muss die entsprechende Arbeitskleidung zur Verfügung stellen und der AN muss diese auch verwenden

Es haben jedoch nicht nur die Arbeitgeber/innen Pflichten, sondern auch die Arbeitnehmer/innen müssen zur Einhaltung der Arbeitsschutzbestimmungen beitragen.

§ Gesetzlich geregelt sind die Angelegenheiten der Arbeitsinspektorate im **Arbeitsinspektionsgesetz.**

Erkundigen Sie sich bei Ihren Eltern, ob diese wissen, wer ihre Sicherheitsvertrauensperson am Arbeitsplatz ist und welche Aufgaben diese Person nach Ansicht ihrer Eltern hat.

Zur Wahrung des Arbeitsschutzes wurden folgende Organe geschaffen:

- **Sicherheitsvertrauensperson** (ein AN wird dazu bestellt; in Betrieben mit mehr als zehn Mitarbeitern vorgeschrieben)
- **Sicherheitsfachkräfte** (kann auch eine externe Fachkraft sein)
- **Betriebsarzt/-ärztin** (arbeitsmedizinische Betreuung)

Arbeitsinspektorat

Die Arbeitsinspektion ist eine **staatliche Einrichtung,** deren Aufgabe die Überwachung und notfalls die Erzwingung der Einhaltung der Arbeitsschutzvorschriften in den Betrieben ist. Die Aufgaben der Arbeitsinspektion werden von den Arbeitsinspektoraten und ihren Organen, den Arbeitsinspektoren, vorgenommen. Die Arbeitsinspektorate unterstehen unmittelbar dem Bundesministerium für Arbeit, Soziales und Konsumentenschutz.

2.2.1 Personenschutz

2.2.1.1 Nachtarbeiterschutz

Als **Nachtarbeiter** gilt, wer regelmäßig oder in mindestens 48 Nächten pro Kalenderjahr mindestens 3 Stunden zwischen 22:00 und 05:00 Uhr arbeitet. Nachtarbeiter genießen zusätzliche Ruhezeiten, Zusatzurlaub, Sonderruhegeld und sind regelmäßig gesundheitlich zu untersuchen.

2.2.1.2 Mutterschutz

Anstelle des Karenzurlaubs kann mit dem Arbeitgeber **Teilzeitarbeit** vereinbart werden (Anspruch unter gewissen Voraussetzungen).

Schutzfristen	Insgesamt soll der Gebärenden mindestens 16 Wochen Schutz gewährt werden. Diese Frist verlängert sich bei Mehrlings- oder Problemgeburten.
Besondere Beschäftigungsverbote	Schwangere dürfen nicht mit schweren körperlichen oder für Mutter oder Kind schädlichen Arbeiten beschäftigt werden. Im Zweifelsfall muss das Arbeitsinspektorat feststellen, ob eine Arbeit unter dieses Verbot fällt.
Arbeitszeitbeschränkungen	Für Schwangere und Stillende gilt ein verschärftes Nachtarbeitverbot. Mit nur geringfügigen Ausnahmen dürfen sie zwischen 20:00 Uhr und 06:00 Uhr nicht beschäftigt werden. Außerdem gilt ein striktes Verbot der Sonn- und Feiertagsarbeit. Es darf auch keine Mehrarbeit über die gesetzliche oder kollektivvertraglich festgelegte tägliche Arbeitszeit geleistet werden. Auf keinen Fall darf die wöchentliche Arbeitszeit 40 Stunden überschreiten. Stillenden Müttern ist auf Verlangen die zum Stillen der Kinder erforderliche Zeit freizugeben.
Besonderer Kündigungs- und Entlassungsschutz	Gilt ab dem Zeitpunkt, ab dem der Arbeitgeber von der Schwangerschaft erfährt, bis vier Monate nach der Entbindung bzw. bis zum Ablauf von vier Wochen nach Beendigung des Karenzurlaubes.

2.2.1.3 Schutz von Vätern – Elternkarenzurlaub

In Schweden gehen über 20 Prozent der Väter in Karenz, in Island fast ein Drittel. Ermitteln Sie den aktuellen Wert für Österreich.

Dem Vater steht ein Karenzurlaub zu, wenn die Mutter einen Karenzurlaubsanspruch hat und verzichtet oder sie wegen Erwerbstätigkeit verhindert ist. Er muss mit dem Kind im gemeinsamen Haushalt leben und es überwiegend selbst betreuen. Arbeitsrechtlicher Karenzurlaub kann entweder von einem Elternteil ausschließlich oder von Mutter und Vater abwechselnd (Elternkarenzurlaub) beansprucht werden.

2.2.1.4 Kinder- und Jugendschutz

Unter 15-Jährige

Sie dürfen grundsätzlich nicht zur Arbeit herangezogen werden. Nach Vollendung des zwölften Lebensjahres ist in Ausnahmefällen eine Beschäftigung mit leichten und gelegentlichen Arbeiten erlaubt.

15- bis 18-Jährige

In jedem Betrieb, in dem Jugendliche beschäftigt werden, ist ein Verzeichnis der Jugendlichen zu führen. Für Jugendliche darf die tägliche Arbeitszeit nicht mehr als acht Stunden, die wöchentliche nicht mehr als 40 Stunden betragen. Unter bestimmten Umständen kann die Wochenarbeitszeit anders verteilt werden. Die tägliche Arbeitszeit darf bei Jugendlichen unter 16 Jahren auf keinen Fall 9 Stunden, bei Jugendlichen über 16 Jahren 9,5 Stunden überschreiten.

Aha!
Der Landeshauptmann kann die Verwendung von Kindern bei Musikaufführungen, Theatervorstellungen und sonstigen Aufführungen im Interesse der Kunst, der Wissenschaft oder des Unterrichts bewilligen.

2.2.1.5 Andere Gruppen

Behinderte

Alle Dienstgeber, die im Bundesgebiet 25 oder mehr Dienstnehmer/innen beschäftigen, sind verpflichtet, auf je 25 Dienstnehmer/innen mindestens einen begünstigten Behinderten (mindestens 50 Prozent Minderung der Erwerbsfähigkeit) einzustellen. Wird dieser Beschäftigungspflicht nicht nachgekommen, so ist eine **Ausgleichstaxe** je Person, die zu beschäftigen wäre, zu bezahlen. Die Kündigung eines Behinderten darf erst dann ausgesprochen werden, wenn der Behindertenausschuss des Bundessozialamtes ihr zugestimmt hat.

Ausgleichstaxe: monatlich zwischen 248,00 EUR und 370,00 EUR (Stand: 2015).

2.2.2 Arbeitszeit und Arbeitsruhe

Unter Arbeitszeit wird die Zeit vom Beginn bis zum Ende der Arbeit ohne Ruhepausen verstanden. Grundsätzlich ist jede Zeit, in welcher der Arbeitgeber den Arbeitnehmer für seine Zwecke in Anspruch nimmt, Arbeitszeit. Auch die Zeiten einer **Dienstreise** gelten prinzipiell als Arbeitszeit. Ebenso die **Wegzeiten** vom Betrieb zu einer außerhalb gelegenen Arbeitsstätte und zurück. Im Rahmen des Arbeitszeitschutzes ist auf eine genaue Einhaltung der jeweils geltenden Bestimmungen betreffend die Arbeits- und Ruhezeiten zu achten.

Aufgabe des **Betriebsrates** ist es, im Betrieb die Einhaltung der Arbeitnehmerschutzvorschriften zu überwachen. Außerdem ist für die Überwachung der Bestimmungen das **Arbeitsinspektorat** zuständig.

Arbeitszeit und Ruhezeit sind gesetzlich geregelt.

Bei Verletzungen der Schutzbestimmungen kann die Bezirksverwaltungsbehörde mit Geldstrafen einschreiten.

- Die **tägliche Normalarbeitszeit** (NAZ) darf acht Stunden, außer der Kollektivvertrag sieht neun Stunden vor, nicht überschreiten.
- Die **wöchentliche Normalarbeitszeit** (NAZ) darf 40 Stunden nicht überschreiten. (Der Kollektivvertrag kann eine abweichende Regelung ermöglichen.)

Die Verteilung der Arbeitszeit ist zwischen AN und AG zu vereinbaren.

Beispiel
Eine 40-Stunden-Woche kann folgendermaßen eingeteilt werden:
Montag bis Freitag von 08:00 bis 16:30 Uhr oder
Montag bis Donnerstag von 08:00 bis 17:30 Uhr und
Freitag von 08:00 bis 12:00 Uhr

Die 35-Stunden-Woche als NAZ hört sich schön an. Recherchieren Sie im Web, welche Argumente dafür und dagegen vorgebracht werden.

Details zum Arbeitszeitschutz können Sie der Website der Arbeiterkammer – www.arbeiterkammer.at – Rubrik Arbeit und Recht entnehmen.

Begriffe zur Arbeitszeit	Erklärung
Durchrechnungszeitraum	Die Normalarbeitszeit kann in diesem Zeitraum schwankend gestaltet werden. In bestimmten Zeiten wird länger gearbeitet und zum Ausgleich dazu wird in anderen Zeiträumen kürzer gearbeitet. Der Durchrechnungszeitraum liegt im AG-Interesse, um schwankenden Arbeitsbedarf unter Vermeidung von Überstundenbezahlung abzudecken. Der Durchrechnungszeitraum wird entweder durch den Kollektivvertrag oder durch Betriebsvereinbarungen geregelt.
Gleitende Arbeitszeit (Gleitzeit)	Bei der Gleitzeitregelung besteht zu genau festgelegten **Kernzeiten** Anwesenheitspflicht aller Mitarbeiter/innen. Beginn und Ende des Arbeitstages können flexibel geregelt werden. Die Mitarbeiter/innen können daher früher oder später mit der Arbeit beginnen.
Mehrarbeit	Mehrarbeit ist Arbeitsleistung, die über das vereinbarte Ausmaß der wöchentlichen Normalarbeitszeit hinausgeht, aber noch nicht Überstundenarbeit ist (z. B. bei Teilzeitbeschäftigung).
Überstunden	Überstunden liegen vor, wenn die wöchentliche Arbeitszeit von 40 Stunden überschritten wird. Für die Überstunden muss der AG den Überstundengrundlohn und einen Überstundenzuschlag bezahlen. Die Überstunden können auch in Form von Zeitausgleich unter Berücksichtigung des Überstundenzuschlages gewährt werden.
Überstundenzuschläge	▪ **100 Prozent** für Überstunden, die an Sonn- und Feiertagen und in der Nacht geleistet werden. ▪ **50 Prozent** für alle anderen Überstunden
Höchstgrenzen der Arbeitszeit	Die Tagesarbeitszeit darf 10 Stunden und die Wochenarbeitszeit 50 Stunden nicht überschreiten.

Ruhezeit

Ruhepausen sind gesetzlich vorgeschrieben und sollen der Erholung der Mitarbeiter/innen dienen.

- Nach **sechs Stunden Arbeitszeit** muss eine halbe Stunde Ruhezeit gewährt werden. Anstelle dieser halbstündigen Ruhepause können auch zwei viertelstündige oder drei zehnminütige Ruhepausen gewährt werden.
- Nach der Beendigung der **Tagesarbeitszeit** hat der AN Anspruch auf eine **ununterbrochene Ruhezeit** von mindestens **elf Stunden.** Durch den Kollektivvertrag kann diese Ruhezeit auf bis zu acht Stunden verkürzt werden.
- Dem AN gebührt wöchentlich eine ununterbrochene **Wochenruhezeit** von mindestens **36 Stunden.** Eine Abweichung ist nur bei Schichtarbeit möglich.

Pausen sind keine Arbeitszeit und werden daher auch nicht bezahlt.

Spitalsärzten und -ärztinnen mit Nachtdiensten stehen zusätzliche Ruhezeiten zu.

Aufgabenstellungen – „Individualarbeitsrecht“

1. Unterscheiden Sie zwischen Arbeitsverhältnis, Ausbildungsverhältnis und Probearbeitsverhältnis hinsichtlich nachstehender Kriterien:

	Arbeitsverhältnis	Ausbildungsverhältnis	Probearbeitsverhältnis
Zweck			
Partner			
Dauer			
Beendigung			

2. Herr Maier nimmt eine Stelle als Hausbesorger an. Am Mittwoch der dritten Woche macht er eine Bergwanderung. An seiner Stelle übernimmt seine Ehefrau seine Aufgabe. Geht das? Begründen Sie Ihre Antwort.
3. Peter Winter ist seit 4 Jahren bei der Firma Kudlich GmbH beschäftigt. Nach einem Arbeitsunfall hat er bereits 6 Wochen Grundanspruch ausgeschöpft. Wie lange hat Herr Winter noch Anspruch auf Entgeltfortzahlung?
4. Anna wurde während ihres Krankenstandes von ihrem Arbeitgeber gekündigt. Wie lange hat sie Anspruch auf Entgeltfortzahlung?
5. Welche gesetzlichen Kündigungsfristen gelten für Angestellte?

Kündigung durch	Kündigungsfrist	Kündigungstermin
AG		
AN		

6. Die Mayer & Co KG muss wegen der andauernden Wirtschaftskrise Mitarbeiter/innen abbauen. Verfassen Sie ein entsprechendes Kündigungsschreiben.
7. Denken Sie über Ihren derzeitigen Lebensrhythmus nach. Diskutieren Sie, welche Arbeitszeit- und Pausenregelungen Ihnen als Schülerin bzw. Schüler entsprechen.

3 Kollektives Arbeitsrecht

Patrick hat heute seinen Dienstzettel von seinem Arbeitgeber erhalten, in dem auch sein Anfangsgehalt steht. Seine Freundin Sarah will von ihm wissen, ob er „laut Kollektivvertrag“ bezahlt wird oder mehr bekommt. Patrick weiß nur, dass für ihn der Kollektivvertrag für den Handel gilt. Wo kann er sich, außer bei seinem Arbeitgeber noch informieren?

Das kollektive Arbeitsrecht (Arbeitsverfassungsrecht) regelt die **Organisation der Arbeitnehmer/innen in Verbänden.** Anstelle der einzelnen Arbeitnehmer/innen oder Arbeitgeber/innen verhandeln mächtige Verbände über die Arbeitsbedingungen.

Werfen Sie einen Blick auf die Inhalte der AK-Website: www.arbeiterkammer.at

Man unterscheidet

Berufsverfassungsrecht	Betriebsverfassungsrecht
Das Berufsverfassungsrecht hebt den überbetrieblichen Aspekt der Arbeitsverfassung hervor. Im Rahmen des Berufsverfassungsrechts wurden in Österreich die **Arbeiterkammern** als gesetzliche Interessenvertretung der Arbeitnehmer/innen gebildet. ■ Berufsverbandsrecht ■ Kollektive Rechtsgestaltung ■ Arbeitskampfrecht	Das Betriebsverfassungsgesetz hat den betrieblichen Aspekt der Arbeitsverfassung zum Gegenstand. Durch eine Betriebsverfassung soll das Recht der Belegschaft auf Mitbestimmung verankert werden.

3.1 Berufsverfassungsrecht

3.1.1 Berufsverbandsrecht

Eine Besonderheit in der österreichischen Arbeitsverfassung ist eine **freiwillige** und eine **gesetzliche Interessenvertretung** für Arbeitgeber/innen und Arbeitnehmer/innen. Das Berufsverbandsrecht regelt die Organisation dieser Vertretungen.

Freiwillige Interessenvertretungen

Wesentliche Merkmale einer solchen Koalition sind

- die **Freiwilligkeit** des Zusammenschlusses,
- die Förderung und Wahrung der beruflichen Interessen ihrer Mitglieder und
- die **Gegnerfreiheit** bzw. **Gegnerunabhängigkeit.**

Gegnerfreiheit bzw. Gegnerunabhängigkeit = AN können nicht Mitglied in einer Interessenvertretung des AG sein und umgekehrt.

Beispiele

Arbeitgeber/innenseite	Arbeitnehmer/innenseite
■ Industriellenvereinigung (IV), ■ Verband der Banken und Bankiers	Österreichischer Gewerkschaftsbund (ÖGB)

Die Kammern wirken im Bereich der Gesetzgebung, z. B. durch Gutachten zu Gesetzesentwürfen, und der Vollziehung mit. Weiters sind sie im Rahmen der Sozialpartnerschaft für arbeitsrechtliche Fragen zuständig.

Gesetzliche Interessenvertretungen

Der Gesetzgeber sieht vor, dass AG und AN sich zur Vertretung ihrer Interessen in Kammern zusammenschließen müssen. Es besteht für beide Seiten **Pflichtmitgliedschaft.**

Informieren Sie sich unter www.wko.at über das interessante Informationsangebot der Wirtschaftskammer.

Beispiele

Arbeitgeber/innenseite	Arbeitnehmer/innenseite
■ Wirtschaftskammern ■ Landwirtschaftskammern ■ Kammern der freien Berufe (Ärztekammern, Rechtsanwaltskammern usw.)	■ Kammern für Arbeiter und Angestellte ■ Landarbeiterkammern

Die Kammern wirken im Bereich der Gesetzgebung, z. B. durch Gutachten zu Gesetzesentwürfen, und der Vollziehung mit. Des Weiteren sind sie im Rahmen der Sozialpartnerschaft für arbeitsrechtliche Fragen zuständig.

3.1.2 Kollektive Rechtsgestaltung

Zur Regelung von Fragen des Arbeitslebens sieht das Gesetz besondere Instrumente vor:
- den **Kollektivvertrag** und
- die **Satzung,**
- die **behördliche Festsetzung von Arbeitsbedingungen** (Mindestlohntarif) und
- die **Betriebsvereinbarung.**

Die Regeln des Arbeitsverfassungsgesetzes über die kollektive Rechtsgestaltung gelten für Arbeitsverhältnisse aller Art (mit einigen Ausnahmen), die auf einem privatrechtlichen Vertrag beruhen.

Kollektivverträge

Kollektivverträge sind Verträge, die zur Regelung von **Entlohnungs- und Arbeitsbedingungen** für eine größere Gruppe von Arbeitnehmern abgeschlossen werden.

Die österreichischen Gewerkschaften schließen jährlich über 450 Kollektivverträge ab.

Kollektivvertragsfähig sind

Auf Arbeitgeber-Seite	Auf Arbeitnehmer/innen-Seite
■ Wirtschaftskammer	■ Arbeiterkammer
■ Industriellenvereinigung	■ ÖGB
■ u. a. m.	■ u. a. m.

Was regeln die Kollektivverträge?
- Rechte und Pflichten aus dem Arbeitsverhältnis
- Gehalt und Lohn
- Sonderzahlungen wie Urlaubsgeld und Weihnachtsremuneration
- Urlaub
- Normalarbeitszeit
- Zulagen
- Überstunden und Zuschläge (Nacht, Sonn- und Feiertage)
- Abfertigung
- u. v. m.

Was bringt der Kollektivvertrag?
Auf der Seite der Arbeitnehmer/innen erfüllen die Kollektivverträge vor allem eine soziale Schutzfunktion. Es werden gleiche **Mindeststandards** bei der Entlohnung und bei den Arbeitsbedingungen für alle Arbeitnehmer/innen einer Branche geschaffen. Diese sollen
- ein größeres Machtgleichgewicht zwischen AN und AG schaffen,
- für gleiche Wettbewerbsbedingungen zwischen Unternehmen sorgen und
- verhindern, dass die AN gegeneinander ausgespielt werden.

Voraussetzungen für die **Geltung** des Kollektivvertrages sind die Hinterlegung beim Bundesministerium für Arbeit, Soziales und Konsumentenschutz und die Veröffentlichung in der Wiener Zeitung. Er tritt außer Kraft durch Zeitablauf (wenn er befristet war) oder durch Kündigung.

Außerdem haben Kollektivverträge eine wichtige **Friedensfunktion,** weil erstens Arbeitskämpfe zwischen den beiden vertragsschließenden Arbeitgeber- und Arbeitnehmerinstitutionen rechtlich ausgeschlossen sind und zweitens viele Auseinandersetzungen auf Betriebsebene vermieden werden können.

Aha!
Die Vereinbarungen im KV gelten für alle Arbeitnehmer/innen in einer bestimmten Branche (z. B. Metallarbeiter/innen oder Handelsangestellte). Sie können weder durch den Arbeitsvertrag noch durch eine Betriebsvereinbarung aufgehoben oder beschränkt werden. Verschlechterungen für den AN sind ausgeschlossen, Verbesserungen jedoch zulässig.

⚠ Für Betriebsvereinbarungen muss die Zustimmung des Betriebsrates eingeholt werden. Kommt es zu keiner Einigung, so kann der Betriebsinhaber die Schlichtungsstelle anrufen, die die vom Betriebsrat nicht erteilte Zustimmung erteilen kann.

Die Gewerkschaften haben **Streikfonds,** aus denen ihre Mitglieder Unterstützung während des Streiks erhalten.

Die Betriebsratsvertretungstätigkeit ist kein Beruf, sondern ein Ehrenamt (eine Berufung)!

Mindestlohntarife

Arbeitnehmern, deren Lohnbedingungen wegen des Fehlens einer kollektivvertragsfähigen Körperschaft auf der Arbeitgeberseite nicht geregelt sind, soll durch **behördliche Festsetzung des Entgelts** der notwendige Schutz gewährt werden.

Betriebsvereinbarungen

In Betrieben, in denen ein Betriebsrat existiert, kann dieser mit dem Betriebsinhaber Betriebsvereinbarungen, die von beiden Vertragsparteien unterzeichnet werden, abschließen. Inhaltlich handelt es sich um Regelungen, die durch Gesetz oder Kollektivvertrag der Betriebsvereinbarung vorbehalten sind.

3.1.3 Arbeitskampfrecht

Als Arbeitskampf bezeichnet man die Auseinandersetzung zwischen Arbeitgebern und Arbeitnehmern/Arbeitnehmerinnen zur **Überwindung von Interessengegensätzen** bei der Verhandlung von Löhnen und Arbeitsbedingungen. In aller Regel findet ein Arbeitskampf nur dann statt, wenn vorangegangene Verhandlungen zwischen den Sozialpartnern gescheitert sind.

Formen des Arbeitskampfes

Streik	Aussperrung
Der Streik ist das Druckmittel der Arbeitnehmerseite in Tarifverhandlungen mit dem Ziel, bestimmte Forderungen durchzusetzen. Sogenannte **wilde Streiks** sind nicht von einer Gewerkschaft unterstützt und die Streikenden erhalten kein Geld aus dem **Streikfonds.**	Als Aussperrung bezeichnet man die vorübergehende Freistellung von (nicht am Streik beteiligten) AN von der Arbeitspflicht durch den AG im Rahmen eines Arbeitskampfes ohne Fortzahlung des Arbeitslohnes. Aussperrung ist typischerweise die Antwort der AG-Seite auf einen Streik.

3.2 Betriebsverfassungsrecht – betriebliche Mitbestimmung

Zwischen dem Arbeitgeber und den Arbeitnehmern/Arbeitnehmerinnen eines Betriebes besteht ein Interessengegensatz. Die AN sind bestrebt, ihre Arbeitsbedingungen und ihr Arbeitsentgelt zu verbessern bzw. zu erhöhen, und der AG ist an seiner Gewinnmaximierung interessiert.

Um diesen Interessenkonflikt zu vermindern, wurde 1974 das **Arbeitsverfassungsgesetz** (ArbVG) beschlossen, in dem die Belegschaft eines Betriebes die Befugnisse erhält, entsprechende **Organe** in einem Betrieb zu bilden.

Organe der Belegschaft

- Betriebsversammlung
- Betriebsrat
- Betriebsausschuss
- Zentralbetriebsrat
- Jugendvertrauensrat

Betriebsversammlung

Die Betriebsversammlung besteht aus der Gesamtheit aller Arbeitnehmer/innen über 18 Jahre eines Betriebes. Diese Versammlung findet mindestens einmal im Jahr statt.

Was sind die Rechte bzw. Aufgaben einer Betriebsversammlung?

- Die Wahl des Wahlvorstandes für die Betriebsratswahl und der Rechnungsprüfer/innen.
- Die Beschlussfassung über die Enthebung des Wahlvorstandes, des Betriebsrates und der Rechnungsprüfer/innen (nur mit Zweidrittelmehrheit möglich).
- Die Behandlung von Berichten des Betriebsrates und der Rechnungsprüfer/innen. Die Betriebsversammlung kann dem Betriebsrat aber keine Weisungen erteilen.
- Die Stellungnahme zu sozialen, personellen und wirtschaftlichen Angelegenheiten.

Größe des Betriebsrates

Anzahl der AN	Mitglieder des Betriebsrates
5–9	1
10–19	2
20–50	3
51–100	4
101–200	5
201–300	6
Für je 100 weitere AN: 1 weiteres Mitglied	
In Betrieben über 1 000 AN: 1 weiteres Mitglied für je 400 AN	

Betriebsrat

Damit in einem Betrieb ein Betriebsrat (BR) gewählt werden kann, müssen mindestens fünf Arbeitnehmer/innen dauernd beschäftigt sein. Erfüllt jede Arbeitnehmergruppe (Arbeiter/innen und Angestellte) diese Voraussetzungen, so ist für jede Gruppe ein eigener Betriebsrat zu wählen. Beide Gruppen können aber auch die Errichtung eines gemeinsamen Betriebsrates beschließen. Die Anzahl der Mitglieder des Betriebsrates hängt von der Anzahl der Arbeitnehmer/innen in einem Betrieb ab.

Der BR wird als **Vertretungsorgan der Belegschaft** gewählt. Die Wahl des Betriebsrates findet alle vier Jahre statt und ist in einer eigenen **Betriebsratswahlordnung** geregelt.

Rechte und Pflichten des Betriebsrates

Rechte

- **Anspruch auf die Freizeit,** die zur Ausführung der Tätigkeit benötigt wird
- **Anspruch auf Freistellung** zur Teilnahme an **Schulungs- und Bildungsveranstaltungen** bis zum Höchstausmaß von drei Wochen
- **Kündigungs- und Entlassungsschutz** (Ein Betriebsratsmitglied darf nur nach Zustimmung des Arbeits- und Sozialgerichts gekündigt oder entlassen werden.)

Pflichten

- Verschwiegenheitspflicht
- Kooperationspflicht
- Probleme im Betrieb erkennen

Zur Finanzierung der Betriebsratstätigkeit und von Wohlfahrtseinrichtungen wurde der **Betriebsratsfonds** eingerichtet.

Damit der Betriebsrat die Interessen der Arbeitnehmer/innen im Betrieb wahrnehmen kann, hat er folgende **Mitwirkungsrechte:**

Allgemeine Rechte	Mitwirkung in sozialen Angelegenheiten	Mitwirkung in personellen Angelegenheiten	Mitwirkung in wirtschaftlichen Angelegenheiten
Recht auf Information	Einführung von Kontrollmaßnahmen (z. B. automatische Erfassung von Telefongesprächen)	BR ist von Kündigungen und Entlassungen zu informieren.	BR ist über Investitionen und Maßnahmen zur Rationalisierung zu informieren.
Überwachungsrecht (z. B. Einhaltung von Schutzbestimmungen)	Einführung einer betrieblichen **Disziplinarordnung**	Anfechtungsmöglichkeit von rechtswidrigen Kündigungen	Mitwirkungsrechte bei Betriebsänderungen wie Stilllegung oder Verlegung des Betriebes
Beratungsrecht (mit den Unternehmervertretern/vertreterinnen mindestens einmal im Vierteljahr)	Einführung von Personalfragebögen	Jede Versetzung und Beförderung ist dem Betriebsrat mitzuteilen.	Mitwirkung im Aufsichtsrat von Aktiengesellschaften und GmbHs

Disziplinarordnung: Bei Nichteinhaltung von betrieblichen Vereinbarungen droht die Kündigung. **Beispiele:** Surfen im Internet oder Schreiben privater E-Mails während der Arbeitszeit, Nichttragen eines Gehörschutzes ...

Europäischer Betriebsrat
In allen gemeinschaftsweit operierenden Unternehmen und Unternehmensgruppen muss auf Antrag ein Europäischer Betriebsrat eingesetzt oder ein Verfahren zur Unterrichtung und Anhörung der Arbeitnehmer geschaffen werden.

Betriebsausschuss

Bestehen in einem Betrieb getrennte Betriebsräte für Arbeiter/innen und Angestellte, so ist ein Betriebsausschuss aus allen Betriebsratsmitgliedern zu bilden.

Zentralbetriebsrat

In Unternehmungen mit mehreren großen Betriebsstätten ist ein übergeordneter Zentralbetriebsrat einzurichten. Er wird von allen Betriebsratsmitgliedern gewählt.

Jugendvertrauensrat

Seine Aufgabe ist die Vertretung der Interessen der jugendlichen Arbeitnehmer/innen des Betriebes im Zusammenwirken mit dem Betriebsrat.

Aufgabenstellungen – „Kollektives Arbeitsrecht“

1. Erklären Sie den Begriff Koalition im Zusammenhang mit dem Berufsverbandsrecht und führen Sie die Wesensmerkmale der Koalition an.
2. Nennen Sie die derzeit bestehenden Berufskammern.
3. Erklären Sie, was ein Kollektivvertrag ist. Stellen Sie seine Bedeutung für das Berufsleben dar.
4. In einem Großbetrieb ist die Einführung eines Personalinformationssystems geplant. Der Betriebsinhaber teilt dies dem Betriebsrat mit. Dieser lehnt die Maßnahme kategorisch ab. Schlagen Sie eine Lösung vor.
5. Teilen Sie die Klasse in eine AG-Gruppe und in eine AN-Gruppe. Erarbeiten Sie in einem Rollenspiel die möglichen Bestandteile einer Betriebsvereinbarung.

6. Erklären Sie die im untenstehenden Zeitungsartikel vorkommenden Begriffe:

Sozialpartner	
Mindestlohn	
Regierung	
ÖGB	
Wirtschaftskammer	
Kollektivvertrag	

Mindestlohn: Einigung der Sozialpartner – „Zusammenarbeit Regierung – Sozialpartner funktioniert" – großer Erfolg für 30 000 Arbeitnehmer/innen

Die Regierung begrüßt die Einigung der Sozialpartner zur Erhöhung des Mindestlohns auf 1.000 Euro in allen Branchen.
Die schnelle und gute Arbeit der Sozialpartner, die sich binnen weniger Monate auf die Umsetzung des im Regierungsprogramm festgeschriebenen Mindestlohns geeinigt haben, wird besonders betont. Die Zusammenarbeit zwischen Regierung und Sozialpartnern funktioniert wieder, das sei ein entscheidender Unterschied zu den letzten Jahren.
Damit ist ein weiterer Schritt gesetzt, um die niedrigen Einkommen zu stärken. Die Regierung sorgt dafür, dass alle Arbeitnehmer vom Aufschwung profitieren. Die Sozialpartnereinigung ist auch ein Beweis dafür, dass wirklich große Fortschritte für die Arbeitnehmer möglich sind, wenn beide Seiten das wollen. Laut Angaben der Sozialpartner werden 30 000 Arbeitnehmer/innen, überwiegend Frauen, davon profitieren.

Die Präsidenten von ÖGB und Wirtschaftskammer haben eine Umsetzung von 1.000 Euro Mindestlohn über das Instrument Brachenkollektivvertrag vereinbart.

Quelle: Die Presse, 10/201

4 Arbeits- und Sozialgerichte

Patrick hat bei seinem Arbeitgeber gekündigt. In seiner letzte Gehaltsabrechnung sind jedoch über 100 geleistete Überstunden nicht berücksichtigt. Als Patrick mit seiner Forderung nach Nachzahlung bei seinem Arbeitgeber auf Granit beißt, wendet er sich an die Arbeiterkammer. Diese bietet Patrick an, ihn vor dem Arbeits- und Sozialgericht zu vertreten, um seine Ansprüche durchsetzen zu können.

Ist es Ihnen schon einmal passiert, dass Sie für einen Ferialjob nicht ordnungsgemäß bezahlt worden sind? Diskutieren Sie in der Klasse darüber.

Bei Rechtsstreitigkeiten in der Arbeitswelt müssen häufig Arbeitsgerichte in Anspruch genommen werden, etwa wenn ein Arbeitnehmer oder eine Arbeitnehmerin gegen seine bzw. ihre Entlassung klagt. In Österreich werden jährlich Tausende arbeits- und sozialrechtliche Verfahren geführt.

Das Arbeitsgericht besteht aus **einem Berufsrichter/einer Berufsrichterin** und **zwei Laienrichtern/Laienrichterinnen** – je einem/eine von der AG- bzw. AN-Seite. Dadurch stehen bei der Entscheidungsfindung neben umfassenden juristischen Kenntnissen auch Informationen über das soziale, kulturelle und berufliche Umfeld zur Verfügung.

Aha!

Berufsrichter/innen

AN-Vertreter (ehrenamtlich) AG-Vertreter (ehrenamtlich)

Die Wahl der Laienrichter/innen (AN) erfolgt durch die Mitglieder der AK-Vollversammlung. Zur Vorbereitung auf ihre Tätigkeit werden sie von Berufsrichtern/-richterinnen und Mitarbeitern/Mitarbeiterinnen der Arbeiterkammer geschult.

Die Arbeits- und Sozialgerichte sind zuständig für

Arbeitsrechtssachen	Sozialrechtssachen
■ Rechtsstreitigkeiten zwischen AG und AN, die mit dem Arbeitsverhältnis im Zusammenhang stehen (z. B. Anfechtungen von Kündigungen und Entlassungen) ■ Auseinandersetzungen zwischen Betriebsrat und AG über Mitbestimmungsangelegenheiten	Rechtsstreitigkeiten, die im Zusammenhang mit Versicherungsleistungen (z. B. Entscheidung über Alters- oder Erwerbsunfähigkeitspensionen) stehen

Als Arbeits- und Sozialgerichte wirken:
- die **Landesgerichte** (in erster Instanz),
- die **Oberlandesgerichte** (in zweiter Instanz) und
- der **Oberste Gerichtshof** in Wien in dritter Instanz.

Ausnahme: In Wien wurde für den Bereich des Landesgerichtes ein eigener Gerichtshof erster Instanz errichtet, der die Bezeichnung **Arbeits- und Sozialgericht Wien** führt.

Weiters gibt es noch besondere Behörden:

Bundeseinigungsamt

Das Bundeseinigungsamt ist eine Verwaltungsbehörde, die beim BM für Arbeit, Soziales und Konsumentenschutz eingerichtet ist. Es ist für das gesamte Bundesgebiet zuständig und besteht aus einem Vorsitzenden sowie den erforderlichen Stellvertretern und Mitgliedern, die aus den Gruppen der AN und AG zu bestellen sind.

Es ist zuständig für
- die Zuerkennung oder Aberkennung der Kollektivvertragsfähigkeit,
- die Erstellung von Gutachten über die Auslegung eines Kollektivvertrages,
- die Satzungserklärung von Kollektivverträgen oder Erlassung von Mindestlohntarifen und Lehrlingsentschädigungen,
- die Hinterlegung der Kollektivverträge durch die Kollektivvertragsparteien.

Eine Berufung gegen eine Entscheidung des Bundeseinigungsamtes ist nicht zulässig. Es können nur mehr der Verfassungs- oder Verwaltungsgerichtshof angerufen werden.

Recherchieren Sie, wie viele Rechtsstreitigkeiten jährlich in Arbeitsrechtssachen vor Gericht ausgetragen werden.

Schlichtungsstellen

Sie sind zuständig zur Entscheidung betreffend Streitigkeiten über den Abschluss, die Aufhebung und die Abänderung von Betriebsvereinbarungen. Die Entscheidung der Schlichtungsstelle gilt als Betriebsvereinbarung.

Die Schlichtungsstellen sind nicht ständig eingerichtete Behörden, sondern werden von Fall zu Fall gebildet.

Zuständig für die Einrichtung einer Schlichtungsstelle ist der Präsident des örtlich zuständigen Arbeits- und Sozialgerichtes. Der Präsident bestellt für den konkreten Schlichtungsfall die zuständige Schlichtungsstelle.

Wissensfragen – „Grundlagen des Arbeitsrechts"

1. Unterscheiden Sie zwischen Individualarbeitsrecht und kollektivem Arbeitsrecht.
2. Legen Sie dar, in welcher Form der Arbeitsvertrag abgeschlossen werden kann.
3. Erklären Sie den Begriff „Arbeitsverhältnis" und führen Sie einige wesentliche Merkmale von Arbeitsverhältnissen an.
4. Definieren Sie den Begriff „Entgelt".
5. Erläutern Sie, in welchen Fällen Sie Anspruch auf Entgeltfortzahlung haben.
6. Sie möchten Ihre kranke Mutter pflegen. Wie lange können Sie Pflegefreistellung in Anspruch nehmen?
7. Was versteht man unter Treuepflicht? Geben Sie dazu zwei Beispiele.
8. Erläutern Sie den besonderen Kündigungsschutz von Müttern und Vätern.
9. Erklären Sie, welche Auflösungsart am günstigsten ist, wenn der Arbeitnehmer/die Arbeitnehmerin das Arbeitsverhältnis beenden will.
10. Geben Sie an, was bei einer Kündigung alles zu beachten ist.
11. Stellen Sie die Vorteile einer einvernehmlichen Lösung des Arbeitsverhältnisses dar.
12. Nennen Sie drei Gründe, die zu einem vorzeitigen Austritt berechtigen.
13. Nennen Sie drei Gründe, die eine Entlassung des AN rechtfertigen.
14. Zählen Sie die wichtigsten Ansprüche von AN bei Beendigung eines Arbeitsverhältnisses auf.
15. Erläutern Sie, vor welchen Gefahren der AG den AN schützen muss.
16. Erklären Sie, welche Organe der Arbeitsschutz in Betrieben vorsieht.
17. Welche Aufgaben hat das Arbeitsinspektorat?
18. Nennen Sie die Schutzausrüstungen, die Ihnen bekannt sind.
19. Wie viele Stunden beträgt die tägliche Normalarbeitszeit?
20. Erklären Sie, ob die wöchentliche Normalarbeitszeit weniger als 40 Stunden umfassen kann. Nennen Sie die Regelung.
21. Erklären Sie den Begriff „Gleitzeit".
22. Nennen Sie die Höchstgrenzen der Arbeitszeit.
23. Legen Sie dar, ob der AG auch die halbe Stunde Ruhepause teilen kann. Nennen Sie mögliche Regelungen.
24. Wie viele Stunden umfasst die tägliche Ruhezeit?
25. Geben Sie an, wie viele Stunden die wöchentliche Ruhezeit umfasst.
26. Erläutern Sie, wie Überstunden in Österreich entlohnt werden.
27. Definieren Sie den Begriff „kollektive Rechtsgestaltung".
28. Welche Institutionen sind kollektivvertragsfähig?
29. Erläutern Sie, was eine Betriebsvereinbarung ist.
30. Was versteht man unter dem Begriff „Arbeitskampf"? Nennen Sie klassische Formen des Arbeitskampfes.
31. Fassen Sie die wesentlichen Inhalte der Betriebsverfassung zusammen.

Ziele erreicht? – „Grundlagen des Arbeitsrechts"

KOMPETENZ-ERWERB

1. Diskutieren Sie, warum es so wichtig ist, dass es ein Arbeitsrecht gibt.
2. Nennen Sie die Pflichten der beiden Vertragsparteien aus einem Arbeitsvertrag.

Pflichten des AG	Pflichten des AN

3. Führen Sie an, auf welche Weise ein Arbeitsverhältnis beendet werden kann.

4. Wenn Sie eine neue Arbeitsstelle antreten, haben Sie Anspruch auf die Ausstellung eines Dienstzettels.
   a) Nennen Sie die Bestandteile, die ein Dienstzettel enthalten muss.
   b) Erstellen Sie selbst einen Dienstzettel. Verwenden Sie dazu eine Mustervorlage. Diese können Sie vom Portal der Arbeiterkammer downloaden.

5. Definieren Sie die Begriffe „typische" und „atypische" Arbeitsverhältnisse. Diskutieren Sie anschließend in der Klasse über die Folgen von atypischen Arbeitsverhältnissen für die Betroffenen.

6. Nennen Sie fünf Bereiche, die der Arbeitsschutz regelt.

7. Recherchieren Sie über Belastungen und die Folgeschäden durch Lärm und stellen Sie einen kurzen Bericht darüber zusammen.

8. Patrick hat den Job bei der TCOM Telekommunikationsberatung bekommen.
   a) Sein Chef hat ihm bereits beim Bewerbungsgespräch mitgeteilt, dass es sich im ersten Monat um ein Probearbeitsverhältnis handeln wird. Stellen Sie die arbeitsrechtlichen Besonderheiten des Probearbeitsverhältnisses dar.
   b) Nach fünf Wochen erkrankt Patrick. Sein Arzt schreibt ihn eine ganze Woche krank. Erläutern Sie, ob er nun eine Woche Entgeltentfall befürchten muss oder die ganze Arbeitswoche trotzdem bezahlt bekommt.
   c) Patrick hat sich gut im Unternehmen eingelebt. Seine Vorgesetzte ist hoch zufrieden mit seiner Arbeitseinstellung und -leistung sowie seinem guten Benehmen gegenüber Kolleginnen/Kollegen und Kunden. Nach sechs Monaten tritt Patrick seinen wohlverdienten Urlaub an – drei Wochen Griechenland mit seiner Freundin. Leider erkrankt er bereits am vierten Tag und muss fünf Tage lang das Bett hüten. Erörtern Sie, wie Patrick nun vorgehen sollte, und stellen Sie die Konsequenzen dar, wenn er keinen Arzt aufsucht und einfach nur das Bett hütet.

9. Patrick und seine Freundin Sarah erwarten ein Kind. Kreuzen Sie an, welche Rechte einer werdenden Mutter zustehen:

Recht	Steht zu	Steht nicht zu
Beschäftigungsverbot acht Wochen vor und nach der Geburt		
Besonderer Kündigungsschutz mit Eintritt der Schwangerschaft		
Anspruch auf Karenzurlaub höchstens bis zum Ablauf des ersten Lebensjahres des Kindes		
Anspruch auf Kinderbetreuungsgeld während der Karenzzeit		

10. „Wo gehobelt wird, da fallen Späne." Manchmal machen Arbeitnehmer/innen in Ausübung ihrer Arbeit auch Fehler, die zu Schäden führen.
    a) Einem Kunden wurde durch einen Unternehmensmitarbeiter ein Schaden zugefügt, der vom Arbeitgeber ersetzt wurde. Legen Sie dar, inwiefern der Mitarbeiter diese Kosten seinem Arbeitgeber zu ersetzen hat.
    b) Finden Sie Beispiele aus der Praxis, wo aufgrund einer entschuldbaren Fehlleistung kein Schadenersatz durch die Mitarbeiterin/den Mitarbeiter zu leisten ist.

11. Patrick wird vom Betriebsrat gefragt, ob er es sich vorstellen kann, in Zukunft als Mitglied des Betriebsrates mitzuarbeiten. Stellen Sie in einer Tabelle die Rechte und Pflichten des Betriebsrates gegenüber.

Going international

Now let´s use the basics of the chapter „Rund um die Mitarbeiterinnen und Mitarbeiter“ in English!

Exercise 1 - Workers and employees

Decide whether the jobs mentioned below have worker or employee status and check the correct box.

	Employee	Worker
Accountant		
Truck driver		
Production worker		
Carpenter		
Insurance agent		
Payroll accountant		
Secretary		
Storekeeper		

If you don't know the words, look online or in your dictonary.

Exercise 2 - Calculating net pay

Fill in the missing elements for calculating the net pay.

Net pay
Nettobezug

Gross income

– Employee share of contribution for social insurance

– ______________________________

= ______________________________ (Net pay)

Exercise 3 - Calculating income tax

Fill in the missing elements for calculating the income tax for November:

Gross income

– ______________________________

– Commuter's allowance

– ______________________________

– Union contribution

= Assessment basis for income tax

Exercise 4 - Who pays?

Indicates who pays by ticking the correct box, and specify the target authority.

	Paid by employee	Paid by employer	Target authority
Community Tax			
Employees' social security contributions			
Employer's contribution for family benefits			
Income tax			
Employers' social security contributions			
Employer-contribution surcharge			

Exercise 5 - Hierarchical rule structure

In labour law we have a hierarchical rule structure. This order has been mixed up in our example. Put the following terms in order again:

Employer/works council agreement	
Collective agreement	
Decree	
Contract of employment	
Law	

Exercise 6 - Ordinary contract of employment or not

Maybe you´ve already applied for a job. In your job interview the personnel manager tells you that if you get the job, you´ll have to work with your own laptop and bring the stationary you need. You won´t have to do your tasks personally. If you prefer you could also pass them on to someone else on your own account. What will be important to the company is not how you reach your goals, but that the results are satisfactory. Is this an ordinary contract of employment, or a contract to produce a result?

Exercise 7 - Employment on probation

When you start a new job it will probably be an employment on probation.

a) First of all declare how long the trial period normally lasts.

b) State if it can be ended prematurely.

c) Explain why the employment on probation is subject to special rules.

Exercise 8 - Mutual rights and obligations between employer and employee

When you conclude a contract of employment a lot of mutual rights and obligations will arise.

a) Consider yourself to be an employer. Tick ✓ your obligations in the following list.

- ☐ pay the employee's wages on maturity
- ☐ continued payment e.g. in case of illness
- ☐ occupational safety and health protection
- ☐ continuous training for all your employees

b) Tick ✓ to show which of the following proposals are really the obligations of the employee.

- ☐ obligation to work
- ☐ duty of loyalty
- ☐ due diligence and liability
- ☐ work overtime whenever the employer considers it to be necessary

employer/works council agreement
Betriebsvereinbarung

works council
Betriebsrat

trial period
Probezeit

employment relationship
Arbeitsverhältnis

mutual obligations
gegenseitige Verpflichtungen

on maturity
bei Fälligkeit

occupational safety and health protection
Arbeits- und Gesundheitsschutz

Which reasons could justify an instant dismissal according to your opinion. Compare your results with § 27 Angestelltengesetz.

occupational safety and health protection
Arbeits- und Gesundheitsschutz

instant dismissal
Entlassung

due diligence
Sorgfaltspflicht

Stichwortverzeichnis

I

J

K

L

M

N

O

P

Bildnachweis

Rechteinhaber unbekannt:

S. 14 Daniel Düsentrieb
S. 60 Foto Ball
S. 62 Baby mit Marken
S. 138 Kredit-Hai

Kostenlos zur Verfügung gestellt:

S. 38 Beiersdorf, NIVEA
S. 40 Robbie Williams
S. 41 Apple
S. 44 Apple, Nike
S. 46 Mercedes-Benz
S. 48 Saturn, AirBerlin
S. 56 The Ritz-Carlton Hotel Company
S. 59-61 Werbemittel und Werbeträger der Gewista Werbegesellschaft mbH + Werbung der abgebildeten Anbieter
S. 63-66 Werbung der abgebildeten Anbieter
S. 67 Red Bull Austria
S. 76 Meerblick (von Autorin Herlinde Maier)
S. 78 IKEA
S. 79 OMV AG
S. 80 Greenpeace
S. 83 Frauscher GmbH
S. 84 Rotes Kreuz
S. 85 Voestalpine AG
S. 115 Umdasch Group
S. 188 Auto – Sixt Leasing AG
S. 190 Voestalpine AG
S. 256 Streikfoto, Aktiv im Betriebsrat

Alle weiteren Bilder und Grafiken sind Eigentum der TRAUNER Verlag + Buchservice GmbH bzw. wurden von Bildagenturen zugekauft (MEV Verlag GmbH, iStockphoto, fotolia.com, shutterstock.com).
Die Illustrationen wurden von Ulf Kossak erworben.